LES RÉVOLUTIONS DU XIX° SIÈCLE
1852-1872

LES SOCIÉTÉS OUVRIÈRES

EDHIS
PARIS

LES SOCIETES OUVRIERES

La présente série, qui clôture notre collection «Les Révolutions du XIXe siècle», est composée de dix volumes:

I. Les Républicains sous le Second Empire.
II-IV. Les Sociétés ouvrières.
V. L'Association Internationale des Travailleurs en France.
VI. De la Révolution du 4 septembre 1870 à l'insurrection du 18 mars 1871.
VII. La Commune de Paris.
VIII. Les Mouvements républicains et communalistes de Province.
IX. «La Mutualité, Journal du Travail», 1865-1866.
X. Affiches, feuilles populaires et documents divers, 1852-1872.

LES REVOLUTIONS DU XIXe SIECLE
1852-1872

LES SOCIETES OUVRIERES

*

EDHIS
PARIS

SOMMAIRE du VOLUME II

- Brochures ouvrières. L'organisation des travailleurs par les Corporations nouvelles. Paris, Poulet-Malassis, 1861. 36 p.
  Résurgence des "Corporations nouvelles" de 1851.

- Lettre sur la grève des ouvriers du bâtiment. Par Fabien MAGNIN, ouvrier menuisier. Paris, chez Dunod, octobre 1861. 16 p.

- Les associations conséquences du Progrès. Crédit au Travail. Par J.-P. BELUZE. Paris, chez l'auteur, janvier 1862. 72 p.

- Qu'est-ce que la Société du Crédit au Travail ?. Paris, Guillaumin, 1863. 15 p.
  par J.-P. BELUZE.

- Annales du travail. Le Peuple au Peuple. Par Théodore SIX, ouvrier tapissier. Paris, s.d. (1864 ?). 16 p.

- Union coopérative et fédérative des ouvriers tisseurs et tisseuses de l'arrondissement de Rouen. Rouen, Impr. de D. Brière, s.d. (1866 ?). 15 p.

- La Grève des charbonniers d'Anzin en 1866. Paris, E. Picard, 1866. 46 p.

- Historique de la grève du bronze en 1867. Paris, Typo. de Gaittet, 1867. 56 p.

- Procès des ouvriers tailleurs. Grève de mars-avril 1867. Association de plus de vingt personnes, non autorisée. Paris, Libr. de Rouanne, 1868. 103 p.

- Grève des mineurs. Jugement correctionnel du Tribunal de Saint-Etienne... 7 août 1869. Saint-Etienne, Impr. Théolière. 51 p.

- Le premier banquet des associations ouvrières. Discours prononcés avenue de Saint-Mandé, 50. le dimanche 19 septembre 1869. Paris, au Bureau du journal "Le Travail". 16 p.

- Aux mécaniciens et chauffeurs des chemins de fer français. (Nîmes, Impr. Roger et Laporte, 1871). 8 p.

BROCHURES OUVRIÈRES

L'ORGANISATION
DES
TRAVAILLEURS
PAR LES
CORPORATIONS NOUVELLES

ÉDITION POPULAIRE
PRIX : 30 CENTIMES

PARIS
LIBRAIRIE POULET-MALASSIS
97, RUE RICHELIEU

1861

LA QUESTION CORPORATIVE

Si les peuples se groupent en nations selon leurs aptitudes, leur caractère, leur mission, leur langue, afin d'être plus forts et plus libres, et réellement maîtres de leurs destinées, pourquoi les travailleurs de chaque industrie n'auraient-ils pas le droit de se grouper en corporations, afin d'être, eux aussi, plus forts et plus libres et maîtres de leurs destinées?

C'est là notre question à nous, la Question corporative.

Nous voyons les plébiscites fonctionner au dedans et au dehors, pour unir, annexer des provinces et former des nations, ou pour déterminer leurs formes de gouvernement. Nous croyons qu'ils ne fonctionneraient pas moins équitablement en matière industrielle et corporative qu'en matière politique et nationale.

Et c'est ce qui fait notre espérance, car nous avons pour nous la logique des faits comme le bon droit.

S'il est incontestable que la parole de Jean-Jacques Rousseau : « Dans un État, la volonté générale doit faire loi, » est une vérité qui, déjà, fait le tour de l'Europe, il n'est pas moins exact d'affirmer que, dans un corps de métier, la volonté générale de ceux qui le composent doit également faire loi.

C'est pourquoi nous verrons se relever et vivre les corporations comme les nations, et le suffrage universel régler l'industrie ainsi que la politique.

Les libéraux nous enseignent tous les jours que le sort de millions d'hommes ne saurait justement dépendre du hasard de la naissance ou d'un coup d'audace ; trouvent-ils plus justes que le travail de milliers d'ouvriers puisse dépendre du hasard de la naissance ou d'un coup de Bourse, qui livre nos ateliers, nos usines à un enfant au maillot ou à un financier heureux?

Dans un temps où les peuples qui conservent des empereurs et des rois, du moins les choisissent, pourquoi les travailleurs, là où des patrons sont encore nécessaires, n'auraient-ils pas le droit de les élire ?

S'il n'y a point de bourgeois qui ne s'indignât à la pensée de vivre sans constitution politique, sans garanties, sous le régime du bon plaisir royal, comment ces mêmes hommes, qui sont le plus souvent nos chefs industriels, ne trouveraient-ils pas tout naturel que nous demandions nos constitutions industrielles, afin de n'être point réduits au bon plaisir patronal ?

Puisque le premier axiome de la science politique est, dit-on, la distinction et la séparation des pouvoirs, pourquoi ne serait-ce pas également une vérité pour l'organisation de l'industrie ? Aussi nous demandons des Chambres corporatives pour faire nos règlements, des Syndicats corporatifs pour veiller à leur exécution, et des Prud'homies corporatives pour nous juger entre nous.

Ce n'est pas le travail qu'il s'agit d'organiser, mais les travailleurs, pour qu'eux-mêmes ils décident toutes les questions relatives au travail.

Ce n'est pas, en effet, telle ou telle petite amélioration que nous voulons, mais le moyen de réaliser successivement par nous-mêmes les améliorations que nous jugerons utiles, en un mot l'instrument permanent de notre progrès ; de même que les Italiens n'ont pas demandé à la France de les doter de telle ou telle petite loi libérale, mais de les aider à se délivrer de l'étranger, pour qu'ils fussent à même de régler, à l'avenir, leurs propres affaires.

Notre étranger, à nous, ce sont ceux qui ne font pas partie de notre corporation et qui viennent la diriger et l'exploiter, et la dominer de par la puissance des écus. Le capitalisme étranger à notre industrie, voilà notre Autriche.

Les sommes nécessaires aux corporations, c'est aux corporations elles-mêmes à se les procurer. Et quand elles seront reconstituées, elles les trouveront par un crédit nouveau ; car il y a en elles une grande richesse inexploitée, et invisible comme celle qui était enfouie dans la France avant 1789, et dans l'Italie avant 1859.

Les corporations, pour se relever, ont besoin de l'intervention de l'État, comme l'Italie, pour se relever, avait besoin de la France. Mais cette intervention doit être bornée au temps strictement indispensable à l'affranchissement.

Une fois libres et laissées à la plénitude de leur action, les corporations jouiront d'une prospérité, d'un crédit, qui n'étonnera pas moins que celui de l'Italie n'a surpris les hommes du passé.

Alors, nous aurons notre budget corporatif, nos emprunts, nos banques, nos caisses de retraites, nos secours mutuels, notre éducation professionnelle, une foule d'institutions corporatives, qui dispenseront les autres de s'occuper quotidiennement de notre heur et malheur, car nous serons les artisans de notre propre fortune.

L'autonomie corporative n'est pas moins légitime que l'autonomie nationale, et ne sera pas moins féconde.

Est-ce à dire, pour cela, que nous voulions former un État dans l'État ? Non, assurément, car au-dessus des corporations se trouve la nation avec la loi générale, comme au-dessus des nations il y aura un jour la Confédération européenne.

Chaque jour on demande des libertés communales et provinciales comme base d'une réelle liberté politique ; il n'est pas moins nécessaire de réorganiser les corporations afin de faire contre-poids à l'immense autorité que le progrès national a fourni au pouvoir central, et d'empêcher que les hommes ne soient maintenus dans l'isolement, émiettés dans l'État, car si nous ne nous trompons, c'est un semblable émiettement des individus qui a amené les tristes jours du Bas-Empire.

L'organisation des corporations est une condition véritable de liberté.

Qu'on ne cherche point à donner le change ; ce n'est point la restauration des anciennes corporations avec les jurandes et les maîtrises que nous demandons, mais la constitution des corporations nouvelles basées sur le suffrage de tous ceux qui en font partie. De même que l'Italie ne s'est pas relevée avec les privilèges et les abus du moyen âge, ni que la Pologne ne se relèvera avec le servage, mais que les nations se relèvent rajeunies dans l'épanouissement des droits nouveaux, il en sera ainsi pour les corporations.

Nous ne songeons point à attenter au principe de propriété ; mais elle sera fondée sur une base de plus en plus solide ; car, si les autres la trouvent bonne, elle doit être bonne pour nous aussi.

Comme c'est à la nation qu'il appartient de faire les lois sur les droits de propriété aux diverses époques, et de déterminer ce qui est bien national, bien communal et biens privés, ainsi la corporation déterminera quels seront les biens corporatifs, les biens d'atelier et les biens privés ; de manière que, dans la corportation comme dans la nation, l'intérêt privé et l'intérêt public soient équitablement conciliés.

Il ne s'agit point de détruire les machines, ces magnifiques produits de la science, mais d'organiser les choses de telle façon que tous puissent en profiter.

Nous ne crions point contre le pouvoir central. Nous l'invoquons, au contraire, pour qu'il nous délivre de la féodalité industrielle, comme la royauté a délivré la bourgeoisie de la féodalité territoriale, et pour qu'il nous aide dans le relèvement de nos corporations, comme il aide successivement les nationalités opprimées.

Nous n'obéissons à aucun sentiment de haine, nous appelons au contraire de tous nos vœux le moment où il n'y aura pas plus de classes dans la réalité qu'il n'en existe devant la loi, où nous serons tous égaux dans notre Patrie glorieuse et libre. Nous croyons fermement qu'avec les corporations nouvelles, il n'y aura plus ni grève ni crises industrielles, mais des progrès pacifiques et réguliers.

Comme le relèvement des nations sera l'aurore de la paix politique, ainsi pouvons-nous dire que le relèvement des corporations nouvelles, c'est la paix sociale.

Paris, 10 août 1861.

AU NOM DE NOS CAMARADES :

Desbordard, bottier, rue de la Verrerie, 36, président de l'*Alliance des Cordonniers*;

R.-V. Vincien, correcteur-typographe, 118, chaussée Ménilmontant;

Lenon (Louis), compositeur, rue d'Orléans-Saint-Marcel, 31;

Vasseur (Jean-Baptiste), imprimeur, 36, rue du Petit-Lion;

Vernier (Félix), coutelier, rue de l'Ourcine, 28;

Jourxeau (Jules), fondeur en caractères, rue du Gindre, 6;

Berthelemy (Charles), typographe, 13, rue du Four-Saint-Germain;

Bacselle (Jean), fondeur en caractères, rue du Pot-de-Fer-Saint-Marcel, 11;

Barbier, tourneur-tabletier, 3, rue des Trois-Pavillons;

A. Cognard, relieur, 39, rue de l'École-de-Médecine;

Chabata, ferblantier, 56, rue de l'École-de-Médecine;

Grandjean, relieur, 5, rue d'Anjou-Dauphine;

G.-F. Damorne, portefeuilliste, 1, rue du Jardinet;

L.-C. Foissard, compositeur, place Maubert, 17;

J. Pernagnon, monteur en bronze, 3, rue Vendôme;

Charpey (Louis-Julien), menuisier, 39, rue de l'École-de-Médecine;

Denis, doreur sur bois, 19, rue Bizet;

Ansard (Pierre), imprimeur, 17, rue Traverse;

Wasschooten, charpentier, 90, faubourg Saint-Martin;

Davard, tourneur en cuivre, 23, rue du Moulin, Passy;

A. Baragret, typographe, 12, rue de Grenelle-Saint-Honoré;
Leroux, compositeur, 1, rue Mandar; .
Quanonse (Charles), relieur, 29, rue de Vanves;
Aimable, cordonnier, 20, rue Pagevin;
Grandjean, gommeur et découpeur, 11, rue de Grenelle-St-Honoré;
Martin, tailleur, 9, rue du Four-Saint-Honoré;
Perrel, tisseur, 9, rue d'Amboise;
Andriot, doreur sur cuir, 75, rue de Vanves;
Adolphe, doreur sur tranche, 18, rue des Marais-Saint-Germain;
Toussaint, métreur-vérificateur, 52, rue du Four-Saint-Germain;
Déseau, doreur sur cuir, 12, rue Grégoire-de-Tours;
Coqrand (Auguste), menuisier, 65, rue de l'École-de-Médecine;
Lorné, peintre en décors, 39, rue de l'École-de-Médecine;
Lemardeley, relieur, 8, rue Maître-Albert;
Parrot (A.), typographe, 19, faubourg Saint-Jacques;
Langrené, ciseleur, 23, rue de Malte;
Teaillon (Auguste), tourneur, 19, rue des Cordiers;
Lebme (Alfred), tailleur d'habits, 5, rue Estienne;
Chatelain (Louis), ferblantier, 101, rue de la Roquette;
Axiot, cuisinier-restaurateur, 3, rue Saint-Marcoul;
Frenois, maître-d'hôtel, 21, rue Neuve-Saint-Denis;
Breton (Théodore-Adolphe), typographe, 43, rue de la Sablière;
Bose, corroyeur, 2, rue de Valence;
Croullebois, typographe, rue Constantine, Plaisance;
Corceilles, fabricant d'instruments de chirurgie, 2, rue Larrey;
Étienne (Charles), typographe, 23, rue de la Vieille-Estrapade;
Hadingue (Félix), imprimeur en taille-douce, 63, rue du Four-Saint-Germain;
Coctant, typographe, 4, rue Saint-Gervais;
Benoit, monteur en bronze, 11, place Dauphine;
Margot (A.), tailleur, 21, rue Charlot;
Morot, bronzeur, 63, rue Saint-Maur;
Grux (Mathias), tourneur en cuivre, 77, rue Ménilmontant;
Dif, monteur en bronze, 168, faubourg Saint-Martin;
Auguste (Pierre), fondeur, 11, rue de Fourcy;
Pejo, tailleur, 133, rue du Faubourg-Saint-Denis;
Pottier, bourrelier, 61, rue du Vert-Bois;
Baussant, ferblantier, 5, rue de Lancry;
Chaulon, balancier, 13, passage Holz-Bacher;

Vattier, sellier, 35, rue de la Lune ;
Guillerot (Alexandre), ferblantier, 104, rue de la Roquette ;
Poussin (Pierre), menuisier, 90, rue du Temple ;
Bossus, typographe, 67, rue Saint-Jacques ;
Pierre (Louis), fabricant de vernis, 20, rue Saint-Nicolas, faubourg Saint-Antoine ;
Bernier, fabricant d'outils, 154, faubourg Saint-Antoine ;
Chataignier, tailleur, 1, rue de Reuilly ;
Évrat (Prosper), corroyeur, 1, rue des Bourguignons ;
Braley (Jules), corroyeur, 14, rue d'Orléans-Saint-Marcel ;
Gastaldy (Francisque), ferblantier, 51, rue du Vert-Bois ;
Saudesse, coutelier, 14, rue de l'École-de-Médecine ;
Bayer (Marcelin), peintre en voitures, 24, rue Neuve-Saint-Denis ;
Bollotte (Auguste), menuisier, 24, rue Neuve-Saint-Denis ;
Perdreau (François), menuisier, 23, rue Saint-Appoline ;
Bouillon (Étienne), ferblantier, 24, boulevard des Poissonniers ;
Lumière (Ant.), chaudronnier, 24, rue Neuve-Saint-Denis ;
Bruzet (J.), écrivain-lithographe, 24, rue Neuve-Saint-Denis ;
Masson (L.), ferblantier, 51, rue du Vert-Bois ;
Philibert (P.), peintre, 33, rue Vert-Bois ;
Cazemage (Jean), menuisier, 21, rue des Petites-Écuries.
Mangenot (L.), bijoutier, 25, rue des Noyers.
Lecoste, bijoutier, 11, rue d'Orléans-Saint-Marcel.

La Réforme industrielle (1).

27 novembre 1850.

En 1789, les corporations ont été justement abolies, car leur organisation était oppressive et leur principe exclusif.

Le régime qui suivit, par le seul fait qu'il proclamait la liberté du travail, fut un bien. Mais comme il laissait les individus d'une même industrie sans liens entre eux et les diverses industries sans liens entre elles, il en résulta une sorte d'anarchie industrielle. Et c'est à cela qu'il faut attribuer en grande partie les chômages, les grèves et les crises commerciales.

C'est pourquoi on s'est demandé s'il n'y aurait point d'utilité à rétablir les corporations, non pas toutefois sur la base de l'ancien régime, mais sur celle du principe moderne, c'est-à-dire du suffrage universel appliqué à l'industrie, en ce sens que tous ceux qui composent un même corps de métier seraient appelés à décider ce qui concerne sa législation, sa direction et sa justice.

Le souvenir de l'ancien régime corporatif et de l'oppression qui en était la conséquence, a été jusqu'ici un empêchement à la réorganisation des corporations, comme aussi l'hostilité de ceux qui profitent du régime industriel actuel.

Cependant on a senti la nécessité de grouper les mêmes intérêts industriels et de leur accorder une sorte de représentation. C'est ce qui donna naissance aux syndicats, aux conseils des manufactures, aux chambres de commerce; mais les notables

---

(1) Cet article et les suivants ont paru à l'étranger dans un journal dévoué aux intérêts nationaux et populaires qui eut l'inspiration vraiment libérale d'ouvrir ses colonnes aux ouvriers et de leur donner chaque dimanche la parole dans une *tribune des travailleurs*.

seuls en font partie : ce qui constitue un fait d'inégalité et rend forcément incomplets les renseignements dont l'autorité supérieure essaye de s'éclairer.

Ce serait déjà un premier progrès et fort important, si, à côté des syndicats des patrons, il y avait dans la même industrie le syndicat des ouvriers, formé par un certain nombre d'élus par leurs pairs, et si, le nombre des sections de prud'hommes étant augmenté, le tribunal devenait ainsi de plus en plus corporatif.

Car la corporation est une petite nation, et tout ce qu'on dit de la nation peut se dire de la corporation. Leurs phases de développement, d'affaissement et de renaissance ont beaucoup d'analogie. Il n'y a pas d'objection qu'on ne fasse à l'une qui ne s'applique à l'autre.

On met souvent en avant cette idée, que le gouvernement devrait organiser le travail. Mais ce sont des détails multiples et infiniment variés dans lesquels il est impossible qu'entrent des hommes d'État; et d'abord ils ne les connaissent pas. C'est à ceux qui composent une industrie à s'organiser par eux-mêmes. Ni l'État ne peut tout régler pour chaque corps de métier, ni des corps de métier régler ce qui concerne un autre corps de métier. Autant vaudrait que la Chine fît des lois pour la France.

Chaque industrie a droit de se gouverner par elle-même. L'égalité devant la loi industrielle n'est pas moins un besoin que devant la loi civile.

Des Associations ouvrières.

25 décembre 1859.

Des associations ouvrières ont été tentées, mais elles n'ont point réussi. Cela implique-t-il que le principe de l'association soit faux? Assurément non. Mais on s'y est mal pris.

La réunion des forces est toujours une bonne chose. Le partage des bénéfices entre ceux qui produisent est toujours une chose juste. Mais pour que l'association soit possible et donne des fruits, il faut que l'on poursuive un but commun et qu'on y apporte du dévouement. Or, les associations que nous avons vues naître et mourir étaient faites au hasard, le plus souvent par le seul mobile de gagner davantage : quand les ouvriers s'associaient entre eux, comme l'eussent fait leurs patrons, ils ne pouvaient réussir ; il faut un principe supérieur pour triompher de l'ancien.

Les seules associations qui eussent eu chance de durée sont celles qui auraient été constituées entre amis, avec le désir de préparer un ordre de choses meilleur et la bonne volonté de s'entr'aider et de rivaliser de sacrifices.

Mais même alors elles eussent rencontré cette grande difficulté d'opérer sans ressources antérieures, sans matières premières acquises, sans machines et instruments, c'est-à-dire sans capital. C'est comme si l'on voulait fonder un nouveau gouvernement sans patrie et sans sol. Et il est fou d'imaginer qu'on pourra à la longue et à force de travail y suppléer. On y userait sa vie.

Et même encore quand on parviendrait à organiser des associations partielles qui fonctionnassent, si l'on s'en tenait là on aurait manqué le but. C'est comme si, au lieu de tendre à améliorer ou changer les rouages du gouvernement, on formait dans l'État une série de petits gouvernements particuliers.

Les efforts des générations antérieures, les progrès qu'elles ont accomplis doivent profiter à tous. On doit tendre à réformer l'atelier et l'État quand ils sont défectueux, mais on ne peut ni l'on ne doit s'abstraire de sa nation et de sa corporation. La France, dont le génie a répugné aux sectes religieuses et au fédéralisme politique, ne répugnerait pas moins aux coteries industrielles. Il faut s'appliquer à transformer l'industrie tout entière à laquelle on appartient, de la même façon que l'on a transformé l'État, où la volonté générale est la loi.

Le progrès politique consiste dans le développement des nations et la participation de tous à l'administration de la chose publique. Le progrès social consiste, au point de vue de l'industrie, dans la réorganisation des corporations et la participation de tous ceux qui les composent à leur gestion comme à leurs profits.

Des Usines.

30 janvier 1860.

On dit qu'à la nouvelle des réformes libérales annoncées par l'Empereur, quelques grands propriétaires d'usines auraient dit : Alors nous fermerons nos usines et mettrons nos milliers d'ouvriers sur le pavé. Mais l'Empereur n'était pas homme à s'arrêter devant les récriminations d'intérêts privés.

Libre à des industriels mécontents de fermer leurs usines ; mais elles pourraient bien se rouvrir de par la loi, et, sur expropriation pour cause d'utilité publique, être confiées à d'autres administrateurs au nom de l'État. Car il ne saurait dépendre de quelques-uns de priver la nation de ce qui est nécessaire à ses besoins, ni de frustrer les ouvriers des instruments de travail auxquels ils ont droit. Si quelques hommes, inspirés par un fatal égoïsme et oublieux de ce qu'ils ont gagné pendant tant d'années, ne songeaient plus en ce moment qu'à susciter des entraves à l'autorité, au lieu de l'aider au contraire patriotiquement dans les mesures transitoires que nécessite le nouveau régime industriel qu'inaugure le programme impérial, alors il pourra être nécessaire d'avoir, et il serait facile assurément de trouver des hommes capables de prendre l'administration nouvelle de ces grandes entreprises. Ces entreprises, en effet, ne sont ni ne peuvent être établies pour le seul avantage de quelques-uns, mais elles doivent l'être pour celui de tous. Si l'on a pu dire que les gouvernements sont faits pour les peuples, et non les peuples pour les gouvernements, à plus forte raison pourrait-on appliquer aux usines un raisonnement analogue.

La popularité de Napoléon Ier chez les paysans a beaucoup résulté des biens nationaux dont l'empereur consolida la propriété dans leurs mains. La popularité de Napoléon III grandirait vite chez les ouvriers si la folie de quelques industriels le forçait de constituer de grandes associations ouvrières pour l'exploitation des usines.

Loin donc que la mauvaise humeur de quelques industriels puisse inquiéter l'Empereur, si elle se traduisait en résistance quelconque, elle ne ferait que lui donner l'occasion d'une popularité plus grande.

Napoléon raconte qu'une fois, en revenant d'Italie, une femme le rencontra sur la montagne de Tarare :

— Où allez-vous, bonne femme?
— Le voir.
— Mais c'est un homme comme un autre.
— Les autres, c'étaient les rois des prêtres et des nobles. Lui c'est le seul qui ait régné pour nous, dit-elle.

La Nation et la Corporation.

12 février 1860.

L'homme seul ne peut rien. La nature a voulu qu'il ne pût se passer de ses semblables. Elle le fait naître dans deux associations à la fois, qui sont pour lui également salutaires et qui le font profiter de deux berceaux précieux : la famille et la nation.

La nation, cette association naturelle d'hommes à qui Dieu assigne, avec une même langue et un même caractère, une même mission, est un instrument puissant de tradition d'abord et d'action ensuite. Sans elle, il faudrait que chaque homme recommençât et refit pour lui-même la cruelle éducation que ses pères ont faite, et dont l'expérience transmise lui épargne bien des peines inutiles. Les grands esprits nationaux servent à éclairer la voie, à résumer les travaux antérieurs, et ils trouvent dans leur intuition personnelle ce qu'il y a de mieux à faire ; ils entrevoient les vérités et les transmettent. Et leurs paroles, leurs écrits, leurs actes, sont des jalons à défaut desquels on s'égarerait.

Si en politique l'homme ne peut rien sans nation, l'homme sans corporation ne peut guère pour le travail ; car il n'y a pas unité de forces ni d'efforts, et si quelque bonne pensée lui vient, elle est moins aisément réalisable.

La corporation garde précieusement la tradition du travail, comme la nation garde la tradition patriotique. C'est, de plus, un moyen de progrès.

Si une bonne pensée surgit dans un citoyen, à l'instant même elle peut prendre corps dans sa nation, et la pensée devenir un acte. On l'a vu dans les grandes affaires européennes. La pensée de délivrer l'Italie, grâce à notre organisation nationale, a été traduite en fait, tandis que l'Allemagne, par exemple, qui n'est qu'imparfaitement constituée, qui est sans unité, n'a pu rien faire ni pour ni contre ; elle passa des mois à savoir comment elle s'y prendrait pour commencer d'agir. Et la Pologne et la Hongrie, qui sont en ce moment effacées comme nations, n'ont pu que gémir et désirer sans rien pouvoir pour ceux qu'elles souhaitaient voir libres.

Dans l'industrie, nous voyons quelque chose d'analogue. Supposons les corporations constituées, y a-t-il une idée qui surgisse dans l'intérêt et pour le progrès de la corporation, il est bien aisé de la traduire en fait, l'essai est facile. Point d'invention en ce cas qui ne soit vite éprouvée. Et si elle est imparfaite, du moins y a-t-il constatation de ce qui a été tenté, du point où l'on s'est arrêté ; il y a tradition. Le premier venu de la corporation peut reprendre et continuer ; tous sont avertis. On voit déjà cela se passer dans la corporation typographique, qui est la mieux constituée. Nous pourrons, dans l'ordre des corporations, la comparer à ce qu'est la France comme nation organisée. — Aussi est-ce la corporation où les hommes se développent le plus aisément, se sentent le plus libres, savent le mieux discuter leurs intérêts, les faire prévaloir. Ils se sauvegardent plus aisément ; ils peuvent plus commodément se protéger eux-mêmes et aider les autres, tandis qu'il y a telle autre corporation qui ne peut encore vivre, qui est à la discrétion de quelques-uns, et d'autres mêmes qui n'existent pas.

Les efforts doivent tendre à constituer les corporations, comme les nations tendent à se constituer. Ce sont les deux grandes tendances du jour, politique et sociale. De même que toutes les réformes politiques qu'on tentera en dehors de la nationalité n'aboutiront à rien et ne seront qu'utopie, toutes les réformes sociales qu'on tentera en dehors des corporations n'aboutiront à rien et ne seront qu'utopie.

Il ne s'agit pas de savoir comment telle ou telle corporation sera administrée, pas plus qu'il ne s'agit premièrement de savoir comment telle nation sera gouvernée. Nous relevons d'abord une nation, et ensuite elle choisit elle-même. Aidons d'abord les corporations à se constituer, et ensuite elles choisiront ce qui leur conviendra le mieux comme organisation.

De même qu'il serait ridicule de vouloir *à priori* imposer à toutes les nations la même forme de gouvernement, il serait de même insensé de vouloir imposer à toutes les corporations le même mode d'administration. — Selon le progrès réalisé, selon la mission à remplir, il y a des corporations comme des nations qui doivent être organisées les unes plus démocratiquement, et où dans les autres l'autorité doit être plus concentrée.

Les nations ont été pour un temps abattues, car elles étaient trop exclusives : alors la Providence brisa leurs barrières et força les hommes à voir plus entre eux leur qualité d'homme que leur qualité de citoyen de tel ou tel pays. C'est l'Eglise romaine et l'Empire romain qui ont, pendant des siècles, effacé la nation ; puis, quand cette œuvre de fraternisation et de communion internationale, forcée d'abord, puis volontaire, eut été finie, alors vint la renaissance.

De même, les corporations, par leur exclusivisme, avaient mérité d'être abattues, et elles le furent par la Révolution française et l'Empire français; mais aujourd'hui le moment est venu où elles doivent se relever, non comme elles étaient, mais transformées. Les travailleurs ont senti en quoi la corporation était vicieuse, mais aussi en quoi elle est bonne. Ils ont appris à s'estimer, quoique de corporations différentes. On peut les relever sans avoir à craindre que les travailleurs manquent aujourd'hui de ce qu'ils doivent au respect de la liberté et de l'égalité des autres, ni ne se départent de sentiments fraternels.

La corporation ne peut pas remplacer la nation, mais elle doit aider aux liens internationaux, puisque les corporations d'une même industrie peuvent entrer en bon rapport fraternel avec les corporations semblables des nations voisines.

Et ainsi le progrès s'insinuera plus facilement encore de nation à nation. C'est un des modes du progrès.

Qu'il y ait beaucoup à faire, qui le nie? Mais quand on nous dit : Tels travailleurs ne pourraient pas s'organiser en corporations, ils sont incapables, cela fait penser aux nations qu'on voudrait tenir mineures à perpétuité pour le même motif.

Nous croyons à la renaissance, à l'avenir et à la prospérité des corporations, comme nous croyons à la renaissance, à l'avenir et à la prospérité des nations.

Comment relever les Corporations.

26 février 1860.

Les préoccupations politiques du moment sont telles qu'il a fallu la révolution économique du traité de commerce avec l'Angleterre pour distraire, même partiellement, les esprits des complications italiennes et européennes. Aussi, tout ce qui a trait à

l'économie sociale continue à être relégué au second plan. Et d...
cet ordre de faits, les améliorations importantes qui ont lie...
changements énormes qui s'exécutent, semblent devancer l'o...
nion publique au lieu d'avoir été réclamés par elle. C'est là l'origine de plusieurs fausses appréciations.

En voyant les progrès extérieurs sans cesse si énergiquement
poursuivis et les questions extérieures toujours si vivement dé-
battues, quand les progrès intérieurs paraissaient fréquemment
laissés à eux-mêmes et que les questions intérieures étaient rarement soulevées, on a craint une prédominance excessive des
intérêts du dehors sur les intérêts du dedans. Mais d'abord on ne
doit point perdre de vue l'influence immense et immédiate, bien
que le plus souvent elle ne soit comprise que fort tard, des progrès politiques sur les progrès sociaux.

Les dévouements de la France envers des nations sœurs élèvent chez elle son niveau moral et fortifient son autorité morale
chez autrui; mais ils ne sont pas moins favorables à sa puissance
et à sa prospérité matérielle. Quels débouchés l'expédition de
Chine n'offre-t-elle point au commerce français, et quel champ
d'activité a été ouvert en Italie à de nombreux enfants de la
France, sans compter les fructueux travaux procurés aux ouvriers
par les gigantesques préparatifs de guerre?

Toutefois, quelque salutaire action que la marche extérieure
suivie par le gouvernement français puisse exercer sur le sort
des masses françaises, elle ne saurait atteindre à la satisfaction
légitime de tous leurs besoins. Le gouvernement l'entend ainsi
lui-même quand, loin de se borner à l'exécution d'entreprises internationales et de travaux militaires, il tente en faveur des villes
l'assainissement et des constructions grandioses, et en faveur des
campagnes, le reboisement, le desséchement et le défriche-
ment.

Cependant, à côté de la tâche que le gouvernement s'impose,
il reste au peuple à prendre plus d'une initiative. Il est certain
qu'il sent ses devoirs : l'avenir montrera comment il s'en sera
acquitté. La tendance la plus générale serait, pense-t-on, la

création de corporations qui puissent grouper d'une manière plus intime les ouvriers d'un même corps de métier, afin de leur rendre possible la conservation des traditions ouvrières, et facile l'assistance fraternelle, en se garantissant soigneusement de la routine et de l'exclusivisme qui firent succomber les corporations à la fin du siècle dernier.

Dans la réalisation d'une œuvre semblable, l'expérience politique n'est pas à dédaigner. Il faut profiter, au contraire, des enseignements qui ressortent naturellement de la dernière guerre et des événements qui en ont été la conséquence.

Ainsi nous croyons que pour la reconstitution des corporations l'intervention de l'Etat est nécessaire ; elle s'explique de la même façon et par les mêmes motifs que l'intervention extérieure en faveur d'une nation.

Il y a des nations qui ne peuvent se relever seules, tellement elles sont abattues. Il leur faut un point d'appui au dehors. L'Italie essaya, en 1848, de se suffire par ses propres forces, elle échoua. Elle s'est sauvée cette fois avec l'appui de la France. Il en est de même des corporations. Il y a dix ans, elles aussi ont essayé de se constituer seules, et, abandonnées à elles-mêmes, elles ont échoué ; il leur faut un point d'appui extérieur. Ce qui leur manque c'est le capital, comme les armes manquaient à l'Italie.

Mais l'intervention prolongée serait mauvaise pour les corporations comme pour les nations. Elle doit, pour être plus efficace, être momentanée, avec un but déterminé, et non permanente. Rendez-nous à nous-mêmes ; puis laissez-nous suivre notre développement libre et régulier.

Le secours ne vient non plus qu'à ceux qui l'ont mérité. L'Italie acheta par de longs sacrifices et d'innombrables martyrs son droit au secours de la France et à la sympathie universelle.

Ce n'est également que par des miracles de dévouement et de persévérance que les corporations renaîtront.

Il ne s'agit point que ceux qui entreprendront cette œuvre soient nombreux, mais qu'ils soient dévoués. Le Piémont, confiné dans un coin de l'Italie, représentait l'Italie entière, qu'un seul groupe corporatif se constitue, et par sa sagesse et son esprit de sacrifices mérite l'estime et la sympathie générales; alors, à l'aide d'une intervention utile, il pourra s'affranchir de toute domination étrangère à la corporation.

Les associations partielles, bonnes en elles-mêmes, comme moyen, sont une pierre d'attente. Elles doivent seulement se bien pénétrer du but. On pourrait, par exemple, exposer, corporation par corporation, ses aspirations, ses souffrances, et travailler ensemble, pauvres et riches, pour relever sa corporation, comme riches et pauvres, travaillent pour relever leur nation.

Les Corporations nouvelles.

1er avril 1866.

La question des corporations est la grande question intérieure, comme la question des nationalités est la grande question extérieure.

Les populations qui parlent une même langue, qui ont un caractère et des mœurs semblables et un but commun d'existence, ont le droit de se grouper en un même corps de nation. Les travailleurs qui ont un même genre de métier et par conséquent un but commun d'activité, ont le droit et le devoir de se grouper en une même corporation.

Le proverbe : L'union fait la force, n'est pas moins vrai dans l'industrie que dans la politique. Et s'il est exact de dire que tous les citoyens d'un même pays ont politiquement des intérêts solidaires, bien qu'ils appartiennent à des couches sociales différentes, que les uns soient riches et les autres pauvres, on peut dire de même que tous les membres d'un même corps de métier ont industriellement des intérêts solidaires, bien que les uns possèdent des instruments de travail et que les autres n'en aient pas.

Riches et pauvres profitent de la grandeur et de la liberté de la nation, patrons et ouvriers profitent de même de la prospérité de leur industrie.

Si le plus grand malheur pour un peuple est de n'avoir point sa nationalité, son organisme national, qui rende son action politique possible, le plus grand malaise pour les travailleurs est de n'avoir point leur corporation, de manquer d'un organisme corporatif qui facilite la production industrielle.

L'antagonisme des classes dans une nation est le signe évident d'une dissolution nationale. C'est la grande maladie des nations à une certaine période. L'unanimité de tous ceux qui composent une nation est le signe précurseur de la renaissance nationale. Il en est de même pour l'industrie. L'injustice qui existait dans les anciennes corporations, la souffrance et l'antagonisme qui s'y produisit entre patrons, compagnons et ouvriers, avancèrent la dissolution des corporations. Le bon accord et l'unanimité de ceux qui font partie d'un même corps de métier, à quelque titre que ce soit, sera l'indice et le commencement du relèvement des corporations. Souvent la Providence éprouve les nations et fait tomber d'accord les citoyens par une commune souffrance. Le malaise industriel force de même les fabricants, commerçants et ouvriers à s'entendre pour trouver un remède à des maux communs.

Nous avons signalé déjà combien la politique peut servir d'exemple et d'enseignement pour résoudre la question industrielle. Nous y reviendrons.

L'Italie montre aujourd'hui comment il est possible qu'une nation se sauve. Hier, il n'y avait qu'un petit Piémont qui portait le drapeau national italien; mais il était grand par les sympathies qu'il inspirait. Il a groupé déjà autour de lui la moitié de l'Italie et l'autre moitié aspire à s'unir à lui.

Quand dans une industrie il y aura un groupe associé bien constitué, et que, par sa conduite, son succès, il aura attiré à lui la sympathie des autres travailleurs de cette même industrie et inspiré la confiance dans le succès, alors on touchera au moment où leur corportion sera relevée.

Voilà l'avantage de certaines associations partielles dans une industrie. C'est un petit Piémont industriel. Quand chaque corporation aura son petit Piémont, toutes seront sûres de se voir reconstituées.

D'autre part, nous ajouterons que si c'est un noble, le comte de Cavour, qui a été l'un des promoteurs les plus ardents de la nationalité italienne, il n'y a pas à désespérer de voir surgir dans telle ou telle corporation un fabricant dont les intérêts, aux yeux du vulgaire, pourraient paraître opposés à ceux des travailleurs, mais qui aurait la noblesse d'âme de sentir et de comprendre qu'un devoir commun le lie aux simples ouvriers de son industrie, et qui soit prêt à de grands sacrifices pour assurer le bonheur de sa corporation.

Et si le comte de Cavour a retrouvé dans le vote populaire plus de pouvoir que jamais il n'en eût eu comme noble, n'est-il pas évident qu'un fabricant habile retrouverait dans l'acclamation de tous les nombreux travailleurs de sa corporation un pouvoir, une autorité tout autre que celle qu'il a dans son petit atelier, sans compter la suprême jouissance que rencontre l'homme de cœur dans une popularité justement méritée.

Conseils des Prud'hommes.

11 décembre 1859.

Depuis la mémorable nuit du 4 août, où les jurandes et les maîtrises furent abolies et la liberté du travail proclamée, l'un des plus grands bienfaits qu'ait reçus l'industrie fut assurément l'institution des prud'hommes. On en est redevable au décret de 1806.

Chacun a apprécié l'importance d'une institution qui donne aux producteurs, patrons et ouvriers le moyen de se juger entre eux, comme le font les commerçants devant le tribunal de commerce, et qui, en second lieu, a pour but de leur accorder la possibilité de fournir à l'administration des renseignements sur les améliorations et développements qui peuvent être apportés à l'industrie, et de compléter ainsi les indications des chambres de commerce et des chambres consultatives des fabriques et manufactures dans lesquelles les ouvriers ne sont point représentés.

Malgré le bien qui est résulté de cette institution, elle n'a pourtant point produit, jusqu'ici, tout ce qu'on était en droit d'en attendre. Aussi se rencontre-t-il, même chez un grand nombre, du découragement au sujet de cette institution, une certaine tiédeur à l'époque de l'élection des membres des conseils, que de grands efforts ne parviennent pas toujours à surmonter, et dont on ne s'est pas encore, nous le croyons, rendu compte.

Cela ne tient point seulement à des vices de détails, tels, par exemple, que l'âge porté à vingt-cinq ans pour l'électeur, à trente pour l'éligible, ce qui semble singulier, puisque pour les élections politiques on est électeur à vingt-un ans et éligible à vingt-cinq, et qu'ainsi celui qui pourrait être nommé député, ne pourrait être nommé prud'homme ; — et la condition de trois ans de domicile, ce qui exclut de l'élection, notamment le plus grand nombre des ouvriers maçons qui, presque tous, sont de la Creuse et n'habitent Paris qu'une portion de l'année, exclusion d'autant plus frappante, que le développement qu'ont pris les constructions à Paris a été plus considérable depuis plusieurs années ; — et l'article qui met les contre-maîtres dans la catégorie des ouvriers et les fait voter avec eux, tandis que le plus souvent ils sont les représentants des patrons et qu'il peut paraître anormal qu'ils puissent être prud'hommes-ouvriers, tandis que ce sont eux qui sont chargés presque toujours de traduire les ouvriers devant le conseil des prud'hommes.

Ces dispositions blessent les ouvriers dans leurs intérêts comme dans leur amour-propre. Mais il y a un vice plus profond, un vice fondamental. Le principe sur lequel repose l'institution des prud'hommes est que l'on doit être jugé par ses pairs, de façon que la justice soit rendue le plus impartialement possible et avec plus de connaissance de cause. Or ce principe n'est point suffisamment appliqué.

L'institution des prud'hommes se ressent de son origine. Créée d'abord à Lyon et en vue de fabriques et manufactures, toutes à peu près similaires, on conçoit qu'alors les justiciables aient pu trouver des solutions éclairées. Dans de telles conditions, le conseil des prud'hommes pouvait être comme un tribunal de famille. Mais cela ne se trouve pas encore réalisé à Paris, où d'ailleurs l'institution n'existe que depuis 1845 et 1847. La diversité des industries est trop grande ici pour que, malgré les quatre conseils qui y ont été créés pour les métaux, les tissus, les produits chimiques et les industries diverses, le but de l'institution soit rempli.

Toutes les industries ne sont point représentées au sein des conseils, puisque pour deux cent quarante industries environ, il n'y a que cinquante-deux prud'hommes-patrons et cinquante-deux prud'hommes-ouvriers. Souvent les juges se trouvent ainsi forcément incompétents, ne sachant comment décider sur les détails d'une profession à laquelle ils sont étrangers : ils ne sont plus les juges spéciaux que la loi a entendu établir. Si l'on ne s'en est point tenu au juge de paix, de qui relevaient auparavant les difficultés entre patrons et ouvriers, bien qu'assurément il fût impartial, c'est qu'on a pensé avec raison qu'il ne pouvait être assez initié aux détails de chaque profession et qu'on a senti le besoin d'une justice plus spéciale : l'institution des prud'hommes est basée, en effet, sur la spécialité du juge. Mais en quoi aujourd'hui un menuisier, un marbrier, un charpentier, peuvent-ils, en connaissance de cause, décider ce qui concerne la profession des imprimeurs et des maçons, et réciproquement? Or ils sont placés les uns et les autres dans la même catégorie.

Les prud'hommes ont aussi dans leur mission de surveiller les apprentis, de transmettre des renseignements à l'autorité sur les besoins des industries. Mais comment le pourraient-ils faire utilement quand elles ne sont point toutes représentées et que chacun ne connaît bien que la profession à laquelle il appartient?

Tout cela présente des inconvénients graves, qui le sont surtout pour l'ouvrier. S'il est difficile que cinq, six ou sept professions différentes, placées dans une même catégorie, puissent choisir un même représentant, il est encore, vu leur nombre, plus malaisé aux ouvriers qu'aux patrons de s'entendre pour que chacune soit représentée à tour de rôle. Et s'il est presque impossible de bien apprécier un métier qui n'est pas le sien, cette impossibilité est plus absolue pour l'ouvrier que pour le patron. L'ouvrier alors renonce à l'exercice de son droit plutôt que de s'exposer à être taxé d'incapacité et à fournir ainsi lui-même un prétexte à ceux qui sont disposés à retirer tout droit aux ouvriers. Quand il sait qu'on pourrait se faire une arme de son ignorance, il aime souvent mieux s'abstenir que de donner un argument contre les travailleurs.

Vingt mille affaires par année sont portées devant les conseils de prud'hommes (dont huit mille pour l'un des quatre conseils, celui des industries diverses), et représentent en moyenne cent jugements rendus par journée de séance. Ces chiffres prouvent surabondamment que le nombre des prud'hommes n'est pas en rapport avec les besoins d'une justice exacte en même temps que rapide et peu coûteuse.

On vante le grand nombre des affaires qui sont conciliées : il vaudrait mieux qu'elles pussent être plus mûrement examinées, et qu'ainsi les jugements fussent plus équitables, dussent-ils être moins expéditifs. Le nombre des affaires est trop considérable par rapport au nombre des prud'hommes. La quantité des affaires portées devant le conseil des industries diverses est plus du double de celles portées devant les autres conseils. La nécessité pour les ouvriers de travailler ne leur permet pas de siéger longtemps. L'absence d'indemnité leur rend souvent presque impossible l'accomplissement de ce devoir en même temps que l'exercice de ce droit.

Il est donc urgent d'augmenter le nombre des prud'hommes. C'est seulement lorsque les prud'hommes seront corporatifs que la justice pourra être rendue par eux d'une manière conforme au but de l'institution. Nous ne demandons point la restauration de la corporation de l'ancien régime, nous en connaissons tous les abus, nous savons combien elle était oppressive pour l'individu; mais nous sentons aussi combien un système de séparation et d'isolement d'intérêts est funeste au travailleur. Et c'est pourquoi nous désirons voir se resserrer les liens entre ceux qui font partie d'une même industrie, tout en respectant le principe de la liberté du travail.

Il y a encore un point sur lequel il est convenable d'appeler l'attention : aujourd'hui les causes jugées par les prud'hommes peuvent être portées en appel devant le tribunal de commerce. Et pourtant les tribunaux de commerce n'ont aucun caractère pour réformer les sentences des prud'hommes, puisqu'ils ne sont choisis que par les notables commerçants, et qu'eux-mêmes ne jugent qu'en première instance les causes commerciales qui le sont définitivement en appel devant la cour impériale. On pourrait développer les bureaux particuliers de prud'hommes, dits bureaux de conciliation, de manière qu'ils fussent corporatifs, jugeassent en première instance et séance tenante si conciliation n'avait lieu, et que le bureau général des prud'hommes jugeât en dernier ressort, chambres réunies, comme on dit au palais.

C'est pourquoi les réformes les plus généralement demandées sont :

Mêmes conditions d'âge, d'éligibilité et de domicile que pour l'élection politique ;

Placer le contre-maître dans la catégorie des maîtres et non dans celle des ouvriers ;

Accorder aux prud'hommes une indemnité ;

Augmenter le nombre des conseils pour que les diverses industries puissent être représentées et que l'institution tende à devenir corporative.

Organiser, au moyen de bureaux particuliers et du bureau général, les deux degrés de juridiction, au sein même de la prud'homie, rendue ainsi libre et indépendant tribunal industriel.

Des Syndicats corporatifs mixtes.

21 février 1861.

Le grand intérêt des travailleurs est de s'entendre et de se grouper corporativement. Ce qui fait la faiblesse de chaque ouvrier, c'est son isolement; il est nécessaire qu'il s'unisse aux autres ouvriers qui sont du même corps de métier que lui; car seulement alors il peut sauvegarder ses droits et faire entendre sa voix. Ceux qui président aux destinées de l'industrie l'ont bien compris pour ce qui les concerne personnellement. Les notables ont toujours su se grouper et s'entendre: ils ont puisé dans leur organisation collective une grande force. Ils se donnent même comme les représentants de toute leur industrie. Mais ce n'est pas plus exact et légitime que ne l'était, sous Louis-Philippe, le pays électoral. Quand les notables seuls pouvaient représenter les intérêts politiques de la nation, il était logique que les notables seuls représentassent les intérêts commerciaux et industriels; mais, sous l'empire du suffrage universel, un pays légal industriel est un non-sens.

Dans presque toutes les industries les patrons ont des syndicats. Pourquoi les ouvriers n'auraient-ils pas les leurs? Ce qui ferait dans chaque corporation une petite Chambre des Communes à côté d'une petite Chambre des Lords. Ou mieux encore, pour être conforme au génie unitaire de la France, pourquoi n'aurait-on point, par chaque corps de métier, un syndicat composé, à l'instar des prud'hommes, mi-partie d'ouvriers et mi-partie de patrons? Il n'est pas moins intéressant pour les ouvriers de prendre part à tout ce qui peut aider à la meilleure élaboration des règlements industriels que de participer à la meilleure justice industrielle.

Nous croyons qu'il serait utile que la question fût examinée par l'autorité. Nos députés ne trouveront-ils aucune occasion d'émettre cette idée ? Il y a là le levier d'une transformation pacifique de l'industrie et d'une organisation progressivement améliorée, pour le plus grand bien et le plus grand avantage de tous, constaté par les intéressés eux-mêmes.

Nous demandons donc que les syndicats qui existent dans telle ou telle corporation soient à l'avenir composés mi-partie de patrons et mi-partie d'ouvriers. L'autorité pourrait déclarer qu'elle n'aurait égard qu'aux avis, éclaircissements et réclamations qui lui seraient adressés par de tels organes, se refusant à n'entendre qu'un son quand il s'agit de prendre une détermination qui intéresse tout autant les ouvriers que les patrons.

Et dans les corps de métiers où les patrons ne voudraient pas adhérer à la formation de ces syndicats mixtes, les travailleurs seraient autorisés à désigner des délégués pour former un syndicat d'ouvriers, s'en remettant au temps et aux lumières de l'expérience pour amener les récalcitrants à n'avoir qu'un seul et même syndicat pour la même industrie.

Rien n'est plus juste et rien n'est plus simple. Une loi pourrait déterminer le mode de formation de ces syndicats, les époques de l'élection et renouvellement, ainsi que les sessions syndicales où seraient discutés et élaborés les projets qu'il serait utile de soumettre à la sanction du gouvernement et des Chambres.

Un mode aussi clair mettrait fin à bien des malaises que produit l'anarchie ou oligarchie industrielle. Et tout d'abord il ferait disparaître une injustice d'autant plus criante, que le Code et la Constitution nous proclament tous égaux devant la loi.

On peut trouver une démonstration de la nécessité de ce que nous venons de dire dans l'article suivant, qu'ont publié les journaux de Paris. Ce qu'ils demandent exclusivement pour les notables, nous le demandons pour tous, pour les ouvriers comme pour les patrons. Et à propos de ce traité de commerce, comment ne pas voir que les ouvriers sont intéressés, comme les patrons, à faire entendre leur voix ? car il s'agit non point seulement de pouvoir soutenir l'honneur de l'industrie française en face de l'industrie anglaise, il faut aussi que ce ne soit pas au détriment des ouvriers. Il faut non-seulement que sur le marché les articles de fabrication française ne soient pas inférieurs à ceux de fabrication anglaise, il faut aussi que le salaire de l'ouvrier n'en souffre pas.

« Le nouveau traité de commerce passé entre la France et l'Angleterre va donner à l'industrie française un nouvel essor; la forcer, afin de soutenir la concurrence, de chercher de nouveaux procédés et une plus grande force d'action. C'est en vue de ce traité que quelques joailliers et orfévres de Paris se sont réunis pour former une association dans le département de la Seine.

« Nous avons sous les yeux les statuts de cette association, statuts qui ont été rédigés par une commission nommée dans une assemblée générale. Ils seront soumis prochainement à une nouvelle assemblée, qui les adoptera sans aucun doute, car ils sont fort judicieusement rédigés.

« D'après l'article 2 des statuts, le but de l'association est de régulariser les rapports et de resserrer les liens de confraternité qui doivent exister entre les diverses branches du commerce de diamants, métaux précieux et dorés, de former une Chambre syndicale sous la dénomination de *Chambre syndicale des joailliers, bijoutiers, orfèvres.*

« Puis viennent les attributions de cette chambre syndicale, qu'il serait trop long d'énumérer ici, mais parmi lesquelles nous remarquons celle-ci : Représenter les joailliers, bijoutiers, orfévres dans leurs réclamations près le gouvernement, dans leurs rapports avec l'administration des douanes, de contrôle, des expositions publiques, la chambre de commerce et toutes les sociétés commerciales particulières.

« La chambre syndicale a aussi pour mission d'intervenir comme amiable-compositeur, sur la demande des parties, dans les contestations commerciales qui pourront survenir entre les sociétaires et d'autres commerçants.

« La chambre syndicale, quand elle sera constituée, ne manquera pas de suivre avec intérêt toutes les phases que pourra traverser le commerce de la bijouterie et ouvrages d'argent, et quand des mesures lui paraîtront utiles ou nécessaires, elle les soumettra au gouvernement, qui s'empressera évidemment de les peser, voyant qu'elles sont réclamées par des commerçants notables et bons juges des besoins de leur fabrication et de leur industrie, et élus par leurs confrères. »

L'exemple que nous tirons de ce qui est dit ici des joailliers, bijoutiers, orfèvres, s'applique à tous les corps de métiers. — Mais, pratiquement, nous croyons que, de même que les notables d'entre les joailliers, bijoutiers et orfèvres se sont réunis pour former un syndicat de notables, les ouvriers qui appartiennent à ces corps de métiers feraient sagement de s'entendre pour former une chambre syndicale des travailleurs joailliers, bijoutiers, orfèvres. L'autorité n'y saurait mettre obstacle, car c'est une chose juste et bonne, et surtout de stricte équité. C'est dans cette voie que les travailleurs arriveront à être maîtres de leurs propres destinées et à régler eux-mêmes ce qui intéresse leur sort. — Nous ajouterons que, dans ce renouvellement industriel, la nation puiserait une force immense.

Constitutions corporatives (1).

Il existe des préjugés contre les corporations, mais ils disparaîtront comme ont disparu ceux qui existaient contre les nations. Il fut un temps où l'on disait : Le rétablissement des nations serait une atteinte portée à l'unité catholique, comme

---

(1) Cet article, imprimé ici pour la première fois, est le complément rationnel de ceux qui précèdent.

aujourd'hui l'on dit encore : Le rétablissement des corporations serait une atteinte portée à l'unité nationale ; mais il n'y a pas plus de lèse-nationalité dans un cas que de lèse-humanité dans l'autre. Et les hommes d'État qui craindraient que la corporation ne fît un État dans l'État, ne seraient pas plus sages que les hommes d'Église qui combattaient les nationalités comme coupables de former une unité contre l'unité. C'est une vieille maxime politique, religieuse et sociale, qu'il faut diviser pour régner ; mais elle est repoussée par la civilisation. Ce que l'on peut affirmer, c'est que des corporations libres et prospères renforceront l'unité nationale de la même manière que l'humanité grandit par l'union des nations délivrées.

Qu'est-ce qu'un peuple sans nationalité ? Rien. Il est opprimé par le premier venu ; à peine a-t-il la pitié de quelques-uns, mais il est le jouet du plus grand nombre. Voyez comme les Polonais, les Hongrois et les Irlandais sont écrasés aujourd'hui, comme les Juifs sont errants en tous pays. Comparez les Italiens de la veille avec les Italiens du lendemain. Ce peuple-là seul qui est une nation peut dire : Je suis, je veux, et se faire respecter de tous. Qui n'est fier d'être Français, car nous sommes la grande nation ? Non-seulement on nous respecte, mais nous pouvons aider les autres. — Il en sera de même pour les travailleurs organisés en corporations nouvelles.

Tout peuple appelé à la vie nationale jouit d'une constitution : c'est le propre de tout être organisé. Et cette constitution jaillit d'une pensée-mère, d'une simple conception, comme la constitution de l'homme vient d'un seul germe. Sauf ensuite aux peuples, comme aux individus, à modifier leur constitution personnelle par les règlements de vie qu'il leur convient d'adopter et de suivre.

De même que toutes les constitutions nationales ont pour base les principes de 1789, ainsi toutes les constitutions corporatives auront une même base.

L'idée primordiale sur laquelle reposera toute constitution corporative est celle-ci : La souveraineté de la corporation réside dans l'universalité de ses membres, comme la souveraineté de la nation réside dans l'universalité des citoyens. Nulle fraction, ni groupe, ni individu, ne peut s'en attribuer l'exercice. La volonté générale doit faire loi, mais le suffrage doit être universel.

Adoptant le principe salutaire de la distinction des pouvoirs, à l'image de la nation, il devra y avoir des Chambres corporatives comme pouvoir législatif, des Syndicats corporatifs comme pouvoir exécutif, des Prud'homies corporatives comme pouvoir judiciaire.

Les corporations différentes auront naturellement des constitutions différentes appropriées à leurs besoins. Ce sera aux délégués, régulièrement nommés par le suffrage de tous les membres de la corporation, à en décider. Mais chaque constitution corporative devra être soumise à la sanction de la corporation tout entière par une sorte de plébiscite corporatif. Il va sans dire que le pouvoir législatif national conserve toujours son droit de contrôle pour que rien ne soit fait en violation des lois générales de la nation.

La constitution corporative doit être faite par ceux qu'elle doit régir, librement discutée et votée par leurs représentants. Les chartes octroyées ne sont que peu ou point obéies : elles ont cet inconvénient, que ceux à qui elles sont données sont humiliés de recevoir comme aumône et par grâce ce qui devrait être un contrat consenti, outre que celui qui octroie, et qui eût pu ne pas octroyer, se croit toujours en droit de retirer son bienfait. Et les chartes d'importations étrangères sont toujours odieuses par leur origine et le plus souvent inapplicables comme n'étant pas véritablement appropriées au caractère de ceux à qui elles sont apportées. Ce ne serait pas moins vrai pour les corporations que pour les nations.

C'est un principe admis que les hommes ont le droit de concourir à la confection de la loi à laquelle ils ont le devoir d'obéir. Comment nier aux travailleurs la capacité de la faire ? Quand on peut nommer des députés, voire même élire un empereur, comment se verrait-on refuser la faculté de choisir des délégués corporatifs ? Qui peut le plus peut le moins. En dépit de toutes les prétentions de perpétuer une tutelle surannée, il est incontestable que nul n'est meilleur juge que soi dans ses propres affaires.

Nous ajouterons que les lois qui nous ont été faites pour l'industrie ne sont vraiment plus en harmonie avec l'état actuel. L'industrie a pris depuis quelques années un essor immense. Des machines imprévues ont été créées, autour desquelles des milliers d'ouvriers sont groupés dans la dépendance d'un seul. Si l'industrie, pour ainsi dire patriarcale, a disparu, les lois faites en vue de cette industrie primitive doivent nécessairement être modifiées. Est-ce qu'un peuple qui est arrivé à la conscience de ses devoirs nationaux peut être régi comme une tribu? Il ne serait pas plus sensé de conserver pour les travailleurs émancipés par la science et ses découvertes prodigieuses les lisières du régime patronal, qu'il ne l'eût été de maintenir les peuples civilisés sous la férule de la royauté patrimoniale. Des hommes libres et majeurs ont besoin d'autres lois que celles qui leur étaient appliquées dans leur enfance et minorité. Et la première règle de l'homme majeur, c'est d'être maître de ses actes et par conséquent responsable.

Nous prions qu'on considère ceci : si l'on vous disait : « Il peut survenir chaque jour une crise politique, et vous n'avez nulle possibilité de la prévoir et à plus forte raison de vous garer; vous pouvez être ruinés chaque quart d'heure, » vous trouveriez que c'est un régime insupportable, arbitraire, tyrannique. Nous nous hâtons de concéder que ce n'est plus possible. Les peuples ne le souffriraient plus. Ils sont habitués à jouir d'une certaine publicité qui leur permet de pressentir et d'aviser; et on ne se permettrait pas impunément de ne leur rendre aucuns comptes. —Eh bien, ce qui n'arrive plus pour les peuples en matière politique, arrive tous les jours pour les travailleurs en matière d'industrie. Chaque jour des milliers d'ouvriers peuvent être mis à la porte de leur usine, c'est-à-dire jetés sur le pavé et laissés sans pain. Et ils n'ont pu ni prévoir ni se prémunir. Loin que le patron leur rende aucun compte, le mystère entoure forcément ses affaires. Et nulle indemnité ne leur est accordée. Et si l'usine tombe, c'est l'étranger à la corporation le plus souvent qui envahit le terrain industriel ; et devant cette invasion les ouvriers seraient sans droit !

Nous ne saurions trop le répéter, l'industrie d'aujourd'hui n'est plus comme l'industrie d'il y a soixante-dix ans. L'industrie perd chaque jour son ancien caractère personnel pour prendre le caractère collectif. Comparez donc la tisseranderie de famille d'autrefois avec la tisseranderie des mécaniques d'à présent, ou bien la typographie avec la presse à bras et la typographie à vapeur. Autres industries, autres lois. Les métiers ne sont plus des occupations de famille, ce sont des travaux collectifs. Il serait ridicule de prétendre leur imposer comme jadis les règles d'une administration paternelle.

Ce n'est point le caprice du philosophe qui pose une situation semblable. C'est la science elle-même qui, par le progrès de ses découvertes, par l'élan d'une production incommensurable, fait de chaque industrie comme une petite nation. Il faut donc veiller à ce qu'elle soit gouvernée en conséquence, si l'on veut éviter le désastre de l'anarchie.

Il est du devoir de l'État et de l'intérêt des patrons comme des travailleurs d'aviser pour que la transformation s'opère progressivement et sans secousses violentes.

Il suffit pour cela de faciliter le développement ou la création de toutes institutions corporatives.

Un jour, il n'y aura dans chaque corporation qu'une Chambre corporative, et l'on ne tiendra compte pour le Syndicat corporatif et la Prud'homie corporative, de la qualité de patrons ni de celle d'ouvriers pas plus qu'aujourd'hui on n'a égard ni à la noblesse ni à la fortune pour nommer les juges ou élire les députés.

Mais, dans la situation présente, il est préférable qu'il y ait deux Chambres : la Chambre des patrons et la Chambre des ouvriers. Le mot de Syndicat restant réservé pour désigner le pouvoir exécutif, le Syndicat corporatif serait formé par des membres élus moitié par la Chambre des patrons, moitié par la Chambre des ouvriers, et il tiendrait la main aux règlements votés et pourvoirait aux nécessités administratives dans l'intervalle des sessions des Chambres corporatives. Les prud'hommes seraient désignés moitié par les patrons, moitié par les ouvriers.

Comme la nation est partagée en régions et en communes, ainsi la corporation sera partagée en sections et en ateliers. Et comme il y a un conseil communal et un conseil général ou régional, il y aura aussi les conseils corporatifs de section et d'atelier. Et les délégués seront nommés en raison du nombre des travailleurs comme les députés et conseillers le sont en raison de la population.

Que d'immenses progrès peuvent ainsi être réalisés! Il y aura une banque corporative, un grand-livre corporatif. Un crédit pourra être corporativement ouvert aux ouvriers, comme les commerçants en ont un ouvert au comptoir d'escompte. Il y aura un enseignement professionnel par l'éducation corporative; une bibliothèque corporative; une statistique corporative; un *Moniteur* de la corporation. La corporation aura ses bazars, elle s'ouvrira des débouchés, et tous les membres profiteront de la prospérité de la corporation. Les conditions du travail, de la rétribution et des bénéfices seront fixés par les Chambres corporatives. Les tarifs seront faits et modifiés par elles. C'est à elles aussi qu'il appartiendra de déterminer les heures de travail et les jours de repos. Il n'y aura plus de chômage, parce que les Syndicats et les Chambres prévoiront les besoins et harmoniseront le travail en conséquence. Pourquoi des grèves quand on peut s'entendre à l'amiable!

Voici l'un des premiers bienfaits de cette rénovation industrielle. Supposons les patrons embarrassés; ils viendront et ils diront aux ouvriers: Contentez-vous de tant à présent; ou bien encore: Donnez-nous plus d'heures pendant tant de semaines, l'intérêt corporatif l'exige, plus tard nous vous en tiendrons compte. Et réciproquement, les ouvriers à un autre moment pourront dire:

Notre salaire ne nous suffit pas, soyez justes. On discutera et l'on se rendra à de bonnes raisons.

Avec une telle organisation, les ouvriers ne seront plus faibles et isolés en face de leurs patrons, ni réduits, pour se faire rendre justice, à prendre une attitude séditieuse. Les patrons pourront faire valoir les motifs de force majeure qui souvent dominent leur volonté. Et l'autorité aussi pourra s'éclairer sur le véritable état des choses et faire régulièrement parvenir ses conseils.

Mais, nous dira-t-on, les corporations formeront-elles des associations libres et volontaires? Nous répondons : Vous pouvez faire partie de la corporation et vous en retirer, comme vous pouvez être Français ou renoncer à votre nationalité. Mais tant que vous faites partie de la corporation, vous êtes soumis à ses lois. — Il va sans dire que les associations industrielles privées sont libres au même titre que les associations politiques particulières, pourvu qu'elles ne soient pas destructrices de l'unité corporative ni de l'unité nationale.

Sous l'ancien régime, on tenait à honneur de vivre noblement sans rien faire. Aujourd'hui déjà le travail est assez honoré pour que l'homme soit fier de vivre de son travail.

Bientôt dans la corporation tous seront travailleurs, comme tous sont citoyens dans la nation.

4 août 1861.

FIN.

Paris. — Imp. Poupart-Davyl et Comp., rue du Bac, 30.

LETTRE

SUR

LA GRÈVE DES OUVRIERS DU BATIMENT

A LONDRES

PAR

M. FABIEN MAGNIN

Ouvrier menuisier.

« Ordre et Progrès. »
Devise politique du Positivisme.

PARIS
CHEZ DUNOD, SUCCESSEUR DE VICTOR DALMONT
Libraire du Corps des Ponts et Chaussées et des Mines,
49, QUAI DES AUGUSTINS
—
OCTOBRE 1861
71ᵉ année de la grande crise.

AVIS

Dans notre époque de concurrence effrénée, l'exemple allant des patrons aux ouvriers menace de changer le champ de l'industrie en une arène de lutte, où l'égoïsme seul aurait ses coudées franches, juste au moment où les sentiments sociaux sont le plus nécessaires pour aider précisément à traverser cette crise de fiévreuse concurrence. Tel est l'effet qui tend à se produire et qui se produirait nécessairement, s'il n'y avait dans la masse prolétaire de l'Occident de nombreux et énergiques éléments d'ordre et de progrès, capables de limiter les écarts de l'industrialisme, comme l'avait prévu depuis longtemps Auguste Comte, le fondateur de la doctrine positiviste.

Un événement récent et mémorable vient de fournir

une preuve de la justesse des prévisions de ce philosophe. Voici le fait.

Les patrons de cinq corps d'état du batiment, à Londres, ont tenté de détruire l'institution du travail *à la journée*, pour le remplacer par le travail *à l'heure*; les ouvriers ont protesté, et ont décidé que deux de ces corps d'état se mettraient en grève. Ce sont les maçons en pierre et les maçons en brique. — Notons en passant que les grèves n'ont pas, en Angleterre, les mêmes inconvénients qu'en France, attendu que la loi anglaise les autorise.

Cet événement, que les journaux français ont à peine annoncé, nous serait resté longtemps inconnu, sans la bienveillante intervention d'un jeune positiviste anglais, M. James Winstanley, qui, par un mémoire adressé a la Société positiviste de Paris, nous en a fait connaître l'ensemble et la plupart des détails, ainsi que sa propre opinion sur ce sujet ; opinion que nous partageons sans réserve, et qui est entièrement favorable à la détermination des ouvriers anglais.

Après un examen attentif des faits, nous pensons que la tentative de supprimer le travail *à la journée* est d'autant plus fâcheuse que cette institution est la plus ancienne et la plus fondamentale de notre régime industriel; qu'elle est la base de la grande division des producteurs en entrepreneurs et ouvriers, qui permet la centralisation dans le commandement, et la division dans l'exécution ; qu'elle est la base de la fixité du salaire dû à tout ouvrier probe et persévérant (et chacun sait que le nombre en est grand); qu'enfin, c'est cette institution qui entretient le mieux les bonnes relations entre les patrons et les ouvriers.

Ce sont ces considérations qui m'ont déterminé à écrire à M. Richard Congreve, membre du Conseil positiviste, et directeur du positivisme en Angleterre, la lettre suivante, non dans l'intention de pousser à la grève, mais bien dans l'intention d'aider à terminer au plus tôt ce regrettable conflit.

F. MAGNIN.

LETTRE

SUR

LA GRÈVE DES OUVRIERS DU BATIMENT

A LONDRES

ORDRE ET PROGRÈS

Paris, le 2 Gutenberg 73 (11 août 1861).

Cher et honoré confrère,

C'est grâce à la bienveillante sollicitude de M. Winstanley que j'ai pu connaître la nouvelle phase dans laquelle la grève des ouvriers de Londres vient d'entrer. J'ignorais même l'existence de cette grève, les journaux gardant à ce sujet un silence systématique et probablement concerté. Je sais infiniment gré à notre sympathique confrère de m'avoir fait connaître un fait d'une si grande importance, à savoir, la transformation d'un certain nombre de prolétaires en défenseurs et gardiens spontanés des derniers liens moraux et sociaux qui les unissent encore à leurs patrons. Leur intention, nettement formulée, de maintenir le travail *à la journée*, me prouve que, s'ils n'ont pas une connaissance exacte de tous les motifs qui militent en faveur de leurs tendances, ils en ont au moins un admirable sentiment.

C'est ici une occasion de regretter profondément que la doctrine à la fois si noble et si sympathique d'Auguste Comte leur soit inconnue, car il n'est pas douteux qu'ils l'eussent suivie, puisque d'eux-mêmes ils sont entrés dans cette voie. Plus qu'aucun de nous vous êtes bien placé, et à la fois digne et capable, pour apprécier cette intéressante situation. Aussi j'ose vous prier, au nom des positivistes français, de nous faire connaître de quelle manière nous pourrions le mieux servir nos frères ouvriers d'Angleterre. Nous vous prions aussi de leur faire agréer l'expression de nos fraternelles sympathies, ainsi qu'une faible souscription, destinée surtout à mieux affirmer nos sentiments. C'est pour nous un spectacle consolant que de voir des révolutionnaires prendre (sans cesser d'être progressistes) la défense des institutions morales et sociales établies par nos ancêtres, et sanctionnées par une longue expérience. Ce fait me donne à penser que ces hommes sentent leur force, et ils le prouvent en l'employant avec prudence et modération ; et s'ils sont persévérants comme on l'est d'habitude dans votre pays, ils ont les qualités de caractère qui constituent un véritable pouvoir pratique, auquel on peut et doit dire la vérité. C'est cette croyance qui m'a déterminé à vous prier de leur faire connaître les considérations sociales suivantes sur les relations entre ouvriers et patrons ; considérations que je crois propres à éclairer la question des grèves, à les limiter, et surtout à en régler l'emploi. Jusqu'à présent les grèves ont eu un caractère d'égoïsme collectif inévitable ; elles ont été faites par des gens ayant une certaine force et s'en servant pour en acquérir de nouvelles, se coalisant pour mieux défendre leurs intérêts. C'était là un excellent moyen de développer leurs forces; mais, cela fait, elles doivent, comme toutes les autres forces, être moralisées, c'est-à-dire mises au service des sentiments sociaux, pour les faire servir à défendre les intérêts de ceux qui sont encore trop faibles. C'est d'ailleurs un puissant moyen d'augmenter ses forces, que de montrer qu'on en a de reste, en rendant des services désintéressés, en accompagnant toujours de sentiments généreux tout emploi de la force, et en ne faisant que des réclamations rigoureusement justes.

Je suis heureux, à ce sujet, de constater que la grève des ouvriers de Londres, ainsi que celle qui a eu lieu récemment en Belgique, a pleinement satisfait aux conditions de légitimité nécessaires à ces sortes de luttes, c'est-à-dire qu'ayant à défendre une cause juste, elles n'ont montré aucune exigence blâmable. Mais cette défense n'en est pas moins un combat qui, comme tout autre, quoique d'une manière moins apparente, compromet l'existence d'une foule d'êtres humains complétement innocents, appauvrit la société et, surtout, développe les mauvais sentiments, sans jamais pouvoir donner de résultats définitifs, capables de modifier le fond de la question ; ce n'est toujours que l'application de la force à des questions du domaine social et moral.

Pour toutes ces raisons, je ne saurais trop recommander la plus rigoureuse prudence et la plus bienveillante modération ; car s'il est nécessaire d'éviter toute faiblesse, il l'est encore davantage d'éviter tout emportement. D'ailleurs, les grèves ne sont pas le seul moyen qui nous reste pour rétablir les relations interrompues, et même résoudre le redoutable problème des temps modernes : problème qui consiste à déterminer le concours de plus en plus actif et de plus en plus volontaire de tous les membres de la société, pour augmenter la somme de bien-être possible, en augmentant dans la même proportion la somme de liberté de chaque membre de la société. Ce problème, le régime positiviste s'est montré jusqu'ici seul capable de le résoudre, et dès aujourd'hui, sans entrer dans des dissertations philosophiques qui seraient au-dessus de mes forces, il est possible de faire voir la supériorité de ce régime, par la simplicité qu'il apporte dans la position du problème. C'est ainsi qu'il fait justice d'une erreur étrange qui trouble depuis longtemps toutes les discussions qui ont rapport aux relations entre patrons et ouvriers.

Je veux parler de ce préjugé, commun aux uns et aux autres, qui consiste à croire qu'ils doivent être naturellement en guerre, ayant des intérêts naturellement opposés.

Tout le monde partage plus ou moins cette croyance, sans y prendre garde; cela tient à ce qu'au lieu de se placer au point de vue social, pour traiter une question d'un aussi haut intérêt général, on se place tout au plus au point de vue de sa propre classe, tandis qu'au contraire, on devrait toujours se placer, même pour des questions personnelles, au point de vue social. L'oubli de ce principe a produit ce singulier phénomène, de faire considérer des intérêts identiques et solidaires comme étant exclusifs et diamétralement opposés. Il n'en est rien, cependant ; malgré toutes les apparences, les intérêts des ouvriers ne sont pas plus opposés à ceux des patrons, que les intérêts des soldats d'une armée conquérante ne l'étaient à ceux de leurs chefs, aux époques de légitime conquête. Que se proposait-on, en effet, aux époques héroïques? Quel était le but de tout homme valide? Procurer à sa patrie la plus grande somme de bien-être et de sécurité possible dans son temps. Que doivent se proposer les hommes valides, dans l'époque industrielle et pacifique qui est la nôtre? Le même problème, seulement ayant acquis une ampleur inconnue de tout temps : procurer la plus grande somme de bien-être et de sécurité à toute la famille occidentale d'abord, et graduellement à toute la famille humaine. Plus heureux que nos ancêtres qui étaient obligés de détruire pour atteindre leur but, nous ne sommes tenus qu'à produire, et, de plus, nous avons à notre disposition, comme héritage légué par nos ancêtres, une masse énorme de capitaux matériels, intellectuels et moraux, qui, lorsque nous prendrons la peine de nous en servir d'une manière rationnelle, nous rendront la tâche facile, et même agréable pour les bonnes natures. Eh bien, malgré tous ces avantages, nous atteignons comparativement moins bien le but que ne le faisaient nos ancêtres. Cela tient à ce que nos esprits et nos cœurs ne se sont pas encore élevés à la hauteur de nos devoirs, quoique ces devoirs soient moins difficiles à remplir que les leurs, comme le montre clairement la comparaison entre les deux devises. Celle des anciens était : « *Mourir pour la patrie.* » Tandis que celle des modernes est : « *Vivre pour autrui.* » C'est, de part et d'autre, la protection des faibles par les forts. Les anciens protégeaient par la guerre ; nous, nous devons protéger par le travail. Et si jusqu'à présent notre travail a si mal protégé les faibles, cela ne tient pas à son insuffisance ; cela tient surtout à ce que notre concours n'est pas volontaire, ce qui oblige la société d'entretenir à nos dépens une armée d'employés sans cesse occupée à déterminer de notre part un concours légal à défaut du concours volontaire. Le simple énoncé de ce fait suffit pour en faire comprendre la gravité, et la fatale influence qu'il exerce sur nos destinées. Il est seulement deux points sur lesquels je dois attirer l'attention.

Premièrement, c'est que, nos ancêtres n'ayant pas à payer une armée d'employés chargés de déterminer leur concours, ils pouvaient disposer de la totalité des profits de leur entreprise en faveur de leur patrie.

Secondement, c'est que ce défaut de concours volontaire de la part des producteurs, ouvriers ou patrons, se trouve être la principale cause des maux qui accablent les populations les plus travailleuses. En effet, les patrons, obligés de prélever sur les bénéfices de quoi payer l'armée innombrable d'administrateurs et de surveillants, officiels ou autres, chargés de déterminer leur concours, ainsi que celui de leurs ouvriers, ne peuvent plus payer un salaire suffisant; de là les grèves, qui, dans ce cas, ne font qu'aggraver le mal. Il ne peut y avoir, et il n'y aura, à ce mal, qu'un seul remède : c'est le retour au concours volontaire de tous les producteurs, seul moyen de permettre aux patrons d'élever graduellement les salaires, pour qu'un jour l'ouvrier puisse laisser sa femme dans sa maison, créer paisiblement de nouveaux travailleurs; seul, mais précieux produit que nous ne pouvons attendre que d'elle. De leur côté, les ouvriers doivent éviter tout ce qui pourrait entraver la libre production des choses utiles et même agréables, tant qu'il n'est pas bien démontré qu'elles dépassent les besoins.

Le cadre d'une lettre est bien étroit pour y traiter de telles questions; et je crains d'avoir déjà abusé. Néanmoins il est un point sur lequel je demande à dire quelques mots.

A entendre les économistes, il semblerait qu'ils ont cru naïvement que la société était de tout temps partagée en consommateurs et producteurs. L'ont-ils cru ? Je ne sais. Quoi qu'il en soit, ils l'ont dit sur tous les tons, et une de leurs variantes favorites est celle-ci : Quand les consommateurs manquent, l'industrie souffre, s'encombre et s'arrête. Qu'est-ce que cela signifie? Est-ce que les producteurs, riches ou pauvres, ne sont pas des consommateurs permanents? c'est ce qu'on appelle la société : immense composé de forts et de faibles, les forts s'attachant particulièrement à produire, et les faibles s'attachant surtout à conserver les produits (telles sont les femmes, par exemple, considérées comme ménagères). C'est leur manière de travailler et d'être encore producteurs.

Plusieurs animaux même font partie de l'une et l'autre série. Ainsi, l'être le plus infime, ne pouvant donner, en échange du bien qu'on lui fait, que tout au plus un peu de reconnaissance ; le cheval si vaillant; le chien si fidèle et si dévoué; l'homme le plus faible, cultivant ses bons sentiments pour se rendre plus digne des services qu'on lui rend ; le laboureur si persévérant dans sa tâche nourricière ; l'artisan si habile à produire les agréments de la vie; le poëte dont le génie embellit notre existence ; le philosophe dont les principes et la morale ont produit l'existence sociale; tous sont des producteurs volontaires, et par conséquent tous sont aussi (quoique dans des degrés différents) de dignes consommateurs. C'est pour eux qu'il s'agit de produire bien-être et sécurité: l'industrie humaine n'a pas d'autre but, et chacun peut y employer ce qu'il a de cœur, d'esprit et de force, sans crainte de le dépasser. Néanmoins, la société consent à faire une large concession: dans la crainte de laisser manquer de loisir un seul homme de génie, elle consent à fournir un excès de bien-être et de sécurité à un grand nombre de ses membres, en se réservant de les rappeler à l'ordre en cas d'abus.

Voilà, je crois, une respectable collection de consommateurs, qui ne laisse rien à désirer, sous le rapport du nombre, ni sous celui de la variété, et le plus simple bon sens suffit pour faire comprendre qu'il n'en faut pas chercher d'autres. Quels sont donc ces consommateurs spéciaux et si précieux dont l'absence, dit-on, paralyse l'industrie? En quoi peuvent-ils nous être utiles, s'ils ne sont pas producteurs? Que pourront-ils nous donner en échange de nos produits? Voyons un peu. Aussi bien, ils paraissent désireux de fixer l'attention.

De tout temps il y a eu des gens de mauvaise foi; mais de notre temps, où le régime catholico-féodal ne dirige plus l'activité, et où le positivisme ne la dirige pas encore, le nombre s'en est considérablement accru. Aussi est-il arrivé souvent que des fabricants et des marchands peu scrupuleux, ayant encombré le marché de produits défectueux, inutiles et même nuisibles, ont profité de l'ignorance des acheteurs et attiré à eux des capitaux qui étaient destinés au commerce loyal, à l'industrie utile. En même temps, ils ruinaient leurs acheteurs par la non-valeur de leurs produits, et bientôt bonnes et mauvaises marchandises restaient dans les mains des marchands, par cette bonne raison que leurs capitaux, ayant été mal employés, ne donnaient pas de profits ; les acheteurs durent souvent attendre longtemps de nouveaux capitaux avant de reparaître sur le marché. Ce que voyant, les économistes se mirent étourdiment à dire : Nous manquons de consommateurs ; au lieu de dire simplement : nous manquons de bons produits, et nous manquons du capital qui a servi précédemment à en acheter de mauvais. Tant que les économistes furent seuls à tenir ce langage, on n'en vit pas le danger, mais lorsque le public l'eut adopté, les parasites à qui tout désordre fournit une bonne aubaine, renchérirent sur le langage du public, et je ne connais pas d'extravagances, de bassesses, ni de violences qui n'aient été mises en œuvre pour se procurer des consommateurs. Je ne veux pas remuer cette boue pour en retirer quelques formules ; elles ne sont que trop connues. Il vaut mieux guérir le mal, dès qu'on le connaît bien.

Je dirai au fabricant et au marchand : Revenez au commerce loyal, car si vous appauvrissez vos acheteurs, vous tarissez les sources de votre prospérité. Je dirai aux ouvriers : Le mal que je signale est plus grand qu'on ne croit ; les grèves n'y peuvent rien. Le seul remède est de remplacer par des opinions positives les sophismes ridicules à l'aide desquels on fait croire au manque de consommateurs.

Tous ceux qui savent parler et agir loyalement possèdent le remède ; qu'ils l'appliquent, et bientôt ce mal ne sera plus.

Pour moi, si je puis, si peu que ce soit, contribuer à obtenir ce résultat, j'aurai accompli un de mes vœux les plus chers.

Daignez recevoir, cher et honoré confrère, l'expression de mon respect et de mon dévouement fraternel.

FABIEN MAGNIN,

Ouvrier menuisier, Président de la Société Positiviste.
Passage Feuillet, 16 (faubourg Saint-Martin).

A M. Richard Congreve,
Esquire, à Wandsworth
Surrey, près Londres.

Paris. — Imprimerie VALLÉE et Cⁱᵉ, 15, rue Bréda.

Extrait du Catalogue des publications de l'École positiviste.

ANGLETERRE

Gibraltar, or the forcing policy of England, by Richard Congreve M. A. — London, John W. Parker and son, West Strand, 1857.

India, by Richard Congreve. — London, John Chapman, 8, King William street, Strand, 1857.

Italy and the Western Powers, by Richard Congreve. — London, John Manwaring (successor to John Chapman), 1860.

A Letter on the Strike, by Richard Congreve. — London, 1859.

The Labour question. — 1° A letter from a french working man on the present strike. 2° A rapport on the labour question presented to the Positivist Society (translated from the french of M. Fabien Magnin). — London, George Manwaring, 1861.

AMÉRIQUE
(États-Unis)

Comte's Positivist calendar, by Henry Edger.

Modern Times. The Labour question and the Family, by the same.

LES
ASSOCIATIONS
CONSÉQUENCES
DU PROGRÈS

CRÉDIT DU TRAVAIL

PAR

J.-P. BELUZE.

PARIS,
CHEZ L'AUTEUR, RUE BAILLET, 3.

JANVIER 1863.

AVERTISSEMENT

En écrivant les pages qui vont suivre, nous n'avons pas eu la pensée de faire un traité sur les associations ouvrières.

Nous voulons appeler l'attention sur une situation qui nous paraît pleine de périls; indiquer le remède qui nous paraît seul capable de les conjurer, et prendre l'initiative d'une institution que nous croyons appelée à rendre les plus grands services aux travailleurs et au pays tout entier.

On nous accusera peut-être de témérité. On nous dira peut-être : Qui êtes-vous pour prendre une semblable initiative ?

Nous ne nous dissimulons ni notre insuffisance, ni les difficultés de la tâche que nous entreprenons. Notre excuse sera seulement dans l'ardent amour pour le bien public, dont nous nous sentons animé, et dans la volonté que nous avons d'aider à nos frères les travailleurs, à conquérir le bien-être l'instruction et l'éducation, à la faveur desquelles ils s'élèveront progressivement aux degrés supérieurs de la civilisation.

Nous sommes sans titres pour nous présenter à la confiance de nos concitoyens; nous n'avons pas du moins ceux qui ont l'habitude de la captiver : la fortune et la position sociale. Nous n'occupons et n'avons jamais occupé de fonction dans l'État que celle de citoyen. Mais quinze années d'études et de pratique en ce qui concerne les associations, nous ont peut-être permis d'acquérir quelque expérience dans cette question, et nous osons espérer, en y travaillant, pouvoir rendre quelques services à notre pays.

Nous prenons l'initiative, parce que nous ne la voyons prendre par personne de plus capable et de mieux placé ; parce que, encouragé par quelques amis, sollicité par d'autres, on nous assure qu'elle est nécessaire au développement des associations et nous nous y déterminons surtout, avec la confiance que l'importance de l'œuvre à laquelle nous nous dévouons sera comprise et qu'elle attirera le concours de tous les hommes véritablement dévoués aux intérêts du peuple.

Nous avons essayé de montrer que l'association est la conséquence naturelle du progrès social ; que les découvertes de la vapeur, de l'électricité, l'application des machines à l'industrie, etc., rendent les associations de plus en plus nécessaires, indispensables même : que, pour s'organiser convenablement et pour suppléer au manque de capital, au défaut d'expérience, elles ont besoin d'un centre commun, d'un commanditaire qui puisse aider les travailleurs de sa bourse et de son expérience. Nous disons que ce n'est point là le rôle de l'État et nous proposons la formation d'une société particulière, une sorte de Banque du travail qui remplirait ce rôle à ses risques et périls. Puissions-nous n'avoir pas trop été au-dessous de notre tâche, et avoir fait partager nos convictions à ceux qui peuvent nous aider dans l'intérêt des travailleurs!

J.-P. B.

LES ASSOCIATIONS

CONSÉQUENCES

DU PROGRÈS.

CHAPITRE PREMIER.

§ Ier. — Le Progrès.

Ce mot, PROGRÈS, caractérise notre époque et exprime la révolution qui s'accomplit dans les idées et dans les faits. L'humanité est saisie d'un travail nouveau; une sorte de fièvre l'agite et la met en mouvement : elle obéit à une impulsion irrésistible qui la précipite en avant à la conquête d'un monde inconnu. Les peuples, en entendant prononcer le mot progrès, semblent se réveiller comme d'une longue léthargie et chercher leur route vers l'avenir.

Longtemps l'homme, enveloppé dans les ténèbres répandues sur toutes les intelligences par une fausse conception de la vie, ignorant les lois qui président à son développement et le ramène nécessairement dans la voie que lui a tracée le grand Architecte de l'Univers, put croire qu'il vivait dans un milieu où tout était immobile; que lui-même devait se perpétuer de génération en génération, mais sans se modifier. Persuadé que ses ancêtres avaient été semblables à lui, il ne doutait pas que ses descendants ne dussent lui ressembler en tous points. Assignant pour borne au monde physique les limites de son horizon, il était naturel qu'il donnât des limites également restreintes au monde moral et au monde intellectuel; et pour se mieux renfermer dans ces étroits espaces, il devait établir son système religieux en conformité avec ses connaissances. L'immobilité fut érigée en dogme; la religion et la politique, d'accord sur ce point, considéraient, comme hérétiques et factieux, toutes pensées et tous efforts tendant à sortir de ce cercle, sorte de muraille de la Chine imposée à l'esprit et à l'activité de l'homme, bien plus difficile à franchir que celle du céleste empire.

Mais c'est en vain que l'humanité cherche à se fixer, pour ainsi dire, dans le temps et dans l'espace, c'est inutilement que l'homme donne un caractère sacré aux barrières qu'il s'impose; pendant qu'il invente des supplices pour punir celui qui tentera de les franchir, une voix intérieure lui crie : Marche! Marche! et poussé par un mouvement irrésistible, les plus grands cherchent à voir au-dessus des barrières; s'élevant par l'étude, ils aperçoivent au delà de nouveaux horizons qui les attirent. Vainement l'aveugle routine frappe les plus hardis, la même voix, qui a poussé les premiers en avant, retentit continuellement et entraîne sur leurs pas de nouvelles victimes qui succomberont à leur tour; mais, avant de tomber, chacune d'elles fait à la muraille une nouvelle brèche par où passeront ceux qui les suivent.

Enfin, le cercle est rompu, et l'humanité, en possession d'elle-même, peut s'élancer à la conquête des biens que lui a destinés la Providence ; une ère nouvelle s'ouvre devant elle ; elle reçoit une révélation nouvelle ; un dogme nouveau se formule : elle découvre et reconnait la loi du PROGRÈS ! C'est en vain que, dans son ignorance, l'homme a proclamé l'immobilité ; il peut bien ériger en loi ses conceptions, formuler des systèmes ; mais il ne peut rien changer aux lois naturelles ; il peut les méconnaitre un moment, mais il ne peut s'y soustraire, et, bien qu'il proclame l'immuabilité, tout marche, tout se transforme, et le progrès, malgré qu'on se refuse à le voir, se manifeste partout.

§ 2. — La Réforme.

Quel magnifique spectacle se présente à notre esprit quand nous considérons toutes les réformes opérées dans les deux derniers siècles seulement ! C'est à peine si l'imagination la plus hardie ose le concevoir ; et cependant la loi du progrès s'accomplissant prépare et nécessite tout à la fois de nouvelles réformes, car tout se tient et tout s'enchaine, aussi bien dans l'ordre physique que dans l'ordre moral, aucune réforme ne s'effectue sans en préparer d'autres. Qu'une nouvelle machine, par exemple, soit inventée, elle donnera bientôt naissance à une foule d'applications qui engendreront la confection de produits nouveaux.

Qu'en chimie on découvre les propriétés jusqu'ici inconnues que peuvent avoir une immense quantité de végétaux qui nous environnent et dont nous savons à peine les noms, nous ne tardons pas à les utiliser, soit directement, soit en les combinant avec d'autres malières pour nous en faire des remèdes propres à guérir nos maladies ou des couleurs pour teindre nos tissus, etc.

De même, en physique, la reconnaissance d'une loi naturelle donne naissance à une foule de découvertes secondaires qui augmentent incessamment la somme des connaissances humaines, et toutes ces conquêtes de l'esprit humain, composant ce qu'on appelle les sciences naturelles ou sciences positives, concourent à faire disparaître peu à peu les erreurs et les préjugés.

Et qu'on ne s'y trompe pas, malgré les apparences contraires qui peuvent être observées à certains moments de la vie des peuples, le développement des connaissances humaines dans l'ordre matériel provoque les réformes dans l'ordre moral, éveille les sentiments de justice, d'ordre et de solidarité qui relient tous les membres de la grande famille humaine; et s'il est vrai qu'à certain moment, et sous l'influence de circonstances particulières, les forces morales de l'humanité paraissent décroître en proportion du développement des forces physiques, il n'en est rien cependant; cette décadence morale n'est qu'apparente et l'on peut regarder comme certain que le progrès, qui s'accomplit par des réformes successives dans toutes les branches de l'activité physique de l'homme, prépare et facilite tous les progrès et toutes les réformes morales. Aussi est-ce avec la satisfaction la plus sincère que nous constatons chaque découverte qui met une nouvelle force à notre disposition, en augmentant ainsi la somme de puissance dont l'homme peut disposer. A ce point de vue, nous considérons la science comme la source de tout progrès.

§ 3. — La Science.

Considérée au point de vue général, la science est l'ensemble des connaissances humaines; mais celles-ci se divisent et se subdivisent en une infinité de connaissances spéciales qui toutes prennent ou peuvent prendre le titre générique de science, auquel on ajoute une dénomination spéciale pour indiquer la connaissance particulière dont on entend parler; mais on a l'habitude de former de grandes divisions en groupant diverses branches que les savants subdivisent pour étudier plus facilement et plus complétement chaque partie. C'est ainsi que la médecine, la botanique, la chimie, la physique, l'astronomie sont autant de grandes divisions qui donnent lieu chacune à des études très-variées (1).

Chacune de ces parties, qui composent la somme des connaissances acquises, a son importance et son utilité; aucune ne pourrait être négligée sans que la société en souffrît un préjudice plus ou moins grave, suivant que les études négligées sont plus ou moins directement en rapport avec les besoins les plus immédiats de l'homme.

La médecine qui se propose la guérison de nos maladies; la botanique qui nous apprend à connaître toutes les plantes qui nous entourent et forment l'ornement de nos jardins, la richesse de nos champs et de nos forêts; la chimie qui nous révèle les services que nous pouvons en retirer pour notre bien-être, qui nous permet de décomposer tous les corps pour en connaître tous

(1) C'est ce qu'on appelle les sciences positives, parce qu'elles sont fondées sur l'expérience et l'observation, qui ont permis de constater l'existence des faits ou des phénomènes se reproduisant invariablement.

les éléments ; la physique qui nous fait connaître les lois naturelles qui régissent le monde matériel ; l'astronomie qui nous permet de sonder l'immensité de l'espace et de calculer le mouvement des astres qui composent notre univers visible. Rien de tout cela ne pourrait être négligé sans que nous en souffrissions plus ou moins.

Il en est de même de la mécanique sur laquelle nous reviendrons, à cause de la place importante qu'elle a prise dans la vie des sociétés modernes ; mais avant nous voulons dire deux mots des sciences morales et sociales qui ont pour but l'étude de l'homme et de la société.

§ 1. — Science morale et sociale.

Quoi de plus intéressant et de plus important à connaître que l'homme pris individuellement et considéré dans sa nature même ; puis considéré au point de vue social, dans ses rapports avec ses semblables et la nature extérieure ? Tel est l'objet des sciences morales et d'économie sociale.

L'importance des questions soumises à l'examen par l'étude de ces sciences a de tout temps attiré l'attention des plus grands esprits. Les problèmes qu'elles soulèvent ont enfanté beaucoup de systèmes, mais qui, pris dans leur ensemble, peuvent être classés en deux grandes divisions fondées sur deux principes opposés.

D'un côté, les partisans de l'initiative individuelle, considérant chaque homme comme un centre absolu devant tendre constamment à s'approprier tout ce qu'il peut posséder à l'exclusion d'autrui ; ce système est *l'individualisme*.

De l'autre côté, ceux qui considèrent tous les hommes comme ne formant qu'une même famille, l'humanité leur recommandant l'union, l'amour et l'association ; c'est le *socialisme*.

Dans l'individualisme, chacun rapportant tout à soi, il doit nécessairement en résulter un antagonisme plus ou moins violent, suivant le tempérament des hommes, le milieu dans lequel ils vivent et l'importance des intérêts qu'ils se disputent, chacun se trouvant presque toujours seul en lutte d'intérêt contre tous ses semblables, toutes ses facultés se trouvent sollicitées pour la défense des intérêts particuliers et ces facultés tendent à se développer en proportion des besoins de la lutte; c'est ce qu'on appelle l'*émulation*. Il est incontestable que, dans l'état de notre civilisation, avec l'éducation et l'instruction que nous avons reçues, il est incontestable, disons-nous, que cette constante sollicitation à l'activité a des avantages sérieux, et dont il convient de tenir compte ; mais il n'est pas moins incontestable qu'elle a des inconvénients non moins grands, dont les résultats désastreux engagent tous les cœurs généreux à chercher un remède aux maux incalculables qui découlent de ce mode d'émulation.

Nous avons reconnu l'efficacité de ce système individualiste pour développer les facultés productives de l'individu ; mais il a en même temps l'inconvénient de développer toutes les passions, tous les instincts égoïstes et d'étouffer ou de comprimer tous les sentiments généreux, toutes les facultés affectueuses, si nous pouvons nous exprimer ainsi, que le Créateur a déposées dans le cœur de chacun de nous. En nous mettant dans la nécessité de conquérir notre existence sur nos semblables, nous nous habituons facilement à les considérer comme des ennemis. La réussite de nos projets, nos succès en un mot, dépendent presque toujours de la défaite d'autrui ; nous nous familiarisons peu à peu avec l'idée qu'il faut réussir et vaincre à tout prix, et nous finissons par considérer le mal de nos semblables comme une chose nécessaire quand il nous est profitable.

Qui de nous n'a entendu les plaintes et les lamentations des spéculateurs en grains qui, ayant compté sur une cherté extraordinaire par suite de nos mauvaises récoltes, avaient fait des achats considérables en vue de réaliser de gros bénéfices. Ils avaient calculé que le pain vaudrait 30 centimes le demi-kilogramme pendant un certain temps ; il n'en valait que 20. Nous avons entendu des gens considérer cela comme une grande calamité, et se plaindre très sérieusement du Gouvernement qu'ils accusaient d'en être la cause pour avoir décrété la liberté du commerce des céréales.

Et, il faut bien le reconnaître, en se plaçant au point de vue de ces négociants, leurs plaintes étaient fondées ; car, comptant vendre cher, ils avaient acheté à un prix élevé et se trouvaient obligés de revendre à perte. Ce bon marché du pain, qui sauvait de la misère des millions de travailleurs, les ruinait et portait la désolation, le déshonneur, la mort peut-être, dans leurs familles !

L'exemple que nous venons de citer n'est pas exceptionnel ; et, bien qu'il ne se reproduise pas toujours dans toutes les transactions commerciales, il est assez fréquent, pour faire condamner le système individualiste comme contraire au développement moral de l'homme, comme un obstacle au libre accomplissement de la loi du progrès.

D'un autre côté, l'individualisme, porté à ses dernières limites, produit-il bien l'émulation qui est la plus forte raison que l'on donne pour sa défense ? Nous ne le pensons pas, et nous croyons au contraire qu'il est pour l'immense majorité un dissolvant des forces morales, qu'il paralyse les efforts sérieux en ne laissant aucune chance à l'amélioration du sort du plus grand nombre.

Le *socialisme*, au contraire de l'individualisme, est fondé, comme son nom l'indique, sur le principe d'*association*.

Sous le nom générique de socialisme, il s'est produit bon nombre de théories, de systèmes, qui diffèrent plus ou moins les uns des autres; mais qui, au fond, ont tous pour but, dans l'esprit de leur auteur, d'améliorer le sort des travailleurs en augmentant la production générale et en répartissant équitablement les produits du travail. Nous n'entrerons pas ici dans l'examen des systèmes dont les principaux, dus au génie de Robert Owen en Angleterre, de Cabet, de Fourrier et de Saint-Simon en France, contiennent une théorie complète de la société; chacun de ces systèmes mérite d'être étudié sérieusement par tous ceux qui se préoccupent du bonheur de leurs semblables, et pour cela nous les renvoyons aux ouvrages des maîtres; chacun de ces hommes vraiment supérieurs, morts aujourd'hui, a laissé des disciples qui forment école, et propagent les doctrines avec plus ou moins de succès.

Nous ne parlons pas d'une foule d'autres écrivains de mérite qui ont également traité les questions sociales avec autorité, mais qui n'ont pas formulé de système particulier, chacun se rattachant plus ou moins à l'un ou à l'autre des chefs d'école que nous venons de nommer ; prenant assez souvent leurs inspirations un peu dans les uns et un peu dans les autres, ils servent pour ainsi dire, de trait d'union entre ces grands génies, et préparent de cette façon la synthèse sociale qui doit établir l'ordre et l'harmonie dans la famille humaine par l'application des lois naturelles qui sont appelées à la régir.

Nous croyons que la science sociale n'est pas moins une science exacte que la physique et la chimie, parce que nous sommes convaincus de l'existence de lois primordiales et générales propres à l'organisation des sociétés, comme on en observe dans tout ce que la nature a formé, et si l'on trouve tant de contradictions, tant d'opinions opposées parmi les hommes de mérite qui ont étudié cette science, cela tient évidemment aux procédés employés dans l'étude bien plus qu'aux difficultés que présente le sujet.

Et rien de plus facile que de s'en convaincre. En effet, qu'est-ce que la science? C'est la connaissance que nous avons des lois naturelles. Comment acquérons-nous cette connaissance? Par l'observation et par l'expérience. Nous observons un fait dans la nature, nous le constatons en le décrivant aussi exactement qu'il nous est possible ; si nous avons commis quelques erreurs dans notre première observation, nous les rectifions par de nouvelles et successives expériences et nous arrivons ainsi à connaître exactement le phénomène ; nous le voyons se reproduire constamment de la même manière, et nous en concluons à l'existence d'une loi naturelle qui dès lors nous est connue.

Une première loi étant découverte, nous en déduisons des conséquences, et nous arrivons par le raisonnement à former une théorie, un système; mais si nous raisonnons mal, notre théorie est mauvaise, notre système est faux. Comment reconnaitre notre erreur?

Par l'expérience!

Pourquoi ne procédons-nous pas de même en fait de science sociale? Serait-ce plus difficile ou moins intéressant? Non! C'est que nous sommes encore à moitié enveloppés dans les ténèbres de l'ignorance : que cette ignorance nous rend timides, peureux comme des enfants. C'est que la moitié de notre génération ne voit pas ou plutôt ne comprend pas que tout se meut, se modifie, se transforme autour d'elle. Le progrès l'entraine à pas de géant vers un monde nouveau, et elle ne voit, dans ce mouvement par lequel elle se sent emportée, que la méchanceté de ses contemporains. Bercée dès l'enfance avec l'idée d'immobilité des choses de ce monde, l'éducation de ceux qui en ont reçu une, leur a été donnée en conséquence de ce principe : que Dieu ayant créé des riches et des pauvres, il n'y a naturellement rien à changer à l'ordre ainsi établi par Dieu lui-même, et toute tentative tendant à introduire un peu plus de justice dans le monde doit être naturellement considérée comme un sacrilège. Il a bien été un temps où l'esclavage, lui aussi, était considéré comme une institution divine! Il ne faut donc pas trop s'étonner de l'épouvante causée naguère par le socialisme à ces esprits attardés dans le passé. Il faut le constater seulement parce qu'il explique pourquoi, dans l'étude de la science sociale, on n'a pas pu, jusqu'à ce jour, procéder de la même manière que pour les autres sciences, c'est-à-dire par l'expérimentation. Les observations et les théories n'ont pas manqué, mais comment vérifier leur exactitude au milieu d'un monde qui regarde tout Réformateur comme ennemi de Dieu et de la société? Les plus hardis l'ont tenté, mais dans des conditions tellement défavorables que leur succès aurait été un miracle, et il leur est arrivé pour la plupart ce qui arriva à Galilée.

Mais de même qu'on n'emprisonne plus les astronomes qui font quelques découvertes, de même on finira par ne plus condamner ou persécuter les philosophes qui proposeront quelques réformes pour augmenter le bien-être de leurs semblables, et le temps viendra où ils pourront vérifier leur théorie par l'expérience, sans s'exposer à la police correctionnelle. En attendant, qu'ils se consolent, et qu'ils pardonnent à leurs contemporains, leur dévouement à l'humanité n'a pas été stérile; s'ils ont été méconnus, si leur intention n'a pas été comprise, ils n'en ont pas moins démontré que la forme des sociétés étant toute d'institution humaine, elles sont susceptibles d'être modifiées; qu'elles doivent l'être à mesure que les connaissances de l'homme grandissent, afin qu'elles soient toujours en rapport avec les besoins des individus qu'elles régissent. En effet, quelle que soit l'opinion à laquelle on se rattache, personne aujourd'hui, si ce n'est peut-être quelques esprits troublés par le fanatisme, personne ne voudrait revenir à l'organisation sociale du moyen-âge. Ce n'est donc, au fond, qu'une question de plus ou moins de progrès qui nous divise, et en dernière analyse ce n'est qu'une question de plus ou moins de connaissance acquise, de science sociale.

Nous avons dit que l'imperfection des solutions proposées pour résoudre les problèmes qui préoccupent nos sociétés modernes, tenait au manque d'expérimentation pour vérifier la bonté des théories ou en constater les défauts; et nous aurions pu ajouter : au nombre ainsi qu'aux difficultés que présentent les problèmes à résoudre. Cependant, comme les solutions proposées intéressent tout le monde, chacun veut se prononcer sur leur valeur, et le plus grand nombre prend parti sans avoir jamais lu une page du système qu'il adopte ou qu'il combat! Si l'on agissait avec cette légèreté à l'égard d'autres sciences; de la médecine, de l'astronomie ou de la mécanique, par exemple, on trouverait cela absurde, et on aurait raison. Cependant que d'hommes, graves, passant pour être instruits et l'étant d'ailleurs sur d'autres questions, discutent avec autorité, et condamnent des théories dont ils ne connaissent pas le premier mot? Eh bien! c'est de cette ignorance que naît la discorde, et non des systèmes proposés, puisque ces systèmes sont nécessaires au perfectionnement de nos institutions.

§ 6. — Le travail, source de l'indépendance et de la liberté de l'homme.

Le travail a longtemps été considéré comme une punition imposée par Dieu et comme la marque de la déchéance de l'homme. C'est l'idée, le principe qui servit de base à l'organisation des sociétés anciennes. Consacrée par la religion et par la philosophie, c'est une des erreurs que l'humanité a conservées avec vénération pendant de longs siècles, et dont elle a, même aujourd'hui, beaucoup de peine à se défaire. C'est certainement la conception la plus funeste qu'il ait été donné à l'esprit humain de former. C'est le frein attaché au char du progrès : longtemps il a eu assez de force pour l'arrêter, ou du moins pour rendre sa marche plus lente et plus difficile ; aujourd'hui encore, nous souffrons de cette erreur, conservée et propagée par l'enseignement religieux resté stationnaire.

Cette idée du travail, considérée comme une punition infligée à l'homme, suffirait pour expliquer l'histoire de l'humanité et les lois des différents peuples. Dès qu'il est une punition, c'est un mal, et chacun veut l'éviter. Mais le travail étant nécessaire pour procurer les choses indispensables à la vie de l'homme vivant en société, les plus habiles et les plus forts, pour s'y soustraire, contraindront les plus faibles à travailler pour eux ; de là, la formation de deux classes ; l'une qui travaillera et à laquelle on ne laissera que le plus strict nécessaire pour vivre, l'autre qui ne travaillera pas et qui aura tout le surplus. C'est l'origine de l'esclavage et de l'aristocratie. Celle-ci s'armera pour maintenir les esclaves dans l'obéissance et la soumission, et si ces derniers se révoltent pour ne plus travailler ou travailler moins, comme ils ne sont pas armés et qu'ils n'ont pas l'habitude du maniement des armes, ils seront massacrés en partie, et le reste, contraint de se rendre et de recommencer à travailler pour le maître, verra son sort plus malheureux qu'avant la révolte ; il maudira ceux qui l'y ont entraîné, et s'habituera peu à peu à son état : on lui prêchera que c'est Dieu qui l'a voulu, et dans sa naïve ignorance, il finira par croire qu'en effet il doit en être ainsi.

De même, les maîtres s'habitueront à l'idée qu'ils sont d'une race supérieure et privilégiée ; ils regarderont le travail comme une honte et une dégradation. Le métier des armes, c'est-à-dire la guerre, avec toutes les horreurs qu'elle entraine au milieu de peuples ignorants, sera le seul qu'elle considérera comme digne d'elle. Les générations se succédant, instruites dans ces idées, l'ordre social ainsi établi sera considéré comme juste par ceux qui en recueilleront tous les avantages, et pour le mieux persuader à ceux qui en supporteront les charges, on leur dira que c'est l'ordre établi par Dieu lui-même. Et si l'on parvenait à le leur persuader, cet état de choses pourrait subsister bien longtemps, sans exiger trop d'efforts pour le maintenir. N'est-ce pas là la triste histoire du passé ? Ne gémirions-nous pas encore dans cette désolante théorie sans le progrès? Sans lui, ne voyant pas de fin possible à nos souffrances, n'appellerions-nous pas de tous nos vœux, comme le seul remède à nos maux, un cataclysme qui amènerait la destruction de notre espèce? Sans le progrès qui ne permet pas que les sociétés restent stationnaires et en dehors des lois providentielles qui leur sont assignées, l'iniquité aurait pu se perpétuer dans le monde, le travail serait resté une punition pour le malheureux qui se serait vu éternellement dépouillé des fruits de son labeur, et cela au nom d'un Dieu bon et juste, père de tous les hommes ! — Courbé sous cette loi inexorable, l'homme aurait continué à trainer une misérable vie, sans chaleur et sans amour, supportant le travail comme une honte. Jamais il n'aurait pensé qu'en lui se trouvaient cependant son indépendance et sa liberté.

Mais le sentiment d'éternelle justice, dont la nature a formé la conscience de tous les hommes, pour avoir été méconnu un moment, ne pouvait pas disparaître: l'ordre qui régit l'humanité en aurait été détruit, et l'humanité elle-même aurait disparu. Aussi, vainement la doctrine du travail infligé à l'homme comme une punition fut-elle entretenue avec un soin tout particulier; ses fruits donnant à l'homme le bien-être et la satisfaction de ses besoins les plus impérieux, était un démenti permanent à cette désolante théorie; elle ne pouvait être conservée que par ceux qui avaient intérêt à le faire; l'erreur devait disparaître pour laisser voir la vérité:

Le travail est la source de l'indépendance et de la liberté de l'homme!

Cette vertu bienfaisante du travail est aujourd'hui reconnue; pourtant telle est la puissance de l'erreur, quand elle se présente à l'homme sous le caractère sacré de la religion, que des milliers de générations ont vécu, courbées sous le poids de ce désolant et chimérique anathème. Quel changement! quelle transformation dans la vie d'un peuple par la force d'une seule vérité reconnue! Le travail qui, hier encore, était méprisé et délaissé par tous ceux qui pouvaient s'y soustraire, est honoré aujourd'hui; il donne lieu aux plus grandes solennités des nations; des palais splendides lui sont dédiés et les plus hautes récompenses sont décernées aux vainqueurs de ces grands concours que les peuples modernes ont institués sous le nom d'*exposition des produits de l'industrie.*

D'où viennent de si grands changements? d'où vient que tout ce peuple naguère si pauvre, si indolent, paraît aujourd'hui si actif et jouit d'un commencement de bien-être qui fait paraître en lui une dignité et une intelligence que l'on croyait autrefois être le privilége de quelques hommes seulement ? Eh bien ! tout cela s'est produit par suite de changements bien lents d'abord, qui ont amené la suppression de l'esclavage, puis du servage qui en avait été la suite, enfin, par la liberté pour tous de travailler et de conserver tout le produit de son travail.

Tous les bienfaits de l'émancipation du travail sont loin encore de s'être produits, parce que cette émancipation n'est pas complète ; mais elle est en bonne voie, et le progrès déjà acquis est la garantie de celui à acquérir.

§ 7. — La science appliquée à l'industrie.

Au temps où le travail était exclusivement délaissé aux esclaves ou aux serfs, l'instruction était un privilége réservé aux nobles, et plus particulièrement aux prêtres et aux membres des divers ordres religieux. Le travail était à peu près purement manuel, c'est-à-dire que tout s'exécutait à la main, avec un outillage presque nul et très défectueux. On se figure aisément ce que pouvait être la production et ce qu'était l'industrie dans ces temps malheureux.

L'agriculture était dans les mêmes conditions, et le genre humain végétait misérablement sur notre globe où la Providence lui prodiguait tous les biens capables de le rendre heureux. Sans route pour communiquer d'une contrée à une autre, il fallait un mois à un homme pour aller de Paris à Marseille, et le double de ce temps pour transporter les marchandises. L'on peut dire qu'il était plus difficile alors d'aller à Londres que ce n'est aujourd'hui d'aller en Chine, et que les marchandises nous viennent plus vite de New-York qu'elles pouvaient nous parvenir de Lyon ou de Bordeaux. Aussi, les populations étant, pour ainsi dire, attachées au sol sur lequel elles étaient nées, se trouvaient exposées à tous les accidents, à tous les fléaux, sans pouvoir espérer de secours. Si les circonstances climatériques favorisaient le midi d'une abondante récolte et la faisaient manquer dans le nord, la Provence et le Languedoc ne savaient que faire de leur excédant, tandis que la Picardie et la Champagne étaient dépeuplées par la famine. Les incendies, les inondations, les épidémies trouvaient les populations sans défense, les ruinaient et les décimaient tour à tour; et quand nous portons nos regards sur l'état des hommes à ces époques si peu éloignées de nous, nous éprouvons une juste satisfaction en voyant le progrès accompli. Nous comprenons que le travail ait pu être considéré comme un châtiment de Dieu alors qu'il restait stérile et impuissant à garantir le travailleur de la misère et de la mort. Mais peu à peu les connaissances humaines grandissent, la science se débarrasse des langes du merveilleux et s'applique au développement de l'industrie ; l'imprimerie est inventée, la vapeur est découverte; le serf est affranchi et prend place dans la famille humaine ; l'homme rentre en possession de lui-même. — Des routes sont ouvertes, des canaux creusés, le navigateur sillonne les mers, partout l'homme se rapproche de l'homme, les peuples commencent à se connaitre.

Dans l'industrie, le travailleur affranchi, voyant son travail lui appartenir, perfectionne ses outils, déploie une plus grande activité, et augmente partout la production et le bien-être. La science vient à son aide, et appliquant les lois de la mécanique à de nombreuses combinaisons, de puissantes machines vont remplacer dans les ateliers l'outil incommode ; la vapeur leur donnera une puissance immense; telle qu'une seule machine pourra produire le travail de plusieurs centaines d'ouvriers.

§ 8. — Invention et perfectionnement des machines, leur application à l'industrie.

L'invention de l'imprimerie au xv⁰ siècle fit une révolution dans l'instruction en permettant de reproduire, à un nombre infini d'exemplaires et à bon marché, les livres qui, jusque-là, devant être copiés à la main, ne pouvaient être à la portée que d'un petit nombre de riches ou des corporations religieuses.

La découverte de la vapeur, au commencement du xix⁰ siècle, fait, dans le monde, une révolution plus grande encore. Sa puissance, utilisée pour faire fonctionner des machines, d'une force de 3, 4, 5 et 600 chevaux, produit des résultats qui étonnent l'imagination. Nous parlions tout à l'heure du temps où il fallait deux mois pour voiturer à grand'peine les marchandises depuis Marseille jusqu'à Paris ; aujourd'hui, grâce à la vapeur, aux machines et aux chemins de fer, une seule machine avec trois hommes parcourt la même distance en 30 heures, emportant à sa remorque une masse de voitures et de marchandises que cent chevaux n'auraient pu traîner sur les routes ordinaires, et les voyageurs peuvent aller commodément de Paris à Lyon en 9 heures et à Marseille en 16.

La vapeur et les machines ont amené ou sont appelées

à amener les mêmes changements dans les autres industries que dans celle des transports. Les ateliers se transforment en usines où la plus grande partie du travail, exécuté hier encore à la main par de nombreux ouvriers, se fait aujourd'hui par une machine mue par la vapeur, et comme son mouvement est toujours régulier, qu'il est dix fois, cent fois même, plus rapide que celui de l'ouvrier le plus habile ; qu'on peut lui donner toute la puissance nécessaire, il en résulte que la machine fait souvent mieux et beaucoup plus vite que ne peuvent faire les bras de l'homme ; qu'une seule machine peut remplacer des centaines d'ouvriers et qu'une multitude de travaux, qui n'auraient pu se faire à la main, se font avec une merveilleuse facilité avec ces puissants auxiliaires. On perce, on rabote la fonte et l'acier aussi facilement que le bois ; pour celui-ci, on le débite et on le rabote également avec des machines à l'aide desquelles un seul ouvrier fait, en dix heures de travail, ce que cent n'exécuteraient qu'avec peine dans le même temps.

Des masses de fer incandescent, pesant plusieurs milliers de kilogr., sont prises dans le foyer de la forge avec la grue et transportées sur l'enclume où des pilons de 15, de 20,000 kilogrammes, manœuvrés par un enfant, les écrasent et les façonnent avec la même facilité qu'un homme façonne une motte de beurre. Il n'y a pas de plus magnifique spectacle que celui que présentent toutes ces machines en mouvement et tous ces ouvriers intelligents, surveillant et dirigeant la marche de la machine, remplaçant la pièce faite par une nouvelle, mais tout cela sans peine et sans fatigue. On voit que ce n'est plus la force musculaire qu'il faut à ces travailleurs, mais la force intellectuelle.

Et si nous considérons que nous en sommes encore au début pour l'application des machines à l'industrie, on prévoit que de nombreuses applications nouvelles seront faites dans toutes les branches du travail humain, et que celui-ci devra subir une transformation radicale dans son organisation.

L'application des machines à l'industrie entraîne des conséquences immédiates qui bouleversent toute l'économie sociale : d'un côté augmentation de la production, abaissement du prix de la main-d'œuvre ; de l'autre diminution de travail, c'est-à-dire que les machines abrègent le travail comme cent et la consommation n'augmentant pas dans la même proportion, il reste moins de travail à faire par l'ouvrier. Ces conséquences, dans l'état actuel de notre organisation industrielle, doivent nécessairement occasionner un certain désordre : si la machine remplace les bras de l'ouvrier, si une seule peut produire autant que cent travailleurs, il en résulte nécessairement que ceux-ci seront remplacés par la machine qui coûtera moins et produira à plus bas prix. — Lorsqu'un fabricant introduit une machine dans son atelier, il obtient, suivant les cas, une économie de main-d'œuvre d'un quart, d'un tiers, de moitié, quelquefois du double et souvent beaucoup plus. Ce sera une source de très gros bénéfices pour lui s'il conserve ses mêmes prix de vente ; car sa machine va lui faire avec cinq ou dix ouvriers autant de travail que cinquante ouvriers pouvaient en produire chaque jour. Il va donc en supprimer quarante qui lui coûtaient 200 francs par jour et les remplacer par sa machine qui lui en coûtera à peine 10 fr.

Nos quarante ouvriers supprimés sont obligés d'aller

chercher de l'ouvrage ailleurs, dans d'autres ateliers, de leur profession, ou d'en changer; mais une nouvelle profession ne s'apprend pas du jour au lendemain, et pour apprendre, il faut rester longtemps à se contenter de gagner peu, alors que les besoins de la famille restent les mêmes quand ils n'augmentent pas; puis toutes les professions ont le nombre d'ouvriers que réclame le travail à faire; chacun des ouvriers supprimés par la machine ira donc forcément offrir son travail dans les autres ateliers de sa profession, et si l'on n'a pas besoin de lui; si d'un autre côté sa femme et ses enfants qui ne comptent que sur son salaire pour vivre, se trouvent sans pain, il sera nécessairement amené à offrir son travail à plus bas prix pour qu'on l'occupe, et se trouvera ainsi contraint à provoquer lui-même la diminution des salaires, à laquelle le patron est nécessairement trop disposé pour ne pas y pousser de son côté, et cela, malgré le bon cœur et tous les bons sentiments dont on le supposera doué; car il est facile à son confrère, armé d'une machine qui lui procure les gros bénéfices que nous avons vus, de baisser ses prix de vente pour accaparer la clientèle, et il ne restera aux autres fabricants d'autres ressources que de diminuer les salaires pour obtenir un prix de revient qui leur permette de soutenir la concurrence, ou d'introduire à leur tour des machines dans leurs ateliers en supprimant les ouvriers qui coûtent trop cher!

Mais que deviendront ces ouvriers? comment pourvoiront-ils aux besoins de leurs familles? Terrible problème, quand il se pose au père, en face d'une femme et de trois ou quatre petits enfants à qui il faut donner du pain!

L'emploi des machines amène forcément l'abaissement du prix des salaires, mais aussi l'abaissement du prix de vente. D'un autre côté, il augmente la consommation, en mettant les objets fabriqués à la portée d'un plus grand nombre et exige par conséquent une plus grande production, ce qui rétablirait l'équilibre, si elle n'était empêchée par une conséquence nouvelle : l'augmentation des matières premières. — A mesure que la consommation s'étend, il faut se procurer de plus grande quantité de matières premières; leurs prix suivant la loi générale augmenteront en proportion de la demande. Les cuirs, les laines, la soie, le bois et les métaux se vendront plus cher et maintiendront les objets fabriqués à des prix élevés proportionnellement à celui des salaires, de telle sorte que les objets de consommation restent toujours trop cher pour le travailleur.

Telles ont été les conséquences de l'application des machines à l'industrie; si elles ne justifient pas l'antipathie que la masse des ouvriers a longtemps manifestée contre elles, et que beaucoup d'entre eux nourrissent encore à leur égard, il faut avouer qu'elles l'expliquent bien suffisamment.

La misère à laquelle ils se voyaient réduits eux et leur famille, par suite de l'usage des machines, devait naturellement soulever leur colère. Trop peu instruits pour prévoir les conséquences favorables qu'elles pouvaient amener dans un temps encore éloigné, ils ne voyaient et ne pouvaient voir que leurs souffrances du moment. Cependant, malgré ces souffrances si profondes et si nombreuses, on n'a eu que peu d'actes de violence à regretter; si, dans des moments de crise, quelques travailleurs se sont laissé entraîner par la colère, et ont brisé quelques-unes des machines auxquelles ils attribuaient la perte de leur travail ou la diminution de leur salaire, d'autres plus clairvoyants se vouaient énergiquement à leur défense; ceux-ci voyaient ou sentaient instinctivement que ce rival si puissant, qui venait leur faire concurrence, deviendrait un jour un auxiliaire, un ami, si je puis m'exprimer ainsi.

Oui! les machines sont des auxiliaires destinés à aider les ouvriers, à diminuer leurs peines, à augmenter leur bien-être; c'est l'instrument de leur émancipation; ce sont elles qui en feront de véritables citoyens, des hommes indépendants et libres!

Et pour amener cet heureux changement, ce magnifique résultat, il faut si peu de chose! Il ne faut ni révolution, ni grève, ni agitation quelconque. Le gouvernement n'a aucunement besoin de se déranger, s'il ne le juge pas à propos.

Mais il faut aux travailleurs un peu d'intelligence, de l'initiative et beaucoup de bonne volonté.

Un mot résume tout cela et indique la solution du problème, ce mot c'est : — *Association!*

Oui, l'association! c'est elle qui affranchira le travailleur, qui l'élèvera à la dignité d'homme libre, qui fera entrer l'aisance dans sa famille et facilitera le développement intellectuel et moral de tous ses membres. C'est par elle qu'il acquerra les machines qui lui font concurrence aujourd'hui et qu'il s'en fera des auxiliaires. C'est par elle, et par elle seulement, qu'il s'assurera la propriété de son travail, propriété qui, on nous l'accordera, est bien aussi légitime que toute autre.

Mais, nous dira-t-on, l'association n'est pas une chose nouvelle, on en a formé un grand nombre depuis 1840; beaucoup n'ont eu qu'une existence éphémère, presque toutes se sont dissoutes, et celles qui restent n'ont pas produit les merveilleux résultats que vous annoncez.

Tout cela est vrai, sous certain rapport, et nous en examinerons tout à l'heure les causes ; mais auparavant, jetons un coup d'œil sur l'organisation actuelle du commerce et de l'industrie.

CHAPITRE II.

§ 1er Organisation de l'industrie et du commerce.

Avant notre Révolution de 1789, les ouvriers et les maîtres, dans chaque corporation, étaient organisés en corps de métiers ayant chacun leur règlement ou sorte de constitution particulière qui établissait une hiérarchie et imposait certaines conditions pour devenir maître, notamment, le payement de divers droits qui s'élevaient ensemble à une somme relativement assez considérable pour qu'il fût bien difficile à l'ouvrier ou compagnon de la réaliser ; aussi n'étaient-ce guère que les fils de maîtres qui succédaient à leurs pères et continuaient leur industrie, ou bien qui, aidés par eux, pouvaient fonder de nouveaux établissements. Cette organisation créait un véritable privilège en faveur des maîtres et dégénérait pour les travailleurs en une oppression intolérable.

Notre immortelle Révolution fit disparaître ce privilége avec les autres, établit en droit l'égalité entre le maître et l'ouvrier, et donna à ces derniers la liberté de travailler et de s'établir, de devenir maîtres quand et comme bon leur semblerait; ce fut là un des grands bienfaits de cette glorieuse Révolution, car c'est à elle que nous devons le développement et la prospérité de notre industrie nationale ; c'est grâce à cette liberté du travail que de simples ouvriers sont devenus des industriels de premier ordre, ont amassé de grandes fortunes, et voient leurs descendants occuper aujourd'hui les plus hautes fonctions dans l'État. Soyons donc reconnaissants envers cette Révolution qui a permis que les plus petits d'entre nous puissent arriver, par leur seul mérite, au premier rang ; sans elle, sans cette liberté du travail, que d'hommes qui sont devenus magistrats, députés, pairs de France, etc., qui, privés de l'éducation et de l'instruction, que la fortune acquise par leurs pères a mises à leur disposition, n'auraient été que de mauvais cordonniers, de médiocres tailleurs, ou serviraient d'aides aux maçons ?

Conservons donc soigneusement cette précieuse liberté, non pour arriver nous-mêmes ou pour faire arriver nos enfants à ces hautes fonctions dans le gouvernement du pays ; mais parce qu'elle est la garantie de notre indépendance et qu'elle seule peut assurer à tous et à chacun le fruit de son travail. Gardons-nous donc de solliciter, sous quelque forme que ce soit, la réorganisation des corporations ; car si le régime de la liberté a ses inconvénients, ils sont légers comparativement aux maux qu'engendrent les privilèges.

Aucune institution humaine n'est absolument parfaite, et les lois les meilleures ont toujours besoin de modifications après un certain temps ; c'est une conséquence du progrès qui implique de constantes améliorations dans tout ce qui dépend de l'activité de l'homme. Le régime inauguré après 89, modifié et réglementé par les Codes promulgués de 1802 à 1808, modifiés eux-mêmes par des lois particulières votées à différentes époques, attestent combien les législateurs reconnaissent cette nécessité des améliorations progressives. Dès que les associations seront devenues plus nombreuses, il paraîtra évident que les lois commerciales peuvent et doivent être modifiées dans un sens plus libéral, et elles le seront certainement. En attendant, telle qu'elle est, notre législation permet aux associations de se constituer et de se développer dans une certaine mesure.

Le Code civil règle les conditions de la société civile qui pourrait convenir à une association de cultivateurs ; le Code de commerce reconnaît et règle quatre espèces de sociétés commerciales qui sont toutes en usage et d'une application constante, car il existe un très grand nombre de sociétés commerciales qui comprennent un plus ou moins grand nombre d'associés. Nous examinerons tout à l'heure en quoi elles sont semblables aux associations ouvrières et en quoi elles en diffèrent ; mais auparavant voyons quelles sont les conséquences de la liberté du travail développé par l'esprit individualiste.

§ 2. La liberté du travail et l'individualisme.

Nous avons dit que la Révolution de 89, en inaugurant la liberté du travail par la suppression des corporations, jurandes, etc., avait rendu un immense service au pays en ouvrant la voie à une prospérité sans limite ; nous avons dit que, grâce à cette liberté, des hommes sortis des rangs du peuple, de simples travailleurs, s'étaient élevés par leur mérite aux plus hauts rangs de la fortune et des dignités sociales. Ajoutons encore que c'est à cette liberté que nous devons aussi le développement de la bourgeoisie qui, peu nombreuse et sans influence avant 89, est devenue toute-puissante par le nombre et par la fortune. Ce sont là incontestablement des conséquences heureuses du nouvel ordre de choses; mais il y a une contre-partie qu'il faut voir aussi pour se rendre compte de la situation où nous sommes arrivés.

Les guerres de la Révolution et de l'Empire, en moissonnant la population mâle, ne laissaient pas le temps d'apprécier toutes les conséquences du nouveau régime industriel. On manquait de bras, les machines étaient presque inconnues, la vapeur nous manquait encore et les débouchés nous auraient fait défaut pour écouler l'excédant de nos produits si nous en avions eu un. Il a fallu quarante années de paix pour que l'on s'aperçoive qu'il ne suffit pas de détruire les institutions vieillies par le temps, mais qu'il est nécessaire de les remplacer par de nouvelles répondant aux besoins nouveaux. Tant que la guerre a duré, le pays, occupé à se défendre ou à conquérir, s'embarrassait peu du travail; mais la paix rétablie, il fallut quitter l'uniforme et le fusil, reprendre la blouse et rentrer à l'atelier. Pendant les premières années, le petit nombre d'ouvriers que l'on avait pu former était insuffisant pour satisfaire aux besoins de la consommation ; le travail était demandé et convenablement rétribué; la position des travailleurs était tolérable. Cependant, la population augmente rapidement, le goût du travail se développe à la vue du bien-être qu'il procure, et les ouvriers ne tardent pas à devenir *trop nombreux*; c'est l'expression que j'ai souvent entendue dans les ateliers, et les malheureux ouvriers ajoutaient : « Il faudrait une bonne guerre pour en diminuer le nombre, » sans réfléchir que ce serait leurs frères ou leurs fils qui sortiraient de l'atelier pour aller mourir sur les champs de batailles et diminuer le nombre des travailleurs. Mais la guerre ne venant pas, les machines commençant à se répandre et à faire concurrence aux ouvriers déjà trop nombreux, les salaires s'abaissent graduellement et la misère augmente; ils veulent se réunir et s'entendre pour défendre leur propriété, l'existence de leur famille, mais la loi défend les coalitions, on les arrête, et ils sont condamnés à la prison.

C'est alors que l'on commence à s'apercevoir de l'isolement dans lequel se trouve le travailleur et des dangers que cette situation lui fait courir. Aucun moyen légal ne lui est ouvert pour défendre sa cause, pour stipuler les conditions de son travail. Tant que celui-ci a été demandé, il a pu en obtenir un prix raisonnable; mais du moment qu'il doit aller l'offrir, le patron devient l'arbitre de sa destinée; c'est lui qui décide ce que l'ouvrier gagnera, et la force des choses, les besoins de la concurrence, le porteront naturellement à réduire le salaire aux dernières limites. Et ces limites seront calculées, non plus sur la valeur réelle du travail, mais sur le strict nécessaire pour l'existence et l'entretien, au jour le jour, des forces du travailleur. Quant à son avenir en cas de vieillesse, de maladie ou de chômage, ce n'est pas l'affaire de l'industriel qui doit produire au plus bas prix, pour soutenir la concurrence; aussi, quand viennent les moments de crise, soit que le travail se ralentisse, soit que les prix des substances alimentaires s'élèvent, le travailleur chargé de famille ne peut plus vivre qu'à l'aide de la charité publique! Cette triste perspective et la marche naturelle des choses, c'est-à-dire le développement du principe sur lequel repose l'organisation de notre industrie, ont amené une conséquence contre laquelle elle se débattrait vainement, si elle ne s'organisait sur des bases nouvelles. — Après que la Révolution eût fait disparaître toutes les entraves, tous les liens des anciennes corporations, il se produisit naturellement une réaction contre toute idée d'organisation de ce genre. Le *chacun pour soi, chacun chez soi*, fut inauguré dans la pratique bien avant d'avoir été proclamé par les coryphées de l'économie officielle, et chacun usait avec empressement de la liberté qu'il avait de devenir maitre, de s'établir et d'exploiter lui-même son industrie. Longtemps on n'a eu qu'à constater les bienfaits de cette liberté et ces bienfaits sont aussi grands que nombreux ; mais il fallait bien finir par rencontrer les inconvénients, et ceux-ci se dérouleront maintenant chaque jour avec une force nouvelle.

L'ouvrier put d'abord facilement s'établir ; l'outillage d'un atelier était peu considérable et peu coûteux, les affaires peu nombreuses, peu compliquées et se faisant pour la plupart au comptant, il ne fallait ni un grand capital, ni un grand savoir pour monter et diriger une maison. Toute la comptabilité de la majeure partie de ces industriels était dans leur tête, et c'est là aussi que se chiffraient tous les calculs de leurs plus grandes combinaisons. On trouve encore de nos jours quelques vétérans de cette heureuse époque qui ne comprennent pas de quelle utilité peut être un livre de commerce et qui nous disent sentencieusement : « J'ai fait ma for-
« tune sans jamais rien écrire, et vous autres, vous
» vous ruinez en écrivant. » Cela n'est que trop vrai,

mais cela tient à des causes que nos braves devanciers n'aperçoivent pas; cela tient d'abord à leur propre succès qui, en augmentant la prospérité générale, a donné plus d'étendue aux affaires : puis au crédit qui s'est développé peu à peu et sans lequel nous tomberions aujourd'hui dans un état de misère et de décadence très rapide; la masse des métaux précieux que nous possédons n'étant pas en rapport avec la masse d'affaires qui se traitent, celles-ci diminueraient de moitié, peut-être plus si nous en étions privés. Puis au développement de l'instruction qui a formé des industriels intelligents, capables et entreprenants qui, par des combinaisons nouvelles, par l'application des machines, etc., sont arrivés à multiplier les produits, à les perfectionner, tout en diminuant leur prix de revient.

Les conditions générales des affaires se sont transformées complétement; aussi la facilité avec laquelle l'ouvrier pouvait s'établir et prospérera-t-elle disparu. Aujourd'hui, pour avoir des chances de réussir, soit comme fabricant, soit comme marchand, il faut de gros capitaux, une véritable capacité commerciale que bien peu de travailleurs possèdent. Les aptitudes que peuvent avoir un grand nombre d'entre eux leur sont sans utilité, s'ils n'ont pas l'argent nécessaire pour acheter les machines et le coûteux outillage d'une fabrique, ou l'approvisionnement considérable de marchandises variées qu'il faut pour garnir un magasin et faire le crédit indispensable pour obtenir une clientèle. Et cependant jamais le désir de *s'établir* n'a été plus général et plus ardent; jamais plus de tentatives n'ont été faites pour sortir de la condition de *salarié*; c'est qu'aussi jamais les ressources de ces derniers n'ont été aussi insuffisantes par rapport aux besoins de la vie; c'est que, à mesure que l'instruction se répand, on comprend mieux tout ce qu'il y a de précaire et de dépendant dans la position du salarié. Malheureusement, les tentatives faites pour en sortir ne réussissent plus et ne peuvent plus réussir, précisément à cause de leur nombre, et aussi parce que les ressources manquent à ceux qui les font. En effet, la plupart de ceux qui s'établissent sont sans capital ou n'ont qu'un capital insuffisant; ils comptent sur le crédit que leur honorabilité leur fait obtenir assez facilement; mais c'est là l'écueil qui cache le précipice où s'engloutiront leurs espérances et peut-être leur honneur.

Cependant, cette perspective et ces dangers n'arrêtent pas l'ardeur et l'impatience de chacun pour sortir de l'état de salarié; c'est une sorte de course au clocher où tout le monde se précipite, et dont la chute des premiers venus n'arrête pas la course des suivants qui tombent à leur tour, et n'en sont pas moins suivis par d'autres.

Mais, nous le déclarons et nous le dirons sans cesse, un tel état de choses présente un danger social des plus sérieux auquel il faut à tout prix trouver un remède. Il détériore les mœurs du pays en forçant une quantité considérable de gens à s'habituer à l'idée de ne pas remplir leurs engagements. Il menace d'anéantir le crédit en détruisant la confiance qui en est la base; il tend à faire élever de plus en plus le prix de tous les objets de consommation par les chances aléatoires que présente le commerce, et comme cette surélévation de prix, au lieu d'être un signe de la prospérité générale, n'est au contraire que l'effet de la misère publique, elle ne peut que tendre à l'augmenter encore.

Pour nous, nous ne voyons à cette situation qu'un remède : l'*Association*.

CHAPITRE III.

§ 1. — Des sociétés commerciales.

Nous avons dit que le Code de commerce reconnaît et détermine les conditions de quatre espèces de sociétés commerciales; ce sont : les sociétés anonymes, les sociétés en commandite, les sociétés en noms collectifs et les sociétés en participation.

La société anonyme ne peut se fonder qu'avec l'autorisation du Gouvernement; son capital se divise par actions de même valeur, au porteur ou nominatives : elle est administrée par un conseil nommé par les actionnaires et qui ne sont responsables que de l'exécution de leur mandat. Ce genre de société convient aux grandes entreprises financières et industrielles, telles que : la Banque de France, le Crédit foncier, les Compagnies d'assurance et les Compagnies de chemins de fer.

Les sociétés en commandite s'établissent sans l'autorisation préalable du Gouvernement : leur capital peut se diviser, comme celui des sociétés anonymes, en actions au porteur ou nominatives, et, comme dans cette dernière, les actionnaires ne sont responsables des dettes de la société que jusqu'à concurrence du montant des actions souscrites. Mais elles sont administrées par un ou plusieurs gérants responsables qui sont engagés à l'égard des créanciers pour le montant total des dettes de la société. C'est ce qui constitue la principale différence entre la société en commandite par actions et la société anonyme, dont les administrateurs ne sont responsables comme les simples actionnaires que du montant de leurs actions. Il y en a cependant une seconde, c'est que les sociétés anonymes sont dénommées par l'objet qu'elles se proposent, tandis que les sociétés en commandite peuvent bien se dénommer aussi par leur objet ou par un titre quelconque. Mais elles doivent, en outre, avoir une raison sociale, c'est-à-dire qu'elles doivent légalement porter le nom d'un ou de plusieurs gérants responsables.

La forme de la commandite est celle qui est le plus généralement adoptée : il existe un grand nombre de sociétés en commandite par actions qui ont un capital considérable et de nombreux actionnaires; mais il y en a plus encore dont le capital n'est pas divisé par actions et qui ne renferment qu'un petit nombre d'intéressés qui ont une commandite plus ou moins forte et inégale. C'est ce qu'on appelle la commandite simple.

La société en noms collectifs est aussi très en usage ; cette forme de société se compose ordinairement de deux ou trois associés, rarement de quatre ou cinq, et presque jamais plus, bien que la loi ne détermine pas plus le nombre d'associés que peuvent avoir les sociétés en noms collectifs qu'elle ne détermine celui des sociétés anonymes ou en commandite. Comme cette dernière, la société en noms collectifs doit avoir une raison sociale ; mais elle en diffère essentiellement en ce que chaque associé est solidairement et personnellement responsable de tous les engagements et de toutes les dettes de la société ; c'est pourquoi le nombre des associés est toujours restreint, car il serait imprudent, en effet, d'accepter une telle responsabilité à l'égard d'un trop grand nombre de personnes qui pourraient à leur gré compromettre votre fortune.

La société en participation est beaucoup moins pratiquée que les deux précédentes. Elle ne se forme le plus souvent que pour un temps limité et très court ; pour une affaire spéciale et sans suite pour d'autres.

Toutes ces associations se forment en vue de faire un commerce ou d'exercer une industrie pendant un temps plus ou moins long, suivant les besoins de l'entreprise ou la convenance des associés. Dans la plupart des cas, ces sociétés sont de simples associations de capitaux, surtout dans les sociétés en commandite par actions et dans les sociétés anonymes. D'autres fois, ce sont de véritables associations où la fortune et la personne même de l'associé se trouve engagées. C'est ce qui a lieu dans les sociétés en noms collectifs.

§ 2. — La vapeur propage le principe d'association.

Nous avons vu quels changements se sont produits dans l'industrie et même dans toutes les branches de l'activité humaine, depuis la découverte de la vapeur. Nous l'avons vu centupler les forces de l'homme, rapprocher les distances et mettre en rapports journaliers des peuples qui se connaissaient à peine. L'électricité, après avoir longtemps épouvanté nos ancêtres, est devenue notre captive, et, nous obéissant avec une docilité merveilleuse, elle transporte nos ordres d'un continent à l'autre avec la promptitude de l'éclair. Plus rapide que la vapeur, nous n'avons pas encore pu lui en donner la force ; mais les tentatives heureuses qui ont déjà été faites nous font prévoir qu'un jour, peut-être peu éloigné, elle concourra comme elle au travail de l'homme et augmentera encore la somme de puissance dont il dispose déjà.

Parmi les conséquences de la découverte de la vapeur, il faut placer en première ligne le développement du principe d'association. En vain les philosophes et les moralistes auraient-ils prêché l'union, la solidarité, l'association, quelques hommes au cœur chaud, aux sentiments généreux, auraient pu les écouter et les suivre ; mais ils auraient certainement échoué auprès de la masse des favoris de la fortune. Nous associer, auraient-ils dit, pourquoi faire ? Mettre nos intérêts en commun avec des gens que nous ne connaissons pas ? fi donc ! Eh bien ! ce que le philosophe n'aurait su faire, la vapeur l'a réalisé. Elle a fait que le propriétaire s'associe avec son portier ou le commissionnaire du coin de la rue pour construire un chemin de fer, creuser un canal, monter une usine, etc., etc. ; que le banquier soumet son compte de gestion à son épicier, à son tailleur, que sais-je, à son valet de chambre et à son cocher.

Ah ! c'est une terrible propagandiste que la vapeur ! C'est elle qui a amené la formation de ces grandes sociétés où se coudoient toutes les classes de la société pour n'en former qu'une, l'associé ou l'actionnaire. C'est elle qui, en modifiant, en changeant les procédés industriels, bouleverse toute l'ancienne organisation du commerce comme de l'industrie. Avant la vapeur, on ne voyait que de petits ateliers, de petits magasins ; de petites affaires se faisant individuellement, avec un petit capital ; aujourd'hui la vapeur oblige le fabricant et le commerçant à opérer avec un capital qui formerait, pour un seul, une fortune considérable, et ne peut se constituer que par l'association de plusieurs familles. L'association constituait alors une rare exception, elle se généralise de plus en plus et tend à devenir la règle.

§ 3. — La société commerciale est le précurseur de l'association ouvrière.

Nous ne savons pas quel peut être le nombre des sociétés commerciales qui existent en France, mais il doit être très considérable. Il ne s'en forme pas moins de douze à quinze cents chaque année, pour le département de la Seine seulement, qui remplissent les formalités légales de publication ; nous estimons qu'il y en a bien autant qui se forment sans se constituer régulièrement, et nous ne serons pas au-dessus de la vérité en portant à 2,500 le nombre des sociétés qui s'établissent chaque année à Paris. Mais il faut bien le dire, ces sociétés n'ont pas le caractère des associations telles que nous les comprenons, bien qu'au fond elles poursuivent le même but.

Il faut distinguer dans les sociétés commerciales deux espèces d'associations ; d'une part, les sociétés par actions ; d'autre part, les sociétés en noms collectifs, en commandite simple ou en participation.

Dans les deux premières, le capital se divisant par action, le premier venu peut devenir associé et jouer un certain rôle dans la société en en achetant un plus ou moins grand nombre d'actions. Les associés ne se choisissent pas mutuellement, et le hasard peut réunir dans la même société des hommes aux idées les plus opposées. L'on ne peut guère les considérer comme de véritables associés, car il n'y a en réalité d'associé que la somme d'argent que chacun a versée dans la caisse commune.

Il n'en est pas de même dans les sociétés en noms collectifs et en participation. Là, les hommes sont effectivement associés ; ils n'engagent pas seulement une partie de leur capital, ils engagent encore leur personne. Dans le premier cas, c'est un capital qu'on associe pour faire une entreprise quelconque; dans le second, ce sont des hommes qui s'associent pour travailler en commun.

Les associations ouvrières réunissent ces deux modes de société et offrent, par conséquent, la double garantie que présentent les divers genres de sociétés commerciales. Elles peuvent être définies par ces mots: *Association de travail et de capital.* Elles sont donc de véritables sociétés commerciales dont l'établissement est parfaitement régulier au point de vue légal. Ce n'est pas une institution nouvelle, c'est le développement nécessaire de nos mœurs et de nos habitudes commerciales, c'est la conséquence naturelle de l'invention de l'imprimerie, de la découverte de la vapeur, de l'électricité, etc., etc., et surtout de l'emploi des machines dans l'industrie. La société commerciale, c'est l'association en petit ; c'est le tâtonnement, l'essai, l'apprentissage de la grande association.

CHAPITRE IV.

§ 1er. Ce que sont aujourd'hui les associations ouvrières.

L'idée des associations ouvrières ne remonte guère au delà de 1830 et la première tentative de réalisation paraît être celle qui fut faite par des ouvriers menuisiers vers la fin de 1831. Dire que cette première tentative ne fut pas heureuse, c'est répéter l'histoire de toutes les réformes. Elles ne s'effectuent pas tout à coup, mais seulement après de nombreuses expériences desquelles se dégagent les principes sur lesquels elles doivent définitivement reposer. C'est ainsi que l'homme acquiert toutes ses connaissances, c'est la base de toutes les sciences, de la science sociale aussi bien que des autres.

Parmi les premiers essais d'association, il faut citer celui des ouvriers rubaniers à Saint-Étienne, en 1840, qui fut contrarié dans sa fondations par des poursuites judiciaire, et fut obligé de se dissoudre. Jusqu'alors l'idée des associations ouvrières était peu connue, avait peu de partisans ; mais la publication de l'*Organisation du travail* de Louis Blanc leur fournit un élément de propagande parmi les travailleurs ; cet ouvrage fut lu avec empressement par toutes les classes de la société, adopté avec enthousiasme par les uns, repoussé avec colère par les autres; il obligea tout le monde à discuter la question des associations, et sans examiner la valeur intrinsèque de ce petit livre, on peut affirmer qu'il a rendu un grand service aux travailleurs.

Cependant nous ne connaissons aucune tentative sérieuse d'associations faites de 1840 à 1848. On doit, selon nous, attribuer cette sorte d'abstention au peu de sympathie que le Pouvoir d'alors montrait pour les associations en général. Ce n'est qu'au lendemain de la révolution de Février qu'on put voir tout le chemin que la propagande avait fait faire à l'idée d'association. Dans les premiers mois qui suivirent, il s'en établit un grand nombre; quelques-unes, comme les tailleurs et les selliers, avec un personnel de trois à quatre cents membres, pris au hasard parmi les ouvriers sans travail. On comprend aisément que l'ordre le plus parfait ne régna pas tout d'abord dans l'administration, et l'agglomération d'un aussi grand nombre d'individus dont la plupart ne se connaissaient pas la veille, dont beaucoup n'avaient aucune idée de l'association, des droits et des devoirs de chaque associé, etc., ne pouvait guère faire espérer un bon résultat. — Si encore, pour diriger ces masses mal préparées, il y avait eu à leur tête quelques hommes expérimentés dans les affaires, habitués à l'administration. Mais non, ce concours leur manqua, et ce furent des ouvriers, de simples travailleurs, qui durent quitter leur établi pour prendre la direction d'une aussi grosse affaire. C'était mal débuter et s'exposer à un insuccès presque certain.

Dans beaucoup d'autres professions, les associations s'organisèrent aussi à la hâte, on ne fut généralement pas difficile sur le choix du personnel qui, presque partout, laissa considérablement à désirer; mais, moins nombreux que celui des tailleurs et des selliers, il fut plus facile à discipliner.

L'Assemblée constituante, voulant encourager les associations, vota, le 5 juillet 1848, un crédit de trois millions destiné à commanditer les associations ouvrières en mettant à leur disposition le capital nécessaire pour acquérir les instruments de travail. — C'était trop ou trop peu. — Trop, parce qu'il ne nous semble pas que le gouvernement du pays doive commanditer les associations plus que les patrons; trop peu si l'on voulait sérieusement provoquer un mouvement socialiste et faire sortir cette forme d'organisation de l'industrie comme conséquence de la Révolution. Ce qui prouve combien ce crédit de trois millions était insuffisant, ce sont les cent millions promis à l'industrie par le Gouvernement impérial, après le traité de commerce avec l'Angleterre, pour renouveler l'outillage des grandes fabriques et les mettre à même de soutenir la concurrence contre les fabricants anglais. Cependant, malgré l'insuffisance de ce chiffre de trois millions, la moitié seulement ou à peu près fut employée à sa destination. Soit que la commission chargée d'accorder des avances aux associations n'ait pas trouvé assez de garanties chez celles qui lui en adressaient la demande, soit que le Gouvernement ait compris qu'il était entré dans une mauvaise voie, soit enfin que ses sympathies pour les associations se trouvassent diminuées, toujours est-il qu'une partie considérable de ce mince crédit est restée disponible.

Il est difficile de dire le nombre des associations qui se formèrent dans la période de 1848 à 1852. Paris en avait à lui seul un très grand nombre; beaucoup de villes de province avaient suivi l'exemple et en possédaient plusieurs. — Quelques-unes n'ont eu qu'une existence éphémère, mais le plus grand nombre existait encore au 2 décembre 1851. Très-peu, en province surtout, purent résister à la situation qui leur fut faite après cet événement. Celles qui n'avaient pas une existence légale durent se dissoudre; quelques autres dont le personnel fut décimé, furent obligées de se liquider. Enfin, d'autres continuèrent courageusement l'œuvre commencée. Honneur à elles, car en persévérant elles ont gagné la cause des associations, elles ont complété l'expérience par une démonstration évidente et un succès incontestable !

L'histoire des associations est certainement un des plus curieux monuments du mouvement social du XIXe siècle. C'est aussi l'un des plus utiles qu'il soit possible d'édifier, nous le tenterons si personne de plus capable ne le fait. En attendant, nous croyons remplir un devoir en publiant la liste des associations qui existent aujourd'hui dans le département de la Seine et sur lesquelles nous avons pu nous procurer quelques renseignements. Et pour mieux résumer ces renseignements nous en avons dressé le tableau suivant :

ASSOCIATIONS et établissements.	DATE de la fondation.	NOMBRE des a sociés			APPORT social		CAPITAL		CHIFFRE d'affaires à présent.
		en commençant.	à présent.	Auxiliaires à présent.	en commençant.	à présent.	en commençant.	à présent.	
					fr.	fr.	fr.	fr.	fr.
Cloutiers, rue Château-Landon, 8.	1849	20	3	4	0.00	1.000	0.00	16.000	25.000
Facteurs de pianos, rue des Poissonniers, 66.	1849	16	23	12	1.000	10.000	250	165.000	205.600
Ferblantiers, rue de Bondy, 70.	1848	70	20	»	50	2.000	0	90.000	120.000
Formiers, rue Saint-Sauveur, 48.	1848	3	23	6	500	1.000	2	35.000	80.000
Limiers, passage de la Marmite.	1848	15	19	29	2.000	illimité	15.000	120.000	120.000
Lunetiers, rue des Gravilliers, 92.	1849	13	25	150	1.000	15.000	0	120.000	120.000
Maçons, rue Saint-Victor, 155.	1848	17	81	225	1.000	2.000	0	250.000	1.300.000
Menuisiers en bâtim., avenue de Plaisance, 5.	1858	3	5	50	500	1.000	outils de chaque associé	18.000	120.000
Menuisiers en fauteuils, rue de Charonne, 5.	1849	20	50	100	100	2.000	25.029		300.000
Menuisiers en voitures, Rond-point St-Ferdinand des Ternes.	1850	24	11	35	0	10.000	0	61.624	120.000
Ouvriers en lanternes, rue Miromesnil, 11.	1849	21	12	16	200	1.500	0	51.000	120.000
Peintres en bâtiments, Quai d'Anjou, 13.	1857	6	12	25	2.000	2.000	0	24.000	100.000
Serruriers, rue Lenoir, 6.	1850	7	20	2	600	600	1.000	25.000	50.000
Tailleurs, rue Coq-Héron, 1.	1848	40	13	4	50	50	1.000	7.000	40.000
Tourneurs en chaise, rue Popincourt, 32.	1848	18	22	10	500	1.000	315	50.000	200.000
Tourneurs d'essieux, rue Charlot, 8 (Arc-de-Triomphe).	1851	5	5	7	600	600	3.000	80.000	80.000

On voit, par le tableau qui précède, que les associations ouvrières proprement dites ont survécu, qu'elles ont pu traverser nos crises politiques et commerciales malgré l'isolement où elles ont dû vivre.

Les chiffres que nous présentons sont plus éloquents que tout ce que nous pourrions dire en faveur d'une institution qui s'affirme ainsi par des faits. Que les travailleurs comparent le capital de chacune de ces associations à son début avec ce qu'il est aujourd'hui, qu'ils examinent d'un autre côté ce qu'ils ont pu économiser individuellement en travaillant comme salariés et ils pourront juger de quel côté est leur avantage. Et remarquons que chaque année la plupart des associations distribuent des dividendes que chaque associé reçoit en espèces. Ce qui vient augmenter dans une proportion considérable la somme que chaque année l'associé reçoit pour représenter le salaire de chaque jour, de sorte que, après avoir reçu mensuellement 4 à 5 francs par jour, il reçoit encore à la fin de l'année un dividende plus ou moins considérable et qui égale quelquefois et surpasse même les prélèvements mensuels.

Faisons une autre remarque importante :

Parmi les associations que nous connaissons et dont nous donnons la liste (car il peut en exister que nous ne connaissons pas), deux seulement ont participé aux avantages que la Constituante de 1848 avait voulu leur assurer en leur faisant un prêt temporaire; les limiers ou fabricants de limes ont reçu 10,000 fr., les menuisiers en fauteuils 25,000, total 35,000 fr. Ces deux sommes ont été remboursées à l'État comme elles devaient l'être.

§ 2. Pourquoi l'État ne doit pas intervenir dans l'organisation des associations ouvrières.

Nous ne savons pas au juste quelle somme a été distribuée sur les trois millions votés le 5 juillet 1848 pour commanditer les associations ouvrières; mais nous venons de voir à quel chiffre se réduit la commandite reçue par les associations qui existent encore aujourd'hui. Il est certain cependant que plusieurs autres associations, maintenant disparues, avaient reçu aussi des fond de l'État. Ce qui ne les a pas empêchées de se dissoudre après une existence plus ou moins prolongée, aboutissant à un résultat négatif.

C'est que les associations n'ont pas seulement besoin d'argent pour se fonder; elles ont encore et surtout besoin d'être composées, dès leur début, d'hommes dévoués, persévérants, énergiques : il faut que les membres aient entre eux une confiance mutuelle; que le gérant soit bien choisi et qu'il trouve ses associés toujours prêts à le seconder; qu'il ait leur confiance et qu'il la mérite. Il faut que tous les actes de sa gestion soient inspirés par l'intérêt de la Société, qu'il déploie une grande activité et établisse de l'ordre partout; dans la comptabilité, dans le travail, dans les affaires. Il faut, pour faire un gérant d'association, un homme intelligent et dévoué, instruit et expérimenté. Or, si les travailleurs trouvent beaucoup parmi eux des hommes à la fois intelligents, dévoués et même instruits, ils en trouvent plus rarement d'expérimentés dans les affaires; il leur faut presque toujours faire leur apprentissage aux dépens de l'association, et s'ils ne sont pas aidés, s'ils ne peuvent s'appuyer que sur les avis de leurs co-associés encore moins expérimentés qu'eux-mêmes, ils peuvent être entraînés à commettre des fautes qui compromettront la confiance que les associés avaient en eux, et par suite, la bonne harmonie indispensable à la vie et à la prospérité d'une association.

Il n'est pas besoin de démontrer que toutes ces conditions de prospérité échappent à la vue de l'État, ou, si l'on veut, du Gouvernement. Pour les apprécier, il faut vivre au sein des associations, il faut que, par des rapports journaliers, on puisse se rendre compte de la valeur du personnel, des ressources de la profession, de ses besoins, etc., toutes choses qui demandent pour ainsi dire une investigation journalière qu'il est impossible au Gouvernement d'exercer sans que son intervention dégénère en un intolérable despotisme dont le premier effet serait de stériliser le principe d'association.

Cependant, il est très certain, d'un autre côté, que les travailleurs livrés à eux-mêmes ne peuvent que très difficilement se former en Société dans quelques professions et que cela leur est tout à fait impossible dans un grand nombre.

Nous voyons bien que les associations qui existent aujourd'hui se sont presque toutes fondées sans capital; mais quand on lira l'histoire de leurs premières années, on verra qu'il n'est pas bon qu'elles soient toutes soumises aux mêmes épreuves. On y trouvera en même temps la raison pourquoi les associations sont encore en si petit nombre, malgré les aspirations de la masse des travailleurs qui comprennent que là est leur avenir.

En résumé, l'État ne pouvant intervenir dans l'organisation des associations que pour leur prêter de l'argent et ne pouvant le faire qu'en exerçant une surveillance gênante pour elles, et sans avantages réels pour la sureté des intérêts du Trésor, il est mille fois préférable qu'il s'abstienne et se borne à améliorer la loi comme l'a fait déjà le gouvernement anglais.

CHAPITRE IV.

§ 1ᵉʳ — Comment peuvent s'établir les associations.

Le tableau que nous publions montre que les associations pour s'établir peuvent, à la rigueur, commencer avec un très petit capital. Ce n'est pas en effet le jour où cinq ou six ouvriers commencent à travailler en commun qu'ils ont besoin d'avoir de grosses sommes en caisse : quelques outils que chacun apporte, quelques centaines de francs économisés pendant une bonne saison, peuvent suffire aux premiers achats de matières premières ; mais, ce premier pas fait, il faut marcher encore, et c'est là la difficulté.

Il est bon cependant que les associations débutent avec prudence et économie, et cette manière de commencer nous plaît beaucoup parce qu'elle évite les imprudences qui se commettraient presque certainement si elles disposaient dès le début d'une somme importante ; mais il est bon aussi que les ressources se trouvent toujours proportionnées aux besoins et qu'à mesure qu'elles se développent, elles trouvent à leur disposition les sommes nécessaires aux entreprises qu'elles peuvent faire. Ainsi, un capital trop important dès le commencement porterait nécessairement à des entreprises hasardées. Trop peu, dans la suite, paralyse le développement naturel de l'association, embarrasse son administration, décourage ses membres et amène le désordre là où l'harmonie est nécessaire.

Il est donc bien évident, selon nous, que, pour faire naître une association, il suffit de quelques ouvriers intelligents et dévoués qui prennent l'initiative; s'ils ont de l'ordre, de l'économie, ils se maintiendront et pourront prospérer dans une certaine mesure; mais pour grandir et atteindre le développement que doit avoir une association, il lui faudra trouver un capital de plus en plus considérable pour acheter des outils perfectionnés, des machines et les matières premières à travailler.

Mais où trouver ce capital? à qui l'association naissante peut-elle s'adresser? Cinq à dix ouvriers qui s'établissent sans argent ne connaissent guère de capitalistes qui seraient disposés à leur faire des avances; d'ailleurs, quand ils en connaîtraient qui seraient sympathiques à leur entreprise, comment pourraient-ils se rendre compte des besoins de l'association? Le gérant qui est à leur tête est un parfait honnête homme, très intelligent, mais peut-on avoir entière confiance en sa capacité? Ouvrier hier, le voilà à la tête d'une maison: il veut emprunter pour entreprendre de grandes affaires; mais comment le rentier pourra-t-il s'assurer que ses entreprises ne sont pas mauvaises et qu'il ne risque pas son argent en voulant être utile à l'association? Il lui faudrait pour s'en rendre compte entrer lui-même dans l'examen de l'affaire. Ce sont des soucis et des embarras qu'il ne veut pas se donner, il préfère refuser son concours à une œuvre qu'il voudrait cependant voir prospérer. Comment sortir de cette situation? Comment satisfaire ces deux intérêts du capital et du travail?

§ 2. Crédit du travail.

Ce que l'État et les particuliers isolés ne peuvent pas faire, c'est à l'association à le réaliser. Il faut faire pour le travail ce qu'on a déjà fait pour la propriété foncière et la propriété mobilière, il faut créer le CRÉDIT DU TRAVAIL comme on a créé le Crédit foncier, le Crédit mobilier, le Crédit industriel, le Crédit agricole, etc., etc.; grouper tous les capitaux sympathiques aux associations ouvrières qui ne peuvent aller à l'une d'elles en particulier, mais qui viendront se réunir pour profiter à toutes.

Telle est l'idée que je soumets à mes amis, à tous ceux qui désirent être utiles aux travailleurs, à tous ceux qui veulent leur émancipation par le travail. Cette idée n'est pas nouvelle, elle n'est pas venue à moi seulement, elle appartient à tous ceux qui se sont occupés d'association ; je l'ai trouvée comprise et espérée chez tous les gérants et chez tous les membres d'associations avec lesquels j'ai eu l'occasion de m'entretenir du projet que je formule aujourd'hui. Aussi j'ai la conviction qu'il répond à un besoin bien réel et bien senti. Il me fallait cette double certitude pour me décider à prendre l'initiative d'une telle entreprise.

Il est facile de se rendre compte des services que peut rendre aux associations le Crédit du travail. C'est une banque où elles seront toujours sûres de trouver des ressources proportionnées aux besoins de leurs entreprises. Elles ne seront plus empêchées comme aujourd'hui de prendre des travaux importants, faute d'argent pour les exécuter.

D'un autre côté, le Crédit du travail centralisant les

renseignements commerciaux, pourra leur éviter bien des mécomptes, bien des pertes.

Réunissant dans son conseil judiciaire et dans son conseil d'administration des hommes dévoués ou sympathiques aux associations, elles trouveront auprès d'eux tous les conseils, tous les avis dont elles auront besoin et qui pourront éviter, soit entre les membres des associations, soit entre celles-ci et des tiers, tous les procès inutiles et ruineux, et diriger avec tous les soins convenables ceux qui ne pourront pas être empêchés.

Le contrôle que le Crédit du travail exercera sur les autres associations comme commanditaire sera une garantie d'ordre et de bonne administration pour chacune d'elles ; le gérant y trouvera une appréciation juste et éclairée de sa gestion, qui le mettra à l'abri de critiques souvent injustes de la part de quelques associés trop peu expérimentés dans les affaires pour bien juger les actes de la gérance. — Et ceux-ci trouveront dans le contrôle du Crédit du travail une garantie contre les abus, la négligence ou la mauvaise administration des gérants.

Ce ne sont là cependant qu'une partie des avantages que cette institution est appelée à donner aux travailleurs associés; mais il est superflu d'énumérer tous ceux qui en découlent naturellement ; comme la création d'une maison de commission pour les produits de toutes les associations, etc., etc. Et l'on comprend que beaucoup d'entreprises impossibles aujourd'hui deviendront faciles avec le développement des associations.

§ 3. — Projet d'association.

Pour réaliser notre projet, nous proposons de former l'association suivante :

Entre les soussignés et tous ceux qui adhéreront au présent acte, il est formé une Société commerciale, en nom collectif à l'égard du Gérant et en commandite à l'égard de tous les autres Associés.

TITRE Ier.

Formation de la Société. — Dénomination et raison sociale. — Sa durée. — Son but. — Siége social.

Art. 1er. — Il est formé, par ces présentes, une Société en nom collectif à l'égard de M. X***, demeurant à   rue   No   et en commandite à l'égard de tous ceux qui adhéreront aux présents statuts.

Art. 2. — La Société prend la dénomination de : **CRÉDIT DU TRAVAIL.**

Art. 3. — La raison sociale est X*** et Cie.

Art. 4. — La durée de la Société sera de cinquante années, à dater de l'enregistrement du présent acte.

Art. 5. — Le siége social est à Paris, rue   No

Art. 6. — La Société a pour but de créditer les Associations ouvrières actuellement existantes; d'aider à la formation de nouvelles Associations dans toutes les branches de l'Industrie, de l'Agriculture et du Commerce, partout où se trouvent des éléments propices; de leur procurer le crédit nécessaire, d'en surveiller la gestion et de favoriser leur développement.

TITRE II.

Opérations de la Société.

Art. 7. — Les opérations de la Société consistent :
1º à ouvrir un crédit à toute Association ouvrière en voie de formation composée de cinq Associés au moins et qui conformeront leur acte de société aux principes contenus au Titre troisième des présents Statuts;

2º Faire des ouvertures de crédit aux Associations ouvrières existantes; escompter et négocier les valeurs commerciales créées ou endossées par elles;

3° Faire sur Paris, les Départements et l'Étranger tous recouvrements, paiements, commissions, administration et placement de fonds, pour le compte de ses Associés et de tiers; tous achats et ventes, par ministère d'Agents de change, de valeurs françaises et étrangères : et généralement faire toutes opérations de banque ;

4° Recevoir en Comptes courants, aux conditions déterminées à l'article 12 ci-après, toutes les sommes qui lui seront confiées.

Art. 8. — Toute Association qui remplira les conditions indiquées au Titre troisième ci-après, pourra obtenir un Crédit dont la quotité, le mode et les conditions seront arrêtés par le Directeur-Gérant de la Société de CRÉDIT DU TRAVAIL, de concert avec l'Administration de l'Association.

Art. 9. — Le crédit à ouvrir à chaque Association sera déterminé par le nombre des Associés et les chances apparentes de leur entreprise.

Il devra toujours être couvert par des billets à ordre ou garanti par une hypothèque sur les immeubles ou une délégation privilégiée sur le matériel, les marchandises ou les créances de l'Association.

Art. 10. — La Société n'escomptera que les billets créés ou endossés par les Associations qui auront un crédit ouvert.

Elle n'ouvrira de Crédit qu'aux Associations qui seront intéressées dans la Société de CRÉDIT DU TRAVAIL.

Art. 11. — Le taux de l'escompte sera toujours fixé sur celui de la Banque de France, avec un demi pour cent de commission, en sus pour 90 jours, et le change de place, s'il y a lieu.

Art. 12. — La Société recevra en Comptes courants toutes les sommes qui lui seront confiées soit par ses coassociés, soit par des tiers.

Elle paiera pour ces sommes un *intérêt de trois pour cent* par an.

Elles seront remboursables : pour les sommes de 1,000 francs et au-dessous, dans la huitaine de la demande en remboursement;

Pour les sommes de 1,001 à 5,000 francs, un mois après la demande en remboursement ;

Pour les sommes de 5,001 francs et au-dessus, trois mois après la demande en remboursement.

TITRE III.

Conditions générales de Crédit aux Associations.

Art. 13. — Toute Association déjà existante ou qui se formera, devra, pour obtenir l'ouverture d'un crédit :

1º Être composée de cinq Membres au moins ;

2º Être constituée légalement, conformément aux lois commerciales ; observer dans son acte de société les principes généraux déterminés à l'article 14 ci-après et qui seront communs à toutes les Associations.

Art. 14. — Les principes généraux dont parle notre article 13, que les Associations devront observer dans leur acte de société pour obtenir l'ouverture d'un crédit sont les suivants :

1º Avoir un ou plusieurs Gérants responsables, révocables et rééligibles ;

2º Avoir un Conseil de surveillance ;

3º Une comptabilité régulière et constamment à jour ;

4º Chacun de ses Membres devra fournir un apport social qui ne pourra être moindre de mille francs, et dont le versement pourra s'effectuer par fraction et par la retenue des bénéfices ;

5º Avoir un fonds de réserve alimenté par un prélèvement sur les bénéfices ;

Art. 15. — Le CRÉDIT DU TRAVAIL prendra un intérêt comme commanditaire dans toutes les Associations qu'il créditera et il exercera sur elles un contrôle administratif, dans l'intérêt et pour la bonne administration de ces mêmes associations, et à l'effet d'assurer une surveillance éclairée sur les actes des Gérants ou Administrateurs de chacune d'elles. En conséquence il pourra se faire représenter aux réunions des Conseils de surveillance et aux réunions des Conseils d'administration de chacune d'elle par un délégué qui pourra présenter des observations et se faire communiquer les pièces et livres de comptabilité nécessaires pour l'éclairer sur la marche et la situation de l'Association. Ce délégué pourra donner son avis; mais ne prendra aucune part aux délibérations. Il fera son rapport au Directeur-Gérant de la Société de CRÉDIT DU TRAVAIL.

Art. 16. — Elle se fera représenter aux Assemblées générales des Associations où le délégué pourra donner son avis sur la marche de la Société et provoquer, de concert avec les Gérants ou le Conseil de surveillance, toutes mesures jugées utiles à l'intérêt général de l'Association.

TITRE IV.

Fonds social. — Souscription. — Versement.

Art. 17. — Le fonds social de la Société de CRÉDIT DU TRAVAIL est illimité ; il se compose du montant de toutes les souscriptions individuelles.

Art. 18. — Le chiffre des souscriptions est indéterminé, mais il ne peut être moindre de cent francs.

Art. 19. Les souscriptions s'effectuent par l'inscription sur un registre à souche : des noms, qualités et domicile du souscripteur, du montant de la souscription et du versement effectué.

Le récépissé qui sera détaché du registre portera les mêmes mentions que la souche et sera signé par le Directeur-Gérant. Ce récépissé forme titre pour le souscripteur et donne droit d'admission aux Asssemblées générales, conformément à l'article 41.

Art. 20. — Tout Souscripteur doit le total de sa souscription; mais celui qui souscrit pour une somme de deux cents francs et au-dessus peut ne verser que la moitié du montant de sa souscription et conserver provisoirement l'autre moitié entre les mains.

Cette partie des souscriptions conservées par le Souscripteur prend le nom de RÉSERVE SOCIALE.

Tout souscripteur a le droit de se libérer complétement de sa souscription.

Aucune demande de versement sur la réserve sociale ne peut être faite aux Souscripteurs que par une délibération de l'Assemblée générale.

Nul Souscripteur ne peut être obligé à verser tout ou partie de la Réserve sociale qui se trouve en ses mains qu'un an après sa souscription.

Tout Souscripteur qui ne verserait pas, à l'époque indiquée, la partie appelée de la Réserve sociale, en devra l'intérêt à raison de six pour cent par an à partir du jour indiqué comme dernier délai pour faire les versements.

Art. 21. — Toute souscription est faite pour toute la durée de la Société ; en conséquence ni le Souscripteur, ni ses héritiers ou ayants-droit ne pourront demander le remboursement des versements effectués.

Les héritiers ou ayants-droit doivent, comme le Souscripteur lui-même, le montant non versé de la souscription.

Ils sont assujettis, en tout, aux mêmes obligations et jouissent des mêmes avantages que les Souscripteurs.

Ils peuvent néanmoins, leurs droits respectifs légalement établis, obtenir, pour la part de chacun d'eux, un Titre nominatif conformément à l'article 22.

Art. 22. — Le récépissé, délivré conformément à l'article 19, ne peut être cédé, ni transporté à un tiers; mais tout Souscripteur peut, en payant intégralement le montant de sa souscription, échanger son récépissé contre un Titre nominatif dont le transport pourra se faire par endossement indiquant les nom, prénoms, qualités et demeure du nouveau titulaire. Ce transport, pour être valable, devra être visé par le Directeur-Gérant.

Ce Titre donne les mêmes droits, impose les mêmes obligations que le récépissé qu'il représente.

TITRE V.

De l'Administration.

Art. 23. — La Société est administrée par un Directeur-Gérant qui a seul la signature sociale dont il ne peut faire usage que pour les affaires de la Société.

Il est nommé par l'Assemblée générale pour un temps illimité, mais il est toujours révocable.

Art. 24. — Il représente la Société dans tous les actes, soit civils, soit judiciaires ou commerciaux; et pour elle, il traite, transige, compromet; procède en justice en demandant comme en défendant.

Il négocie et signe toutes transactions, tous traités ou marchés, toutes ouvertures de crédit, tous transferts de rente sur l'État et autres effets publics; endosse ou acquitte tous billets à ordre ou traites sur le Trésor, la Banque de France ou toutes autres caisses publiques ou privées; retire toutes lettres chargées ou paquets de tous bureaux de poste, chemins de fer, messageries; paie et acquitte toutes sommes dues par la Société, reçoit et poursuit le recouvrement de toutes celles qui lui sont dues et à ces effets, poursuit l'inscription ou le transport de toutes hypothèques avec ou sans priviléges, consent et signe tous désistements et mainlevées avec ou sans paiement, donne et reçoit quittance de toutes sommes reçues ou payées.

Il acquiert, vend, cède, transporte ou échange tous biens meubles ou immeubles appartenant à la Société, négocie tout emprunt avec ou sans garanties, hypothèques ou priviléges.

Il passe tous baux au nom et pour le compte de la Société, et les résilie.

Il signe les récépissés et le livre à souche mentionnés en l'art. 19, le Titre transmissible mentionné en l'art. 22, ainsi que les transports qui peuvent en être faits.

Il signe la correspondance et généralement toutes les pièces qui peuvent engager la responsabilité de la Société.

Art. 25. — Le Directeur-Gérant est responsable de la fidèle exécution des présents statuts.

Il nomme et révoque tous les employés ou agents de la Société, en fixe le traitement, pourvoit à l'organisation et à l'entretien de tous les services, fait, de concert avec le Comité de surveillance, les règlements intérieurs et veille à leur exécution.

Art. 26. — Tous les actes du Directeur-Gérant, emportant obligation ou décharge pour la Société, sont consignés par ordre de date sur un registre à ce destiné.

Toutes les pièces comme traités, marchés, ou transactions généralement quelconques, sont conservées et classées par ordre de date.

Art. 27. — Tous les mois, le Directeur-Gérant fait dresser un compte rendu résumant toutes les opérations de la Société pendant le mois précédent.

Art. 28. — Tous les six mois, il fait dresser un inventaire exact de l'actif et du passif de la Société, au 30 juin et au 31 décembre.

Les comptes-rendus mensuels et les inventaires sont signés par le Directeur-Gérant qui en affirme la sincérité.

Art. 29. — Il convoque les Assemblées générales ordinaires et extraordinaires de concert avec le Président du Conseil de surveillance et prépare avec lui les ordres du jour des Assemblées.

Il propose la répartition des dividendes suivant les bénéfices réalisés.

Art. 30. — Le Directeur-Gérant reçoit un traitement annuel fixé par l'Assemblée générale.

Art. 31. — Le Directeur-Gérant peut, sous sa responsabilité, déléguer tout ou partie des pouvoirs qui lui sont attribués.

TITRE VI.

Du Conseil de Gérance.

Art. 32. — Le Directeur-Gérant est assisté d'un Conseil de Gérance composé de trois Membres au moins et de quinze au plus.

Ils sont nommés par l'Assemblée générale et restent en fonctions pendant trois ans.

Le Conseil de Gérance est renouvelé par tiers tous les ans; pour les deux premières années, les membres sortants seront tirés au sort parmi les membres élus primitivement. Ils sont toujours rééligibles.

Art. 33. — Le Conseil nomme un Vice-Président, un ou plusieurs Secrétaires. Il est présidé par le Directeur-Gérant, et en cas d'absence ou d'empêchement, par le Vice-Président, ou le plus âgé des membres présents. Le Conseil fait ses règlements intérieurs.

Il se réunit sur l'invitation du Directeur-Gérant toutes les fois que celui-ci le juge nécessaire.

Les procès-verbaux de ces séances sont écrits sur un registre spécial à ce destiné. Ils contiennent le résumé des communications, des discussions et observations qui auront eu lieu ou qui auront été faites, soit par le Gérant, soit par les Membres du Conseil.

Ces procès-verbaux sont signés après chaque séance par le Président et par le Secrétaire.

Art. 34. — Le Conseil de Gérance a pour mission d'éclairer le Directeur-Gérant sur toutes les questions d'administration qui lui sont soumises ; ses membres pourront être chargés d'inspecter les Associations avec lesquelles la Société sera en rapport, et pourront au besoin être délégués temporairement pour aider l'administration de l'une d'elles.

Art. 35. — Les délibérations du Conseil de Gérance n'impliquent aucune ingérence dans l'administration de la Société pouvant emporter une responsabilité quelconque à l'égard des tiers. Chacun de ses Membres n'a que voix consultative et les délibérations ne valent que comme avis ou conseil au Directeur-Gérant, qui reste libre et agit sous sa seule responsabilité.

TITRE VII.

Du Conseil de surveillance.

Art. 36. — Un Conseil de surveillance composé de six Membres au moins, élus par l'Assemblée, est chargé de surveiller tous les actes de l'Administration. Ses Membres sont élus pour trois ans et se renouvellent par tiers chaque année. Pour les deux premières années, les Membres sortant sont désignés par le sort. Ses Membres sont toujours rééligibles.

Art. 37. — Le Conseil nomme son Président et son Secrétaire à la majorité des voix.

Le Président du Conseil de surveillance préside les Assemblées du Conseil, et le Secrétaire rédige les procès-verbaux de ses séances ; en l'absence du Président, le Conseil est présidé par le plus âgé des Membres présents ; en l'absence du Secrétaire, le procès-verbal est rédigé par le plus jeune des Membres présents.

Art. 38. — Le Conseil de surveillance se réunit au siège social toutes les fois qu'il le juge convenable, mais au moins une fois par mois.

Il ne peut délibérer que quand la moitié au moins de ses Membres sont présents.

En cas de partage, la voix du Président est prépondérante.

Art. 39. — Le Conseil a pour mission de surveiller tous les actes de l'Administration, de pourvoir provisoirement au remplacement du Directeur-gérant en cas de décès ou d'empêchement pour le titulaire de remplir ses fonctions ; de convoquer les Assemblées générales ordinaires et extraordinaires ; de prendre connaissance de toutes les pièces relatives à la comptabilité : la correspondance, les livres, la caisse, le portefeuille, et de tous les documents qui peuvent l'éclairer sur la marche et la situation de la Société.

Il vérifie les comptes mensuels et les inventaires.

Il fait tous les six mois un rapport à l'Assemblée générale sur les inventaires, sur l'administration et la situation de la Société.

Il donne son avis sur les dividendes à répartir.

TITRE VIII.

Conseil judiciaire.

Art. 40. — Il sera formé, par les soins du Directeur-Gérant, un Conseil judiciaire consultatif composé de :

Un ou plusieurs avocats ;
Un ou plusieurs agréés ;
Un ou plusieurs notaires ;
Un ou plusieurs avoués ;
Un ou plusieurs huissiers.

Ce Conseil se réunit sur l'invitation du Directeur-Gérant ou du Président du Conseil de surveillance, pour donner son avis sur toutes les questions qui lui sont soumises et chacun de ses membres prête son concours à la Société dans tous les actes qui sont dans ses attributions.

Il donne également son avis à l'Assemblée générale, quand elle le lui demande, lors de ses réunions ordinaires ou extraordinaires, sur toutes les affaires sociales et sur la gestion du Directeur-Gérant ; mais il ne s'initie en aucune façon dans les actes de l'Administration, soit financiers ou autres, la mission de chacun de ses membres étant seulement de donner des conseils et des avis.

TITRE IX.

Assemblée générale.

Art. 41. — L'Assemblée générale se compose de tous les Associés commanditaires ayant souscrit mille francs au moins et versé la moitié de leur souscription.

Plusieurs Souscripteurs, réunissant entre eux un capital souscrit de mille francs dont la moitié au moins serait versée, pourront se faire représenter par l'un d'eux à l'Assemblée générale, en lui donnant chacun un pouvoir spécial à cet effet. Ce pouvoir ne sera valable que pour une seule assemblée.

Art. 42. — L'Assemblée générale se réunit en Assemblée ordinaire tous les six mois au siège social, en janvier et en juillet.

Elle est convoquée par le Directeur-Gérant et le Président du Conseil de surveillance ou par l'un d'eux seulement.

Elle est convoquée par lettre particulière adressée à chaque Asssocié ayant droit d'en faire partie, dix jours au moins avant celui fixé pour la réunion, et par une nnonce insérée dans l'un des journaux destinés aux publications des actes de société, dix jours également avant celui de la réunion. Les lettres et l'annonce indiqueront l'ordre du jour.

En cas de non-convocation, l'Assemblée générale se réunit de droit au siège social, le 31 janvier et le 31 juillet, à une heure de l'après-midi.

Art. 43. — Tout Associé ayant droit d'assister à l'Assemblée générale, conformément à l'article 41, y sera reçu sur la présentation d'une carte d'entrée qui lui sera délivrée à la Caisse de la Société et qui devra être retirée vingt-quatre heures au moins avant la réunion.

Art. 44. — Tout Associé ayant droit d'assister à l'Assemblée pourra s'y faire représenter par un mandataire muni d'un pouvoir spécial qui ne peut être valable que pour une seule Assemblée.

Nul ne sera admis à représenter un Associé à l'Assemblée générale, s'il n'est lui-même Associé.

Art. 45. — Chaque Associé n'a droit qu'à une seule voix dans les Assemblées générales, quel que soit le chiffre de sa souscription.

Nul ne peut représenter plus d'un Associé absent et par conséquent émettre plus de deux voix dans les Assemblées générales.

Art. 46. — L'Assemblée générale se réunit extraordinairement toutes les fois qu'elle est convoquée ; elle ne peut, dans tous les cas, délibérer que sur les questions à l'ordre du jour.

Art. 47. — L'Assemblée générale est présidée par le Président du Conseil de surveillance et, à son défaut, par le plus âgé des Membres du Conseil présent.

Le Bureau de l'Assemblée est formé par deux Membres du Conseil de Gérance et deux Membres du Conseil de surveillance qui y sont appelés au choix de l'Assemblée.

Art. 48. — Les décisions du Bureau de l'Assemblée sont prises à la majorité des voix. En cas de partage la voix du Président est prépondérante.

Art. 49. — L'Assemblée générale pour se constituer devra comprendre vingt Membres au moins et représenter un dixième du capital souscrit.

Art. 50. — Si les conditions mentionnées à l'art. 49 ne sont pas remplies au jour indiqué pour une Assemblée ordinaire, elle sera ajournée à huitaine et une nouvelle convocation sera faite dans les vingt-quatre heures par lettre adressée à chaque Associé ayant droit. Cette nouvelle Assemblée se constituera régulièrement quel que soit le nombre d'Associés présents ou représentés et quel que soit le capital représenté.

Art. 51. — Les délibérations de l'Assemblée sont prises à la majorité des voix, sauf les cas prévus au présent acte. En cas de partage, la voix du Président est prépondérante.

Les votes ont lieu par mains levées, ou, sur la demande de cinq membres, par bulletins écrits et signés.

Art. 52. — L'Assemblée générale, régulièrement constituée en Assemblée ordinaire ou extraordinaire, représente l'universalité des Associés. Ses décisions engagent tous les Associés sans exception.

Art. 53. — Elle entend le rapport du Directeur-Gérant, reçoit ses comptes et les approuve purement et simplement ou avec telles réserves qu'elle juge convenables.

Elle ordonne, au besoin, par experts ou par une commission prise dans son sein la vérification de ces comptes.

Art. 54. — Elle entend le rapport du Président du Conseil de surveillance sur la situation générale de la Société. Elle autorise la répartition des dividendes pour l'exercice de chaque année.

Art. 55. — Elle nomme le Directeur-Gérant, pourvoit à son remplacement en cas de démission, de décès ou d'empêchement quelconque de le part du titulaire d'en remplir les fonctions.

Elle fixe son traitement.

Art. 56. — Elle peut toujours, sur la proposition du Conseil de surveillance, révoquer le Directeur-Gérant; mais, dans ce cas, l'Assemblée, convoquée spécialement à cet effet, devra comprendre la moitié au moins des Associés ayant droit d'y assister, et représenter le quart du capital souscrit.

Art. 57. — Elle nomme les Membres du Conseil de surveillance et les Membres du Conseil de Gérance.

Art. 58. — Elle délibère sur toutes les questions à l'ordre du jour; entend toutes les propositions collectives ou individuelles; passe à l'ordre du jour ou les renvoie au Directeur-Gérant ou à l'un des Conseil pour lui en faire un rapport à la prochaine Assemblée. Elle nomme toutes les commissions qu'elle juge convenable pour l'examen des propositions qui lui sont faites ; mais c'est toujours par l'organe du Directeur-Gérant ou du Président du Conseil de surveillance que les rapports lui sont présentés.

TITRE X.

Inventaires. — Comptes rendus mensuels.

Art. 59. — L'année sociale commence le premier janvier et finit le trente et un décembre.

Du premier au dix de chaque mois, le Directeur-Gérant fera dresser un compte rendu des opérations de la Société pour le mois précédent, en fera remettre une copie au Président du Conseil de surveillance et en tiendra une copie à la disposition de tous les Associés, au siége social.

Un inventaire exact de l'actif et du passif de la Société est dressé au 30 juin et au 31 décembre par les soins du Directeur-Gérant qui le fait imprimer et l'adresse, dans les vingt jours qui suivent et avant la réunion de l'Assemblée générale, à tous les Membres de la Société.

Les comptes rendus mensuels et les inventaires sont soumis à l'Assemblée générale par le Conseil de surveillance qui donne en même temps son avis. L'Assemblée les approuve ou ordonne qu'ils seront vérifiés conformément à l'article 60.

TITRE XI.

Bénéfices. — Leur Répartition.

Art. 60. — Les produits nets, déduction faite de toutes les charges sociales, constituent les bénéfices.

Art. 61. — Après l'inventaire du 30 juin, il pourra être fait, quand les bénéfices réalisés pendant le semestre le permettront, une première répartition de 2 pour cent à-compte sur le dividende annuel.

Art. 62. — Les bénéfices sont répartis chaque année entre tous les Associés proportionnellement au capital versé par chacun d'eux dans les proportions et avec les retenues ci-après :

1º Il est d'abord fait un prélèvement suffisant pour répartir entre tous les Associé, un dividende de 5 pour cent sur tout le capital versé ;

2º Après le prélèvement ci-dessus, ce qui reste des bénéfices est ainsi réparti :

20 p. 0/0 pour former un fonds disponible de réserve sociale ;

10 p. 0/0 aux employés de l'administration à titre de gratification.

70 p. 0/0 à répartir entre tous les associés au prorata de leur versement.

TITRE XII.

Fonds de Réserve sociale.

Art. 63. — Le fonds de Réserve sociale se compose des sommes souscrites restées entre les mains des Souscripteurs, conformément à l'art. 20, et de l'accumulation des sommes produites par le prélèvement fait sur les bénéfices, conformément au paragraphe 2 de l'article 62, et des intérêts que produisent ces dernières.

Il ne sera fait usage du capital de la Réserve sociale que pour combler le déficit que peut produire l'exercice d'une année.

TITRE XIII.

Modification aux Statuts.

Art. 64. Il ne peut être apporté de modifications aux présents Statuts que par une Assemblée générale spécialement convoquée à cet effet.

Elle devra se composer de la moitié au moins des Associés ayant droit d'y assister et représenter le quart du capital souscrit. Elle sera convoquée comme les Assemblées ordinaires, et les lettres de convocation contiendront le texte des modifications proposées.

TITRE XIV.

Dissolution. — Liquidation.

Art. 65. — Nul ne peut demander la dissolution de la Société avant le terme fixé pour sa durée ou hors des cas prévus par les Statuts.

La dissolution est de droit, dans le cas de perte de la moitié du capital souscrit.

Art. 66. — La liquidation a lieu en cas de dissolution prévue à l'article 67, ou à la fin de la durée de la Société, et le capital social, qui reste disponible après l'acquit de toutes les dettes et de toutes les charges et obligations sociales, est réparti entre tous les Associés, proportionnellement à la somme versée par chacun d'eux.

La liquidation est faite par trois liquidateurs nommés par l'Assemblée générale à qui elle donne les pouvoirs nécessaires et notamment celui de transporter à une autre société les droits, actions, privilèges et obligations de la Société ; mais elle conserve, pendant le cours de la liquidation comme pendant le cours de l'exercice de la Société, tous ses pouvoirs statutaires.

Art. 67. — La durée de la Société peut être prorogée par l'Assemblée générale, spécialement convoquée à cet effet, dans les formes déterminées à l'art. 42.

TITRE XV.

Contestations.

Art. 68. — Toutes contestations qui pourront s'élever pendant la durée de la Société ou lors de sa liquidation, soit entre les Associés et la Société, soit entre les Associés entre eux et à raison des affaires de la Société, seront jugées par un tribunal arbitral choisi parmi les membres de la Société, et auquel les parties donneront les pouvoirs d'arbitres amiables compositeurs, et leur jugement sera sans appel. Si l'une des parties se refuse à faire choix d'un arbitre, ils seront nommés par le bâtonnier de l'ordre des avocats du Barreau de Paris.

Tout Associé, en cas de contestation, devra faire élection de domicile à Paris, et toutes notifications, significations ou assignations lui seront valablement faites au domicile par lui élu, sans avoir égard à la distance du domicile réel.

A défaut d'élection de domicile, cette élection aura lieu de plein droit au parquet de M. le Procureur impérial près le Tribunal civil de première instance du département de la Seine, où toutes notifications, significations ou assignations lui seront valablement faites.

Le domicile élu comme il vient d'être dit, entraînera attribution de juridiction aux Tribunaux compétents du département de la Seine.

Publications.

Art. 69. — Pour la publication des présents partout où besoin sera, tous pouvoirs sont donnés au porteur d'une expédition ou d'un extrait.

Fait double à Paris, le

---

§ 4. Projet, Exécution.

En publiant le projet d'acte de Société qu'on vient de lire, nous avons voulu fixer plus exactement l'esprit du lecteur sur la nature et l'importance de l'œuvre à laquelle nous l'appelons à prendre part. Il est bien entendu que notre projet d'acte reste susceptible de modifications dans la forme comme tous les projets de ce genre. Ce n'est que la constitution de la Société qui lui donnera sa rédaction définitive.

L'examen des titres I, II et III fera comprendre le but de la Société; il peut se résumer en quelques mots : c'est la banque des Associations ouvrières se réservant de faire, pour ses clients ou commanditaires, toutes les opérations qui lui seront confiées; mais s'interdisant toutes opérations de bourse et toutes spéculations quelconque pour son propre compte.

Ces conditions nous paraissent rigoureusement nécessaires. — Une institution comme celle que nous voulons fonder ne peut s'interdire de devenir le mandataire de ses adhérents auxquels elle peut rendre des services en y trouvant une source de légitimes bénéfices, mais elle doit s'interdire toutes opérations, en dehors de ses attributions, qui sont d'être la *Banque du travail.*

Le titre IV indique le mode de souscription pour devenir Associé ou commanditaire.

Le chiffre de la souscription de chacun est indéterminé. Ce n'est donc pas une société par actions que nous proposons de former, mais une société en commandite simple. Nous avons choisi cette dernière forme, parce qu'elle répond mieux aux besoins de l'entreprise que la commandite par actions. Avec cette dernière, il faut fixer le chiffre du capital social sans pouvoir ni le dépasser ni l'amoindrir, sans remplir des formalités longues et coûteuses : sans pouvoir commencer les opérations avant l'entière souscription de toutes les actions, etc. La commandite simple n'entraîne pas ces mêmes inconvénients. La Société peut se constituer avec le capital souscrit quel qu'il soit, quand les associés le jugent suffisant, et l'augmenter successivement sans modifier l'acte primitif. — C'est précisément ce qui convient à la *Banque du travail.*

Les titres V et suivants parlent de l'organisation de la Société. Un Conseil de surveillance, un Conseil d'administration et un Conseil judiciaire aident et contrôlent le Gérant. Celui-ci, se mettant en relation avec toutes les Associations anciennes et nouvelles, les aide dans leurs formations et leurs développements, en élaborant toutes les mesures propres à cet effet. Tel est notre projet sur lequel nous reviendrons dans des publications ultérieures.

§ 6. Initiative. — Adhésions.

Nous n'hésitons pas à prendre l'initiative pour l'exécution du projet de banque du travail que nous proposons sous le titre de *Crédit du travail*, et nous faisons appel à tous ceux qui sont désireux de concourir à l'affranchissement des travailleurs en les élevant, par le bien-être et l'éducation, à un degré supérieur dans la civilisation, en les faisant se passer du salariat qui n'est (comme le disait avec tant de force et de justesse M. de Chateaubriand), « que le prolongement du servage » au rang d'associé qui réalisera, dans la société civile, l'Égalité, la Liberté et la Fraternité promises par le christianisme et par notre immortelle Révolution.

Nous ouvrons, dès à présent, la souscription. Les adhésions seront reçues au bureau provisoire, à Paris, rue Baillet, n° 3, où elles devront être adressées à M. J.-P. Beluze.

Dès qu'il y aura lieu, nous appellerons les vingt premiers adhérents pour former un conseil provisoire pour préparer avec nous la constitution de la Société, et à la fin mars au plus tard, nous convoquerons les adhérents pour la constituer définitivement.

Les adhésions doivent se faire par lettre où chacun doit déclarer pour quelle somme il veut souscrire, quand et comment il fera son versement. — On peut envoyer tout de suite le montant de la souscription pour laquelle on veut devenir commanditaire, ou indiquer l'époque où l'on en fera le versement avant le 20 mars prochain. — Toutes les sommes reçues seront, au fur et à mesure de leur encaissement, déposées au Comptoir national d'escompte, à Paris, où nous avons un compte ouvert, et où l'on peut les adresser directement au compte de M. J.-P. Beluze, en lui en donnant avis en même temps.

Paris. — Imp. FÉLIX MALTESTE et Cie, rue des Deux-Portes-Sauveur 22.

QU'EST-CE QUE

LA SOCIÉTÉ

DU

CRÉDIT AU TRAVAIL

?

PRIX : 20 C. — PAR LA POSTE, 25 C.

PARIS
LIBRAIRIE GUILLAUMIN ET Cie. ÉDITEURS
RUE RICHELIEU, 14.

1863

QU'EST-CE QUE LA SOCIÉTÉ

DU

CRÉDIT AU TRAVAIL?

Vous êtes, j'aime à le croire, un ami du peuple; vous êtes un homme de progrès. Si la nuit vous entendez crier : « Au feu ! » vous ne passez pas la tête sous votre couverture en pensant : « C'est l'affaire du Gouvernement d'envoyer les pompiers ! » Si votre voisin est un ouvrier sans travail, si sa femme est malade, vous ne dites pas : « Qu'est-ce que cela me fait ? » — Vous n'êtes pas de ceux qui prétendent que le bien se fait tout seul. Vous ne prenez pas tant de soin de votre propre intérêt, que vous négligiez celui de tout le monde. — Si vous étiez de ces gens-là, si vous étiez un égoïste, je vous prierais de remettre cette feuille de papier dans votre poche, ou plutôt de la jeter sur le chemin, pour qu'elle ait la chance d'être ramassée par un homme meilleur que vous.

— Vous continuez votre lecture? — Tant mieux ! Il reste entendu entre nous que vous êtes un homme juste et sensé, et que vous aimez ce qui est bon, non seulement pour en jouir, mais aussi pour le faire. Touchez là ! Écoutez-moi bien, et je crois que nous nous entendrons facilement.

I

Apprenez donc que quelques honnêtes particuliers ont fondé, rue Baillet, N° 3, une *Société du Crédit au Travail*. D'instinct, vous devinez déjà qu'il s'agit d'une banque établie au profit du peuple. Vous ne vous étonnez pas d'apprendre qu'elle doit fonctionner au bénéfice des travailleurs, des ouvriers et petits bourgeois, et avec leur propre argent. Elle n'a pas pris seulement pour devise : « Aide-toi, Dieu t'aidera ! » mais elle dit encore : « Aide-toi, aide les autres ! » Bref, c'est une œuvre démocratique.

Pour être tout à fait exact, on aurait pu l'appeler : *Société du Crédit solidaire*. En effet, elle a la solidarité pour but et pour moyen ; elle ne fait crédit, ni aux travailleurs indistinctement, ni aux travailleurs isolés, mais à ceux-là seulement qui se sont associés.

La *Solidarité*...., voilà un bien grand mot, n'est-ce pas ? Mais il veut dire très-simplement : Tous pour un, un pour tous ! La solidarité est aussi vieille que le genre humain. Bon gré, mal gré, elle s'impose à nous, et sans elle ne pourraient exister ni la Société, ni les États, ni la famille, ni même une bande de brigands. Éminemment progressive et perfectible, la solidarité s'universalise, en même temps qu'elle respecte et même développe les libertés individuelles. — L'Association, une des applications les plus directes de ce principe, deviendra le grand levier du monde moderne, le tout-puissant instrument de la Démocratie future. Déjà nous lui devons nos chemins de fer, nos bateaux à vapeur, nos canaux, nos mines, les trois quarts de notre commerce et de notre industrie ; toutes bagatelles à côté de ce qu'elle nous promet encore. C'est à elle que nous demandons dès aujourd'hui l'extinction du paupérisme et l'affranchissement de la misère pour les travailleurs et les honnêtes gens. Ce n'est déjà pas plus difficile que de vouloir. — Le voulez-vous, mon ami ? Mais le voulez-vous bien ?

La Société nouvelle s'est donc fondée pour donner le crédit aux travailleurs appartenant à des associations, ou bien à des groupes solidaires....

— Des groupes solidaires.... Expliquons cela :

Voici un ouvrier en chambre. Il lui faudrait 200 francs pour acheter des matières premières, quelques feuilles d'acajou, quelques morceaux de cuivre, et il n'a que vingt francs dans sa bourse. Après avoir couru à droite, couru à gauche ; après avoir parlé à Monsieur un tel, puis à Monsieur un tel, il finit par trouver un fournisseur qui lui livre pour 225 francs, et à trois mois de crédit, des marchandises qu'au comptant il lui aurait passées à 200 fr. Les 25 francs supplémentaires équivalent à un intérêt annuel de 50 p. %, ni plus, ni moins. Est-ce à dire que ce marchand est un usurier ? — Pas le moins du monde, car il eût préféré vendre son bois au comptant, sachant déjà par une pénible expérience ce qu'on risque à faire crédit. Il raisonne ainsi : « Cet ouvrier est gêné, sa situation peut ne pas s'améliorer de si tôt ; — son atelier n'est pas assuré contre l'incendie ; — quinze jours d'hôpital pourraient l'endetter pour longtemps, le ruiner pour toujours ; — la fourniture peut être engagée au Mont-de-Piété — ou saisie par le propriétaire. Que d'accidents peuvent arriver à cette malheureuse créance ! Je suis bien bon vraiment de ne les évaluer qu'à vingt-cinq francs ! Si ce n'était pour rendre service ! »

— Quoi qu'il en soit, l'ouvrier emporte ses matières premières. Après leur avoir donné en travail une plus-value d'une cinquantaine de francs et fabriqué une table, par exemple, il n'en trouve pas le placement immédiat. Talonné par le terme et par l'échéance du fournisseur, il se voit obligé de charger son meuble sur un crochet, de le trôler par les rues pendant deux ou trois jours, et finalement de le vendre à perte, ou du moins sans un sou de profit. Telle est la vie que mènent, à l'heure qu'il est, cinquante mille Parisiens, cent mille peut-être.

Cependant, rien qu'avec deux ou trois cents francs, notre ébéniste en question eût économisé, d'abord cinquante pour cent sur la fourniture, ensuite, beaucoup de rongement d'esprit, puis les quelques jours de travail qu'il a perdus en quémandant par-ci, par-là ; en un mot, au lieu d'une mauvaise affaire, il en eût fait une bonne.

Après tout, les accidents que le fournisseur redoutait à juste titre n'arrivent pas tous les jours ; ils sont même exceptionnels de leur nature. Ils écrasent les individus, victimes isolées ; mais s'ils étaient répartis sur plusieurs associés, ils deviendraient insignifiants. Les pères de famille bien avisés s'assurent contre l'incendie ; mieux avisés encore, ils s'assureraient contre les risques de leurs billets. Dès qu'il n'y aurait plus de sinistres commerciaux, il n'y aurait plus ni gros intérêts, ni usure : débiteurs et créanciers pourraient alors dormir paisiblement la veille de leurs échéances. — Avec un peu de complaisance, avec un peu de savoir-faire, cela ne serait pas difficile !

C'est, du moins, ce que pense la Société du Crédit au Travail. Elle vient donc dire à cet ouvrier, auquel il faudrait deux ou trois cents francs : « Vous êtes honnête, je le sais ; vous êtes intelligent ; vous savez bien votre métier. Vous avez autour de vous une demi-douzaine de clients ou camarades, qui vous veulent du bien. Qu'ils me disent ou m'écrivent : Un tel est bon pour trois cents francs ; s'il les veut emprunter, c'est qu'il les peut rendre. En cas d'accident, nous sommes tous et chacun responsables de cette somme. »

— « Ça me va ! » dit l'ouvrier. — Il va donc parler à ses amis qui consentent à garantir solidairement son emprunt. Le Gérant de la Société ouvre alors sa caisse, il en tire trois cents francs : « Mon brave, je vous les prête pour trois mois. — N'y a pas de quoi me remercier, c'est moi qui suis votre obligé. »

Bien entendu qu'après le remboursement de l'argent en question, le groupe solidaire aurait tort de se dissoudre. Il aurait tout intérêt à se maintenir, pour faire donner crédit à tous les membres associés, à Paul, puis à Pierre, puis à Jacques, et successivement à chacun, au fur et à mesure des besoins.

Il va encore de soi qu'il ne suffirait pas à trois buveurs de s'associer à cinq mange-tout pour obtenir des avances. Le Crédit au Travail exige des emprunteurs inconnus qu'ils se fassent recommander par des membres de la Société ou par des personnes d'une honorable réputation. En proportion des besoins populaires, les ressources de la banque seront toujours trop limitées. Son capital est, autant que faire se pourra, réservé au travail et à la probité. Il est donc sacré. Ce serait un crime de le laisser gaspiller par des indignes.

A ce propos, les sociétaires jouiront eux-mêmes d'un crédit au moins égal au chiffre de leur commandite. Au moins égal, car si un souscripteur de cent francs peut toujours se faire reprêter le montant de son versement, trois souscripteurs de cent francs chacun, se solidarisant pour une même demande de crédit, auront droit, non pas à trois, mais à cinq cents francs. Car la solidarité du groupe augmente la solvabilité individuelle.

C'est sur une donnée analogue que se sont fondées à Paris une quinzaine de *Sociétés de Crédit mutuel*. Elles sont trop peu nombreuses encore, trop peu connues, trop peu appréciées, mais elles rendent déjà des services très-considérables aux yeux de ceux qui savent que deux cents francs prêtés à un ouvrier sont l'équivalent de deux cent mille francs confiés à un banquier. Sur des bases plus larges, le Crédit au Travail est lui-même une Société de crédit mutuel dans laquelle les sociétés existantes pourraient entrer comme des groupes tout formés. C'est une question d'avenir. En tous cas, l'entreprise nouvelle s'ouvre, dans la mesure de ses moyens, aux ouvriers, aux bourgeois, artistes, employés, médecins, et en général à tous ceux qui, travaillant isolément, peuvent se grouper avec les personnes de leur choix pour obtenir collectivement un crédit qui ne leur eût pas appartenu isolément. Mais, autant que possible, les ouvriers d'un même métier devront se réunir en association pure et simple, et travailler à frais et intérêts communs. Plus la solidarité est intime, plus elle est puissante.

En s'associant, les ouvriers s'affranchissent du prolétariat, ils acquièrent l'indépendance que possède la bourgeoisie. Devenant leurs propres maîtres, ils répartissent sur tous les membres de leur atelier les bénéfices réservés jusque-là au patron : ils travaillent mieux et davantage ; ils ne craignent plus que leurs salaires soient rognés pour augmenter d'autant les bénéfices d'un tiers ; ils n'ont plus à se plaindre de l'exploitation de l'homme par l'homme. L'association est donc, pour le bon ouvrier, l'entrée dans une ère nouvelle de contentement, d'indépendance et de dignité. Pour le bon ouvrier, s'entend, car sans persévérance, sans respect des droits d'autrui et sans esprit de fraternité, il n'est pas d'association qui puisse durer. Le paresseux, le querelleur et l'ivrogne sont des esclaves. La liberté n'est point faite pour eux. Ils en sont indignes, ils en sont incapables; jamais ils n'entreront dans le monde nouveau !

II

Vous savez, ou vous ne savez pas qu'il existe en France des Associations ouvrières. Pour ne vous en nommer que trois, il y a celle des peintres en bâtiments, celle des maçons, celle des tourneurs en chaises. On en compte une trentaine à Paris, une dizaine en province. Elles ont généralement débuté en 1848, avec rien ou presque rien ; aujourd'hui elles jouissent d'une considération méritée. Telle qui a commencé avec quarante sous qu'on lui avait prêtés, possède aujourd'hui 150,000 francs, et ses membres vous diront : « Nous sommes tous à notre aise, ce qui vaut peut-être mieux que d'être riches. Nous avons du pain sur la planche, de bons habits sur le dos. Nos enfants s'instruisent, nous passons quelques soirées au théâtre. De temps en temps nous pouvons donner quelque bon coup d'épaule aux camarades. Si nous fussions restés dans l'isolement, au bout de quinze ans de travail, nous ne serions pas plus avancés qu'en commençant : tout le changement eût été de passer alternativement de la misère à la gêne, et de la gêne à la misère ! »

Déjà les associations de Paris sont devenues assez considérables pour nécessiter la création d'une agence spéciale qui les réunisse dans un centre commun et s'occupe de leurs affaires légales ou autres, escompte leur papier, fasse leur service de caisse. Les marchands de vins, les chiffonniers, presque toutes les industries ont leurs banquiers : il n'est donc pas prématuré de donner aux Compagnies ouvrières un organe financier.

La Société du Crédit au travail ne croirait remplir que la moitié de son œuvre, si, en se dévouant aux associations de Production fondées et à fonder, elle ne leur donnait pour complément et pour contre-partie des associations de Consommation. Elle concourra, selon la mesure de ses forces, à la création d'une de ces sociétés dans un quartier de Paris, pour commencer, et successivement dans les soixante et dix-neuf autres quartiers, sans parler de la province. Concourir, dit-elle ; car, pour une œuvre aussi vaste et multiple, il est bon, il est même nécessaire qu'il y ait une multitude de collaborateurs et diverses manières d'opérer ; il y a de l'ouvrage pour tout le monde. La production et la consommation sont deux termes absolument corrélatifs, deux fonctions sociales qui se présupposent mutuellement et qu'on peut à peine séparer l'une de l'autre, même par la pensée. En effet, on travaille pour manger et parce qu'on a mangé, on mange pour travailler et parce qu'on a travaillé. A l'image du cœur qui est le régulateur du sang artériel et du sang veineux, la banque nouvelle se fera le centre d'un double système de production et de consommation, de drainage et d'irrigation, opérant l'un pour l'autre et l'un par l'autre. Réussissant en grand et développée scientifiquement, une institution dont la Société du Crédit au travail nous donne un premier type, restituerait au peuple la totalité des impôts que prélèvent sur le travail et la consommation une multitude d'intermédiaires, utiles encore, ou déjà inutiles. Cette suppression de rouages encombrants est une des nécessités sociales qui sont le mieux comprises. Tous la réclament, les commerçants tout les premiers, qui, intermédiaires pour un seul produit, sont consommateurs de cent, de mille autres. Tous nous la promettent, cette suppression, elle nous est même déjà pompeusement annoncée par les réclames des magasins de cordonnerie et de confection. Tôt ou tard les intermédiaires actuels se transformeront en producteurs, donnant ainsi à la communauté un double bénéfice, d'abord celui de leurs nouveaux produits, ensuite celui de l'économie à réaliser sur les frais énormes dont ils ont grevé jusqu'ici production et consommation.

Vous comprenez maintenant pourquoi, le **27 septembre dernier**, la Société du Crédit au Travail a été fondée par **170 individus** environ, de Paris et des départements. Ouvriers et petits bourgeois pour la plupart, ils apportaient en souscriptions de 100 francs et plus, un capital social de 20,000 francs, sur lequel ils versaient immédiatement un peu plus de 4,000 francs........ »

— « Vous souriez, lecteur ? »

— « Eh oui ! comment s'en empêcher ! Quoi ! Un encaisse de quatre mille francs ! C'est ainsi que vous débutez modestement à côté des Comptoirs commerciaux, à côté des Crédits Foncier, Industriel et Mobilier, gros de quarante, cinquante ou soixante millions chacun ! Prétendez-vous éteindre le paupérisme avec les quatre mille francs que vous avez touchés, rue Baillet, n° 3 ? — Avec les seize mille francs qu'on vous a promis, vous ferez de la Banque, n'est-ce pas ?..... Vous propagerez des associations de production et de consommation, et vous grouperez harmoniquement les intérêts des producteurs et des consommateurs ? Nos conditions économiques, vous les réformerez, peut-être, avec ce pauvre argent, à peine la soirée d'une danseuse, à peine l'enjeu d'un turfiste aux courses de Vincennes ou du Bois de Boulogne ? — Tenez, le grand mot m'échappe... Vous n'êtes que des utopistes ! Que sont vos vingt ou trente associations ouvrières qui, à votre dire, réussissent passablement ? Un fétu perdu dans l'immense population des prolétaires ! — Votre Banque ? une utopie ! — Vos associations de consommation qui sont encore à fonder ? des utopies ! des utopies ! »

— Utopie !... Pas tant que vous le croyez, mon brave ami. D'abord, ce capital si mesquin de 20,000 fr. n'est qu'un commencement pour la Société du Crédit au travail, dont les fondateurs s'étaient taxés à dix francs par mois (à peu près tout ce qu'ils pouvaient faire), afin de ramasser, au plus tôt, une somme quelconque qu'on pût décemment déclarer à l'enregistrement. Mais la commandite reste toujours ouverte; des milliers d'adhérents seront toujours libres de se présenter à la Caisse sociale. Pour cette œuvre de régénération populaire, on s'adresse aux ouvriers et aux pauvres gens, on compte sur des souscriptions de 5 francs par mois, ou même de 50 centimes par semaine; car une œuvre démocratique doit se faire démocratiquement, non point par de riches, mais par de nombreuses contributions effectuées dans une foule de groupes. — Du reste, le capital souscriptions ne sera, probablement, qu'une partie plus ou moins notable des fonds mis à la disposition de la banque nouvelle, qui entend faire, pour les épargnes populaires et bourgeoises, le service des mouvements d'argent et des comptes courants, à intérêts variables selon la durée plus ou moins longue des dépôts. Les intérêts qu'elle donnera seront supérieurs à ceux que donne la Caisse d'Épargne; supérieurs, en tous cas, à ceux de la Banque de France, qui n'accepte les comptes courants qu'à titre gratuit. — La Société du Crédit entend même vulgariser, parmi nous, l'emploi des *chèques*, dont l'usage s'est répandu en Angleterre jusque chez les ouvriers, et en Écosse jusque chez les maraîchers et petits fermiers des campagnes. — Tout cela ne témoigne pas précisément d'un esprit utopiste. Le Crédit au Travail est une véritable affaire qui s'organise commercialement, non point pour faire des charités au peuple, mais pour lui rendre des services, tout en gagnant d'honnêtes dividendes : nous voulons dire, des dividendes honnêtes.

— Utopie!... Sachez donc, mon ami, que depuis une douzaine d'années, des Sociétés de consommation fonctionnent déjà dans la Grande-Bretagne. Elles ont commencé, il est vrai, par quelques associés s'entre-vendant au détail une brouettée de cassonade, de fromage, de pots de mélasse. Mais au 31 décembre 1862, en Angleterre seulement, et sans compter ce qui s'est fait en Écosse et en Irlande, 322 de ces Sociétés avaient été enregistrées. Leurs 90,458 membres possédaient un capital collectif de plus de 11 millions, avec lesquels ils avaient fait pour plus de 51 millions d'affaires et réalisé un bénéfice de plus de 4 millions, soit, très exactement 28. 35 % du capital. Vingt-huit pour cent, quelle moyenne ! Sur ces profits, deux à trois millions ont servi à nourrir les ouvriers cotonniers, que le chômage des fabriques aurait affamés, si par bonheur l'Association n'était venue à leur secours.

Les banques d'avances à des groupes solidaires ne sont pas non plus des utopies en Allemagne. Elles aussi ont commencé on ne peut plus pauvrement, avec des souscriptions à 15, puis à 25 centimes par mois, trois francs par an ! — Une misère, n'est-ce pas ? Mais aujourd'hui le pays se couvre de ces institutions. L'année dernière, elles ont fait pour 120 millions d'affaires; elles en auront fait cette année-ci pour 150, et ce, avec un capital de 30 à 35 millions retournés quatre fois dans l'année. Tout cet argent, il est vrai, ne sort pas des poches des classes ouvrières. Une notable partie a été prêtée par la bourgeoisie allemande, qui offre à ces banques plus de capitaux qu'elles n'en peuvent accepter. C'est de la part de la bourgeoisie beaucoup de bienveillance. C'est aussi la conviction, appuyée sur une expérience de plusieurs années, que le prêt sur garantie solidaire est le plus sûr placement qui existe; il est, d'ailleurs, bien moins coûteux et compliqué que le prêt sur première hypothèque. — Voilà comment s'opère chez nos voisins la conciliation entre deux classes désunies pour le malheur de notre génération, et qu'il faut à tout prix rapatrier, car la bourgeoisie et le prolétariat réunis, c'est la nation tout entière.

Ce qui en Angleterre et en Allemagne est une réalité se chiffrant par de gros millions, serait-ce irréalisable en France? En fait d'économie sociale, serions-nous donc moins pratiques que les Allemands? Vraiment, les faits nous condamnent; et si, dans un avenir rapproché, la France ne réalise pas les réformes de l'Angleterre pour la consommation, de l'Allemagne pour le crédit, c'est que notre pays marche, non pas à la tête, mais à la queue du progrès; c'est que notre prétention d'être le peuple initiateur est une ironie amère et une honteuse dérision! Serions-nous ignorants et routiniers à ce point, que des améliorations qui, de l'autre côté de la Manche et du Rhin, sont d'une pratique presque vulgaire, passent pour des utopies dans la France de 1789, de 1830 et de 1848?

Eh bien, mon ami, adhérerez-vous à la Société du Crédit au Travail? Lui apporterez-vous votre propagande et votre part d'influence? Nous laisserez-vous entreprendre une chose utile, une chose grande, sainte et belle, sans être des nôtres? Serons-nous rien qu'une poignée de citoyens pour ouvrir à un radieux avenir les portes de la France? — Que ceux-là donc qui aiment la Justice nous accompagnent! Au nom de la Fraternité, au nom du bonheur de tous, soyez des nôtres!

N°

| Nom. | Prénoms. | Profession. |

Je soussigné,

demeurant à _____ rue _____ N° ____

après avoir pris connaissance des Statuts de la Société en commandite simple du CRÉDIT AU TRAVAIL, enregistrés à Paris le 29 septembre 1863, déposés et publiés conformément à la loi ; déclare adhérer auxdits Statuts, et demande à être admis comme Associé commanditaire pour la somme de _____

que je verserai de la manière suivante : { de suite _____
{ le surplus _____ 1er mois.

Fait à _____ le ____ _____ 186

Signature :

RÈGLEMENT

CONCERNANT

LES COMPTES COURANTS D'ESPÈCES.

La Société du CRÉDIT AU TRAVAIL recevra, à partir du 1er novembre 1863, des dépôts en compte courant, conformément à l'article 11 de ses Statuts, et aux conditions suivantes :

1º Les dépôts seront reçus tous les jours, de neuf heures du matin à quatre heures du soir.

2º Les versements seront reçus depuis 1 franc, mais sans fraction de centimes.

3º Les sommes versées en compte courant seront stipulées remboursables à la demande des déposants, ou à échéance fixe.

4º Les dépôts stipulés remboursables immédiatement, à la demande du déposant, seront inscrits sur un livret qui restera entre ses mains et qui devra être représenté à la Caisse lors de chaque demande en remboursement, pour qu'il y soit inscrit.

Le calcul des intérêts sera fait chaque année, au 31 décembre, et ajouté au capital.

5º Pour les sommes remboursables à trente jours ou plus, il sera délivré un mandat payable à ordre, à l'échéance convenue; l'intérêt sera calculé au moment du dépôt et ajouté à la somme à payer.

Il ne sera délivré de mandats payables à échéance fixe que pour les sommes de vingt francs et au-dessus.

Le timbre du mandat sera payé par le bénéficiaire au moment du dépôt, et le coût du livret, qui est de 25 centimes, sera porté au débit du déposant lors de son premier versement.

6º Il sera bonifié d'un intérêt de 2 1/2 p. 100 sur les sommes remboursables à la demande du déposant;

De 3 pour cent sur les sommes payables de 1 à 3 mois;

De 4 pour cent sur les sommes payables de 3 à 6 mois;

De 5 pour cent sur les sommes payables à 6 mois et au-dessus.

Le Directeur-Gérant,

J.-P. BELUZE.

ANNALES DU TRAVAIL

LE PEUPLE
AU PEUPLE

Par Théodore SIX
OUVRIER TAPISSIER

Prix : 30 Centimes

PARIS
EN VENTE CHEZ TOUS LES LIBRAIRES

ANNALES DU TRAVAIL

ÉPITRE AUX PARISIENS

Le progrès des lumières en France était gigantesque, les idées partout se rectifiaient et s'étendaient parce que nous nous efforcions de rendre la science populaire.
NAPOLÉON 1er.

Le jour est à tout le monde. Pourquoi ne me donne-t-on que la nuit ?
VICTOR HUGO.

L'an 1864, le 15 février, sous le règne de l'Empereur Napoléon III, de par la volonté nationale, seize années après la révolution de février, moi, Théodore Six, ouvrier tapissier, demeurant à Paris, 47, boulevard Montparnasse, jouissant de mes droits civils et politiques, j'ai été appelé au ministère de l'intérieur, étant ministre M. Boudet.

Ayant été introduit dans le cabinet d'un employé nommé M. Peyras, il m'a été déclaré que ma demande à fin d'être autorisé à fonder un journal intitulé *le Livre d'or du peuple, annales du travail*, était rejetée. Il me fut remis l'exposé de motifs qui suit, et que M. le ministre avait étudié pendant près de deux mois.

Je pensais que peut-être quelques actes de ma vie politique avaient pu influer sur cette décision, car effectivement, le 24 février, à l'envahissement de la dernière chambre du cens électoral, au moment où le duc de Nemours refusait de se découvrir, deux combattants dirigèrent sur lui leurs fusils, je les relevai en leur disant : « Au nom de la dignité humaine, ne les tuons pas. » Dans la même séance, aux cris de « Brûlons tout ! » je m'élançai à la tribune, où deux coups de feu passèrent au-dessus de ma tête ; je prononçai les paroles suivantes : « Respect aux monuments, respect aux propriétés ! Nous avons montré qu'il ne fallait pas malmener le peuple, montrons-nous dignes de notre victoire : point d'actes de vandalisme ! » Et enfin moi, simple ouvrier, j'avais fondé le journal *l'École du peuple*, étouffé sous le baiser d'un Iscariote. Je pensais que tous ces faits parlaient peu en ma faveur, je fis donc à M. Peyras la question suivante : « Le refus vient-il par rapport à mon individualité ? — Nullement, le refus n'a rien de personnel ; c'est une mesure générale. » Sur ce, je me retirai.

J'ai cru devoir dresser ce compte rendu, afin qu'il puisse servir à l'histoire.

**

Je me retirai, brisé, anéanti. En rentrant chez moi, j'ouvris le *Progrès*, livre de M. About, j'y lus les lignes suivantes :

« Ferme les yeux, dit-elle, et suis-moi. Je viens d'un monde où tout est bon, juste et sublime ; je t'y conduirai, si tu le veux, à travers les sentiers de la terre, pour te faire jouir d'une félicité éternelle. Laisse-moi mettre sur ta vue un bandeau plus doux que la soie, dans ta bouche un mors plus savoureux que l'ambroisie, sur ton front un joug plus léger et plus brillant que les couronnes royales. A ce prix, tu verras distinctement le principe mystérieux et la fin surnaturelle de toutes les choses du monde ; tu échapperas pour toujours à l'anxiété du doute : soutenu dans tes fatigues, consolé dans tes tristesses, tu marcheras sûrement au bonheur par la vertu ; JE SUIS LA FOI. »

Je repris mon bâton et ma besace en m'écriant :
« La France doit avancer ! »

**

Le ministre Roland écrivait, en 1792, les lignes suivantes au roi Louis XVI : « Je sais que le langage austère de la vérité est rarement accueilli près du trône ; je sais aussi que c'est parce qu'il ne s'y fait presque jamais entendre que les révolutions deviennent nécessaires. »
Hélas ! il n'y a rien de changé : malgré 1830, 1848, les voix d'en haut, les voix d'en bas, sont également méconnues.

**

Je ne pouvais, je ne devais renoncer à continuer à élever le monument dont j'avais posé les assises depuis sept mois. Après avoir pris l'avis de mes collègues, voici le moyen que nous avons décidé d'employer pour mener l'œuvre à l'état de viabilité : l'association.

II

Notre voix accoutumée à crier dans le désert s'y perdra-t-elle une fois de plus ? Ce ne serait pas une raison pour nous taire. Si le camp ne se réveille pas lorsque la sentinelle fait feu, ce n'est pas la faute de la sentinelle ; c'est la faute du camp.
ÉMILE DE GIRARDIN.

Sans s'entraîner, même en esprit, au delà des limites de la vie, j'espère te montrer au bout : le progrès, un chemin : le travail ; un appui : l'association, un viatique : la liberté.
ED. ABOUT.

Moi. — Voilà ce que nous voulons faire. Les *Annales du Travail* ne seront pas un journal, puisque l'autorisation en est refusée ; elles paraîtront par volumes.

Comme ces annales seront composées de mémoires, véritable concours d'économie sociale, il est de toute justice d'accorder au meilleur mémoire un prix. Mettons mille francs pour le premier prix, cinq cents francs pour le second, deux cent cinquante francs pour chaque accessit.

La dépense générale pour le premier volume sera donc, sauf rectification, de quatre mille francs. Si nous tirons à cinq mille exemplaires à deux francs, divisés en vingt livraisons à dix centimes, cela nous fera dix mille francs ; si, par hasard, pas un volume ne se vendait, la sentinelle rentrerait dans sa tente ayant perdu dix francs, une tentative humanitaire vaut bien cela.

LE SCEPTIQUE. — Certes, votre idée est pleine de générosité et de bons sentiments, seulement il ne vous manque qu'une chose, le grand moteur, l'argent.

MOI. — Comment, quand la souscription en faveur de la Pologne a produit trois cent mille francs, les mêmes journaux nous donnant aide et assistance, nous ne trouverions pas cent mille francs pour une œuvre émancipatrice, intellectuelle, toute française ?

LE SCEPTIQUE. — Non, vous ne les trouverez pas, attendu que l'on voit une paille dans l'œil de son voisin, et que l'on ne voit pas une poutre dans le sien.

MOI. — D'accord. Les dernières élections ont démontré que trois millions d'électeurs étaient pour les idées progressives, il est impossible que, sur ces trois millions, il ne se trouve pas mille électeurs qui s'engagent à verser cent francs en dix payements.

LE SCEPTIQUE. — Grande erreur ! on vote parce que cela ne coûte rien, encore faut-il que le lieu du vote ne soit pas trop éloigné ; et puis, remarquez bien que les progressistes sont généralement les pauvres de la démocratie. Cent francs, songez-y bien, c'est un mois de nourriture : ventre affamé n'a pas d'oreilles. Passons à une autre source.

MOI. — Il existe bien mille chefs d'usine, de fabrique, qui sacrifieront cent francs pour que les ouvriers, qui les aident dans leurs travaux à gagner leur fortune, expriment par l'étude leurs idées, leurs moyens d'améliorations.

LE SCEPTIQUE. — Encore une erreur. Le fabricant dira : « Rien n'est à changer ; et puis, pendant que mon chef d'atelier penserait à la rédaction de son mémoire, il ne s'occuperait pas de mes travaux. Qu'il s'applique plutôt à me créer de nouveaux modèles. »

MOI. — Je m'adresserai à de grands financiers : Rothschild, Pereire, Millaud, et bien d'autres, ils me feront bien quatre mille francs à eux tous.

LE SCEPTIQUE. — Allons, je crois que je serai forcé de vous croire bon à aller à Charenton. Quand avez-vous vu le capital progressiste ?

MOI. — Il me reste à m'adresser aux travailleurs, et de leur demander un franc par semaine.

LE SCEPTIQUE. — Ils diront que vous êtes un ambitieux ; heureux vous serez s'ils ne disent pas que vous voulez manger la grenouille.

MOI. — En attendant, signez-moi ces simples lignes : « Je m'engage à déposer à la caisse des *Annales du travail* la somme de cent francs en un ou plusieurs payements au crédit de son directeur.

« Toutes dépenses devront être justifiées. »

LE SCEPTIQUE. — Mettez cinq cents francs. On les dépense souvent dans un souper, en sortant de l'Opéra, avec des prostituées.

MOI. — Ah ! par exemple, voilà où vous êtes dans le vrai.

ADHÉSIONS :

Mon cher citoyen,

C'est avec le plus grand plaisir que je souscris à votre publication, veuillez me compter pour deux parts payables comme vous l'indiquez.

Je vous souhaite un bon et loyal succès tel que le méritent vos intentions, et suis votre tout dévoué,

LÉON PLÉE.

A monsieur Théodore Six.

15 mars.

Inscrivez-moi bien vite pour deux parts dans l'œuvre que vous fondez.

Puisse-t-elle être comprise de tous !

L'homme possédant la force, son premier travail fut de semer le blé, nourriture matérielle du corps.

L'homme possédant l'idée, la foi, son premier travail doit être de semer l'instruction, pour récolter lumière et liberté !

C'est la nourriture de l'âme !

ALEXANDRE PASSERY, *cultivateur.*

A monsieur Théodore Six.

25 mars.

Merci, mon cher monsieur, d'avoir bien voulu me convoquer au concours des *Annales du travail.*

Vous avez parfaitement raison : seul il appartient au malade d'expliquer sa maladie, ses souffrances.

Je souscris de tout cœur à votre publication pour une part, et, de plus, je vous dis, foi et espérance.

DAVAUD, *tourneur en cuivre.*

Théodore SIX, ouvrier tapissier (2 parts)..	200 fr.
Léon PLÉE, rédacteur du *Siècle* (2 parts).	200
Un ouvrier ciseleur (2 parts)............	200
VOYER, teneur de livres (2 parts)........	200
JACQUET, libraire (2 parts)..............	200
GRÉGOIRE, ciseleur (2 parts)............	200
CARRAT, tailleur (2 parts)..............	200
Alexandre PASSERY, cultivateur (2 parts)..	200
DAVAUD, tourneur en cuivre (1 part)....	100

Membres honoraires :

Achille BLONDELLE, ouvrier mégissier.
DEFOSSÉ, ouvrier ciseleur.
BEAUMONT, ouvrier tapissier.
FONDERIALLY, cordonnier.

A MESSIEURS

Léon Plée, Nefftzer, Guéroult, Émile de Girardin.

Paris, 14 juillet 1863.

> Être de son époque, conserver du passé tout ce qu'il y avait de bon, préparer l'avenir en dégageant la marche de la civilisation des préjugés qui l'entravent ou des utopies qui la compromettent, voilà comment nous léguerons à nos enfants des jours calmes et prospères.
>
> NAPOLÉON III.

> Tout gouvernement doit avoir son excès et ne périt que lorsqu'il a atteint cet excès.
>
> THIERS.

> Jacques Bonhomme! Jacques Bonhomme! on te fait la cour par tout pays, d'un bout de l'Europe à l'autre, et l'on se dispute les bonnes grâces; si de moins l'ardente émulation de tes amis pouvait aller jusqu'à l'apprendre à lire.
>
> PRÉVOST-PARADOL.

> Demander, poursuivre obstinément l'adoucissement des institutions sociales, par rapport aux classes malheureuses, voilà quel doit être le but de ceux qui tiennent une plume de nos jours.
>
> PAUL DELTUF.

> Je sais que beaucoup, amoureux de leur idéal, dédaignent le peuple; — dites-leur la fable du Héron, — il dédaignait carpe et brochet; — lui aussi poursuivait un idéal, et il alla se coucher sans souper. Tachons qu'avant de se coucher dans la terre, notre génération soupe au moins d'un peu de bien-être.
>
> PAUL DE JOUVENCEL.

> *À Monsieur Théodore Six.*
>
> Honneur à vous, ô sublimes apôtres,
> Qui défendez les droits du genre humain;
> Honneur à vous! car le bonheur des nôtres
> Verra par vous un meilleur lendemain;
> Restez toujours, au nom de l'Évangile,
> Des cœurs souffrants les dignes défenseurs.
> Honneur et gloire à qui se rend utile
> Pour l'avenir des hommes producteurs!
>
> ACHILLE BONNEVILLE,
> *Ouvrier typographe.*

> Malheur à l'homme impitoyable! Et toi, vertu, ce n'est point l'insulter, n'est-ce pas, que de te comparer à ces plantes délicates qui ne prospèrent que sur des terrains choisis?
>
> Améliorons donc enfin la terre, appelons le plus grand nombre à la possession des biens qui n'ont été jusqu'ici possédés que par privilège. Cessons de confier exclusivement au ciel la réparation des iniquités de ce bas monde, et travaillons de nos propres mains à bêcher le champ du peuple. Que la richesse publique s'augmente par la diffusion des lumières; de tant de criminels livrés à la rigueur des lois, combien en est-il qui aient su et pu ? C'est l'infime minorité, et l'on peut avancer hardiment que la science et la propriété, même la science du bonhomme Richard et la propriété de Jacques Bonhomme, sont les instruments par excellence de la réhabilitation de la conscience publique. Acquiert à donc, ô vous qui n'avez rien; vous que le hasard de la naissance a favorisés, sachez que le moyen de supprimer les classes dangereuses n'est point d'édicter contre elles des peines terribles, *mais de les appeler à la participation des biens où est le principe de la supériorité des autres classes*. Vous me direz que c'est un rêve, et moi je vous répondrai : Voyez ce qui se passe, et niez ensuite que l'impulsion ne soit pas donnée! Dites-moi si la liberté n'a pas marqué le commencement de son règne; dites-moi si ce hideux esprit de soumission tremblante, qui fut l'esprit du moyen âge, n'est pas vaincu.
>
> PAUL DELTUF.

MESSIEURS,

Paris vient de terminer avec une parfaite unité plébéienne la lutte électorale, cette grande manifestation des peuples civilisés.

Les élus de Paris de 1863, de 1864, ne possédant que les moyens bien restreints donnés par la constitution de 1852, auront, malgré ces entraves, un grand devoir à remplir, et nous avons la ferme conviction qu'ils n'y failliront pas. Ce devoir sacré, c'est de défendre les droits d'un peuple trois fois libre, et qui trois fois eut la faiblesse de se laisser ravir cette liberté.

L'avenir se lève donc radieux devant nous. Espérons que la moisson du progrès, sans cesse arrosée par le sang du prolétaire, mûrie cette fois par le soleil de la liberté, sera rentrée dans sa pauvre demeure, et lui donnera l'abondance de l'instruction et de la liberté.

En posant, messieurs, les candidatures ouvrières (1), nous avions l'espérance d'apporter au sein de l'Assemblée législative quelques matériaux propres à l'édification de lois industrielles, nous avions l'espérance d'être soutenus par toute la presse libérale, et nous comptions surtout sur M. Émile de Girardin, qui posa, en 1849, la candidature d'un ouvrier à la présidence. Il en a été autrement : les candidatures ouvrières ont été repoussées, et remarquez qu'il est incontestable, et nous ne croyons pas nécessaire de le démontrer, que, depuis 1848, la classe

---

(1) Au commencement de l'année 1863, plusieurs de mes amis, ouvriers comme moi, voulurent bien m'entretenir sur la nécessité de proposer aux prochaines élections des candidats qui seraient ouvriers, et de rédiger un manifeste en faveur de cette idée.

Je fus, je l'avoue, extrêmement flatté de cette proposition, voulant depuis longtemps rester dans la plus complète obscurité, afin d'essayer de cicatriser les blessures que l'adversité, ne m'avait pas épargnées.

Je déclinai cet honneur, faute de savoir, et je voulus renvoyer mes amis aux fines lames littéraires. Cependant, sur leurs vives instances, j'ai vu la présomption d'accepter cette tâche; et puis, sincèrement, comment refuser d'aider ceux qui, sur un rocher aride, se relèvent; comment ne pas aider les déshérités de la veille à monter un degré dans l'échelle sociale? Non, cela pour moi n'était pas possible, d'autant plus que je crois, et je reste toujours bon, à mon sens, à mes sympathies.

D'ailleurs, il n'est pas parfaitement démontré qu'une nation ne devient réellement une nation franchement démocratique que si la condition que toutes les classes de la société passent par toutes les phases de la vie politique et administrative; mon opinion est fixée sur les États-Unis, et c'est cette exclusion qui fait de la France un pays éminemment monarchique.

Aussi, quand j'entends dire à de grands écrivains éminents : « Il faut des orateurs, — il faut des savants, » je leur réponds : « Comment savez-vous que nous ne sommes pas savants? — Comment savez-vous que nous ne sommes pas orateurs? » Qui donc savait que l'élève de Brienne il y a soixante ans de cela serait un des plus grands capitaines des temps modernes, dont en eux cœur destiné à aller mourir enchaîné sur un rocher aride? Personne.

Cela me remet en mémoire une scène jouée par notre acteur comique, Arnal, dans laquelle il disait : « Dire qu'il n'y a pas un homme au monde qui aime le homard comme moi, et dire que je n'en ai jamais mangé. »

Non, les travailleurs français, comme notre acteur comique, ne peuvent, ne doivent pas dire : « Il n'y a pas, sur les deux hémisphères, un peuple qui aime comme moi la patrie; — et dire que je n'ai jamais pu parler. »

Non, on n'a pas le droit d'exclure des fonctions politiques, administratives et communales une fraction de la nation, surtout quand cette nation a vu naître et sortir des rangs de son prolétariat des hommes comme Pajia, Bernard de Palissy, Claude Champion, Étienne Delescure, Sauvage, Richard-Lenoir, Crespel-Delisle, Dusault, Jecker, Beauvisage, Jacquart, Bréguin, Bouhard, François Arago, Royer, Hoche, Augereau, Lefèvre, Murat, Bernadotte, Ney, Klèbert, et combien, hélas! il faut être juste.

Et l'on voudrait nous faire croire que nous avons dégénéré, que nous sommes des fruits secs sociaux; allons donc! Qu'on nous mette donc l'outil en main et l'on verra si nous savons nous en servir.

Oui, je le dis bien haut, en 1863, notre vieux sang est aussi chaud qu'au temps de Brennus, qu'en juillet 1789!

Voilà pourquoi j'ai créé les *Annales du travail*.

ouvrière a beaucoup étudié, a beaucoup appris dans l'étude des questions sociales, et c'est pourquoi nous disons, messieurs, qu'elle mérite mieux que d'être reléguée sous les arcades du Forum. Qu'on y songe bien, dans le gros bon sens, dans le cœur des travailleurs résident de grandes inspirations, des idées pratiques trop longtemps méconnues.

Certes nous ne croyons pas qu'aucune pensée restrictive ait présidé à la formation de la liste dictatoriale votée par Paris, et, pour rendre à César ce qui appartient à César, disons que l'un des dictateurs s'empressa, aussitôt la victoire, d'écrire les lignes suivantes :

« Il est incontestable et incontesté que le nombre des travailleurs est infiniment plus grand que le nombre des désœuvrés, et qu'il y a beaucoup moins de propriétaires et de patrons que de journaliers et d'ouvriers.

« A Paris et dans la banlieue, ce sont donc, en fin de compte, les travailleurs, les journaliers, les ouvriers, qui y nomment les députés. S'ils l'eussent fermement voulu et s'ils se fussent entendus, ils étaient les maîtres des neuf élections; conséquemment rien n'eût pu empêcher qu'ils ne nommassent pour les représenter au Corps législatif neuf d'entre eux.

« Au lieu de voter travailleurs contre désœuvrés, journaliers contre propriétaires, ouvriers contre patrons, « basse classe contre haute et moyenne classe, » qu'ont-ils fait ? — Ils sont restés sourds à tous les appels réitérés que leur a adressés un journal qui passe pour représenter les regrets et les espérances d'une dynastie tombée parce qu'elle a voulu, contrairement à la maxime de M. Thiers, gouverner au lieu de se contenter de régner. Dans la première circonscription, ils ont unanimement voté pour M. Havin, à l'exception de trois cent trente-deux voix données à M. Joseph Blanc, ouvrier typographe très-capable et très-estimé, dit-on ; dans la troisième circonscription, ils ont unanimement voté pour M. Emile Ollivier, à l'exception de onze voix données à M. Coutant, autre ouvrier typographe, qui avait résolûment posé dans sa circulaire électorale la question de la représentation spéciale. Nulle part, ils n'ont voté corporativement et égoïstement ; partout ils ont voté politiquement et nationalement. C'est là une abnégation dont il serait injuste et ingrat de ne pas les féliciter publiquement, parce que cette abnégation, qui les honore, montre à quel degré sont éclairés les ouvriers de Paris. Ils ont compris, avec le bon sens et le discernement qui les caractérisent, que la question de grève, que la question de juste rémunération du travail, traitées à la tribune législative, y seraient moins suspectes et conséquemment mieux accueillies dans la bouche de MM. Émile Ollivier, Ernest Picard, Jules Favre, Alfred Darimon, Jules Simon, Eugène Pelletan, que dans la bouche de MM. Joseph Blanc et Coutant. En votant, sans que rien les en détournât, pour MM. Havin et Guéroult, ils ont tenu le juste compte qu'ils devaient tenir de l'appui sympathique du *Siècle* et de l'*Opinion nationale*, qui ne leur a jamais fait défaut.

« Travailleurs, ce que nous n'aurions pas voulu vous dire *avant*, nous pouvons vous le dire *après* la fermeture du scrutin : en faisant passer l'intérêt général avant votre intérêt privé, vous l'avez judicieusement servi ! Comptez, comptez qu'il ne sera point négligé par les représentants que vous avez élus et qui savent quelle part décisive vous avez prise et vous avez eue dans leur élection ! Comptez qu'ils ne l'oublieront pas ! A leurs yeux, vous n'êtes pas seulement des électeurs, vous êtes des clients ! Ils ne se considèrent pas seulement comme vos députés, ils se regardent encore comme vos avocats. Faites votre dossier, réunissez toutes les notes qui peuvent jeter de la lumière sur les questions qui touchent, soit à l'amélioration légale, soit à l'amélioration économique de votre condition, afin qu'ils aient le temps de les bien étudier, de faire la part du vrai et du faux, de ce qui est possible, de ce qui ne l'est pas encore, de ce qui ne le sera jamais, de ce qui est exagéré et de ce qui ne l'est point. Plus votre abnégation a été grande et vraiment exemplaire, et plus nous tiendrons tous à ce qu'elle ne vous ait rien coûté. Plus vous vous êtes oubliés, plus vous avez été désintéressés, et plus ce sera une raison pour que vos élus et vos journaux se souviennent de vous et de vos légitimes intérêts. »

Ne vous semble-t-il pas que M. Emile de Girardin nous ait tracé la route à suivre ? — Et qu'il ne nous reste qu'une chose à faire, — c'est d'adresser aux représentants de Paris la lettre suivante :

Messieurs,

Les sociétés humaines tendent chaque jour à s'élargir dans la voie politique, dans la voie des améliorations sociales, dans la possession du bien-être, dans la liberté.

LES TRAVAILLEURS ressentent la nécessité de fonder LES ANNALES DU TRAVAIL, pour et par eux-mêmes.

Jouissant du droit d'élire ses représentants, la classe ouvrière est encore au second rang dans la représentation nationale; il est de toute justice, messieurs, qu'elle soit au moins consultée par vous, sur ses besoins, sur ses intérêts.

« Vous savez combien d'excellents mémoires, d'excellents projets ont été mis à jour par le concours des instituteurs, ces prolétaires de l'instruction; pourquoi n'en serait-il pas de même des prolétaires du travail ? — C'est pourquoi nous venons, messieurs les députés, vous proposer de former une commission d'ouvriers pris dans les diverses industries de Paris.

« Cette commission devra faire un questionnaire qu'elle devra répandre dans les centres industriels et agricoles, et devra principalement provoquer, sur les questions posées, la rédaction de mémoires, de projets, écrits par les industriels, écrits par les ouvriers.

« Convoquer les économistes, les journalistes, à discuter dans son sein toutes questions relatives à la situation des travailleurs.

« Rechercher tous les documents relatifs au travail, les lois, les règlements qui pesaient sur les corporations, les progrès de notre industrie nationale aux diverses époques de notre histoire.

« Établir la table des mortalités dans les industries salubres ou insalubres.

« Tous les rapports de la commission seront remis aux députés.

« La commission se place sous l'égide, sous le patriotisme des députés qui adhéreront à sa fondation. »

Nous ne pensons pas que le pouvoir entrave notre marche dans cette voie progressive; pourquoi lui-même refuserait-il de connaître les pensées des prolétaires? La route du progrès mène à la gloire; dans la route de l'absolutisme tout est obscur, et le gouffre est au bout.

Pour que notre œuvre soit complète, nous sommes encore forcés, messieurs, de laisser la parole à M. Émile de Girardin. Voici ce qu'il disait en 1844 à la royauté de 1830, nous pensons qu'il n'a pas changé d'idées :

« Les journaux faits pour et par des ouvriers tendent à se multiplier et à occuper dans la presse périodique une place importante; est-ce un bien? est-ce un mal? Est-ce la force brutale qui abandonne son dernier retranchement pour faire place à la force mentale par la discussion légitime? Faut-il y voir un appel à la passion? Nul doute que cette intervention des ouvriers dans la presse ne fût un bien, s'il suffisait, pour améliorer leur sort, de connaître exactement leurs besoins et leurs vœux, leurs intérêts et leurs privations; mais ce qui manque, c'est la connaissance du remède appelé à le guérir, et il est permis de penser que ce ne sont pas les moins éclairés qui le trouveront. Quoi qu'il en soit, le nombre de ces publications s'accroît chaque jour; c'est un fait sur lequel nous croyons que doit se porter l'attention du gouvernement; les difficultés de l'avenir, ses dangers sont de ce côté et non du côté où le pouvoir a les yeux fixés, vers les jésuites et les légitimistes; ce n'est pas derrière lui qu'il fera bien de regarder, c'est devant lui. »

Il nous semble encore, messieurs, que la route nous est bien indiquée, et que la demande suivante devra être appuyée comme la liste a été votée. Il est impossible que la France de 1864 recule au delà de 1844? Non, cent fois non, cela n'est pas possible.

Monsieur le Ministre,

« Nous avons l'honneur de vous faire la demande d'être autorisés à fonder un journal politique et littéraire sous le titre : LE LIVRE D'OR DU PEUPLE, *annales du travail*, et devant paraître une ou deux fois par semaine, en remplissant toutes les formalités exigées par la loi.

« Vivant chaque jour dans l'atelier, nous avons pu, monsieur le Ministre, apprécier tous les bienfaits que pourrait répandre dans la classe des travailleurs un organe dirigé sans esprits de secte ni d'école, sous aucune influence que celle de la simple vérité, en répandant l'instruction politique, primaire et scientifique, industrielle et agricole, l'étude et l'interprétation des lois civiles, pénales et commerciales, l'étude des questions économiques et sociales, tant de fois dénaturées par les partis.

« Nous avons la certitude que tout esprit d'antagonisme disparaîtra devant de sages discussions entre entrepreneurs et ouvriers, entre ouvriers et économistes : à l'esprit de haine succédera la concorde.

« C'est pourquoi nous espérons, monsieur le Ministre, que notre demande sera accordée, car il est de toute justice que les travailleurs français soient au même niveau que les travailleurs anglais, belges et suisses. »

Nous voilà donc bien munis d'éléments de réussite : suffrage universel, mémoires et projets conçus par des ouvriers, des journaux, des hommes de cœur, la France en est riche. Pour nous, messieurs, vermisseaux sur cette terre de travail, nous sommes pleins d'ardeur pour l'avenir, car la chenille de 1700, chrysalide de 1789 à 1848, en 1864 est devenue papillon.

Mais à ce papillon, il lui faut un guide pour l'empêcher d'aller butiner sur les mauvais fruits: c'est pour cela que nous voulons, pour fonder notre œuvre, toute de progrès et de conciliation, des guides sincères. Voulez-vous être notre guide? C'est une belle mission que celle de guider un peuple dans la route de l'émancipation intellectuelle et politique! vous accepterez cette noble tâche, car, tous dévouements, tous actes, tous devoirs demandés par le peuple, pour le peuple, ne peuvent et ne doivent être refusés.

Agréez, messieurs, nos salutations empressées.

Pour la commission fondatrice,
THÉODORE SIX.

Approuvé,
Le secrétaire général,
VOYER.

Réponse de M. Léon Plée.

A M. Théodore Six, et Messieurs les Membres de la Commission fondatrice des ANNALES DU TRAVAIL.

Messieurs et chers concitoyens,

Si, après une lecture attentive de votre remarquable lettre du 14 juillet, j'ai bien compris la pensée qui vous guide, vous désireriez que les bénéfices des élections de Paris, en 1863, ne soient pas perdus pour les ouvriers. Vous voudriez voir les représentants de la capitale prendre en main leur cause, et, afin de leur faciliter la défense des intérêts des travailleurs, vous voudriez qu'ils se missent en relation avec les représentants des ateliers. Ces représentants officieux de la classe ouvrière fourniraient aux députés de Paris les documents, les renseignements et les faits que leur position et leur spécialité leur permettraient de recueillir. Cela dans l'ordre économique seulement, bien entendu, vous n'avez nullement l'intention de nouer ainsi une intrigue politique quelconque.

En même temps, vous tiendriez à ne pas donner aux neuf citoyens qui ont l'honneur de représenter la capitale, et auxquels une tâche si considérable incombe déjà, un surcroît trop lourd de besogne : il vous serait agréable qu'un premier tri, pour ainsi dire, fût fait dans les mémoires qui seraient présentés par les ouvriers des divers corps d'état ; qu'une première forme fût donnée à leur œuvre, afin qu'elle ne contînt rien de blessant pour personne, et que l'autorité n'en pût prendre ombrage.

Cette tâche de préparateur, de correcteur, vous seriez disposés à me la confier.

Permettez-moi, chers et honorables concitoyens, de vous répondre avec franchise.

En premier lieu, je vous demanderai à m'expliquer sur un point qui, pour moi, est de la plus haute importance.

Je crois, c'est ma conviction intime, que, sans le vouloir, on a égaré et desservi les ouvriers quand on a voulu faire d'eux une classe spéciale ayant des intérêts spéciaux.

Le temps n'est plus où des lignes de démarcation absolue séparaient les classes sociales. Aujourd'hui tout le monde travaille; chaque ouvrier, avec un peu de chance, peut devenir patron; aujourd'hui, dans la même famille, vous trouvez et celui qui travaille de ses bras et celui qui travaille de son intelligence : l'instruction est mise progressivement à la portée de tous; elle tend même à devenir et deviendra évidemment obligatoire pour tous aussi.

Je me pose donc cette question et je vous la propose également : « Qui est-ce qui sépare les ouvriers des autres classes? Par quoi vous sentez-vous séparés de moi, qui vous parle, et de vos autres concitoyens? Ne sortons-nous pas des mêmes entrailles sociales? n'avons-nous pas les mêmes droits, les mêmes intérêts? »

Et c'est là un des plus grands triomphes de notre immortelle Révolution de 1789, que cette fusion qui a d'ailleurs coûté si cher à nos aïeux.

Quand donc, mes chers amis, on crie sur les toits : « Je suis ouvrier, tu es ouvrier, il nous faut une représentation spéciale, » je crois que l'on se trompe. Ce qu'il y a de mieux à faire, ce n'est pas de vous enrégimenter sous des drapeaux particuliers, avec des armes légales, pour protéger chacune de vos corporations, c'est que, par leur éducation, par leur instruction, les ouvriers se rapprochent de plus en plus de ce que l'on appelle improprement la bourgeoisie : c'est que leur salaire, librement débattu dans les larges conditions d'une liberté réciproque, leur permette une existence qui ne les différencie pas en leur infligeant une infériorité trop sensible ; c'est que des institutions prévenantes ou atténuent le chômage ; c'est que les filles d'ouvriers trouvent, ainsi que leurs fils, des écoles professionnelles comme celles de la rue de la Perle, où on les élève bien et de façon à ce qu'elles soient plus tard les compagnes éclairées et non les esclaves du travailleur ; c'est surtout que les différences que font nos codes au sujet des droits des ouvriers et des patrons, comme dans les coalitions, disparaissent pour faire place à la liberté : c'est qu'enfin l'ouvrier soit fondu en sens inverse et comme l'a été le noble dans le grand tout social.

Oui, je suis le premier à le dire peut-être, mais je le dis du plus profond de mon cœur, je me révolte contre la faute que l'on fait ; and on parle de logements d'ouvriers, de cités ouvrières, d'écoles d'ouvriers, de représentants des ouvriers, de défenseurs des ouvriers. Pourquoi parquer ainsi les ouvriers? Est-ce que nous ne vivons pas sous le suffrage universel? Est-ce que nous ne sommes pas tous citoyens au même titre? Ouvrier, la conscription vous appelle ; vous avez reçu un peu d'instruction, ou toute l'instruction que nous voulons qui vous soit donnée, vous voilà sous-officier, officier, général! Ouvrier, vous réalisez quelques économies, vous travaillez à votre compte, vous voilà patron, petit d'abord ; mais qui sait la suite? Je connais un aumônier d'hôpital qui deviendra peut-être évêque, et qui a été ouvrier. Spinosa, l'un des plus grands philosophes des temps modernes, polissait, pour gagner sa vie, des verres de lunettes. J'ai vu un riche propriétaire des Ardennes, ayant 800 000 francs de biens-fonds, se faire ouvrier dans un de nos chemins de fer, afin de s'élever de connaissances pratiques en connaissances pratiques jusqu'à celles qui sont nécessaires à l'inspecteur de la traction. Un de nos meilleurs naturalistes a tourné la roue d'un cordier pour gagner de quoi s'acheter des livres. Que de chefs d'industrie ont commencé par être ouvriers?

Et vous voudriez que je reconnusse une classe ouvrière séparée, ayant des intérêts politiques spéciaux en dehors des intérêts des autres classes, en hostilité avec ces intérêts? Non, mille fois non !

Mon but, si j'avais l'honneur d'être votre auxiliaire dans l'œuvre que vous voulez entreprendre, serait, au contraire, de rapprocher les ouvriers des autres classes, de leur créer des intérêts communs, d'amener la fusion générale.

Est-ce à dire que quand les industriels et les commerçants ont, en quelque sorte, leur délégation spéciale sous le nom de Chambre du commerce, quand les gens de lettres ont des sociétés pour protéger leurs droits, quand les savants ont leurs académies pour leur servir de centres, j'irais vouloir abandonner ceux qui travaillent, à eux-mêmes, sans protection spéciale, sans représentation légale particulière?

Bien loin de là : autant je désire ardemment la fusion sociale, autant je crois fermement qu'il faut que le travailleur, qui nourrit tout, qui fait tout vivre, soit défendu et protégé dans son travail. J'accepte des deux mains tout ce qui peut lui être légitimement utile, et, si c'était ici le cas, je pourrais vous donner une longue nomenclature des institutions que l'on devrait, ce me semble, réclamer en sa faveur. Il me suffira de dire que la liberté d'association, l'égalité des droits de l'ouvrier et du patron, la prévoyance appliquée au chômage et à la vieillesse, doivent être la clef de voûte de ces institutions.

Je passe à un autre point :

Les représentants de Paris, mes chers correspondants, ont été élus par vous aussi bien que par les autres classes de citoyens. Ils sont vos représentants, comme ils sont ceux des patrons, comme ils sont ceux des artistes et des savants. Vous devez les considérer comme étant extrêmement dévoués à vos intérêts. Ils se feront un devoir de vous écouter, de provoquer la lumière ; ils l'appelleront, ils la feront au besoin. Ils seront heureux d'être en communication avec vous.

Dès lors, à quoi bon quelqu'un entre eux et vous ? Est-ce que le contact direct ne sera pas éminemment préférable ?

Vous voulez confier à un intermédiaire l'examen de vos travaux, leur arrangement dans une certaine mesure et leur interprétation près de nos députés communs. Il ne faut pas gâter d'avance votre œuvre, il ne faut pas que quelqu'un ou quelque chose gêne les rapports entre les représentants et vous.

Cela dit, je trouve excellente votre idée de provoquer, de la part des ouvriers, comme le gouvernement l'a fait de la part des instituteurs, des mémoires sur les questions qui préoccupent le plus les travailleurs et touchent le plus à leurs intérêts.

Quel concours pourrait être plus utile que celui-là ?

Je vois d'ici toutes les industries, tous les genres de travail, exprimant leurs *desiderata*, dressant leurs cahiers, pour ainsi dire comme les trois ordres lors des états généraux.

Les mémoires, qui surgiraient de toutes parts, formeraient le grand, le vrai dossier du travail national.

Mais ici se présente la difficulté de l'exécution.

Trouverez-vous, malgré votre confiance dans celui que vous appelez le dictateur des élections de 1863, des journaux assez dévoués pour publier ces mémoires ?

Les lumières produites par le concours des instituteurs sont restées sous le boisseau. Il ne faut pas que celles qui seront produites par le concours des travailleurs aient le même sort.

Vous paraissez vouloir fonder, pour recevoir les ouvrages qui seront envoyés, un journal spécial sous le titre d'*Annales de la classe ouvrière*.

Je ne saurais trop applaudir à cette création qui me paraît des plus fécondes ; mais, outre ce journal, voilà ce que je voudrais que fissent aujourd'hui les ouvriers.

Vous connaissez l'*Encyclopédie* du dix-huitième siècle. Elle est le monument de la philosophie.

Élevez le monument du travail au dix-neuvième.

Que chacun de vos mémoires réponde par ordre alphabétique à une grande question. Les mémoires dignes du sujet seront seuls insérés dans cette Encyclopédie. Ce sera leur couronne.

Les fonds ne sauraient manquer pour une telle entreprise, qui fera la gloire du travail intelligent au dix-neuvième siècle. Des souscriptions particulières abondantes couvriraient au besoin les frais.

Votre Encyclopédie, œuvre de tous les travailleurs et de tous ceux qui s'intéressent au travail, servirait en même temps de pièces fondamentales authentiques à l'enquête perpétuellement ouverte sur le travail. Elle serait le point de départ de l'ère nouvelle.

Vous ne manquerez pas, mes chers amis, d'hommes qui vous aideront dans cette œuvre. Tous les chefs de famille voudront posséder l'encyclopédie du travail. Publiée progressivement, à un prix peu coûteux, elle sera à la portée de tous et deviendra le livre par excellence du travailleur, sa Bible économique.

Dressez votre catalogue de questions. De chaque point du vaste horizon du travail on y répondra. Ce catalogue est facile : plus il sera large et complet, plus l'œuvre sera utile et féconde. Vous êtes trop intelligents pour que quelqu'un ait la prétention de vous guider à cet égard.

Il me reste, messieurs, à vous remercier de votre communication. Je m'en trouve honoré au plus haut degré, et je vous remercie d'avoir pensé que j'étais l'ami sincère et vrai des ouvriers. Leur estime et leur confiance sont la plus douce récompense de mes longs travaux politiques.

Votre dévoué concitoyen, Léon Plée.

Réponse de M. Émile de Girardin.

23 septembre 1863.

Monsieur,

Que les dossiers se fassent, et un jour nous examinerons quelle sera la meilleure façon d'en tirer le parti le plus utile.

Cordialité, E. Girardin.

Réponse de M. Nefftzer.

23 octobre 1863.

Messieurs,

J'aurais voulu répondre longuement à l'appel que vous voulez bien m'adresser, et développer les raisons de l'adhésion que je puis vous donner et des réserves dont je dois l'accompagner. De trop nombreuses occupations ne m'en laissent malheureusement pas le temps. Je me bornerai donc à vous rappeler la position que le *Temps* a prise, lors des dernières élections générales, à l'égard des candidatures dites ouvrières. Elle détermine celle que je dois prendre à l'égard de votre œuvre. J'ai parfaitement admis et défendu les *candidatures d'ouvriers*, en vertu du principe d'égalité, mais je n'ai pas admis les *candidatures ouvrières*, en tant qu'elles auraient représenté des intérêts de classe, opposés à ceux d'une autre classe. Je ne connais pas plus, dans notre France moderne, de classe ouvrière que de classe bourgeoise ; je ne connais pas deux classes dont les intérêts soient hostiles, ou qui puissent avoir un intérêt légitime, distinct de l'intérêt général ; je ne connais que des citoyens égaux de droits, divers par la position sociale, et aspirant tous, et fort légitimement, à s'élever du degré qu'ils occupent à un degré supérieur. Les ouvriers ne peuvent ressentir une souffrance dont ne souffre la nation tout entière, ni avoir un intérêt légitime qui ne soit en même temps l'intérêt général. La démocratisation du crédit, la diffusion de l'instruction, la suppression de certaines lois et de certains monopoles qui font exception à notre droit commun, voilà, ce me semble, des intérêts ouvriers au premier chef; mais ces intérêts se confondent absolument avec l'intérêt national, et importent à la prospérité du pays tout entier. Je n'aime donc pas cette dénomination de classe ouvrière que je retrouve dans votre appel; elle réveille des idées de division et de caste qui ne doivent plus exister, et dont nous devons tous nous efforcer d'effacer le souvenir. Mais, sous le bénéfice de cette réserve, je seconderai volontiers, dans la mesure de mes forces, l'œuvre que vous annoncez. Un journal qui a la conscience de ses devoirs, est acquis d'avance à tout effort patriotique, à toute pensée généreuse, à toute enquête sincère. Vous pouvez donc compter sur les sympathies et le concours du *Temps*.

Veuillez agréer, Messieurs, l'expression de mes sentiments bien dévoués.

A. NEFFTZER.

M. Guéroult.

Nous ne publions aucune réponse de M. Guéroult comme journaliste.

Nous avons compris trop tard que la lettre que nous lui adressions devait naturellement faire double emploi, puisqu'il devait en recevoir une autre comme représentant.

Du reste, nous devons dire qu'après plusieurs conférences avec lui, il nous a déclaré qu'il ne comprenait pas notre but, ne voyait pas l'utilité de notre œuvre, et que comme journaliste il se serait abstenu.

Cependant nous devons dire également qu'il nous a formellement déclaré que le journal *l'Opinion nationale* mettrait toujours ses colonnes à la disposition des travailleurs pour défendre et soutenir leurs intérêts.

Nous avons pris acte de cette déclaration.

PREMIÈRE PIERRE DE L'ÉDIFICE

I

J'arrive, levez-vous, vertu, courage, foi !
Penseurs, esprits ! Montez sur la tour, sentinelles !
Paupières, ouvrez-vous ! Allumez-vous, prunelles ;
Terre, émeus le sillon ; vie, éveille le bruit,
Debout, vous qui dormez ; — car celui qui me suit,
Car celui qui m'envoie en avant la première,
C'est l'ange Liberté, c'est le géant Lumière !

VICTOR HUGO.

Ce qui paraît extraordinaire de prime abord et inconcevable à la première vue s'explique alors qu'on le soumet au télescope de l'examen et au creuset de l'analyse.

ROYER, *de l'Homme.*

Lorsqu'il s'agit de sonder une plaie, un gouffre ou une société, depuis quand est-ce un tort de descendre trop avant, d'aller au fond? Nous avions toujours pensé que c'était quelquefois un acte de courage, et tout au moins une action simple et utile, digne de l'attention sympathique que mérite le devoir accepté et accompli. Ne pas tout explorer, ne pas tout étudier, s'arrêter en chemin, pourquoi? S'arrêter est le fait de la sonde et non du sondeur.

Là où elle a mal, nous sondons ; et, une fois la souffrance constatée, l'étude de la cause mène à la découverte du remède. Notre civilisation, œuvre de vingt siècles, en est à la fois le monstre et le prodige ; elle vaut la peine d'être sauvée. Elle le sera. La soulager, c'est déjà beaucoup ; l'éclairer, c'est encore quelque chose. Tous les travaux de la philosophie sociale moderne doivent converger vers ce but. Le penseur aujourd'hui a un grand devoir, ausculter la civilisation.

VICTOR HUGO.

Nous fondons les *Annales du travail*. Nous commençons une œuvre immense. Nous posons les assises d'un travail considérable. Nous savons que la tâche est difficile.

Nous n'hésitons pas.

C'est, sans aucun doute, un lourd fardeau ; sans aucun doute, c'est de la hardiesse de la part de travailleurs appelés chaque jour à fournir le pain de leur famille ?

Qu'importe? la foi nous soutiendra.

La France est-elle veuve de nobles cœurs? Non, cent fois non!

La route tracée, on nous suivra. Telle est notre conviction.

S'il y a témérité de notre part, espérons que l'avenir nous tiendra compte de nos inspirations.

Que la semence que nous allons déposer dans le sillon de l'intelligence de tous, germe! lève! nous aurons toujours le mérite d'avoir tracé le sillon, d'avoir saisi la sonde émancipatrice, d'avoir provoqué l'étude des industries par les travailleurs.

Que nous importe de ne pas profiter du grain mûr? que nous importe que d'autres saisissent la sonde?

Chaumières, châteaux, mansardes, debout! debout! Unissez-vous! brisez vos fusils! mouillez vos poudres : plus de haine, plus de guerre fratricide!

Travailleurs de la science, travailleurs de l'usine, travailleurs de la terre, réveillez-vous!

Saisissez la plume, auscultez votre situation, sans haine, sans passion! La vérité, rien que la vérité. Ne cachez aucune plaie ; elles sont toutes honorables quand ce n'est pas la débauche, le crime, qui les engendrent.

Faites vos mémoires avec la franchise qui vous caractérise, pour que le géant Lumière chasse votre plus cruel ennemi, l'Ignorance!

Pour que le géant Lumière nous rende tous égaux par l'instruction, par la discussion, tous égaux par le travail, tous égaux par la dignité ; pour que le géant Lumière, uni à la Liberté, vous appelle à remplir toutes fonctions civiles et politiques, tous libres dans la France libre.

Nous posons au concours de tous l'étude des questions suivantes :

1. Quelles sont les causes pratiques du chômage dans chaque industrie ?

2. Quels sont les moyens pratiques d'y remédier dans chaque industrie ?

À vous tous, hommes de cœur, nous disons : « Voilà notre œuvre, êtes-vous avec nous ? »

ALEA JACTA EST.

EXTRAIT
D'UN MÉMOIRE SUR LE CHÔMAGE

I

Riches ou pauvres, puissants ou faibles, rois ou sujets, sont dans une mutuelle dépendance les uns des autres pour les besoins de la vie.

ROLLIN.

Plusieurs journaux ont raconté que le bois de Boulogne venait d'être le théâtre d'un crime ; il résulte de nos renseignements qu'aucun assassinat n'a été commis, ni devant le café de la Cascade de Longchamp, ni dans son voisinage. Voici peut-être ce qui a pu donner lieu à cette fausse nouvelle :

« Lundi dernier au matin, les gardiens de service ont trouvé étendu, au milieu d'un massif, près la porte Maillot, un homme d'une cinquantaine d'années, donnant encore signe de vie, mais dans un affreux état d'abattement ; ils le transportèrent au Pavillon d'Armenonville, où il ne tarda pas à expirer, malgré tous les soins que lui prodiguaient les garçons du restaurant. Un médecin, appelé en toute hâte, n'a pu que constater le décès de ce malheureux, mort d'inanition. »

(Journal de Paris, mars 1860.)

Un homme jeune encore, M. Ulric Valia, qui, sous les Bourbons, avait été secrétaire d'un des ministres napolitains, vient de mettre fin à ses jours et à ses souffrances en se précipitant par la fenêtre de sa mansarde. La misère l'a poussé au désespoir. Pour vivre, il avait vendu ses derniers effets ; dans une lettre trouvée dans sa chambre, il déclarait que, depuis quarante-huit heures, il n'avait rien mangé ! On continue donc à mourir de faim, sans métaphore.

(La Presse, 19 avril 1863.)

..... Nous trouvons dans le rapport des délégués du tissage à l'Exposition de Londres, en 1862, cette phrase remarquable : « Nous éprouvons le plus profond découragement à dévoiler le mystère qui couvre les moyens d'existence des ouvriers et des ouvrières à qui la force et l'adresse ne permettent pas de faire les ouvrages les plus avantageux, ou qui n'ont pu obtenir de travailler pour les maisons qui spéculent le moins sur le salaire de l'ouvrier. »

Le budget d'un ouvrier a été publié dans le même rapport. Ce budget est celui d'un ouvrier possédant son métier propre, et qui ferait une journée moyenne de 10 000 coups de navette par jour. À 50 c. le mille et pour 300 journées de travail (bien que je ne connaisse pas d'année de 300 jours de travail, grâce aux chômages réitérés que nous subissons), donnerait un produit net de................ 1500 fr.

Frais de location........................	160 fr.	»
Chauffage et éclairage.................	65	»
300 journées à un aide ouvrier ou lanceur	300	»
Cannetage et courses pour rendre l'ouvrage et chercher les matières premières.	150	»
Transport des dessins, changement de dispositions et frais imprévus............	62	»
Tordage et pliage.......................	32	»
Usure du matériel à 3 p. 100 et rabais pour fautes de fabrications impossibles à prévoir.................................	22	»
Total..............	**891 fr.**	**891 fr.**
Reste..............		**609 fr.**

Donc il reste à cet ouvrier propriétaire de son métier 609 fr. pour son alimentation, et notez que nous comptons 300 jours de travail, possibles tout au plus dans le petit article uni, et tout à fait introuvables dans la spécialité dont il est question, le châle au quart. Supposez à cet homme une famille, et dites-moi si la vie n'est pas pour lui un problème de chaque jour à résoudre.

Est-ce d'un ouvrier roulant dont nous nous occupons ? La position est la même ; il retire la moitié du produit, soit 750 fr. ; il paye la moitié de la journée à l'aide ou lanceur, soit 165 fr., reste 585 fr., en d'autres termes, il a pour satisfaire à tous ses besoins, location, blanchisseuse, entretien et nourriture, 1 fr. 60 c. par jour. Cela suffit-il, aux prix actuel des subsistances et locations ? Évidemment non.

J.-E. BOULET,
Ouvrier tisseur.

Le préfet de la Loire, considérant que, dans les moments de crise et de chômage, des métiers de huit cents francs et de mille francs se sont vendus cinquante et cent francs au plus ; considérant que la souscription si noblement ouverte sur tous les points de la France et à Saint-Étienne, a, tout à la fois, pour but de venir temporairement en aide aux passementiers sans ouvrage et de leur conserver, avec leurs métiers, fruit de leurs épargnes et d'un pénible labeur, l'espérance de pouvoir reprendre instantanément leurs travaux et nourrir leurs familles, a rendu l'arrêté suivant :

« Une commission, composée de quinze fabricants et de cinq chefs d'ateliers, est chargée d'étudier l'organisation d'un projet de dépôt de métiers de barres contre avances d'argent.

« M. le président de la chambre de commerce est nommé président de la commission. En cas d'absence, il sera remplacé par M. le vice-président, qui fait également partie de la commission.

« La commission se réunira, sur la convocation du président, dans le local de la chambre de commerce.

« Expédition du présent arrêté sera adressée à chacun des membres de la commission. »
(Moniteur.)

Certes, s'il est pénible de discuter son salaire, il est encore plus pénible de n'avoir rien à faire et de ne pas savoir quand on travaillera.

Pour bien apprécier les angoisses du chômeur, il faut avoir passé par là.

Être en bonne santé, avoir besoin de travailler, se promener d'atelier en atelier et recevoir toujours cette réponse :

« Je n'ai besoin de personne. »

Cela est désespérant, car souvent des semaines, des mois s'écoulent sans pouvoir trouver du travail.

Tous ceux qui vivent d'une même profession sont solidaires : ils se doivent donc une mutuelle assistance.

BERTHÉLEMY, BOISSON, R.-V. VIGUIER,
Typographes.

Lorsque l'homme est seul, le vent de la puissance le courbe vers la terre, et l'ardeur de la convoitise des grands de ce monde absorbe la sève qui le nourrit.

Ne soyez donc point comme la plante et comme l'arbre qui sont seuls ; unissez-vous les uns aux autres, et appuyez-vous, et abritez-vous mutuellement.

Tandis que vous serez désunis, et que chacun ne songera qu'à soi, vous n'avez rien à espérer, que souffrance et malheur et oppression.

LAMENNAIS.

L'éducation qu'on t'a donnée est celle des petits arbres chétifs qui végètent péniblement à l'ombre d'une haute futaie. Les grands chênes s'abaissent quelquefois jusqu'à eux et leur disent :

— Heureux arbrisseaux, nous vous protégeons contre le soleil et nous vous défendons de l'orage. Il y a longtemps que vous seriez brûlés ou brisés sans nous !

— Mais, répondent les arbrisseaux, nous aussi, nous sommes des chênes. Si votre ombre ne pesait pas sur nos têtes, nous deviendrions assez forts pour braver l'orage et le soleil.

— Va-t'en voir une forêt où l'on a coupé les grands arbres ; tu remarqueras que les petits sont devenus grands à leur tour.

EDMOND ABOUT.

Il y a trois années, Lyon, Saint-Étienne, chômaient ; l'année suivante c'était Rouen, Évreux ; qu'est-ce qui prouve que l'année prochaine Lille, Roubaix, Mulhouse ne chômeront pas?

Rien!

A Paris, le chômage est à l'état chronique; il soulève les haines, aigrit les hommes contre les hommes; l'ouvrier qui a faim perd toute action de raisonnement, il ne connaît plus qu'une chose : sa famille a faim. Le chômage est donc une fabrique de poudre qu'il faut exproprier.

Il nous paraît difficile de rechercher les causes du chômage; le mal est-il provoqué par le salaire que les nombreux intermédiaires prélèvent sur les produits fabriqués? C'est possible, et, pour ne citer qu'un exemple, nous dirons que les boîtes d'allumettes confectionnées pour les fumeurs se vendent en fabrique 20 centimes la douzaine, qu'elles sont vendues au consommateur 10 centimes la boîte, ce qui met naturellement la douzaine à 1 fr. 20 c., bénéfice des intermédiaires 1 fr.; au lieu d'en vendre cent, on en vend cinquante; le producteur perd à produire cinquante boîtes.

Les intermédiaires sur les denrées vendues à la Halle prélèvent, selon les quartiers de Paris, 20, 30, 40 p. 100.

**

Le chômage existe-t-il parce que l'ouvrier ne s'applique qu'à faire dans son industrie une seule et unique spécialité? C'est encore possible : tel ouvrier qui sait faire des pantalons, ne sait pas faire un habit; tel ouvrier bijoutier qui sait faire la bague ne sait pas travailler la chaîne; tel ouvrier qui travaille le cuivre ne sait pas travailler l'or; tel ouvrier tapissier, qui sait poser, ajuster des tentures, ne sait pas garnir un fauteuil; l'ouvrier tourneur en cuivre ne sait pas monter l'objet qu'il a confectionné, il n'est pas ajusteur; et cependant, l'Angleterre, qui a suivi ce principe divisionnaire, s'en est bien trouvée.

Que conclure?

Quelle que soit la cause qui engendre le mal, qu'il nous vienne du changement de modes, de la guerre civile, d'une guerre américaine, allemande, anglaise, par des scrupules, des craintes politiques, il n'en est pas moins inhérent à toute industrie; la plaie existe, tâchons donc de la cicatriser.

**

Avant de passer au développement de notre idée, nous allons céder le pas aux Anglais, nos maîtres en association; voilà comment M. Eugène Chatard s'exprime à cet égard :

« A côté de ces illustrations utilitaires, il est un homme d'État qui se crée tous les jours de nouveaux titres à l'admiration et à la gratitude de la nation britannique, c'est M. Gladstone, qui ne se contente pas d'être l'orateur le plus éloquent de la Chambre des communes, mais qui est aussi le plus grand économiste de son pays et le plus habile administrateur des deniers publics. Mettant à profit l'excellente organisation introduite dans le service des postes et la multiplicité des bureaux créés par M. Rowland-Hill sur toute la surface de l'Angleterre, M. Gladstone a eu l'idée de constituer cette administration en trésorerie de l'épargne des pauvres. Il a créé les *Saving Post Banks*. Rien de plus admirable que cette institution, qu'on prétendait incapable de fonctionner. Aujourd'hui tout travailleur peut déposer, chaque semaine ou chaque jour, dans tous les bureaux de poste devant lesquels il passe, la somme la plus modique, un penny même, s'il le veut (dix centimes); il en tire un reçu. Dès ce jour, il a un compte ouvert sur les livres de l'État. Il va travailler dans une autre ville, dans un district rural; son compte courant le suit; il a la même facilité pour continuer le dépôt de ses épargnes ou retirer toutes les sommes dont il a besoin, à sa première réquisition, sans frais, sans perte de temps; il dépose sa demande de retrait total ou partiel dans le bureau qui est le plus à sa portée; il reçoit dans les vingt-quatre heures, *franco*, une lettre portant le sceau royal qui lui permet de toucher la somme réclamée là où cela lui convient le mieux; c'est un chèque qu'il peut transférer à un parent, à un ami éloigné, qui peut l'encaisser partout sans retard, sans difficulté, sans dépenses. Ces sommes déposées portent intérêt à 3 p. 100. Quand elles ont atteint le chiffre de cent livres sterling (2 500 fr.), le compte est arrêté. Le dépositaire est obligé de les retirer, d'en faire tel usage qui lui convient, par exemple, l'achat d'un coupon de rente; et un nouveau compte lui est ouvert pour les nouvelles épargnes qu'il peut faire. »

Nous sommes peut-être moins avancés que les Anglais; cependant nous avons marché, et nous sommes heureux de dire que c'est grâce à la foi, au courage de M. Davaud (tourneur en cuivre).

Les petites sources réunies engendrent les grands fleuves; honneur à celui qui découvre une source!

LE CRÉDIT MUTUEL

ORGANISÉ ET MIS EN PRATIQUE DEPUIS TROIS ANS.

Qui le savait? Personne probablement, à l'exception de ceux qui depuis cette époque en profitent; et cependant cela *est*. Ce n'est plus pour nous une théorie, un vague espoir, un souhait.

La preuve?

La voici! et voici de plus l'organisation qui nous a permis de marcher, et qui maintenant nous permet de montrer que, sans l'aide de qui que ce soit, sans bureaucratie, et, par conséquent forcée, sans frais généraux, avec la seule mutualité, la bonne harmonie, l'amitié et des égards les uns pour les autres, nous sommes parvenus, sans nous gêner, sans faire aucun effort, à nous ouvrir entre nous un crédit de trois à quatre cents francs, parfaitement garanti pour les adhérents et pour le public, qui reçoit nos valeurs sans se douter de leur source.

Il y a trois ans bientôt, quelques amis réunis par les mêmes idées, mus par le désir de faire quelque chose qui fût une démonstration indirecte de la puissance de l'union dans toute entreprise imaginable, décidèrent la formation d'un capital destiné à être prêté mutuellement entre eux dans les cas de besoin. Il fut convenu que chacun verserait à une caisse commune un franc par semaine, et, comme nous étions neuf, nous fûmes immédiatement en possession d'un capital de *neuf francs*.

Neuf francs! quelle somme pour régénérer le monde!

Mais chaque semaine c'était encore neuf francs qui venaient s'ajouter aux autres, et bientôt nous voilà en possession de *cent francs*.

Quand des capitalistes comme nous possèdent cent francs, il s'agit de les porter bien vite à leur destination : *le prêt*.

Nos cent francs furent donc prêtés à un d'entre nous contre un billet de 50 francs à deux mois d'échéance et un autre de pareille somme à trois mois; de plus, 6 p. 100 d'intérêt annuel furent versés à notre caisse déjà vide, mais aussitôt remplie et par nos billets et par de nouvelles cotisations hebdomadaires.

Mais n'allons pas si vite en besogne, et expliquons ce que nous avons fait et comment.

Notre but était, et il est toujours le même, de relier tous les adhérents entre eux par les meilleurs sentiments de bonne volonté les uns pour les autres et par tous les meilleurs effets que la solidarité complète puisse produire.

Le crédit mutuel est bien le mobile prédominant; mais en dehors des services que rend notre caisse, tous tant que nous sommes nous devons procurer, autant que possible, du travail à qui en manque, des recommandations à qui en a faut, des chalands à qui en a besoin, et des services particuliers entre tous et l'aide de tous pour un seul à l'occasion.

Ce programme établi, tout le monde bien décidé à le suivre, la cotisation et le prêt mutuels marchèrent de front, ainsi que la bonne amitié de tous pour un chacun.

Nous faisons la cotisation de chaque semaine tour à tour et au domicile des adhérents; il est résulté de ces visites une confiance pleine et entière, et quelquefois la nécessité de nous séparer d'un sociétaire.

Chez soi, dans l'intérieur, on se lie davantage, on apprend mieux à se connaître que dans des réunions de quelques heures où l'on ne peut jamais s'apprécier que d'une manière superficielle.

Cependant, c'est cette tournée chez des amis qui effraye le plus et repousse tout d'abord ceux qui ne sont pas dévoués à la mutualité. La répugnance ou l'attrait, en pareil cas, est presque notre seul critérium de certitude pour juger la valeur de quiconque veut venir avec nous.

La cotisation doit être faite dans le courant d'une semaine, et l'argent récolté remis entre les mains du du caissier le dimanche avant midi.

Le capital formé par les cotisations est administré par un caissier ou gérant choisi parmi nous, aussi estimable que le plus grand banquier du monde, sous sa responsabilité et celle d'un conseil de surveillance de cinq membres, qui se réunit régulièrement tous les mois, examine tous les registres et valeurs, dresse chaque fois l'inventaire social, et en envoie copie à tous les adhérents par celui qui est de service.

Tous les adhérents ont les mêmes droits, qui consistent à pouvoir emprunter en espèces à la caisse une somme double du montant de leurs cotisations.

Chaque emprunteur couvre la caisse par un ou plusieurs billets, portant le montant de la somme qu'il emprunte, à l'ordre du caissier, et pour un, deux ou trois mois au plus.

L'emprunteur paye à la caisse un intérêt de 6 p. 100 par an en espèces. Cet intérêt lui rentre aux trois quarts à la fin de l'année par la répartition des bénéfices, lesquels sont portés au compte de chacun et au prorata des cotisations versées; de sorte que celui qui emprunte a de l'argent presque gratuitement, et que celui qui n'a besoin de recourir à la caisse voit son argent lui rapporter un bel intérêt.

S'il arrive que la caisse soit pauvre, ou que l'emprunteur puisse se procurer avec un billet les marchandises qui lui sont nécessaires, le caissier, à sa demande, endosse un ou plusieurs des billets déjà souscrits pour une somme égale, s'il le désire, à trois fois le montant de ses cotisations réunies, et moyennant le modique intérêt de 1 1/2 p. 100.

L'emprunteur de billets en souscrit lui-même pour une somme égale à celle qu'il emprunte, à l'ordre du caissier. Ces effets, souscrits de seconde main, restent en caisse et ne sont jamais négociés. Ils doivent être payés au domicile du caissier, afin d'éviter tout ce qui pourrait ressembler à des billets de complaisance.

Nous sommes donc en droit de dire que notre genre de prêt est non-seulement mutuel, mais presque gratuit, attendu que, n'ayant en trois ans que 7 fr. 50 c. de frais généraux, il en ressort que tout retourne à la poche de l'emprunteur.

La caisse garde toujours une certaine somme pour parer aux malheurs; mais jusqu'ici nous n'avons pas eu le moindre échec.

Si, cependant, un d'entre nous est tombé; mais celui-là n'a jamais été de gaieté de cœur avec nous, il n'a fait aucun tort à la caisse, car nous étions en défiance de lui à cause de son peu de fraternité pour ses camarades. Est-il tombé à cause de cela? Peut-être bien.

Nous sommes tous responsables des pertes que nous pourrions éprouver par le fait d'un billet non payé. Il résulte de cette solidarité qu'un billet endossé par notre caisse a autant de valeur que s'il était couvert par trente endosseurs.

Qui refuserait d'accepter un tel billet?

Maintenant, qu'avons-nous fait de notre capital? Nous avons rendu pour 20 000 francs de services mutuels avec un capital de 1 200 à 1 500 francs. (Rappelez-vous que nous avons commencé avec 9 francs.) Plusieurs d'entre nous ont emprunté, chacun en différé rentes fois, de 1 200 à 1 800 francs, quand leur mise de fonds n'était en moyenne que de 75 à 125 francs.

Notre capital atteint aujourd'hui le chiffre de 3 500 francs, et les plus fortes cotisations sont de 160 francs.

Que ferons-nous donc maintenant avec cette somme? Nous avons lieu d'espérer que nous ferons quelque chose de bien.

Tout adhérent nouveau, pour être admis, doit être présenté par un d'entre nous, s'obliger à observer notre règlement, s'astreindre à ne pas emprunter avant trois mois, être bon camarade et prouver de l'amitié pour ses confrères.

Tout adhérent qui veut nous quitter est libre de le faire, en donnant sa démission par écrit trois mois avant de rentrer dans ses fonds et sa part de bénéfices, si toutefois il est quitte avec la caisse.

Quelques personnes nous ont reproché d'être trop généreux pour ceux qui s'en vont. Rembourser le capital, disent-elles, c'est déjà trop rendre. Rendre aussi la part des bénéfices leur semble dépasser les bornes de la simplicité.

Mais en ce temps de défiance légitime contre les sociétés en commandite, dont il s'en voit qui demandent de l'argent au public et ne le rendent jamais, ne devions-nous pas nous montrer ce que nous sommes, délicats à l'excès ?

Depuis notre naissance, sept ou huit adhérents se sont retirés ; comme on leur avait tout rendu, ils n'ont pas eu à récriminer contre nous et sont restés des amis ; un d'eux même est revenu.

Voilà donc à peu près ce que nous sommes : trente ouvriers, marchands ou fabricants qui ont appris à s'estimer et qui sont tous contents d'une œuvre, laquelle, prêchant par l'exemple, nous montre la force de la mutualité entre gens ayant l'honnêteté pour guide.

On dira peut-être : Comment ! avec tous ces prêts et ces bénéfices, vous n'êtes que trente ! Que n'êtes-vous cent, deux cents ou mille (1).

D'abord, nous n'acceptons pas les premiers venus : il faut que nous soyons assurés que l'arrivant aimera ses camarades. De plus, faisant une expérience très délicate par le temps qui court, il est essentiel que nous soyons sûrs les uns des autres ; car, dans notre genre de mutualité, si un échec ne tue pas le principe, il en recule l'application de beaucoup.

Notre exemple est près d'engendrer une nouvelle société calquée sur la nôtre, et nous sommes persuadés que huit ou dix groupes comme le nôtre (quoique nous n'ayons pas l'intention de rester à ce nombre) ont beaucoup plus de chances de réussite qu'une société nombreuse, qui serait peut-être obligée de manger ses bénéfices et peut-être son capital en frais généraux. Quand on se connaît bien, on est plus sûr et plus confiant, et l'on a presque toujours la certitude de savoir à qui l'on a affaire.

Ces huit ou dix groupes que nous désirons ne seraient-ils pas l'image éclatante de ce que l'on peut espérer pour l'avenir de l'organisation du crédit en faveur des prolétaires de l'atelier et de la boutique? Ne serait-ce pas la preuve que ce n'est pas une *utopie*, reproche éternel jeté à la tête de quiconque veut essayer quelque application nouvelle du progrès ?

Quand l'imagination se laisse aller à considérer ce que serait le travail muni de l'outil le plus essentiel, on se sent pris d'un violent désir de vivre assez longtemps pour être témoin de ce spectacle sublime, où la gêne et la misère n'existeront plus.

Que tous ceux qui ont pensé à la solution de ce problème, veuillent bien croire que ce que nous faisons est, dans notre pensée, loin d'être tout ce qu'on peut faire ; ce n'est pour nous que le côté le plus facilement praticable pour arriver à la solution cherchée : le crédit mutuel, presque gratuit, facile et suffisant pour les ouvriers et le petit commerce.

Vienne donc ce temps-là, et alors la dignité et le bien-être de l'homme ne seront plus deux mots, mais deux choses divines que la société aura fait sortir de l'idéal pour son ornement et son bonheur.

DAVAUD,
Tourneur en cuivre, membre du Conseil de surveillance d'une des Sociétés de Crédit mutuel.

___

(1) Il y a à Paris, en 1864, 25 sociétés de crédits mutuels.
TH. SIX.

___

Vous me demandez, monsieur Théodore Six, la situation de notre caisse mutuelle, la voici :

RÉSUMÉ DES COMPTES DE 1861.

Au 31 décembre 1861 il y avait 19 sociétaires. — Au 31 décembre 1862, il y en a 31. — C'est donc 12 nouveaux.

Les droits d'admissions sont de....................	310 »	
Les cotisations de chaque semaine ont produit..	2 334 »	
Il a été prêté aux sociétaires................	8 035 »	
Sur quoi il a été reçu........................	4 063 »	
Les intérêts ont produit......................	61 »	
Il a été déposé à la caisse d'épargne.........	311 94	
Il en a été retiré............................	100 »	
Il en a été mis en réserve par une délibération du 5 janvier 1862........................	17 49	
Il y a en caisse en espèces...................	560 65	
TOTAUX.....................	7 107 59	7 107 59

Les droits d'admissions s'élèvent à..........	310 »	
Les cotisations de semaine à................	2 334 »	
Les intérêts reçus en 1861..................	17 40	
Les intérêts reçus en 1862..................	61 40	
Le tout est représenté par les billets à recevoir.	1 970 »	
L'actif de la caisse d'épargne...............	411 04	
L'argent en caisse..........................	560 65	
TOTAL, ÉGAL.............	2 942 59	2 942 59

Le fondateur, JULES ISARD,
Menuisier à Bourdon (Seine-et-Oise).

II

Trouver une forme d'association qui défende et protège de toute la force commune la personne et les biens de chaque associé, et par laquelle, chacun s'unissant à tous, n'obéisse pourtant qu'à lui-même, et soit aussi libre qu'auparavant.

J.-J. ROUSSEAU.

Le soulagement des hommes souffrants est le dernier de tous.

TURGOT.

Un temps viendra où l'on ne concevra plus qu'il fut un ordre social dans lequel un homme comptait un million de revenu, tandis qu'un autre homme n'avait pas de quoi payer son dîner. Un noble marquis et un gros propriétaire paraîtront des personnages fabuleux, des êtres de raison.

CHATEAUBRIAND.

Des Sociétés ouvrières en Angleterre. — On ignore généralement sur le continent qu'il existe en Angleterre des sociétés ouvrières exploitant des établissements immenses, créés avec les seules épargnes des ouvriers. Comme nous désirons vivement que cet usage se propage, parce qu'il est tout à l'avantage de la classe laborieuse, nous nous faisons un devoir de dire deux mots sur la société de Rochdale, qui exploite une filature de coton créée au capital de 60 000 livres sterling, soit 1 500 000 francs, dont la majeure partie a été versée par les ouvriers travaillant actuellement dans ce vaste établissement.

Il a été distribué en 1858 un dividende de 44 pour 100, et celui de 1859 a monté à 48 pour 100.

Les actionnaires, tous ouvriers dans la fabrique, n'ont rien à voir dans la direction, qui est exclusivement confiée à un gérant nommé par la majorité des actionnaires.

Prise d'une noble émulation, la partie la plus intelligente de la classe ouvrière anglaise est sur le point de bâtir des filatures à Bury. Des personnes compétentes présument que pour ériger et mettre en activité les établissements projetés il va falloir un capital de 300 000 livres sterling, c'est-à-dire plus de sept millions et demi de francs.

(*L'École du Peuple*.) THÉODORE SIX.

En 1849, MM. Henri Place, Camus Mutel, voulurent bien réunir une commission d'ouvriers, pour discuter, formuler, un projet de société de secours mutuels, une association contre le chômage, un projet de loi formulant nos pensées, et les conclusions de nos discussions.

Cet exposé de motifs, ce projet de loi, furent confiés au général Cavaignac, qui leur donna aucune solution. Ils étaient morts en naissant.

En reprenant, en 1864, l'idée fondamentale de ces divers projets, nous avons l'intention d'y apporter de très-grandes modifications, seulement les chiffres n'auront rien de changé, leur valeur nous donnant le terme moyen.

Le nom que nous donnerons à notre institution sera celui de BANQUE DU CHÔMAGE. Et, comme à toute banque il faut un capital, voilà comment nous le formerons.

Si nous sommes dans un Eldorado, plongé dans un sommeil d'espérance, au milieu de rêves heureux, ô ne nous réveillez pas!

.·.

Chaque électeur devra :

1° Du 1ᵉʳ janvier au 1ᵉʳ mars de chaque année, retirer sa carte d'électeur ;

2° Quiconque n'aura pas rempli ce devoir sacré, sera passible d'une amende de cinquante francs.

3° Tout électeur devra payer la somme de 2 fr. en retirant sa carte dans le délai fixé par la loi.

4° Plusieurs timbres annuels pourront être fixés sur la même carte ;

5° Les cartes d'électeurs seront délivrées par les mairies, sur le reçu du receveur des contributions.

6° Tout électeur refusant sa carte, l'abandon de son droit, sera par ce seul fait privé de tout ses droits civiques, ne pourra être ni tuteur, ni juré.

Je n'ai pas besoin de dire que la loi soumet tout travailleur au livret, qui coûte vingt-cinq centimes, tous au passe-port qui coûte deux francs. Je ne crois pas nécessaire de m'étendre sur ce sujet.

.·.

Commençons notre opération le 1ᵉʳ janvier 1865.

La France possédant dix millions d'électeurs, supposant bien qu'il n'y aura pas d'abstention, je me trouve donc en caisse au 1ᵉʳ mars 1865 (fixant à deux mois le temps nécessaire pour faire rentrer les premières cotisations et faire l'organisation générale), la somme de vingt millions (20 000 000).

Les opérations ne devant commencer qu'au 1ᵉʳ janvier 1866, nous déposons nos vingt millions à la Banque de France, et nous touchons pour l'intérêt des dix mois, à 5 pour 100, la somme de huit cent trente-trois mille trois cent trente-trois francs, trente-trois centimes. (S'il y a erreur, qu'on nous le pardonne.) Total général : 20 833 333 fr. 33 cent.

.·.

Maintenant, laissons la parole à notre projet de 1849, délibéré et accepté par la commission, formée par MM. Henri Place et Camus Mutel :

« Nous n'hésitons pas à dire qu'une association générale, à laquelle contribueraient les citoyens de tout ordre et de tout état, pourrait rendre d'immenses services et répondre aux besoins réels des classes laborieuses. En arriverait à une solution telle que tout individu, quelle que fût la classe à laquelle il appartient, serait, en cas de revers, à l'abri de cette ressource honteuse et dégradante qu'on appelle l'aumône.

« Tout citoyen sera dans l'obligation de coopérer à la formation du fonds de secours, les uns suivant leur fortune, les autres suivant leur travail. Les travailleurs, quel que soit leur état, devront contribuer pour un tant pour 100 sur leur salaire. Nous avons fait nos calculs pour que les versements des ouvriers soient en moyenne de 12 francs par an. (La cotisation de diverses sociétés est de 24 à 30 francs.)

« Or, comme les individus qui gagnent leur vie manuellement sont environ au nombre de dix millions en France, chacun d'eux versant 12 francs par an, nous aurions, par leur seule cotisation, un premier fonds annuel de cent vingt millions (120 000 000).

« Les industriels employant des ouvriers devraient contribuer pour 5 centimes par jour de travail et par chaque ouvrier.

« Les maîtres, pour 5 centimes par jour pour chaque domestique, ce qui donnerait une seconde partie du fonds social, qui serait aussi de cent vingt millions (120 000 000);

« Enfin, une cotisation dont la forme sera déterminée, et qui pèserait uniquement sur les propriétaires, les rentiers, les patentés et tous ceux qui exercent des professions libérales, devrait fournir une somme de deux cent quarante millions (240 000 000).

.·.

Récapitulons nos recettes le 1ᵉʳ janvier 1866 :

En caisse........	20 833 333 fr. 33 c.
Cotisations ouvrières.	120 000 000 »
Cotisations industrielles et des gagistes .	120 000 000 »
Cotisations rentières et autres........	240 000 000 »
Total......	500 833 333 fr. 33 c.

Total général, au commencement des opérations, cinq cent millions huit cent trente-trois mille trois cent trente-trois francs trente-trois centimes en espèces d'or et d'argent.

Me basant sur le privilége de la Banque de France, je peux donc émettre pour six cents millions de billets au porteur ayant cours forcé, et déclaré par la loi d'utilité publique: l'actif sera donc de un milliard cent millions huit cent trente-trois mille trois cent trente-trois francs trente-trois centimes (1 100 833 333 fr. 33 c.).

.·.

Commençons maintenant nos opérations, et prenons une moyenne de cinq années.

Évaluons à six individus en chômage sur cent, cela fait six cent mille individus qui, à deux francs par jour, donnent une dépense annuelle de quatre cent trente-huit millions (438 000 000), représentée par des billets à échéance, la somme prêtée devant être remboursée dans l'année.

BILAN

Recettes.

1ᵉʳ janvier 1866...	1 100 833 333 fr. 33 c.
1ᵉʳ janvier 1867...	500 000 000 »
1ᵉʳ janvier 1868...	500 000 000 »
1ᵉʳ janvier 1869...	500 000 000 »
1ᵉʳ janvier 1870...	500 000 000 »
Total......	3 100 833 333 fr. 33 c.

Admettons qu'aucun prêt ne sera remboursé.

Dépenses.

1ᵉʳ janvier 1867.......	438 000 000 fr.
1ᵉʳ janvier 1868.......	438 000 000
1ᵉʳ janvier 1869.......	438 000 000
1ᵉʳ janvier 1870.......	438 000 000
1ᵉʳ janvier 1871.......	438 000 000
Frais de bureaux.......	5 000 000
Total....	2 195 000 000 fr.

Balance.

Recettes........	3 100 833 333 fr. 33 c.
Dépenses........	2 195 000 000
Reste en caisse...	905 833 333 fr. 33 c.

J'arrête encore ici ma démonstration pour entrer dans quelques explications.

.·.

L'œuvre n'a pas été jugée possible, et la Banque du chômage se liquide. Voici l'opération :

Remboursement des billets.	600 000 000 fr.
Frais de liquidation.......	100 000
Total.....	600 100 000 fr.

Balance.

En caisse........	905 833 333 fr. 33 c.
Dépenses........	600 100 000 »
Total à diviser entre les souscripteurs..	305 733 333 fr. 33 c.

Ce qui fait pour chacun d'eux 30 fr. 57 c. (sans fraction).

.·.

Mais l'œuvre a réussi, alors chaque année les demandes peuvent se doubler; au lieu de six cent mille individus, un million deux cent mille peuvent être secourus, et l'œuvre n'a plus de limite. De plus, sur les cotisations, vous pouvez prélever, à titre de frais généraux, cinq millions par année pour servir gratis un journal, des livres d'instruction à tous les souscripteurs.

Sauver le travailleur de l'ignorance! sauver le travailleur de la misère! deux chancres d'où naissent les vices, le crime, les guerres civiles! quelle belle mission à remplir!

.·.

Votre projet est une utopie, va-t-on dire. Nous renvoyons les sceptiques à M. Gladstone, à M. Davaud.

.·.

Qui donc surveillera dans le petit hameau vos opérations?

Dans chaque commune les souscripteurs nommeront un vérificateur.
Mais c'est impossible !
Voyez l'organisation des États-Unis. Sommes-nous plus stupides que les Américains?
Vous avez réponse à tout.
C'est que je suis dans le vrai ; le mot *impossible* n'est pas français.

III

PROJET DE LOI

I. — Il sera formé en France une association générale de secours, sous le titre de BANQUE DU CHÔMAGE.
Cette association sera mise sous la protection de l'État ; elle en sera néanmoins indépendante.

II. — L'association a pour but de venir en aide à tous les citoyens qui auront contribué à la formation du fonds social.

III. — Est déclaré chômage, tout manque de travaux indépendant de la volonté du travailleur.
La maladie,
Les sinistres,
Les interrègnes dans les industries,
Les interrègnes des saisons pour l'agriculture.

IV. — Les prêts seront toujours accordés, en cas de chômage, sur la remise d'une valeur, souscrite à l'ordre du directeur général, de la somme équivalente à la demande, et sur les pièces suivantes :
La carte d'électeur,
Les quittances de cotisations.

V. — Les demandes seront appuyées par un rapport des conseils supérieurs, ou du représentant communal de la Banque.

VI. — Les emprunts devront être remboursés dans l'année.
Cependant les emprunts agricoles pourront être renouvelés pendant trois années.

VII. — Pour créer le fonds social annuel, une cotisation annuelle est déclarée d'utilité publique.
Tous les citoyens, possédant leurs droits civiques, sans exception de classe ou de profession, devront y contribuer.
Les propriétaires et les rentiers, proportionnellement à leur revenu.
Les hommes d'affaires et les négociants, proportionnellement au chiffre de leurs affaires.
Les employés, proportionnellement au chiffre de leurs appointements.
Les travailleurs, proportionnellement à leurs salaires.
Des lois de finances spéciales établiront ces différentes cotisations et leur mode de perception.

VIII. — Le capital de l'association est illimité.
Les prêts se font sans intérêts.

IX. — L'association, dite Banque de chômage, est autorisée d'émettre des billets par série de 25, 50, 100, 200, 500, 1 000 fr., pour une somme égale à son encaisse métallique.

X. — Aucune série de billets ne pourra être émise sans l'unanimité des conseils.

XI. — La Banque devra venir en aide, dans les formes énoncées aux art. 3, 4, 6, aux agriculteurs, aux possesseurs de machines, de métiers, etc., etc.
Les prêts ne pourront pas dépasser la somme de 10 000 fr.
L'emprunteur devra donner gage et privilège sur les récoltes, les bestiaux, les machines, les métiers tout en en conservant la jouissance.

XII. — Les agents financiers de l'État devront faire les recettes des cotisations, sans prélever d'autres droits que ceux nécessaires à l'augmentation de leur personnel.
Le siège central de l'administration sera à Paris.

XIII. — Toutes les fonctions sont électives.
Toutes les fonctions, en dehors de l'administration centrale, sont purement honorifiques, à l'exception de celles qui seront remplies par les ouvriers, dont le jeton de présence sera égal au taux de leur salaire habituel.
Dans chaque chef-lieu de département, les députés formeront un conseil supérieur. Dans chaque commune, l'association aura un représentant.
Il y aura pour le département de la Seine quarante représentants, et un conseil supérieur composé des députés de la Seine et de vingt ouvriers.

XIV. — Tous les trois mois, les conseils supérieurs, les représentants communaux devront faire un rapport sur leurs opérations.

XV. — Un journal sera fondé, il sera gratuit et hebdomadaire.
Il donnera, tous les huit jours, le bilan de l'association ;
Les rapports des conseils et des représentants communaux ;
Le prix des marchandises dans toutes les villes de France, matières premières, matières confectionnées, matières agricoles ;
Les travaux à exécuter, soit par l'État, soit par la propriété privée ;
Les demandes d'ouvriers ;
Des cours scientifiques industriels et agricoles ;
Des études sur l'histoire française ;
De la littérature morale ;
Des cours sur les droits des citoyens français.
Tous les membres de l'association ont droit à un exemplaire du journal.

XVI. — Il sera créé une décoration d'honneur, d'ordre civil, qui sera destinée à récompenser les services rendus à la gloire industrielle de la France.
Cette décoration sera décernée par voie d'élection sur la proposition des conseils réunis.

Elle portera pour exergue : « Au digne travailleur, la patrie reconnaissante. »

XVII. — L'association, dite Banque du chômage, est déclarée d'utilité publique.

Nous croyons qu'il est important, pour bien faire comprendre notre travail, de faire connaître les extraits suivants, puisés dans l'excellent ouvrage de M. Jules Simon, intitulé l'*Ouvrière*, livre trop peu connu de la classe ouvrière.

« Il faut avouer que, si les femmes riches ne travaillent pas assez, en revanche la plupart des femmes pauvres travaillent trop. C'est pour elles que les soins du ménage sont pénibles et absorbants : il y a une grande différence entre donner des ordres à une servante ou être soi-même la servante, entre surveiller la nourrice, la gouvernante, l'institutrice, ou suffire, sans aucun secours, à tous les besoins du corps et de l'esprit de son enfant. Les heureux du monde, qui se contentent de secourir les pauvres de loin, ne se doutent guère de toutes les peines qu'il faut se donner pour la moindre chose quand l'argent manque, de la bienfaisante activité que déploie une mère de famille dans son humble ménage, pour que le mari, en revenant de la fatigue, ne sente pas trop son dénûment, pour que les enfants soient tenus avec propreté et ne souffrent ni du froid ni de la faim. Souvent, dans un coin de la mansarde, à côté du berceau du nouveau-né, est le grabat de l'aïeul, retombé à la charge des siens après une dure vie de travail. La pauvre femme suffit à tout, levée avant le jour, couchée la dernière. S'il lui reste un moment de répit quand sa besogne de chaque jour est terminée, elle s'arme de son aiguille et confectionne ou raccommode les habits de toute la famille, car elle est la providence des siens en toutes choses ; c'est elle qui s'inquiète de leurs maladies, qui prévoit leurs besoins, qui sollicite les fournisseurs, apaise les créanciers, fait d'innocents et impuissants efforts pour cacher l'excès de la misère commune, et trouve encore, au milieu de ses soucis et de ses peines, une caresse, un mot sorti du cœur, pour encourager son mari et pour consoler ses enfants. Plût à Dieu qu'on n'eût pas d'autre tâche à imposer à ces patientes et courageuses esclaves du devoir, qui se chargent avec tant de dévouement et d'abnégation de procurer à ceux qu'elles aiment la santé de l'âme et du corps ! Mais il ne s'agit pas ici de rêver : ce n'est pas pour le superflu que l'ouvrier travaille, c'est pour le nécessaire, et avec le nécessaire il n'y a pas d'accommodement. Il est malheureusement évident que, si la moyenne du salaire d'un bon ouvrier bien occupé est de deux francs par jour, et que la somme nécessaire pour vivre très-strictement sa famille soit de trois francs, le meilleur conseil que l'on puisse donner à la mère, c'est de prendre un état et de s'efforcer de gagner vingt sous. Cette conclusion est inexorable, et il n'y a pas de théorie, il n'y a pas d'éloquence, il n'y a pas même de sentiment qui puisse tenir contre une démonstration de ce genre.

.·.

« Oui, alors même que les ateliers marchent et que les patrons payent de bons salaires, plus de la moitié des femmes d'ouvriers sont dans la gêne ; elles n'ont ni pain ni vêtement pour leurs enfants ; elles sont logées dans des chambres plus étroites et plus nues que les cachots ; si un de leurs enfants tombe malade, elles ne peuvent ni lui acheter des médicaments, ni lui donner un lit, ni lui faire un peu de feu. Les médecins des pauvres avouent que dans la moitié des maladies le meilleur remède serait une bonne alimentation, mais ils ne peuvent pas le dire à la famille des malades ; ils ne l'osent pas. Voilà quel est l'état de la moitié de nos villes manufacturières en pleine paix, en pleine prospérité de l'industrie. Retournez dans ces ruelles infectes quand la crise a sévi, et vous ne les reconnaîtrez plus ; vous n'y rencontrerez plus que des spectres. Vous verrez une transformation qui vous fera horreur. Car s'il y a quelque chose de plus affreux que le travail sans pain, c'est le besoin, la capacité et la volonté de travailler sans le travail.

« Eh bien, toute cette misère n'est rien ; ce manque de pain, ces haillons, ces chambres nues, ces cachots humides, ces maladies repoussantes ne sont rien quand on les compare à la lèpre qui dévore les âmes. Ces pères, dont les enfants meurent de faim, passent leurs nuits en orgie dans les cabarets ; ces mères deviennent indifférentes aux vices de leurs filles ; elles sont les confidentes et les conseillères de la prostitution ; ni le père ni la mère ne tentent un effort pour arracher leurs enfants innocents du gouffre qui les a eux-mêmes engloutis ! Et nous resterions impassibles devant cette corruption et cette misère ! Et nous n'emploierions pas à lutter contre elles tout ce que Dieu a mis en nous de passion et d'intelligence ! Nous attendrions que le mal fût à son comble, sans nous sentir la conscience troublée et les entrailles émues ! Nous nous croirions quittes envers Dieu, envers l'humanité, pour quelque aumône ou quelque article de règlement, comme s'il ne s'agissait pas du plus pressant des intérêts, du plus grand de tous les devoirs ! Le mal qui nous travaille est de ceux qu'on ne peut guérir qu'en y mettant tout son cœur. Jetons les yeux sur les populations laborieuses qui, au milieu des progrès de la débauche et de la misère, ont su se conserver pures et vaillantes : d'où vient qu'elles ne connaissent ni la vieillesse abandonnée, ni l'âge mûr abruti par les excès, ni l'enfance souillée et corrompue par le vice des pères ? C'est qu'elles ont conservé intacte la plus nécessaire et la plus sainte des institutions, le mariage. Partout où il y a des mœurs, il y a du bonheur. Ce n'est ni la vie à bon marché, ni la sportule, ni la loi agraire, ni le droit au travail, qui peuvent éteindre le paupérisme : c'est le retour à la vie de famille et aux vertus de la famille. »

UNION CORPORATIVE ET FÉDÉRATIVE

DES

OUVRIERS TISSEURS ET TISSEUSES

DE L'ARRONDISSEMENT DE ROUEN

ROUEN. — IMPRIMERIE DE D. BRIÈRE ET FILS,
RUE SAINT-LÔ, N° 7.

UNION

CORPORATIVE ET FÉDÉRATIVE

DES OUVRIERS

TISSEURS ET TISSEUSES

De l'Arrondissement de ROUEN (Seine-Inf^{re})

STATUTS GÉNÉRAUX

PRÉAMBULE.

Les traités de commerce qui se signent, depuis quelques années, entre les nations les plus industrieuses de l'Europe, ayant complétement transformé l'économie des métiers qui, jusqu'alors, s'exerçaient dans de modestes proportions, et donné naissance, comme conséquence logique, à une centralisation financière en harmonie avec le développement de la fabrication, qui, désormais, est forcée de se faire sur une vaste échelle, afin de pouvoir lutter, cette nouvelle organisation devait nécessairement amener l'industrie à se mobiliser entre quelques mains, devenant les représentants directs de la production industrielle d'une contrée.

De là, la création de vastes monopoles, mettant parfois en péril les salaires des nombreux employés sous leurs ordres, pour parfaire les différences de prix qui s'établissent entre fabricants de productions similaires.

En conséquence, les ouvriers soussignés ont jugé prudent de fonder une institution capable d'abriter les intérêts généraux de leur profession, en la transformant au point de vue corporatif, de manière à jeter les bases sérieuses de la solidarité des intérêts, pour maintenir les salaires dans des proportions en harmonie avec les besoins des intéressés et ceux des autres producteurs, conformément aux saines notions de la science sociale.

Pénétrés du sentiment de liberté et du droit égal pour tous, ils ont décidé de fonder, entre les différentes spécialités du Tissage existant dans l'arrondissement de Rouen, un lien fédératif capable de défendre les intérêts communs, en laissant à chaque genre ou spécialité la liberté de se régir par des règlements particuliers, mais en complète conformité de vues et de principes; qui font la base et l'esprit des articles suivants :

Article 1ᵉʳ.

Entre les soussignés et ceux qui signeront, il est formé une Société ayant pour but de fonder la mutualité des intérêts entre ses membres, au point de vue de la défense des salaires, et de se prêter appui dans le cas d'accidents arrivés dans l'exercice du travail, en dehors des cas prévus par les lois du pays.

Art. 2.

Le titre de ladite Société est : *Union corporative et fédérative des Ouvriers Tisseurs des deux sexes de l'arrondissement de Rouen (Seine-Inférieure)*.

Art. 3.

ADMINISTRATION.

Elle est administrée par un Conseil général composé d'autant de membres qu'il y aura de fractions de cinquante adhérents ; provisoirement ce nombre est fixé à dix, jusqu'au jour de la constitution régulière des différentes spécialités de Tissage. Cependant sa composition devra les représenter toutes.

Art. 4.

La nomination des membres du Conseil aura lieu, tous les ans, par les Sociétaires appartenant aux différentes spécialités, réunis en assemblée générale du groupe et à la majorité relative des voix.

Dans le cas où un groupe ou spécialité se composerait de moins de cinquante membres, il aura le droit d'élire un délégué, de même, s'il y avait une fraction de vingt en plus, il pourrait en nommer deux.

Les membres délégués sortants peuvent être réélus.

Art. 5.

Nul ne pourra faire partie du Conseil fédératif s'il ne jouit de tous ses droits de Sociétaire.

Art. 6.

Les attributions du Conseil consistent :

1° A recevoir et distribuer le produit des cotisations de toute la corporation des Tisseurs des deux sexes ;

2° A provoquer, s'il y a lieu, des réunions et convocations partielles de commissions ;

3° A présider les assemblées générales de la corporation quand les intérêts d'icelle l'exigeront, et qu'un local pouvant contenir tous les Sociétaires le permettra ;

4° A assister, dans la majorité de ses membres, à toutes les réunions générales des différentes spécialités, à leurs époques respectives, afin d'empêcher que les principes généraux de la corporation ne soient altérés ;

5° A publier des avis et décider généralement tout ce qu'ordonnent et permettent les présents, comme :

A. La publication des comptes-rendus des opérations de la corporation qui auront été préalablement sanctionnés par tous les comités des spécialités adhérentes.

B. Admettre les demandes et réclamations des Sociétaires, les apprécier et les juger équitablement, après avoir, toutefois, consulté les comités respectifs.

C. Ouvrir des enquêtes, si les intérêts fédératifs l'exigent.

D. Résoudre et juger tous les cas imprévus par l'acte constitutif ou par les règlements particuliers des spécialités de Tissage, et, dans cette circonstance, ses décisions seront admises en dernier ressort, jusqu'à ce que toutes les spécialités se soient prononcées chacune dans leurs réunions générales.

E. A se constituer en chambre syndicale, dans le cas d'un incident entre patron et ouvrier, ayant trait aux intérêts généraux de la profession, qui n'aurait pu être vidé à la satisfaction des deux parties par le comité d'une spécialité.

Art. 7.

Le Conseil choisira dans son sein les membres qui devront constituer son bureau, qui se composera d'un Président, de deux Secrétaires de bureau et d'un Secrétaire-Comptable.

Les fonctions seront rétribuées à l'aide d'un jeton de présence dont la valeur sera déterminée par l'assemblée générale des comités des différentes spécialités.

Tout membre du Conseil qui, sans motif valable, n'assisterait pas aux séances, sera passible d'une retenue d'une valeur double de celle du jeton de présence.

Art. 8.

Tout Tisseur ou Tisseuse a droit sans aucune distinction à l'inscription comme Sociétaire dans toutes les spécialités organisées du Tissage.

Art. 9.

Il sera nommé par l'assemblée générale des comités de la corporation, chaque année, à la majorité relative, un Caissier qui, de droit, fera partie du Conseil général et, en cette qualité, assistera à toutes ses séances et aura voix délibérative.

Art. 10.

DU CAISSIER.

La fonction de Caissier sera rétribuée soit par le mode employé pour les membres du Conseil, ainsi qu'il est dit article 7, soit par une indemnité fixe, mensuelle et déterminée par les comités réunis.

Cette fonction consiste :

1° A centraliser les fonds provenant des groupes fédératifs et à les distribuer suivant les formalités inscrites dans les articles ci-dessous ;

2° A tenir rigoureusement ses livres de rentrées et sorties parfaitement en ordre.

3° Il devra, dans le cas où le Conseil lui en ferait la demande, tenir constamment ce dernier au courant du mouvement de sa caisse.

4° Il donnera, tous les trois mois, connaissance à la corporation, par compte-rendu imprimé, sanctionné par le Conseil et les Caissiers des groupes des spécialités, des opérations de sa caisse et de l'exact emploi des fonds.

5° Il ne devra solder ses dépenses que sur la présentation d'une autorisation signée par les deux tiers au moins des membres composant le Conseil, lui excepté.

6° Il s'entendra avec le Comptable nommé par le Conseil pour exécuter les opérations financières de la Société. Dans ce cas, ils seront solidaires des actes qu'ils auront collectivement faits.

7° Il sera dépositaire de la caisse corporative. Lorsque le produit des cotisations aura atteint, toutes dépenses couvertes, le chiffre de   fr., cette somme sera déposée dans ladite caisse.

L'ouverture ne pourra en être faite qu'en présence de la majorité des membres du Conseil, au nombre desquels seront ceux qui auront été désignés possesseurs d'une clef.

La caisse sera fermée par autant de serrures qu'il y aura de spécialités adhérentes à la corporation des Tisseurs, et ces serrures seront différentes dans leur construction.

Art. 11.

DU MODE DE VERSEMENT.

La cotisation par Sociétaire, pour toute la corporation, est de 30 centimes la quinzaine, et pourra être élevée ou abaissée selon les besoins de la Société, toute la corporation consultée.

Art. 12.

Les comités des groupes de la corporation sont tenus de faire le versement des cotisations d'iceux entre les mains du Caissier corporatif, tous les mois, en donnant exactement le chiffre des Sociétaires de leur spécialité.

Ces comités auront le droit, d'après leurs règlements respectifs, de prélever sur ces versements, avant leur effectuation, les sommes nécessaires à couvrir leurs frais généraux avec pièces à l'appui.

Art. 13.

Chaque comité est invité à vérifier scrupuleusement ses listes ou livres de versement, afin qu'aucune erreur ne puisse s'y glisser pour éviter tout soupçon de malversation.

Art. 14.

Les comités devront se mettre continuellement en rapport avec le Conseil général, afin de transmettre aux Sociétaires qu'ils représentent toutes les communications concernant les intérêts généraux de la corporation.

Ils devront se rendre aux invitations qui leur seront faites par le Conseil fédératif, pour les réunions partielles ou générales de délégués, et donner à leurs commettants le compte-rendu des travaux auxquels ils auront pris part.

Art. 15.

DEVOIRS DES GROUPES.

Tous les règlements votés et acceptés par les groupes adhérents ne pourront fixer la journée de travail de chaque spécialité au-delà des limites de l'heure officielle, à moins de cas urgents.

Toute dérogation à cet article sera regardée comme une atteinte à la solidarité corporative. Tout groupe, comme tout Sociétaire qui s'en rendrait coupable sera passible d'une sévère observation en assemblée générale des comités. Cette dernière, étant souveraine, pourra seule prononcer, s'il y a lieu, un arrêt plus significatif.

Cependant s'il s'agissait de l'exclusion, il faudrait que les spécialités fussent consultées dans leurs réunions générales, et si toutes les voix recueillies dans chaque groupe représentaient les deux tiers de la corporation présente aux séances, l'exclusion serait prononcée.

Art. 16.

Il est du devoir de chaque comité de veiller à l'exécution de cette observation dans son groupe respectif.

Art. 17.

Tout comité qui n'aurait pu aplanir les difficultés survenues entre un Sociétaire et son patron devra en référer au Conseil général.

Art. 18.

Les comités devront recommander aux Sociétaires qu'ils ne doivent accepter aucune diminution de prix établis par leurs tarifs respectifs, sans en référer préalablement auxdits comités, afin que ceux-ci puissent immédiatement aviser.

Les groupes qui accepteraient une diminution sans avoir consulté le Conseil général seraient rayés de la corporation. Celui-là, étant chargé de la défense générale de la Société, devra toujours être avisé des incidents de cette nature, pour que la solidarité ne soit aucunement atteinte. Cependant les comités de chaque spécialité seront libres de modifier, en ce qui les concerne, leurs propres tarifs. L'inobservation dont il vient d'être parlé n'a trait qu'aux subdivisions de spécialités enfreignant les tarifs communs.

Art. 19.

Dans le cas d'un différend entre une spécialité et les patrons, le Conseil fédératif convoquera tous les comités de la corporation, afin de prendre des décisions capables de sauvegarder les intérêts généraux.

Avant de recourir aux expédients extrêmes, le Conseil général fera appel à la sagesse des deux parties, et n'agira qu'après s'être assuré que toute conciliation est impossible.

Art. 20.

Les comités sont invités à faire connaître au Conseil général les places vacantes dans les différents ateliers, pour faciliter aux Sociétaires inoccupés, appartenant aux spécialités qui composent la corporation, de se pourvoir de travail.

Il devra toujours être porté à la connaissance du Conseil les noms des Sociétaires qui perdraient leur droit à l'indemnité, par suite de refus, sans motif valable, d'accepter une place vacante, afin que les indemnités ne soient accordées qu'aux ayants droit.

Art. 21.

Les groupes qui seraient deux mois sans verser le produit de leurs cotisations, sans en expliquer les motifs, seraient considérés comme démissionnaires.

Chaque mois, il sera fait, par les soins du Trésorier, assisté du Secrétaire-Comptable, un relevé exact des sommes encaissées, et le groupe qui serait en retard de ses versements sera tenu, pour faire valoir ses droits aux indemnités, d'effectuer immédiatement son arriéré.

Le Conseil, dans cette circonstance, tiendra compte des éventualités malheureuses qui auraient frappé les groupes en retard de leurs paiements, et n'appliquerait pas la radiation.

Art. 22.

Dans toutes les spécialités, les actes d'improbité de la part d'un Sociétaire devront immédiatement entraîner la radiation de ce dernier.

Les règlements particuliers devront, à cet effet, renfermer une clause spéciale; de même ils devront spécifier que la corporation remboursera, d'après lesdits règlements, le travail qui aura été payé et laissé inachevé par un Sociétaire chez son patron.

Art. 23.

Il est enjoint à tous les Sociétaires qui emploieraient des enfants comme auxiliaires dans leurs travaux de leur faire suivre assidûment les écoles du soir, afin de répandre l'instruction si nécessaire aux travailleurs.

Art. 24.

Une amende de 50 centimes sera infligée à tout membre d'un comité qui, sans motif valable, n'assisterait pas aux réunions générales des comités composant la corporation.

Art. 25.

DROITS DES SOCIÉTAIRES.

Tout membre de la corporation, quelle que soit sa spécialité, a droit à une indemnité de 2 fr. par jour de travail.

Elle sera versée par le Caissier corporatif, sur la présentation du visa des membres du bureau de la spécialité à laquelle appartiendra le Sociétaire, tantôt entre les mains de celui-ci, tantôt entre celles du Caissier collecteur de ladite spécialité, ou retenue par ce dernier à l'époque de ses versements collectifs dans la caisse corporative.

Dans ce cas, l'attestation sera rigoureusement fournie.

Art. 26.

Auront droit à l'indemnité tous les Sociétaires qui seraient privés de travail pour les causes suivantes :

1° Pour n'avoir pas voulu exécuter le travail au-dessous des tarifs spéciaux déterminés par les groupes en réunion générale ;

2° Ceux qui auraient été renvoyés de leurs ateliers à cause de leur dévoûment à la corporation ;

3° Ceux qui se trouveraient atteints dans l'exercice de leur profession par un accident non prévu par les lois.

4° Auront également droit à une indemnité fixée par les comités spéciaux, ceux atteints par le chômage provenant d'un arrêt de la production. Dans ce cas, les règlements particuliers en feront mention spéciale, et, quelle que soit la décision d'un comité spécial, l'indemnité ne pourra être fixée au-dessus de celle déterminée par l'article précédent.

5° Tout membre d'un comité, ainsi que tout Sociétaire remplissant une fonction corporative, aura droit à une indemnité, si cet emploi lui faisait perdre son travail.

6° L'indemnité serait aussi accordée à tout Sociétaire qui perdrait son travail pour n'avoir pas voulu l'exécuter au-delà de l'heure officielle, dans le but bien prouvé de suivre les écoles ; son comité devra fournir l'attestation.

7° Quel que soit le nombre des Sociétaires victimes du chômage résultant d'un arrêt de la production, le Conseil général accordera des indemnités suivant les ressources de la corporation.

Dans cette triste circonstance, il pourra être fait appel au dévoûment des Sociétaires occupés, pour atténuer les souffrances de leur coassociés, par une élévation temporaire de la cotisation, conformément à l'article 11.

Art. 27.

Il est facultatif aux spécialités d'élever la cotisation des membres d'icelles, dans le cas où il s'agirait de subvenir à des besoins inhérents auxdites spécialités, mais en aucune circonstance cette élévation ne pourra être appliquée à la corporation entière, à moins que tous les comités, réunis en assemblée générale, ne le décident à la majorité absolue des membres présents.

Art. 28.

Tout Tisseur ou toute Tisseuse a la libre faculté de faire des apprentis, à la condition cependant que nul Sociétaire ne soit sans ouvrage.

Art. 29.

Le siége du Conseil général, ainsi que celui des comités de chaque spécialité, seront toujours indiqués par les membres les composant, avec injonction par ledit acte d'en donner exactement connaissance aux Sociétaires.

Art. 30.

Le Conseil général sera représenté par son bureau tous les   à l'endroit et aux heures indiqués par celui-ci.

Il en sera de même pour les comités spéciaux envers leurs adhérents.

Art. 31.

Le Conseil général, dans l'intérêt de la fédération, s'empressera de saisir l'occasion favorable de constituer, avec d'autres corporations, une Société libre de secours mutuels en cas de maladie, ainsi que pour la vieillesse, quand le chiffre des membres de cette organisation offrira des garanties suffisantes, propres à satisfaire le principe de mutualité.

Dans ce cas, avant de contracter engagement, il consultera la corporation entière, par l'intermédiaire des comités, qui seraient convoqués d'urgence.

Art. 32.

Le présent acte est révisable toutes les fois que les deux tiers de la corporation le jugeront utile aux intérêts généraux de la collectivité.

Article spécial.

Toutes les charges imposées par les présents ne sont imputables aux dames Sociétaires que pour le versement des cotisations.

Elles jouiront également des droits aux mêmes titres que les hommes.

Pour le Conseil général :

Les Membres du bureau,

Le Président,   *Les Secrétaires*,

Le Caissier général,

LA GRÈVE

DES

CHARBONNIERS

D'ANZIN

EN 1866

Ordre et Progrès.

PARIS
Chez E. PICARD, Libraire
Quai des Grands-Augustins, 47

1866

INTRODUCTION

Dans la soirée du 24 octobre le bruit commença à se répandre à Paris qu'un mouvement d'ouvriers avait eu lieu dans l'arrondissement de Valenciennes, qui depuis un mois avait eu tant à souffrir du choléra.

Le lendemain et jours suivants les mêmes bruits continuèrent à circuler; on parlait d'un vaste mouvement de troupes, d'une concentration de forces militaires dans la direction de *Denain;* et l'on cherchait en vain dans les journaux de Valenciennes un seul mot qui pût renseigner sur ces événements.

La presse parisienne s'étonnait de ce silence et reproduisait les dires contradictoires de certains journaux des autres villes du Nord, qui annonçaient, les uns un soulèvement des ouvriers de la Société des *Forges et hauts fourneaux* de Denain et d'Anzin, les autres, une grève des ouvriers de la Compagnie des *Mines* d'Anzin.

Ce fut seulement dans la journée du dimanche 28. octobre qu'on commença à être renseigné par l'article suivant, publié par le *Courrier du Nord*, qui paraît à Valenciennes :

« Depuis quatre ou cinq jours, une partie de la contrée qui nous entoure est en proie à une émotion dont notre ville a nécessairement ressenti le contre-coup. Une question de salaire ayant mis la division entre la Compagnie des Mines d'Anzin et les mineurs de Denain et de quelques communes voisines, ces ouvriers ont pris la résolution de se mettre en grève. L'attitude inquiétante qu'ils ont gardée a nécessité l'envoi sur les lieux de la garnison de Valenciennes, à laquelle on a dû adjoindre des détachements empruntés aux villes de Douai, Cambrai, Arras.

« M. le préfet du Nord, le général commandant le département, le procureur général et les autorités de Valenciennes se sont transportés sur les lieux aussitôt que leur présence a paru nécessaire, et leurs sages conseils, on a lieu de l'espérer, ne tarderont pas à rétablir le calme et la bonne intelligence dans le pays.

« Un certain nombre de meneurs ont été arrêtés et incarcérés à la maison d'arrêt de Valenciennes. La situation n'était pas changée hier soir, mais aucun désordre ne s'est manifesté dans la journée. Toutes les mesures sont prises, du reste, pour assurer le maintien de la tranquillité. La question se trouve maintenant réduite aux proportions qu'elle doit avoir. C'est un débat à vider entre les ouvriers mineurs et la Compagnie d'Anzin.

« Voici le texte d'une proclamation que M. le préfet du Nord a publiée dès son arrivée.

« Les sentiments généreux exprimés dans cette pièce, les conseils paternels donnés aux ouvriers, ont paru produire un excellent effet sur ces hommes égarés, que la réflexion éclairera bientôt sur leurs intérêts véritables.

PRÉFECTURE DU NORD.

« Ouvriers mineurs !

« Vous vous êtes mis en grève.

« S'il ne s'agissait que d'intérêts réciproques à dé-
« battre entre vous et la Compagnie d'Anzin, l'auto-
« rité n'aurait pas à intervenir. Le gouvernement de
« l'Empereur, en effet, veut que les patrons et les
« ouvriers aient la même liberté, la même indépen-
« dance. Vous avez le droit d'accepter ou de re-
« fuser les conditions de travail qui vous sont of-
« fertes.

« Ce droit est incontestable et incontesté. Mal-
« heureusement, vous ne vous êtes pas bornés à
« l'exercer.

« Des hommes se disant ouvriers, mais qui ne sont
« pas dignes d'être vos camarades, vous ont donné
« de mauvais conseils et poussés dans une voie com-
« promettante pour vos véritables intérêts. Ces hom-
« mes ont troublé l'ordre, amené, par la violence,
« l'interruption du travail, et par la violence encore
« vous ont empêchés de le reprendre. Plusieurs d'en-
« tre eux sont déjà entre les mains de la justice ; nous
« saurons atteindre les autres. Je ne pactiserai jamais
« avec l'indiscipline et le désordre.

« Telle est mon inébranlable résolution.

« Ouvriers mineurs, reprenez donc vos travaux,
« et lorsque vous les aurez repris, choisissez parmi
« vous, si vous le jugez nécessaire, des délégués, qui,
« n'en doutez pas, seront écoutés avec la plus grande
« bienveillance par l'administration du grand éta-
« blissement auquel vous appartenez! Répudiez les
« funestes influences; écoutez les conseils d'un de
« vos plus vieux amis! Rappelez-vous ce qui s'est
« passé il y a quinze ans, lorsque j'avais l'honneur
« d'administrer l'arrondissement de Valenciennes :
« alors comme aujourd'hui on voulait vous égarer.
« Vous avez répondu aux excitations par le calme et
« le dédain; vous êtes restés fidèles au drapeau de
« celui qui, depuis son avènement à l'empire, vous
« a prodigué les témoignages les plus éclatants de son
« affectueuse sollicitude. Il me tarde de vous revoir
« tels que vous étiez en 1851, et de pouvoir encore
« dire de vous :

« Il peut arriver qu'ils manifestent des exigences
« qu'on a parfois le regret d'être dans l'impossibilité
« d'accueillir, mais ils ont le cœur vaillant, ce sont
« de braves ouvriers! Ils sont, en un mot, les dignes
« enfants de l'arrondissement de Valenciennes, cette
« terre classique du dévouement, de l'intelligence et
« du patriotisme.

« *Le préfet du Nord,*
« L. SENCIER.

« Denain, ce 26 octobre 1866. »

Le numéro du 31 octobre du même journal renfermait un article ainsi conçu :

« L'espoir que nous exprimions dans notre dernier numéro de voir bientôt se terminer la grève des ouvriers mineurs de Denain n'a pas été déçu. La tranquillité la plus complète a régné partout dès le 27, et dans les fosses où travaillent les hommes qui passent pour avoir pris l'initiative du mouvement, les ouvriers sont descendus en grand nombre.

« Les nouvelles reçues sont excellentes; le calme est rétabli et le travail a été repris. M. le préfet est retourné hier à Lille et la troupe est rentrée dans ses quartiers. »

Enfin, dans les premiers jours de novembre plusieurs journaux du Nord publiaient l'article qui suit :

« MM. Thiers, Lambrecht, Chabot-Latour, Casimir Périer, membres du conseil d'administration des mines d'Anzin, et M. Lebret, régisseur, sont allés remercier M. le préfet du Nord à propos de son intervention dans l'affaire des mines d'Anzin, et des efforts qu'il a faits pour ramener les ouvriers à leurs travaux. En faisant cette démarche, ces messieurs ont été guidés par un sentiment de haute convenance aussi bien que d'intérêt personnel. »

Quels étaient en définitive le caractère et la portée d'un mouvement qui, pendant plusieurs jours, avait si vivement préoccupé les imaginations?

C'est ce que nous ont appris les débats qui ont eu lieu devant le tribunal correctionnel de Valenciennes, dans les audiences des 14 et 15 novembre.

Nous en reproduisons la physionomie générale et les détails principaux, en empruntant son résumé et ses appréciations à l'*Écho du Nord*, qui se publie à *Lille* et qui avait envoyé l'un de ses rédacteurs à Valenciennes, afin de pouvoir rendre compte de ces débats, dont la presse locale s'est bornée à annoncer l'issue.

LA GRÈVE

DES

CHARBONNIERS D'ANZIN

EN 1866

TRIBUNAL DE VALENCIENNES.

Audience du 14 novembre 1866.

Vingt-huit mineurs sont assis sur les bancs de la police correctionnelle. La plupart ont subi une détention préventive de trois semaines environ ; vingt-six sont encore détenus ; deux, laissés en liberté, ont été appelés à l'audience par citation directe.

Tous sont prévenus d'avoir (à Hérin, Desmaizières, Trith, Saint-Léger, Denain, Bellevue, Escaudin, Abscon et Anzin, les 23, 24, 25, 26 et 27 octobre 1866, soit ensemble et de concert avec d'autres, soit séparément, soit comme auteurs principaux, soit comme complices pour avoir aidé ou assisté les auteurs du délit dans les faits qui l'ont préparé, consommé ou facilité, ou pour y avoir provoqué par promesses ou menaces, ou pour avoir donné des instructions pour le commettre) amené ou maintenu, tenté d'amener ou de maintenir, à l'aide de violences, voies de fait, menaces ou manœuvres frauduleuses, une cessation concertée de travail, dans le but de forcer la hausse des salaires ou de porter atteinte au libre exercice de l'industrie ou du travail, délits prévus par les articles 414, 59 et 60 du Code pénal.

On se plaît généralement, dans le public, à louer la rapidité exceptionnelle avec laquelle, dans l'intérêt des prévenus, a été conduite une instruction des plus volumineuses; le magistrat instructeur n'a pas, dit-on, épargné les veilles pour achever aussi promptement qu'il est humainement possible les interrogatoires et les enquêtes préalables. Aussitôt qu'on l'a pu, on a relâché un très-grand nombre de mineurs contre lesquels ne s'élevaient pas de charges suffisantes ou qui paraissaient avoir subi une détention préventive suffisante; quelques autres ont été renvoyés en simple police.

M. Armand, procureur impérial, tient le parquet.

M. le président de Warenghien tient l'audience.

Me Foucart, du barreau de Valenciennes, est seul assis au banc de la défense.

Diverses observations sont échangées entre M. le président, l'organe du ministère public et le défenseur des prévenus, en vue d'arriver à mettre le plus de clarté possible dans l'instruction de l'affaire.

Un nombre considérable de témoins ont été cités : commissaires de police, gendarmes, directeurs et porions de la Compagnie d'Anzin, simples ouvriers, prévenus mis en liberté, témoins à décharge.

Il nous est matériellement impossible de reproduire le

détail de cette longue et minutieuse instruction; elle porte tantôt sur des faits généraux, tantôt sur des faits spéciaux. Des premiers, les uns sont relatifs aux griefs des ouvriers, les autres à la naissance et au développement de la coalition, ainsi qu'aux circonstances regrettables qui sont venues s'y superposer et qui donnent lieu aux poursuites; les derniers se rattachent à la situation particulière de chaque prévenu.

Nous remarquons avec une vive satisfaction l'aménité avec laquelle M. le président de Warenghien conduit cette instruction compliquée; parfaitement au courant des moindres particularités de l'instruction écrite, il s'applique avec un soin et une impartialité remarquables à en vérifier et en rectifier, quand il en est besoin, le résultat par le contrôle de l'instruction orale; il revient avec une rare patience sur chaque fait douteux, jusqu'à ce qu'il soit complétement élucidé ou que les dissentiments soit de fait, soit d'appréciation, qui devront servir plus tard de texte au réquisitoire et à la défense, soient nettement constatés.

Il résulte de cette instruction, en ce qui concerne les faits délictueux reprochés aux prévenus, qu'une coalition des mineurs d'Anzin s'étant formée, dès le 22 octobre, pour obtenir une augmentation de salaire ou la cessation de certains procédés de fixation du salaire employés à Anzin, cinq à six cents de ces mineurs, au lieu de se borner à cesser le travail ou à demander leurs livrets, parcoururent les routes, du 23 au 24, se livrant à un tapage injurieux et nocturne, troublant la tranquillité de leurs camarades endormis et celle des habitants, démontant quelques volets, cassant quelques vitres, frappant aux portes, pénétrant, pour les y chercher, dans le domicile de certains de leurs camarades ; que quelques-uns ont proféré des propos grossiers ou menaçants ; que des rixes particulières ont eu lieu ; que les femmes surtout paraissaient exaltées ; que plusieurs d'entre elles suivaient leurs maris et les excitaient ; que, d'un autre côté, l'une de celles qui avaient été réveillées avait lancé au hasard, à travers les vitres de sa maison, un tisonnier qui avait été atteindre à la tête un des prévenus, dont l'identité était devenue ainsi incontestable. A côté d'incidents grotesques, comme il y en a toujours en pareil cas, se placent une ou deux tentatives accompagnées de violences légères pour entraîner dans les groupes des ouvriers qui eussent mieux aimé rester chez eux.

Le lendemain, 24, se placent l'extinction des feux de la fosse *Le Bret*, à Denain, l'enfoncement de la barrière de la fosse Villard, et à cette fosse une tentative d'extinction de feux non suivie d'exécution, par suite de l'arrivée de l'autorité, bientôt suivie de la troupe.

Un fait surtout nous frappe profondément au milieu de ces incidents tumultueux, c'est le respect immense et pour ainsi dire inné de ces masses populaires pour tout ce qui est organe de la loi. On parle souvent à ce point de vue de la population anglaise, qu'on a l'habitude d'exalter au-dessus des prolétaires français. Nous doutons cependant qu'il soit possible de trouver en Angleterre, parmi la population ignorante et pauvre, des agglomérations qui poussent plus loin que celle du bassin houiller de Valenciennes le respect de l'autorité, depuis le plus élevé jusqu'au plus infime de ses agents. Cette tendance à la soumission immédiate devant les organes ou les instruments de la loi n'est pas seulement révélée par l'instruction, elle est attestée à l'audience par M. le procureur impérial, qui a eu souvent à intervenir au milieu des incidents nombreux de ces journées d'agitation, qui seul a eu à tenir tête à des milliers d'hommes, et avec qui ils se sont toujours entretenus en lui montrant le plus profond respect.

Les faits de la nuit du 24 au 25 rappellent sur une moindre échelle ceux de la nuit précédente ; le 26 est signalé par la poursuite, durant mille à douze cents mètres, d'un vieil ouvrier qui avait travaillé, par les huées d'une bande de quarante à cinquante mineurs ; cette bande s'arrête encore en présence d'un simple préposé à la garde de la fosse Napoléon, jusqu'au carreau de laquelle la foule avait pénétré.

Les autres faits sont relatifs à des propos grossiers ou violents tenus par quelques ouvriers et à quelques menaces individuelles contre ceux qui reprendraient leur travail.

Aux diverses dépositions qui concernent ces faits et aux discussions qu'elles soulèvent, se mêlent des discussions et observations sur les salaires, la journée-type, le marchandage, les maisons données à loyer aux ouvriers, etc.

La continuation des débats est reportée à une séance de relevée pour l'interrogatoire des prévenus et l'audition du réquisitoire de M. le procureur impérial.

Après cet interrogatoire, M. le procureur impérial Armand prend la parole :

« Messieurs, dit-il, je n'ai besoin de rappeler à personne
« les vives et constantes préoccupations de l'Empereur
« pour le sort de l'ouvrier, tout ce qu'il a voulu et fait
« pour lui procurer des demeures saines, la création de la
« Société du Prince impérial, les enquêtes sur la situation
« des ouvriers agricoles, et à côté de ses efforts perpétuels
« pour augmenter son bien-être physique dans le présent,
« pour lui procurer des garanties d'avenir, ce qu'il a fait et
« ce qu'il veut faire encore, par l'instruction de plus en plus
« répandue, pour son amélioration intellectuelle.

« Mais qu'étaient, sans la liberté, tous ces biens pour
« l'Empereur, qui est l'homme le plus libéral et le plus
« vraiment libéral de son siècle ? La loi du 25 mai 1864
« sur la liberté de la coalition est l'expression de sa pensée
« personnelle ; c'est la manifestation d'une idée de justice
« profondément réfléchie, c'est le résultat d'un esprit de
« modération et de bienveillance pour l'ouvrier, venu d'en
« haut, et dont vous trouverez la preuve jusque dans les
« documents particuliers de cette affaire. »

Il se tourne ensuite vers les ouvriers.

« Non ! leur dit il, vous n'avez pas d'ennemi parmi nous.
« L'Empereur est votre ami. Comptez sur lui, et comme je
« parle en son nom, avant que j'aie à requérir contre quel-
« ques-uns, je veux vous éclairer tous.

« L'ancien article 414 du Code pénal constituait une

« législation exorbitante et antilibérale. L'un de vous,
« sans doute, si les conditions du travail ne lui plaisaient
« pas, pouvait dire à la Compagnie : Je m'en vais. Mais
« si 2, 3, 10, 100, 1,000 ouvriers se concertaient pour
« tenir ce langage et agir en conséquence, le fait innocent
« pour un seul devenait coupable par suite du seul fait de
« ce concert. C'était le délit de coalition, délit factice, né
« de la réunion d'actes isolément innocents.

« C'est cette disposition exorbitante que l'Empereur a
« fait effacer de nos Codes par la loi nouvelle, qui n'est
« plus, comme l'ancienne, une sorte de privilége pour
« quelques-uns, mais un bienfait pour tout le monde.

« Vous n'êtes plus traités en machines n'ayant pas la
« disposition d'elles-mêmes : vous êtes des hommes : vous
« pouvez, vous devez agir en hommes.

« Concertez-vous, vous le pouvez ; examinez, discutez,
« débattez les conditions de votre salaire, c'est aujourd'hui
« votre droit ; mais faites-le d'une façon calme, paisible,
« réfléchie. Pas de violence ! pas de voie de fait, pas de
« menace ! Votre droit finit où commence votre devoir
« envers l'ordre, envers vos égaux et autres.

« Est-ce à dire, comme certains l'ont soutenu, que quand
« quelques-uns seront punis pour avoir employé la menace,
« la voie de fait, ils seront frappés pour s'être coalisés ?
« Non ! non ! Ils seront atteints par la loi pour avoir dés-
« honoré la coalition.

« Quand vous serez dans le doute sur la portée de votre
« droit, venez nous demander des conseils. Nous aimerons
« toujours mieux prévenir des excès qu'avoir à les répri-

« mer. S'il faut des réunions pour délibérer, adressez-vous
« à l'autorité administrative : elle peut vous autoriser à
« vous réunir à plus de vingt. Elle mettra toute sa bien-
« veillance à permettre des réunions calmes, paisibles, les
« seules que vous deviez avoir, au lieu des attroupements
« tumultueux qu'il est de notre devoir de dissiper et de
« réprimer.

« S'il vous plaît de ne pas travailler à des conditions
« désavantageuses, n'êtes-vous pas libres de vous abstenir,
« soit individuellement, soit collectivement ? Mais d'autres
« n'ont-ils pas la liberté d'agir autrement que vous ?
« n'est-il pas mille circonstances ou certains de vos cama-
« rades croiront qu'il est de leur intérêt, de celui de leur
« famille, de travailler aux conditions qui ne vous plairaient
« pas plutôt que de ne point travailler du tout ? Pourquoi
« semer la terreur ? Croyez-vous que quand vous vous ré-
« pandez en masse, comme vous le faites, sur les routes,
« dans les corons, sur le carreau des fosses, il vous suffira
« de dire : « Je réprouve individuellement tels ou tels actes,
« je n'y ai pas matériellement participé ? » Non. Quand
« vos attroupements effrayent enfants et femmes, celui qui
« n'a pas fait acte de violence matérielle a participé par
« sa présence aux troubles commis ; il n'est pas direc-
« tement coupable, mais il peut être atteint comme com-
« plice.

« Le témoin Dumont pourrait vous citer la triste histoire
« d'une femme morte pour s'être, le lendemain de son
« accouchement, enfuie à travers champs, de peur des at-
« troupements. Nul de vous n'est repris pour ce fait ; mais

« n'est-ce pas, pour vous comme pour nous, une immense
« douleur qu'un fait pareil ?

« Tous les prévenus ici présents sont, messieurs, pré-
« venus comme auteurs ou complices de faits de menaces
« ou violences pour faire cesser ou maintenir la cessation
« du travail à la Compagnie d'Anzin.

« La Compagnie d'Anzin est une grande compagnie ; je
« n'ai pas mission de la défendre, et il ne me paraîtrait pas
« courageux à vous de l'attaquer quand elle n'a pas la pa-
« role. Elle occupe un grand nombre d'ouvriers ; elle a
« plusieurs concessions.

« La coalition s'est manifestée d'abord dans la conces-
« sion d'Anzin, à Saint-Vaast. Les ouvriers n'ont pas
« d'abord indiqué leurs prétentions d'une façon bien claire ;
« tout ce qu'on pouvait comprendre, c'est qu'ils voulaient
« une augmentation de salaire.

« Ils ignoraient que, dans la régie, la veille, le 21, il
« avait été décidé qu'on les augmenterait de 25 centimes
« à la journée-type, calculée sur ce que peut faire l'ouvrier
« le plus faible dans 8 heures de travail. Cela portait le prix
« de la journée à 3 francs ou davantage.

« L'ouvrier, d'ailleurs, pouvait déjà gagner 3 francs par
« le marchandage. Le marchandage a été accordé dans le
« passé sur la demande des ouvriers courageux; on n'en
« veut plus maintenant, mais on l'a pratiqué depuis long-
« temps. On met le travail d'une veine en adjudication;
« celui qui demande le prix le moins élevé pour son travail
« est adjudicataire. La Compagnie n'a pas intérêt à dépri-
« mer le salaire des ouvriers. Les porions, avant de mettre

« en marchandage, ont calculé préalablement ce que l'ouvrier
« pourra gagner. L'augmentation sur le marchandage n'est
« pas d'un onzième seulement comme pour la journée ; elle
« peut devenir de 30 à 50 centimes ; et quand l'ouvrier se
« trompe, qu'il trouve avoir fait un détestable marché, le
« marché désavantageux est annulé ; la Compagnie d'Anzin
« ne force pas l'ouvrier à travailler malgré lui, quoiqu'il y
« ait contrat passé.

« Les ouvriers ont réclamé contre les étiquettes mises
« aux berlines (ces étiquettes ont pour but de faire payer
« chacun suivant ses œuvres) ; ils ont dit qu'on les char-
« geait au delà de la quantité qu'elles devaient contenir eu
« égard au salaire donné ; la Compagnie a fait droit à ces
« réclamations. Ils se sont plaints des pertes de salaires
« qu'ils éprouvaient par suite de pertes ou changements
« d'étiquettes. Pour qu'elle ne se perde plus, on mettra
« désormais l'étiquette au fond de la berline.

« Les *hercheurs*, ouvriers chargés du transport du char-
« bon à partir de la veine dont il est détaché jusqu'à l'ori-
« fice du puits, étaient autrefois au compte de la Compagnie ;
« les ouvriers, depuis quelque temps, avaient désiré qu'ils
« fussent à leur compte : ils demandent le contraire. On
« cherche des hercheurs.

« Les ouvriers se plaignaient qu'on les laissât trop long-
« temps dans la fosse, après leur travail fini, les pieds dans
« l'eau ; il s'agissait de leur santé : maintenant on les re-
« montera aussitôt que leur travail sera terminé.

« On pouvait donc s'entendre sur tout, sauf sur le sa-
« laire. Les ouvriers demandent 4 francs, la Compagnie

« n'en veut donner que 3. Je ne sais si on paye assez, et
« je n'ai pas à m'immiscer dans cette question. Je n'y
« entre pas.

« J'entre donc dans le détail des faits spéciaux de ce
« procès. »

M. le procureur impérial rappelle les circonstances de la
nuit du 23 au 24 : « Il fallait, dit-il, prendre des mesures.
« Des dénonciations venaient, même et surtout de la part
« de ceux qu'on arrêtait, un peu au hasard d'abord. Peu
« à peu les faits se sont éclaircis et bien des témoignages
« aussi se sont évanouis.

« Les ouvriers ne peuvent reprocher à l'administration
« l'emploi de la force; on a envoyé deux canons : la dé-
« fense vous en parlera beaucoup sans doute et vous dira
« que l'Empereur n'aime les canons qu'en bataille rangée ;
« ils étaient là pour protéger les bons et terrifier les mé-
« chants.

« Quant aux troupes, on les a réparties entre les fosses
« pour assurer leur sûreté. Il ne fallait ni faiblesse ni ri-
« gueurs inutiles. »

M. le procureur impérial vient ensuite aux délits reprochés
à chaque prévenu.

Il commence par citer quelques lignes d'un document
officiel qui, sous toutes les réserves qu'exige la répression
nécessaire au maintien de l'ordre public, est empreint de la
plus grande bienveillance pour les prévenus.

« C'est d'après l'esprit de modération venu d'en haut

« dont je vous parlais tout à l'heure que je requerrai,
« ajoute-t-il, contre chacun des prévenus, après avoir éta-
« bli le délit en ce qui le concerne. »

Après cette partie générale de son réquisitoire, que nous nous sommes efforcé de reproduire le plus fidèlement qu'il nous a été possible, M. le procureur impérial entre dans l'examen de la participation de chacun des prévenus au mouvement dont nous avons reproduit plus haut la physionomie ; il le fait en termes succincts, clairs, indiquant le point prouvé, les faits restant à discuter, donnant avec autant de précision que de brièveté ce qui est, suivant lui, la raison de décider, abordant les moyens que la défense a indiqués lors des interrogatoires et des confrontations.

Il conclut en requérant trois jours de prison contre dix prévenus, six jours contre six, dix jours contre deux, quinze jours contre cinq, un mois contre un, trois mois contre quatre prévenus.

Le réquisitoire finit à une heure assez avancée de la soirée et les débats sont continués au lendemain pour entendre Me Foucart dans la défense des accusés.

Audience du 15 novembre.

Mᵉ Foucart, avocat, présente la défense des prévenus :

« Messieurs,

« Les premières paroles du réquisitoire du ministère
« public reportaient hier mes souvenirs à vingt années en
« arrière ; je me rappelais le jour où, bien jeune encore,
« j'avais été chargé, par tous les prévenus amenés sur ces
« bancs par la mémorable grève de 1846, de la tâche,
« périlleuse sous la législation d'alors, de mettre leur dé-
« fense en harmonie avec des prescriptions qui répu-
« gnaient à mon cœur et que condamnait la raison pu-
« blique.

« La loi, ou plutôt ce qu'on appelait de ce nom, refu-
« sait alors à l'ouvrier le droit le plus élémentaire : celui
« de disposer de son travail ; ses plaintes les plus légitimes
« étaient étouffées en vertu de textes qui n'avaient su tenir
« compte ni des progrès préparés dans le passé par les
« méditations des penseurs, ni des nécessités de la régé-
« nération que l'avenir doit opérer grâce à la liberté.

« La défense avait beau protester contre le présent et
« en appeler à un temps où la justice entrerait dans un
« code arriéré, ses regrets comme ses espérances étaient
« impuissants contre une législation qui paraissait aussi
« dure au juge qui l'appliquait qu'à l'ouvrier qui continuait
« à en subir les conséquences.

« 1848 était venu et n'avait pas, sur cette question
« d'équité, comblé les vœux des amis de l'ordre uni au
« progrès.

« 1864 a fait plus : le programme de Turgot est enfin
« réalisé : le travail est libre, et la faculté de se concerter
« pour déterminer son prix a enfin été reconnue.

« Sans doute il reste, à ce point de vue, des progrès à
« accomplir :

« Les articles 414, 415, 416 du Code pénal, partie de
« l'article 419, maintenus par suite de nécessités transi-
« toires et respectables d'ordre public, seront à supprimer
« purement et simplement un jour, pour faire rentrer tout à
« fait des actes encore exceptionnels à un certain point de
« vue, dans les délits de droit commun.

« Mais, quoi qu'on en ait pu dire, il y a dans la loi une
« amélioration incontestable, immense, dont tout bon ci-
« toyen, mettant la convergence des idées au-dessus de
« certains dissentiments d'opinion, doit louer hautement
« les auteurs.

« Merci à eux ! Ils ont, autant que le permettait la situa-
« tion, concilié les exigences élémentaires de la liberté
« avec les préjugés qui subsistaient et dont, comme gou-
« vernants, il était de leur devoir de se préoccuper afin de
« ne pas compromettre leur œuvre ; l'avenir, en la complé-
« tant, leur sera toujours reconnaissant du pas qu'ils ont
« fait.

« Mais si la loi a progressé, l'éducation civique des
« masses, surtout parmi nos mineurs, n'a pas marché aussi
« vite.

« Doit-on s'en étonner? Nous qui les connaissons, ne
« devons-nous pas plutôt les en plaindre?

« Dès l'âge de dix ans ils sont plongés dans la fosse, et
« jusque-là l'instruction, la seule richesse qui s'accroisse à
« mesure que s'élève le nombre de ceux qui en jouissent,
« leur est si parcimonieusement distribuée! Beaucoup, si-
« non tous, ignorent donc encore que la loi, jadis dirigée
« contre eux, est tournée depuis peu, non pas de leur côté
« (la loi ne doit jamais avoir de partialité en un sens plus
« qu'en l'autre), mais du côté de la justice.

« De là parfois des procédés arriérés, regrettables, plus
« nuisibles aux véritables intérêts de l'ouvrier qu'à tous
« autres; procédés que vous aurez tout à l'heure à ap-
« précier au point de vue légal, en tenant compte de la
« position et de l'ignorance de la loi où sont la plupart des
« prévenus.

« Mais ce ne serait pas comprendre convenablement la
« façon dont doit être discutée cette cause sous un régime
« de liberté, que de me borner à plaider comme pour des
« perturbateurs vulgaires, n'ayant ni excuse ni raison, se
« bornant à se réfugier dans des supplications et des
« prières, des dénégations et des récriminations réci-
« proques.

« Au-dessus de la position personnelle des prévenus se
« trouvent la situation de tous ceux qui sont leurs compa-
« gnons de chaque jour, celle du pays tout entier qui a été
« étonné d'un vaste déploiement de forces, celle de toute
« notre industrie qui, aujourd'hui, sous prétexte de cette
« coalition, paye la rançon de la paix. C'est là un côté de

« la cause que je dois éclairer en répondant à certaines
« parties du réquisitoire du ministère public, en en complé-
« tant d'autres, pour que vous puissiez juger que, s'il y a
« eu quelques fautes individuelles, expliquées par l'entraî-
« nement, au fond il y avait des griefs fondés, sérieux, mal
« manifestés, mal défendus par cela même, mais qui rece-
« vront satisfaction le jour où, mieux instruits et conciliant
« leurs aspirations légitimes avec les nécessités de l'ordre
« public, les mineurs sauront mettre le calme du côté du
« droit.

« Le ministère public vous rappelait hier ce qu'est la
« Compagnie d'Anzin; elle-même, choisissant parmi ses
« régisseurs une plume illustre pour défendre une de ses
« exploitations séculaires, convoitée par un voisin concur-
« rent, se proclamait naguère, dans un mémoire fameux,
« *l'établissement le plus considérable de la France, et peut-être*
« *de l'Europe.*

« Cette *puissance* (c'est ainsi qu'elle s'appelait elle-même
« et non sans motifs quand, en son nom, Clio adressait la
« parole à Thémis), cette puissance sans rivale par sa ri-
« chesse, la position de ses membres, ses influences de
« toute espèce, visibles ou cachées, possède presque tout
« le sous-sol de l'arrondissement de Valenciennes; ses sept
« concessions forment une propriété sans pareille au
« monde.

« C'est un pur don de l'État fait par la loi de 1810; et si,
« au point de vue social, toute richesse constitue une véri-
« table fonction, imposant à celui qui la détient une série
« de devoirs, les obligations envers l'ouvrier comme envers

« le public deviennent ici d'autant plus étroites, que c'est
« dans l'intérêt général plutôt que dans l'intérêt de ses dé-
« tenteurs que cette puissance a été primitivement consti-
« tuée par la loi.

« La Compagnie d'Anzin, qui, plus que toute autre, a
« tant de devoirs à remplir envers une population qui est
« véritablement sa sujette, envers une industrie qui est
« presque sa subordonnée, les a-t-elle toujours et complé-
« tement accomplis ?

« Personne ne nie que quand, vers 1717, elle obtint ses
« premières concessions, temporaires sous la législation
« d'alors, plus prévoyante peut-être dans l'intérêt public que
« celle qui nous régit aujourd'hui, elle rendit de véritables
« services au pays en amenant une diminution du prix du
« charbon et en améliorant le sort de l'ouvrier; des souve-
« nirs de bienfaisance, toujours présents dans la mémoire
« populaire, se rattacheront longtemps au nom de Des An-
« drouins, l'un de ses fondateurs.

« Mais depuis que, par suite de certaines combinaisons
« rendues possibles par les événements de 1793, une
« grande partie des premiers propriétaires eurent fait place
« à des propriétaires nouveaux, les choses ont bien
« changé.

« L'exploitation avait été interrompue à l'époque où
« Valenciennes sauva la France en tenant, pendant trois
« mois, tête aux armées coalisées; dès les premiers temps
« de la reprise, le dividende de chaque année fut presque
« égal au capital exposé, et cependant, à partir de là, la

« Compagnie d'Anzin, grâce aux appuis gouvernementaux
« qu'elle s'est pendant longtemps ménagés, poursuivit per-
« sévéramment un double système de maintien de ses ou-
« vriers dans une situation toujours au-dessous de celle des
« ouvriers des autres industries, et d'aggravation des charges
« pesant sur les consommateurs et les manufacturiers de
« notre contrée, à laquelle le plus grand nombre de ses in-
« téressés étaient devenus pour ainsi dire étrangers, et qui
« fut constamment moins bien traitée par elle que les ré-
« gions plus éloignées.

« La première manifestation de ce système fut, en l'an IX,
« l'obtention d'une différence sur le fret et sur le tarif des
« canaux qui, bien que la Belgique fît alors partie de la
« France, mettait le bassin de Jemmapes dans la presque
« impossibilité de soutenir la concurrence avec elle.

« L'Empereur, en 1813, se fit expliquer les conséquences
« de l'arrêté de l'an IX et le révoqua.

« Mais vint la Restauration, et avec elle l'établissement
« d'un droit d'entrée de 0 fr. 11 sur le charbon belge,
« droit porté plus tard à 0 fr. 33 et maintenu à ce taux,
« même quand les importations par la Meuse et la Mo-
« selle n'étaient plus frappées que de 0 fr. 11 par quintal
« métrique.

« Il n'y aurait eu, peut-être, rien à dire, au point de vue
« moral, si la Compagnie d'Anzin, en même temps qu'elle
« faisait frapper le consommateur, au nom des devoirs im-
« posés à l'industrie nationale envers les travailleurs atta-
« chés à ses exploitations, avait consacré ces excédants de

« recettes, en se contentant des bénéfices qu'elle faisait sur
« la différence du fret entre la Belgique et la France et de
« ceux que lui procurait sa part dans les péages des ca-
« naux de Saint-Quentin et du Crozat, à améliorer la situa-
« tion de ses nombreux ouvriers ; si par suite le salaire était
« devenu assez rémunérateur pour que le mineur, soumis à
« tant de hasards, eût pu non-seulement subvenir aux
« besoins matériels et moraux de sa famille, mais acquérir,
« fût-ce au bout d'une ou deux générations d'économies.
« la propriété de son foyer.

« Il n'en était rien, et tandis que la loi lui était favo-
« rable, de 1817 à 1833 elle réduisait d'un cinquième en-
« viron le salaire des mineurs. La détresse des ouvriers
« était au comble ; deux fois, en 1824, en 1830, ils se sou-
« levèrent, mais en vain, et il ne fallut rien moins que l'é-
« motion causée en 1833 par ce qu'on appela l'*émeute*
« *des quatre sous* pour faire revenir à l'état de choses an-
« térieur.

« Il y eut alors des ouvriers poursuivis, et quelques-uns
« furent condamnés ; mais on rapporte parfois encore l'un
« des mots prononcés du haut du fauteuil de la présidence
« de ce tribunal par le magistrat qui venait de prononcer
« la condamnation : ce mot, je ne le répéterai pas. J'expose
« des griefs, j'espère que des errements regrettables seront
« complètement abandonnés un jour, que les ouvriers et la
« Compagnie auront alors des intérêts en tout identiques,
« les faibles pouvant se soumettre avec respect à ceux qui
« sont leurs guides industriels, les forts se dévouant aux
« faibles. Ce mot, hors de la situation où il fut prononcé,

« n'irait pas avec mes espérances de conciliation et d'a-
« paisement (1).

« Le temps a marché. La concurrence de nouvelles con-
« cessions, sans diminuer les bénéfices de la Compagnie
« d'Azin, favorisés par l'extension de l'industrie, avait élevé
« progressivement le taux de la rémunération de l'ouvrier ;
« mais quand on avait accordé une augmentation nomi-
« nale dans le salaire, on arrivait bien souvent à la faire
« disparaître en réalité par une augmentation dans la tâche.
« C'est de ce procédé qu'en 1846 naquit une grève nou-
« velle à propos de la question des *hercheurs*, dont la situa-
« tion, à salaire égal, était aggravée par l'augmentation
« du poids des berlines où on charge le charbon qui vient

---

(1) Voici les paroles auxquelles le défenseur faisait allusion : elles ont été prononcées par M. Lécuyer, aujourd'hui président honoraire du tribunal de Valenciennes et membre du conseil général du Nord :

« Ouvriers mineurs,

« La plupart d'entre vous vont être rendus à la liberté ; tous, cependant,
« ne sont pas exempts de reproches, mais les motifs d'indulgence pour les
« coupables furent pour vous, dans le doute, des motifs d'acquittement.

« Vous allez bientôt reprendre vos occupations ordinaires ; vous ne re-
« joindrez pas vos camarades sans leur répéter les paroles de M⁰ François,
« votre défenseur ; vous leur redirez avec lui « que votre conduite a été
« blâmable, que l'*émeute* n'est pas permise... » Le jugement de condam-
« nation apprendra aussi que l'on ne viole pas impunément les lois pro-
« tectrices de l'ordre public.

« *Toutes les autorités forment des vœux sincères pour l'amélioration de*
« *votre sort; la voix de l'humanité ne tardera point à se faire comprendre :*
« *les riches propriétaires des établissements des mines ne peuvent pas être*
« *vos* TIRANS; *non, ils ne peuvent l'être; un titre plus digne leur est réservé;*
« *ils ne laisseront pas à d'autres le mérite de devenir vos bienfaiteurs.* »

« d'être détaché de la veine, et du *tierme*, ou distance qu'ils
« ont à parcourir en les traînant.

« Il fut fait, à cette époque, grâce à l'intervention de
« l'autorité, droit aux réclamations des ouvriers.

« Depuis lors les exploitations se sont développées, et
« les bénéfices de la Compagnie d'Anzin en proportion; il
« serait curieux de voir de combien de fois aujourd'hui le
« dividende d'un an excède la totalité du capital primiti-
« vement exposé à Anzin.

« La vie étant devenue plus chère, le prix de la journée
« de travail a dû être relevé partout.

« Finalement, le salaire nominal était, dans les conces-
« sions d'Anzin, de 2 fr. 75 c. par journée-type; mais à
« côté de ce taux nominal sont venues successivement se
« placer (ce sont les griefs que n'ont cessé de formuler les
« charbonniers) des séries de mesures qui ont eu toutes
« pour but et pour résultat de l'abaisser en réalité consi-
« dérablement.

« La journée n'est pas, comme on pourrait le croire,
« entendue d'un certain nombre d'heures de travail loyale-
« ment fournies par le mineur : elle s'entend, pour le déta-
« cheur, d'un certain nombre de mètres carrés d'enfon-
« cement calculé suivant le degré de résistance attribué à
« la veine. C'est là une base essentiellement arbitraire.
« Quand il s'agit de la déterminer à nouveau, les porions,
« zélés pour les intérêts de la Compagnie, au lieu de faire
« opérer les travaux d'essai par des ouvriers de force ordi-
« naire, y emploient ce qu'on appelle des hommes de con-
« fiance, individus favorisés, stylés à cette besogne, y met-

« tant tout l'amour-propre qu'on apporte à des travaux pas-
« sagers, qui placent en vue et donnent des titres à l'avan-
« cement ; c'est ce travail en dehors des conditions nor-
« males qu'on prend pour point de départ de la fixation de
« la journée-type, quand on ne s'en rapporte pas à l'appré-
« ciation pure et simple des porions.

« Ce n'est pas tout : on a organisé un système de mise
« en *marchandage* qui produit une dépression habituelle du
« taux normal des salaires. Le charbonnier de notre arron-
« dissement est le moins nomade, le plus sédentaire de
« tous les ouvriers français : il est attaché au sol par des
« habitudes, des liaisons, à défaut de propriété; il ne le
« quitte qu'à la dernière extrémité. Mais à la journée, la
« fixité de son salaire ne lui est jamais complétement
« garantie : si le porion croit qu'il gagne trop, il peut aug-
« menter la tâche. Le marchandage garantit cette fixité
« pour un certain temps, mais à la condition d'une baisse
« sur le prix habituel. La Compagnie met certains tra-
« vaux en adjudication entre les ouvriers; mais elle a fait
« ses devis à l'avance, et on n'adjuge jamais que quand on
« a la certitude d'obtenir par là un taux sensiblement moin-
« dre que celui que coûterait la journée ordinaire. L'ou-
« vrier en passe par là, il gagne quelquefois au marchan-
« dage un peu plus que s'il ne faisait que sa journée, mais
« au prix de quels efforts ! Pour combien ce déplorable
« procédé du *marchandage*, dont le contre-coup, à Anzin
« comme ailleurs, se fait bientôt sentir dans la fixation de
« la tâche à la journée, n'est-il pas dans la constitution
« grêle et rabougrie, dans le teint hâve de nos populations

« houillères, dans leur santé débile et dans ce défaut de
« taille et cette infériorité physique qui les rend si souvent
« impropres au service militaire !

« L'honorable organe du ministère public vous a dit,
« d'après les renseignements qu'on lui avait fournis, que le
« détacheur peut abandonner le marchandage s'il lui est
« onéreux.

« Sans doute ! Mais comment ?

« L'entreprise est généralement accordée à quatre ou-
« vriers. Ils donnent chacun 12 fr. de garantie, soit 48 fr.
« Si le travailleur excédé ne peut continuer, s'il résilie, il
« subit la retenue de la garantie à titre de clause pénale ;
« et, en outre, bien souvent, quoique le marché soit résilié,
« on fait continuer le travail à la journée, en prenant le taux
« de l'adjudication comme base de la journée-type dans la
« veine ainsi délaissée par les adjudicataires.

« Le ministère public vous a appris un autre grief. Il est
« assez récent. Autrefois, quand l'ouvrier était à bout, ou
« qu'il avait, par un vigoureux effort, terminé sa tâche
« avant l'heure, il pouvait immédiatement remonter au
« jour. Depuis dix-huit mois environ, les choses ont changé.
« L'ouvrier, fût-il harassé, ne peut remonter qu'à certaines
« heures invariablement fixées. Il reste, en attendant, au
« milieu de l'obscurité de la mine, les pieds dans l'eau,
« exposé à toutes les conséquences d'un refroidissement
« après l'échauffement du travail.

« Ce n'est pas tout. Jadis la Compagnie payait les her-
« cheurs. Elle a trouvé une combinaison pour faire peser

« une portion de leur salaire sur les ouvriers de la veine :
« c'est le système des *étiquettes*.

« On attache à chaque berline, au profit du détacheur,
« une prime apparente de 5 sous. (Il va sans dire que le
« montant du prix du mètre carré détaché de la veine a été
« diminué proportionnellement.) Mais on a mis du même
« coup le payement des hercheurs à la charge des ouvriers à
« la veine.

« Voici les conséquences de ce système :

« Des étiquettes sont placées sur chaque berline pour
« indiquer l'ouvrier à qui elles se réfèrent, mais les ber-
« lines ne sont pas surveillées de nuit. Si un ouvrier change
« les étiquettes au détriment d'un autre, ce dernier subit
« une perte.

« Il en est de même si des étiquettes sont perdues au
« jour, ce qui n'arrive que trop souvent.

« L'ouvrier à la veine doit garantir un minimum de sa-
« laire au hercheur. Si le mètre carré a été fixé à des con-
« ditions désavantageuses, si le détacheur est malade ou
« affaibli, il ne perd pas seulement sur lui-même, il perd
« sur le hercheur qu'il doit payer.

« La lampe Davy ne permet pas toujours de distinguer
« la pierre du charbon ni d'en séparer la terre. Quand au
« jour on ne trouve pas le charbon assez pur, on déprime
« la berline des 5 sous, et l'ouvrier perd ainsi à la fois une
« portion du prix de son labeur personnel et le prix du
« transport qu'il a payé au hercheur. Or, cette détaxe est
« prononcée par des agents subalternes, d'autant plus ar-
« dents à augmenter les bénéfices des concessionnaires

« qu'ils craignent pour leur responsabilité, et à qui, loin de
« les stimuler, il faudrait redire à chaque instant : « Pas
« de zèle, messieurs ; surtout pas de zèle. »

« Voilà les causes des plaintes récentes, et il n'est pas
« jusqu'à certains des bienfaits que la Société a fait parfois
« sonner bien haut qui n'aient été récemment diminués

« Je ne parle pas de la pension de 7 à 10 sous par jour
« accordée autrefois à cinquante ans d'âge après quarante
« ans de travaux au service de la Compagnie, c'est-à-dire
« dans des conditions presque impossibles à remplir : elle
« ne serait plus, dit-on, donnée qu'à un âge plus avancé.

« La Compagnie se vante de loger ses ouvriers à des
« prix relativement modérés. Il serait difficile qu'elle agit
« autrement, puisque les conditions comparées de vie et
« de salaires ne leur permettent pas, comme aux ouvriers
« d'une foule d'industries exploitées à la campagne, de de-
« venir propriétaires de leur petite habitation. Mais, outre
« qu'elle les tient par là sous sa main — et vous avez vu
« hier qu'on les menaçait parfois d'expulsion instantanée,
« — elle a depuis quelque temps augmenté ces loyers et
« mis à la charge des ouvriers des réparations qui autrefois
« étaient à la sienne.

« Voilà, sans parler de la diminution opérée sur les distri-
« butions de charbon, les changements faits à leur position
« dont se plaignaient les mineurs d'Anzin, tandis qu'autour
« d'eux chaque chef d'industries bien moins favorisées
« comprend qu'il y a solidarité entre les patrons et les ou-
« vriers, qu'on poursuit un but commun, l'amélioration du
« sort de tous, et que, dans notre contrée, les ouvriers

« d'Anzin voient partout ailleurs le salaire s'élever de façon
« au moins à équilibrer les conséquences du renchérisse-
« ment général de toutes les choses nécessaires à la vie.

« La Compagnie d'Anzin a-t-elle au moins l'excuse d'a-
« voir été forcée à ces diminutions, à ces aggravations, par
« l'amoindrissement de ses splendides profits? Le charbon
« a-t-il baissé depuis quelques années?

« Qu'on le demande, je ne dis pas aux manufacturiers
« individuellement, leurs doléances seraient trop amères,
« mais à un corps constitué légalement; lisez le travail si
« clair et si remarquable de la Chambre de commerce de
« Lille adressé le 1er octobre 1866 à l'autorité supérieure.
« Je le recommande à vos méditations : il vaut également
« par les choses qu'il dit et par ceux de qui il émane.

« Je n'en extrairai que quelques lignes :

« *Tous les développements des besoins de houille pour des*
« *causes, les unes permanentes, les autres accidentelles, ont*
« *exercé une grande influence sur la valeur de ce combustible.*
« *Le prix du charbon moyen sur le carreau de la mine, dans le*
« *bassin du Nord et du Pas-de-Calais, était de 12 fr. la tonne*
« *en* 1864; *il s'est élevé à* 14 *fr. vers la fin de l'année* 1865,
« *et a continué depuis, sans interruption, sa marche ascen-*
« *dante, sans qu'on puisse apercevoir les limites où elle s'ar-*
« *rêtera...*

« *Aujourd'hui, les prix moyens se sont élevés à* 17 *et même*
« 18 *fr.; on s'attend d'un jour à l'autre à les voir atteindre*
« *généralement* 20 *fr. la tonne, et les extracteurs, encombrés*

« *de demandes auxquelles il leur sera difficile de satisfaire,*
« *refusent en grande partie des engagements nouveaux.* »

« Les profits de la Compagnie d'Anzin sont donc loin
« d'être diminués, et c'était peut-être bien le cas pour elle
« de songer spontanément qu'elle a charge de protéger les
« faibles, qu'elle ne doit pas songer qu'à elle, et qu'il n'y
« aurait pas eu trop de faveur pour le charbonnier à obte-
« nir 4 francs par jour en 1866 dans notre bassin où la vie
« est si coûteuse, quand déjà, en 1833, l'ouvrier de Rive-
« de-Gier gagnait 5 fr. par jour.

« Cette augmentation, la suppression du régime des
« étiquettes, la régularisation du marchandage au moyen
« de l'engagement pris par la Compagnie d'adjuger au
« moins offrant une fois un travail mis aux enchères (la
« baisse faite sur le prix courant du travail fût-elle infé-
« rieure à ses espérances), l'appréciation plus équitable et
« moins capricieuse du mètre carré d'extraction, le retour,
« pour les loyers et pour d'autres points, à l'ancien ordre
« de choses : voilà quelle était l'ambition des ouvriers mi-
« neurs.

« Cette ambition était, il faut le dire, bien modérée et
« bien légitime.

« Les ouvriers auraient sans doute atteint leur but,
« malgré l'inégalité des situations, si, connaissant mieux la
« loi, s'en servant comme nous nous en servirions, nous
« qui avons eu le bonheur de l'éducation, ils n'avaient
« pas, par malheur pour eux, compromis leur cause en
« donnant l'occasion à la Compagnie d'Anzin de mêler la

« défense de son intérêt privé avec le maintien de l'ordre
« public.

« Je dois le dire bien haut : s'il y a des coupables parmi
« ceux que vous avez à juger, ils doivent d'autant plus re-
« gretter leur faute qu'ils ne sont pas seulement coupables
« envers la loi, mais qu'ils le sont envers eux-mêmes,
« envers la juste cause de leurs camarades.

« Mais la loi, ils l'ignoraient! Ce n'est pas la Compagnie
« d'Anzin, évidemment, qui aurait chargé ses porions,
« éclairés par l'homme si distingué qui est à la tête de son
« contentieux, de leur expliquer qu'après un siècle d'efforts
« et de discussions, l'idée capitale de Turgot avait été enfin
« adoptée par le législateur.

« Ils n'avaient qu'une chose à faire (et ils la feront,
« soyez-en sûrs, à l'avenir) : se concerter, s'abstenir en
« masse, ne buvant que de l'eau, ne s'excitant pas, résis-
« tant aux excitations du dehors et n'inquiétant personne.
« A cet état, ils eussent représenté une force concentrée
« qui, par son inertie, aurait triomphé aux grands applau-
« dissements de tous, puisque cette force se fût mise,
« par des moyens avouables, au service d'aspirations
« légitimes.

« Ils ne l'ont pas fait !

« Un soir, le flot a débordé, au lieu de rester dans le lit
« pacifique que lui avait creusé la loi nouvelle. Ils se sont
« épandus à travers les chemins, allant de ci de là; puis
« sont venus ces actes dans le détail desquels j'aurai à
« entrer tout à l'heure.

« Mais, franchement! y avait-il lieu à ce vaste déploie-

« ment de forces qui a jeté la terreur d'un bout à l'autre de
« la France ?

« Non.

« Sans savoir rien des faits, je disais à ceux qui m'inter-
« rogeaient à Paris, où j'étais en vacances tandis qu'ils se
« passaient ici : « Il suffirait du procureur impérial, du
« sous-préfet et de cinq gendarmes, un représentant de la
« loi contre mille, pour tenir tête aux sept mille ouvriers
« de la Compagnie d'Anzin. »

« Ils savent bien quelle sympathie ils inspirent ! Ils con-
« naissent trop par le passé combien, de cœur, l'adminis-
« tration et la justice de cet arrondissement leur sont sym-
« pathiques, pour ne pas s'arrêter devant les représenta-
« tions.

« Et, de fait, à lui seul, M. le procureur impérial en
« a contenu des milliers par sa seule présence. C'est que,
« pour eux, ce n'était pas seulement un homme, c'était
« l'opposé de l'arbitraire ; dans leur pensée il avait le
« plus grand, le plus haut de tous les noms : il s'appelait
« *la loi !*

« Dépouillons-nous donc de toute idée accessoire née du
« vaste déploiement de forces qu'a motivé une sollicitude
« que je comprends pour le maintien de l'ordre public, et
« voyons, en abordant ce qui reste aujourd'hui de cette
« mutinerie d'enfants échappés, à quelles faibles proportions
« se réduit ce monstre qui, au loin, eût pu frapper de ter-
« reur ceux à qui les journaux, exagérant les choses, par-
« laient de marches de garnisons et de ces deux pacifiques
« canons à propos desquels (quoi qu'en ait pensé M. le

« procureur-impérial) je ne ferai pas plus de bruit qu'ils
« n'en ont fait eux-mêmes. »

Ici le défenseur prend successivement le dossier de chaque prévenu, pose les charges, en discute les preuves, les place à côté de la loi, signalant souvent aux mineurs eux-mêmes, en y ajoutant un blâme sévère, ce qui est manque de respect à la liberté d'autrui, leur montrant que, s'ils sont une force comme la Compagnie d'Anzin, ils sont tenus, comme toute force sociale, à de rigoureux devoirs et au respect de l'ordre, condition première de tout progrès, indiquant enfin au tribunal ce qu'il croit devoir être cause d'atténuation des peines requises.

Il nous est imposible de suivre, dans ce compte rendu, cette longue discussion, qui passe forcément d'un ton à l'autre, suivant les incidents de l'instruction, et qui est interrompue pendant un instant par la triste nouvelle qu'apporte le télégraphe de la mort du jeune fils d'un des membres du tribunal, l'estimable M. Boulanger, conseiller général du Nord.

Après quelques mots de regret pour ce jeune homme, subitement frappé au seuil d'une carrière qui promettait d'être aussi brillante qu'honorable, le défenseur reprend et achève l'examen spécial de la conduite de chaque prévenu.

« Mes clients, dit-il en terminant, seront frappés par la
« loi ! Mais, n'y aura-t-il qu'eux de frappés, et, à part
« quelques heureux protégés par des marchés, nos indus-
« triels ne seront-ils pas, de leur côté, en dehors de cette
« audience, atteints bien sévèrement par la Compagnie
« d'Anzin, sans que l'augmentation de 25 centimes par

« jour accordée aux ouvriers puisse servir d'excuse à ce
« surcroît de charges qui va peser sur beaucoup d'entre
« eux ?

« L'extraction annuelle de la Compagnie d'Anzin était,
« d'après les renseignements fournis par elle à l'*Annuaire*
« *Valenciennois* de 1857, de 8 à 9 millions de quintaux
« métriques.

« Six fosses nouvelles, du diamètre intérieur de 4 mètres,
« étaient, dès cette époque, en percement ; d'autres ont pu
« être percées encore.

« Je laisse de côté, comme pouvant représenter hypothé-
« tiquement les marchés à prix ferme qu'elle a conclus,
« tout le supplément d'extraction qu'elle a pu s'assurer
« par là.

« Je prends le chiffre de 9 millions de quintaux comme le
« minimum de l'extraction actuelle libre de tout engagement
« de la Compagnie.

« L'hectolitre pèse en moyenne 75 kilog.; si on divise
« 9 millions par ce chiffre, on obtient en hectolitres le
« chiffre de 12 millions.

« Quel est maintenant le bénéfice que fait la Compagnie
« par suite de l'augmentation de 20 centimes par hectolitre
« qu'elle a décrétée récemment? »

M. le président : « Maître Foucart, la Compagnie d'Anzin
« n'est pas en cause. Ces détails regardent les industriels,
« ils sont étrangers à la défense des prévenus. »

Me Foucart : « Excusez-moi, monsieur le président. Je
« trouve la Compagnie dans la cause, et sa main est à cha-
« que page du dossier ; ce sont ses employés (le ministère

« public nous l'a dit) qui ont donné tous les renseigne-
« ments qu'il contient sur le caractère de chaque prévenu.
« Quant à l'intérêt des industriels, je ne le sépare pas de
« l'intérêt véritable de l'ouvrier. L'opinion regarde tous les
« intérêts du pays comme solidaires, et je désire qu'elle
« n'inflige pas un blâme aux mineurs à propos d'une aug-
« mentation dont ils peuvent être le prétexte, mais dont ils
« ne sont pas la cause. Dans mes chiffres, je mets l'extraction
« disponible de la Compagnie certainement au-dessous de
« la réalité et les dépenses au-dessus.

« Je calcule donc :

« En multipliant 12 millions d'hectolitres par 20 cen-
« times, je trouve 2 *millions* 400,000 fr. Je soustrais de ce
« bénéfice supplémentaire l'augmentation récente du salaire
« d'après un chiffre très-approximatif de la *totalité des*
« *ouvriers de toute nature* qu'occupe la Compagnie, répété
« 365 fois : 7,000 multipliés par 25 centimes égalent
« 1,699 fr. par jour, qui, multipliés par 365, font 640,135 fr.
« pour un an. Les autres frais généraux étant restés les
« mêmes, la Compagnie, en dehors de la suppression de
« certaines primes, bénéficierait donc d'un surcroît de
« 1,759,865 fr. pour un an.

« Qu'on ôte quelques centaines de mille francs si on
« veut, qu'on ne remarque pas que je fais porter l'augmen-
« tation sur 7,000 ouvriers, alors qu'en fait le marchandage
« subsiste, que la situation des hercheurs n'est pas encore
« déterminée, que l'on ne sait ce que sera la tâche dans
« l'avenir, et on verra que les faits regrettables qui se sont
« mêlés à la coalition et qui lui ont donné le caractère de

« grève sont en somme venus comme à souhait pour servir
« les intérêts pécuniaires de la Compagnie d'Anzin.

« Cela nous expliquerait les motifs singuliers de la visite
« qu'un organe officiel ou officieux de la Compagnie d'An-
« zin raconte avoir été faite à M. le préfet du Nord par
« MM. Thiers, Lebret, Casimir Périer, Chabaud-Latour et
« Lambrecht, qui auraient été, par un sentiment de conve-
« nance *et d'intérêt personnel*, remercier ce fonctionnaire
« d'avoir, après la simple augmentation de 25 centimes,
« ramené les ouvriers à leurs travaux.

« L'intérêt personnel de ces messieurs! oui, il est satis-
« fait, je le vois! Mais je suis en singulier doute, si cette
« visite a eu lieu, que M. le préfet... »

M. le président : « Maître Foucart, vous n'avez pas mandat
« de répondre à cet article au nom de M. le préfet. »

Me Foucart : « Certes, non, monsieur le président : je ne
« défends que ceux qui ont besoin d'être défendus. Je dis
« seulement que l'opinion publique n'a pu croire à de tels
« remerciements, qui auraient été bien peu cherchés en tout
« cas. M. le préfet ne s'est pas, qu'on sache, préoccupé de
« l'intérêt personnel de ces Messieurs ; il n'a eu en vue que
« le maintien de la paix publique, et il eût, de l'avis de tous,
« répudié des remerciements formulés au nom d'intérêts
« privés, surtout après l'augmentation que ces intérêts
« viennent d'infliger à l'industrie.

« Espérons, en tout cas, que, plus tard, d'autres situa-
« tions et d'autres sentiments seront aussi complétement
« satisfaits.

« Et, pour cela, souhaitons que nos mineurs, s'ils font
« plus tard valoir de nouveau des aspirations en ce moment
« ajournées, le fassent sans tumulte, en résistant aux agents
« provocateurs, de façon que ceux qui ne verraient que
« leur intérêt personnel, là où ils devraient se rappeler sur-
« tout qu'ils ont à remplir les magnifiques devoirs qui
« incombent à la plus grande force industrielle qui soit
« dans tout l'Occident, se disent pour cette fois *qu'il n'y a*
« *plus moyen de substituer une question de trouble matériel à*
« *réprimer à une question de salaire et de justice à examiner et*
« *à résoudre.*

« Que les ouvriers, si ces aspirations renaissent un jour
« parmi eux, se rappellent les conseils que leur donnait hier
« l'organe du ministère public! Qu'ils les méditent, qu'ils
« les mettent en pratique!

« Le jour où ils sauraient le faire serait un des plus beaux
« de notre temps.

« Ce jour-là, une population restée jusqu'à présent
« dans un état d'enfance relative aurait montré qu'elle
« est arrivée à la virilité. Elle aurait montré que notre
« prolétariat n'est pas campé au milieu de la société du
« XIXe siècle comme une force indispensable, mais per-
« turbatrice. Elle aurait montré que les ouvriers du Nord
« savent s'élever jusqu'à la soumission volontaire aux
« lois les plus complexes de l'ordre moderne, et qu'ils
« peuvent, par leur courage, leur prudence, leur calme
« persévérance, atteindre enfin ce que nous leur souhaitons
« tous : « La dignité civique dans l'indépendance, re-

« présentée par la propriété de leur modeste foyer domes-
« tique. »

M. le président : « Maître Foucart, si les grèves servent la
« Compagnie d'Anzin, votre plaidoirie pourrait la servir : il
« en peut sortir une grève nouvelle. »

*M*ᵉ *Foucart :* « Une coalition légale et pacifique, peut-
« être ; une grève à réprimer, non pas. »

Le tribunal se retire pour délibérer.

Après une heure environ, il rentre à l'audience, et M. le président prononce un jugement qui condamne Cuvelier, Richard et Leclercq à deux mois d'emprisonnement ; Gogneaux et Descamps à un mois; Delvincourt, Tonneau, Carniaux, Gras et Coquelet à quinze jours; Flament et Crombez à dix jours; Lemoine, Montuel, Hurez, Tison, Gardinal et Prévost à six jours; Bricout, Dubois, Souris, Wuilmart, Loubel et Stil à trois jours; Dureux, Détrez, Caudron et Villet à vingt-quatre heures de la même peine.

Une foule nombreuse de parents des prévenus, d'ouvriers et d'industriels a suivi ces longs débats avec la plus grande attention. On voit sur la figure d'une foule de femmes qui envoient des signes de sympathie aux prévenus à leur sortie du Palais de justice la satisfaction que leur fait éprouver la modération des peines prononcées par le tribunal.

Le numéro du *Courrier du Nord* du 25 novembre publiait la nouvelle suivante :

« Nous sommes heureux d'apprendre que l'Empereur a bien voulu accorder une réduction de peine aux ouvriers mineurs condamnés à la suite de la grève.

« La peine de dix jours de prison infligée à deux mineurs, et celle de six jours à six autres, sont réduites à trois jours.

« La peine de quinze jours appliquée à cinq prévenus est réduite à cinq jours.

« La peine d'un mois appliquée à deux prévenus est réduite à dix jours.

« Enfin trois ouvriers condamnés à deux mois feront vingt jours de prison seulement. »

HISTORIQUE

DE LA

GRÈVE DU BRONZE

En 1867

PARIS
TYPOGRAPHIE DE GAITTET
rue du Jardinet, 1

1867

HISTORIQUE

DE LA

GRÈVE DU BRONZE

En 1867

—

Dès l'année 1860, un groupe de crédit mutuel était formé parmi les ouvriers du bronze, à l'instar de la *société mère*, dont la création remonte à 1857. Les statuts de cette première société portaient qu'une cotisation d'un franc par semaine devait servir à procurer aux adhérents des ressources pour les mauvais jours et satisfaire aux nécessités de la vie. Dans ce groupe, comme dans tous ceux qui prirent pour base les statuts de la société mère, la cotisation doit être recueillie au domicile des adhérents, par chacun d'entre eux et à tour de rôle. Dans le bronze, la collecte se faisait plutôt dans l'atelier des sociétaires, où il était plus facile de les rencontrer. Ces visites mutuelles, les assemblées trimestrielles, les banquets fréquents, les réunions de conseils, ajoutaient des relations nouvelles à celles que créaient déjà celles d'ateliers. Quand les hommes se cherchent et se voient si souvent, il ne peut manquer de surgir tel ou tel projet à exécuter en commun. En effet, quand vinrent les délégations à l'exposition de Londres, ce fut du crédit mutuel que sortit l'initiative qui appela tous les ouvriers de cette industrie à la nomination des délégués, dont les rapports furent tant remarqués. — Le jour même de l'élection, une adresse au bureau électoral et aux délégués nommés fut signée par les électeurs, demandant qu'une fois le but de la délégation rempli, tout le monde reste à son poste, pour veiller aux intérêts généraux de la corporation. On pressentait déjà qu'on aurait bientôt besoin de posséder un centre commun, soit pour procurer du travail à chacun, comme fait un bureau de placement, soit pour soumettre à ces prud'hommes tout à fait spéciaux, les cas de dissentiments qui pourraient se rencontrer.

Ce ne fut pas seulement dans le bronze que la nécessité d'un bureau permanent était démontrée. Si la loi eût permis une organisation quelconque, 40 sociétés de crédit et de solidarité eussent été créées. Quelques-unes cependant s'organisèrent, mais timidement, et n'ayant d'autre certitude d'existence que la discrétion de ses membres et la tolérance si précaire de l'administration.

Donc, la société du crédit mutuel du bronze faisait son œuvre, c'est-à-dire recueillait les cotisations de ses 40 membres, et les leur rendait en prêts directs. Mais on sentait que ce n'était pas tout ce qu'il y avait à faire. Des projets d'association dans le travail furent mis en discussion. Ce fut d'abord celui de faire le travail des façonniers en coopération. Il s'en fallut de très-peu qu'un commencement d'exécution ne réalisât la chose. Ce projet abandonné, un autre le remplaça, duquel est sortie une des associations actuelles.

Mais, nous sommes à la fin de 1864, les jours sont courts et les veillées longues, surtout pour le mouleur en cuivre, avalant depuis le matin la poussière de charbon ou de la fécule souillée. On faisait onze heures de travail à peu près partout. Les fondeurs de la maison Barbedienne firent descendre pour eux la journée à dix heures, ce que ne purent voir les monteurs et autres ouvriers des diverses spécialités, sans faire la même réclamation. Ce fut comme une traînée de poudre. Le *bronze*, le *gaz*, le *bâtiment* et la *composition* furent pris du même élan. Ce fut dans le gaz qu'eut lieu la première collecte. Cette réclamation, si générale et si spontanée, ne pouvait manquer d'obtenir gain de cause. C'est ce qui arriva en très-peu de jours et sans grève pour la majorité des ateliers. Mais, trois cents d'entre nos camarades furent moins heureux et durent chômer assez longtemps. On organisa immédiatement une collecte par ateliers, pour les aider à soutenir des droits que cette fois la loi protégeait. Deux mois furent nécessaires pour vaincre la résistance des patrons récalcitrants, et les collectes allaient leur train. De provisoire qu'était cette collecte par atelier, elle devint fixe et permanente pour tous ceux qui sentaient que la solidarité est la seule force que possèdent les travailleurs. La durée de la résistance de quelques fabricants, au lieu de nous être nuisible, nous donna, au contraire le temps de nous organiser, et nous fit songer à la possibilité d'un retour sur les concessions qui nous avaient été faites. Dès lors, il fallait être prêts quand viendrait la mauvaise saison, et pour nous elle dure pendant une grande partie de l'été. En temps de guerre, ou du moins en temps de grève, la cotisation de chaque semaine doit être en rapport avec le nombre d'hommes à soutenir.

La cotisation ne fut donc fixée au chiffre de 25 c. par semaine, qu'au 1er avril 1865, une fois le calme rétabli. La Société comptait 2000 membres. Toute la gestion de la première commission fut régularisée, et une élection générale par atelier désigna au scrutin secret ceux qui devaient tenir le drapeau de la Société de crédit et de solidarité des ouvriers du bronze. Les Statuts de la société furent distribués à tous. Diverses modifications ont été introduites, d'autres encore viendront perfectionner ce règlement auquel on a reproché, dans ces derniers temps, une certaine rudesse de rédaction qui disparaîtra chaque jour davantage, et d'autant plus vite, que les patrons donneront moins d'occasion d'apprécier la valeur de statuts qui affirment hautement des droits sacrés, ceux du travail. Il est certain que les fabricants, ceux du bronze et d'ailleurs, ont été tout stupéfaits de ne plus se trouver les maîtres absolus de faire des prix à leur fantaisie, et nous comprenons parfaitement l'aigreur qui se fit jour. L'éducation économique n'était pas faite, le capital ne connaissait pas encore celui qu'il appelle son adversaire, le travailleur, et qui, en réalité, doit être son partner en attendant que le dualisme soit éteint par l'application intégrale des fruits du travail au travail seulement.

L'organisation se fit complète pendant l'été de 1865, et il était temps, car, au mois de septembre de la même année, des réclamations eurent encore lieu dans l'atelier Barbedienne. On voulait un tarif régulier ; grâce à la justice des demandes, grâce à la force que donnait la société, il fut facile d'avoir raison. Pour obtenir plus de sécurité dans le cas où la grève aurait duré assez longtemps, on porta la cotisation à 50 c., qui redescendit à 25 c. aussitôt la rentrée des ateliers effectuée.

La société eut, en outre, en 1865 et 1866, à soutenir quelques grèves partielles. Dans le zinc, la lutte dura assez longtemps. Chaque fois que les réclamations échouèrent devant la résistance des patrons, l'expérience nous prouve que ce fut par la désertion de ceux des intéressés qui ne comprennent pas la solidarité. On rencontre malheureusement trop de défaillances qui ont leur cause dans l'isolement complet où ont vécu et vivent encore un grand nombre de nos camarades.

Nous arrivons aux premiers jours de 1867. Des réclamations assez fréquentes avaient lieu entre ouvriers et fabricants de bronzes. Plusieurs maisons avaient d'abord résisté à toute concession. Elles se virent immédiatement abandonnées par leurs ouvriers, qui en avisèrent la Commission. Quelques-uns réclamaient son arbitrage entre eux et leurs patrons, mais toujours elle s'y refusait, indiquant à ses membres telles ou telles autres personnes étrangères à elle-même. Elle ne se croyait d'autre mission que de détenir les fonds recueillis pour les répartir ensuite aux ayants-droit, après que les réclamations étaient faites par la presque unanimité des ouvriers d'un même atelier. Les patrons réclamèrent aussi un arbitrage pour la révision des tarifs attaqués. Ils s'en trouvèrent bien, et il est à souhaiter que ce moyen de conciliation se généralise.

Nous ne voulons plus rien raconter; nous laissons la parole aux faits. Nous voulons seulement relier les documents émanés des deux parties par les causes naturelles qui les ont amenés. Avant tout, pour affirmer complétement la sincérité de notre organisation, la liberté qui a présidé aux élections de la Commission et la régularité du mandat qu'elle a reçu, voici d'abord une circulaire de la Commission provisoire qui porte la date des premiers jours de janvier 1865.

Messieurs,

Aux termes des règlements de notre société, nous devons chaque année renouveler la Commission par moitié. L'époque est arrivée où l'on doit procéder par le vote à cette opération; la présente circulaire a pour objet de vous indiquer les moyens pratiques d'arriver au but que nous nous proposons.

Mais d'abord, nous devons vous expliquer les modifications radicales apportées au renouvellement de la Commission actuelle, ainsi qu'au mode de vote en lui-même, d'après une décision récente.

Cette décision, la Commission n'a dû la prendre qu'après de mûres réflexions; l'année dernière, la corporation groupée à la hâte au moment du danger, nomma la présente Commission en se fractionnant par spécialités; suivant en cela les errements trop longtemps suivis déjà; mais depuis, un nombre considérable d'adhérents est venu se joindre aux premiers, et tous nous n'avons plus fait alors qu'une grande famille.

Cette admirable union, cette homogénéité parfaite, nous démontraient clairement les aspirations de nos sociétaires, ils voulaient être unis, et *unis indissolublement.*

En conséquence, notre route était tracée, nous avons dû décider que le vote ne devrait plus garder de traces de distinction de telle ou telle spécialité; société unique, nous n'aurons qu'une liste unique.

D'après cette mesure, le renouvellement partiel de la Commission n'avait plus raison d'être. Elle a cru qu'il était de sa dignité, de son devoir de se retirer tout entière, en remettant son mandat entre les mains de la nouvelle Commission, nommée par un vote général, exprimé d'une manière plus large; elle n'a pas voulu placer la moitié de ses membres dans une position équivoque à l'égard des nouveaux élus.

Nous espérons que nos résolutions seront admises comme un progrès notable, et nous passons au

MODE DE VOTE.

La Commission tiendra du 15 au 31 janvier, à la disposition des candidats, un livre sur lequel ils doivent déclarer leur adhésion à la candidature; à défaut de cette formalité une lettre signée suffira.

Les candidats indiqueront la spécialité qu'ils désirent représenter, ainsi que leurs prénoms et profession; la liste de ces noms, imprimés par ordre alphabétique, sera distribuée aux collecteurs le premier samedi de février.

Des réunions de collecteurs par spécialités seront le même jour indiquées par les membres de la Commission; dans ces réunions de dix-neuf personnes au plus, ils prendront connaissance des noms publiés, ils discuteront la valeur des candidats et feront tout leur possible pour s'éclairer dans leur choix; dans la troisième de ces réunions on divisera les membres présents en quatre ou cinq sections qui se détacheront, pour se réunir quelques jours plus tard en confondant les spécialités, afin que chacune d'entre elles soit représentée dans chaque groupe différent; de cette façon, les collecteurs pourront s'identifier sur les mérites des candidatures à eux inconnues et renseigner leurs ateliers respectifs. Par ce moyen, le vote acquerra un caractère de sincérité et de généralité qui donnera une signification éclatante aux noms sortis de l'urne.

Ces préliminaires accomplis, des bulletins en blanc seront distribués par les soins de la Commission, ainsi que les enveloppes qui devront les renfermer.

Les bulletins à remplir contiendront dix-neuf lignes avec les indications de spécialité; tout bulletin contenant plus de dix-neuf noms sera considéré comme nul.

Le vote aura lieu par atelier, l'enveloppe cachetée à la cire comme ci-dessous.

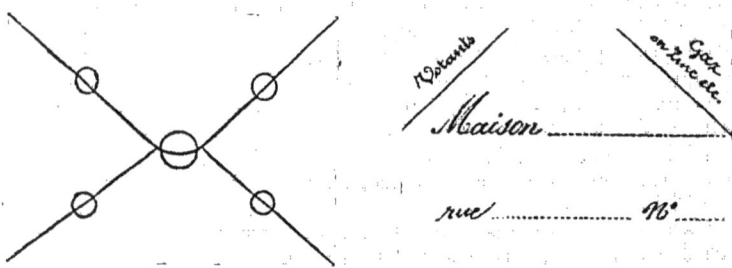

Les signatures de quelques-uns des votants seront en outre apposée sur la fermeture de l'enveloppe.

La face devra porter, écrits lisiblement le nom et l'adresse de la maison, spécifier la spécialité à laquelle elle appartient et le nombre des votants, comme l'indique le modèle ci-dessus.

Ces enveloppes seront remises le lendemain du vote à l'endroit désigné d'avance dans les réunions, elles seront renfermées sous le même pli cacheté à la cire en présence de deux candidats ou collecteurs au moins de chaque spécialité; les paquets seront déposés entre les mains d'un ou de plusieurs membres de la Commission.

Le jour, le lieu et l'heure du dépouillement seront indiqués ultérieurement.

Les membres de la Commission donneront toutes les explications demandées sur les détails oubliés ou obscurs.

Chaque semaine avaient lieu deux ou trois réunions des membres de la Commission. Dans toutes, les intérêts moraux et matériels de nos camarades étaient débattus. La période d'organisation définitive était compliquée pour la Commission des défaillances dont nous parlions tout à l'heure. Elle fut obligée de rappeler quelques sociétaires au sentiment de devoir et de solidarité par la circulaire suivante :

Septembre 1866.

Messieurs,

Le nouveau règlement qui va être donné sous peu de jours, à chacun de vous, doit vous renseigner sur vos devoirs et sur vos droits, que nous ne pouvons défendre qu'avec le concours de tous.

Les résultats déjà obtenus doivent vous donner un aperçu de ceux bien plus grands, que nous aurions pu obtenir, si, au lieu du tiers environ, notre corporation tout entière s'était groupée et avait formé un tout homogène; alors, nos recettes se seraient triplées, et nos dépenses se seraient d'autant moins élevées que la solidarité aurait été mieux comprise de chacun de nous, ce qui nous aurait mis à même de résister avec plus de force aux tendances des fabricants à ramener l'ancien système et à obtenir plus promptement, et avec beaucoup moins de dépenses la satisfaction due à nos justes réclamations. Car, il ne faut pas se le dissimuler, quelques velléités de réaction ont été articulées; on voudrait nous ramener au passé, on a le droit de se coaliser, et on voudrait tourner contre nous l'arme qui nous a servi, si nous l'abandonnions, et si malheureusement les résultats obtenus n'ont pas toujours été tels que nous l'aurions désiré, cela tient au manque de solidarité que nous constatons et à ce que l'intérêt général s'attaquait à l'intérêt particulier, autrement dit au chacun pour soi, cette raison banale et éternelle de tous les égoïstes. Que l'homme satisfait ne voulait en aucune manière coopérer au soulagement de tous, craignant de perdre sa place. Sa place! Un ouvrier a-t-il une place? Du jour où il vient à perdre quelques-unes de ses facultés, après avoir contribué pendant un certain nombre d'années au bien-être de son patron, si celui-ci trouve un léger avantage à le remplacer, lui garde-t-il cette place pour la conservation de laquelle il n'a pas craint de nuire à ses camarades, en rendant plus difficile la répression d'un acte d'injustice.

Malgré et peut-être à cause de notre répugnance à employer des mesures rigoureuses, plusieurs de ces hommes ont fait défection... Ces renégats, s'étant fait un jeu de nous tromper, nous ne devions plus reculer et nous vous signalons leur conduite dans les comptes-rendus, espérant que cette mesure les fera réfléchir avant de commettre une action qui doit révolter tous les hommes de cœur.

Il est temps que le travailleur relève sa dignité et qu'il cesse d'être une machine à concurrence. Cela est si vrai que, lorsqu'un fabricant veut diminuer ses prix de vente, diminue-t-il ses bénéfices? Non! Donne-t-il à l'ouvrier un outillage ou un moyen plus expéditif de travail? Pas davantage : il diminue d'abord le prix de la main-d'œuvre et laisse à l'ouvrier le soin de trouver cet outillage ou ce moyen. Ensuite, en avilissant le salaire, les fabricants eux-mêmes courent à leur perte et à celle de l'industrie nationale; le travailleur n'étant pas rémunéré convenablement, s'affaiblit, se décourage, l'étranger arrive, lui fait des propositions relativement brillantes, l'ouvrier accepte, s'expatrie, et, au bout d'un certain temps, le commerce d'exportation est ruiné, et l'on nous bat avec nos propres armes dans les expositions.

Nous devons chercher à amener par tous les moyens possibles une amélioration dans notre corporation, afin que le travail soit rétribué à sa juste valeur; pour cela, comme nous vous le disons plus haut, il nous faut le concours de tous les hommes bien intentionnés, mais nous n'avons pas et nous ne pouvons pas avoir la prétention de réglementer le salaire; ni nous ni d'autres ne peuvent fixer un minimum, le salaire est soumis à des lois économiques inflexibles; l'offre et la demande lui font subir des fluctuations diverses. Le temps, le lieu, les circonstances plus ou moins favorables, sont autant de causes complexes, qui nous empêchent de pouvoir établir une règle générale à ce sujet.

Cependant, ne nous laissons pas abattre ; si nos recettes ont baissé dans ces derniers temps, cela tient, n'en doutons pas, à la crise commerciale que nous venons de traverser et qui a produit le chômage de beaucoup de nos camarades. Maintenant, cette crise est passée ou près de l'être, que chacun se relève avec courage et fasse son possible pour hâter la réalisation de nos projets d'affranchissement, en stimulant les tièdes, en persuadant les incrédules et en rappelant au devoir les indifférents.

Nous espérons donc que les cotisations se feront avec exactitude, et que tous, excités par l'exemple de chacun, se hâteront de solder leur arriéré, s'ils en ont, et éviteront tout retard dans le versement de leurs cotisations.

Nous concourrons tous ainsi à la solidité de notre institution, qui doit, dans un avenir prochain, mettre le travailleur en possession de la justice et du droit, ce qui ne s'acquiert que par l'accomplissement du devoir.

La Commission.

Dès les premiers jours de 1867, on pressentait une lutte générale. Quelques maisons avaient été abandonnées par leurs ouvriers. L'accord s'était fait assez promptement, ici par une entente directe entre patrons et ouvriers, ailleurs par un arbitrage qui avait satisfait les deux parties ; mais nos patrons se croyaient humiliés parce qu'ils n'étaient plus les seuls maîtres des prix de façons, l'imminence d'une grande grève inspira à la Commission la circulaire suivante :

25 janvier.

Messieurs,

La plus grande action pour l'élévation des salaires à un titre plus équitable s'accomplit enfin. Nous avons engagé l'œuvre avec le moment propice. Poursuivons-la avec vigueur jusqu'à son entier achèvement. Nous n'avons rien à craindre, le bronze prête son appui à la cuivrerie, au gaz et au zinc ; eux aussi prêtent leur appui au bronze.

Pour que le mouvement soit sérieusement fructueux, il faut, indispensablement, le concours de tous, rien de moins. Cela, senti fortement, assurera un succès complet. Le spectacle de notre unité est beau et imposant ; il a assuré nos succès acquis et il nous garantit tous les autres.

Messieurs, nos adversaires ont tort de chercher à éviter le droit, ils ne lui échapperont pas. Ceux que nous avons appelés les premiers devant lui, ont été obligés de reconnaître qu'il est la règle légitime des rapports intéressés entre les hommes. Le privilége a trop longtemps fait de l'homme sa chose ; cela ne sera plus désormais. Qu'énergie et dévoûment soit notre mot d'ordre, et le courage dans l'action et l'acquit empressé des cotisations en seront les effets naturels par lesquels seront assurées nos justes prétentions.

Qui oserait se tenir à l'écart de notre société et n'en pas remplir fidèlement les obligations, maintenant que chacun est convaincu de ses résultats efficaces ? Aucun homme ne peut vouloir profiter sans

sacrifice, parce que aucun homme n'est dépourvu de cœur. On comprendra bien que le doublement de la cotisation est l'effet naturel d'une si grande entreprise dont les résultats dédommageront amplement.
Debout!!!
Et la solidarité, notre force, nous affranchira. C'est la loi du droit vivant dans tous les cœurs libres, que tous s'en inspirent! Courage et bonne volonté!

La Commission : Camélinat, de Beaumont, Gérard, Gille, Gauthier, Hardy, Kin, Legorju, Lemoine, Mancienne, Marchand, Normand, Senoffre, Tulleau, Vaudin, Valdun et Vy.

La lutte que nous prévoyions approche. La circulaire suivante de nos patrons l'indique suffisamment. C'est la Commission qui est attaquée par-dessus la tête des ouvriers, c'est la Société de Crédit et de Solidarité qu'on veut détruire. L'entente des fabricants pour atteindre ce but est leur préoccupation principale.

14 février 1867.

Les fabricants de bronzes de la ville de Paris s'étant réunis pour examiner, à un point de vue d'intérêt général et professionnel, les diverses questions relatives à la grève qui s'est manifestée dans plusieurs établissements et qui semble devoir s'étendre encore;

Après avoir entendu les collègues déjà mis à l'interdit sur les circonstances qui leur sont personnelles, et, après que d'autres membres ont eu exposé leurs opinions, les fabricants de bronzes, soussignés, se sont trouvés d'accord pour faire la déclaration suivante :

Chacun des soussignés est prêt à discuter, directement avec ses façonniers ou ouvriers, et à réviser, s'il y a lieu, les prix de façon comme les prix de la journée.

Les réclamants sont invités, dès à présent, à venir en personne faire connaître ceux des prix qui seraient susceptibles de révision.

Mais, en même temps, au nom du droit et de l'équité, les soussignés font connaître leur ferme résolution de n'admettre l'intervention d'aucun agent ou prétendus délégués venant s'interposer entre les fabricants et les ouvriers. Une telle intervention constituant une oppression et une véritable atteinte au libre exercice de l'industrie, du travail et des transactions.

Ont signé : MM. F. Barbedienne, Bénard, Bigot, Bouron et Dalbergue, Bernard frère, Belnot, Bouquet, Bonnotte, Buisson, Brossier, Bauchot, Bavozet, Charpentier et Cie., Chachoin, Culan, Continant, Cornibert, Clavier, Delettrez, Descole, Domange-Rollin, Dethy, Duclaux, Drechsler, Delafontaine, Delesalle, Evrard et Berlin, Figaret, Gagneau, Gobin, Hadrot, Houdebine, Lemaire, Lafon, Leblanc (Paul), Leblanc (Charles), Marchand, Marcaille (Henri), Mercier, Morisot, Mercery, Marid, Nicolle, Poussielgue Rusand, Paillard (Victor), Peyrol, H. Perrot;

Raingo frères, F. Roux et Cie., Er. Royer, Renauld, Rouart, Rouyer, Servant, Schlossmacher, Schmoll, Thiery, Vedder, Vetu fils aîné, Vetu, Wagner.

A toutes ces signatures un grand nombre d'autres vinrent s'y adjoindre sous la pression d'une active propagande faite par les membres d'une Sous-Commission nommée par les patrons. Ils furent un moment plus de 120 coalisés.

Il fallait donc s'unir et s'unir doublement.

Ne semble-t-il pas que la circulaire qu'on va lire est la veillée des armes des anciens temps. L'esprit de justice qui inspirait la Commission lui paraissait le seul mobile qu'on devait indiquer aux sécrétaires pour se retremper avant la lutte qui approche.

15 février.

Messieurs,

On peut juger de nos principes par nos actes qui se font au grand jour. Et n'est-ce pas tenter de le brouiller que de bruire si passionnément contre nous. Répondons, en exposant nettement nos principes :

A notre temps, le sentiment de l'égalité, acquis du développement du droit, nous découvre des proportions plus parfaites de la liberté. La liberté a affranchi de l'erreur; elle a constitué l'individu ; elle a, aujourd'hui, à affranchir l'homme de l'homme, par l'association ou par des modifications en mieux, dans les autres formes du travail.

La raison des temps, ne dit-elle pas aujourd'hui, que les rapports, entre les hommes de différentes conditions, doivent subir des modifications qui les portent entre eux à des considérations plus rationnelles, plus humaines. L'esprit a progressé, les mains sont plus habiles, l'œuvre civilisatrice et sociale plus avancée, et la condition du travailleur resterait la même? et sa situation matérielle, en face de l'augmentation de toutes choses nécessaires à la vie, ne se modifierait pas? La logique naturelle des choses triomphera des obstacles, parce que nous la présentons sans passion, quoique fermement.

Nos adversaires n'ont pas plus que nous intérêt à la perpétuité de l'antagonisme; aussi, nous semble-t-il étrange de les voir s'exaspérer, parce que nous tirons des avantages d'une loi les moyens de débattre nos intérêts avec eux. Ils auraient recours, paraît-il, à instituer une société qui aurait pour but de récompenser d'une prime de 3 fr. 50 par jour l'ouvrier qui consentirait à abdiquer sa dignité d'homme pour ce prix, en remplaçant celui qui tenterait d'obtenir un salaire en rapport avec les besoins de la vie. Leur œuvre ne durera pas, parce qu'elle est impraticable, vu qu'ils ne trouveront pas chez nous d'hommes assez vils pour s'y engager. Et puis, eux-mêmes, pourront-ils l'envisager froidement? Ils menacent aussi de fermer leurs ateliers aux 5000 sociétaires; combien pensez-vous qu'il pourra leur rester d'ouvriers? Mais, que ne se soulèvent-ils pas plutôt contre la loi qui nous procure la force d'être partie.

Amis! nous avons levé, par notre volonté, le drapeau de la justice. L'équité germera-t-elle sous son ombre? Oui! La raison, notre foi en elle, notre modération, notre dévouement actif, notre persévérance forte nous en répondent.

Camélinat, de Beaumont, Gérard, Gille, Gauthier, Hardy, Kin, Legorju, Lemoine, Mancienne, Marchand, Normand, Tulleau, Vaudin, Valdun, Vy, Senoffre.

La grève ne s'était aggravée que des procédés de Monsieur Barbedienne et de la solidarité des fabricants qui faisaient cause commune avec lui. Les procès-verbaux et les autres documents qu'on trouvera plus loin, indiquent parfaitement de quel côté était l'agresseur. La décision ci-dessous en est la preuve.

Du 22 février 1867.

La grève s'éant chaque jour aggravée et continuant à menacer toute notre industrie,

L'Association des Fabricants maintient sa résolution de fermer ses ateliers lundi 25 courant;

La réouverture n'aura lieu qu'autant que les ouvriers auront déclaré que l'interdit ne pèse plus sur aucun de nos établissements.

Dès l'instant où les fabricants fermaient leurs ateliers pour complaire à une seule maison, il ne restait plus aux ouvriers que poser les conditions de leurs rentrées. C'est ce qu'ils firent en signifiant les résolutions suivantes :

RÉSOLUTION DES OUVRIERS.

Article 1er.

Les ouvriers s'engagent à ne reprendre leur tavaux, s'il y a grève, que lorsque les articles suivants auront été acceptés sans restriction.

Art. 2.

L'augmentation offerte est illusoire; elle doit être générale, et une révision générale de tous les modèles, figures et ornements, est indispensable et devra être opérée par une commission d'arbitres, dont partie sera choisie par le patron et partie par les ouvriers.

Art. 3.

Considérant qu'aucune stabilité ne serait possible dans le prix de la journée et qu'un retour au passé serait facile; que l'adresse et l'habileté, deux facultés qui sont la propriété de celui qui les possède, doivent lui profiter; que si on laissait aux administrateurs seuls le soin de régler le prix du travail, on serait bientôt revenu à l'ancien régime; dorénavant les ouvriers n'accepteront le travail que lorsqu'il aura été expertisé et fixé pas une commission d'arbitres, nommée d'une part par les patrons, et de l'autre par eux.

Art. 4.

La journée des ouvriers ne saurait avoir de limite que celle assignée à leur force ou à leur capacité. Quand un ouvrier pourra prouver par les livres de la maison, après un travail d'un mois consécutif, qu'il mérite l'augmentation demandée, elle devra lui être accordée.

Art. 5.

Tout travail en dehors des heures de la journée doit être rétribué ainsi qu'il suit : deux heures seront considérés comme quart; — la nuit doit être payée double; les heures de quart et celles de la nuit commenceront après celles de la journée.

Art. 6.

Les ouvriers s'engagent à ne rentrer dans les ateliers que lorsque ceux qui auront travaillé pendant la grève, s'il y avait grève, n'en soient sortis pour n'y plus rentrer.

Nous, ciseleurs, monteurs, tourneurs, déclarons accepter les conditions contenues dans les six articles présentés par nos délégués.

RÉPONSE DES FABRICANTS.

A Messieurs les ouvriers ciseleurs, monteurs et tourneurs.

Les mesures violentes et illicites exercées au nom des ouvriers du bronze chez plusieurs de nos collègues, sont des faits inouïs dans l'histoire de notre profession.

Ces actes sont la violation flagrante de la liberté des transactions et la négation complète de la liberté du travail.

En résumé, qu'entendez-vous faire?

D'abord vous imposez aux fabricants des tarifs qu'ils n'ont pas le droit de discuter.

Et, en même temps, vous contraignez vos camarades à vous soutenir dans vos prétentions despotiques.

En présence de vos attaques, tout à fait imprévues, les fabricants soussignés ont dû se concerter pour résister par tous les moyens à de tels abus et maintenir par eux et pour tous l'autorité du droit et de la raison. La loi nouvelle reconnaît à l'ouvrier le droit de discuter librement les conditions du travail.

Rien de plus légitime, Et en cela, nos habitudes avaient précédé la loi.

Le législateur, voulant fonder une égalité parfaite, a proclamé un droit semblable pour le fabricant. Mais nulle part il n'est dit, dans cette loi, que l'une des parties peut forcer la volonté de l'autre. Or, messieurs, si sur ces points fondamentaux, vous persistez à nous imposer vos décisions comme vous l'avez déclaré,

Les soussignés, ainsi menacés dans la liberté même de leur action, se trouvent contraints de se séparer de vous; ils préfèrent quant à présent renoncer à votre concours plutôt que de sacrifier une indépendance sans laquelle rien n'est possible.

Conclusion.

Les fabricants repoussent vos injonctions, et ils ont résolu de vous remercier à la fin de la présente semaine, si, d'ici là, vous n'avez pas abandonné vos prétentions.

Paris, le 13 février 1867.

(Suivent 74 signatures de fabricants de bronzes).

Les patrons menaçant ainsi les ouvriers qui ne renonceraient pas à la

Société, par un élan spontané chaque atelier présenta au patron la déclaration suivante :

Nous, soussignés, déclarons avoir l'honneur de faire partie de la Société du *Crédit mutuel des Ouvriers du Bronze*, qui a pour but de garantir à chaque travailleur une rétribution plus en rapport avec les besoins de la vie, et protestons d'avance contre toute société tendant à abaisser la conscience et la dignité de l'homme.
23 février.

Il nous semble que les patrons ne pouvaient être plus mal inspirés quand ils ont publié la circulaire qui suit ; menaçant tout le monde, même ceux qui n'avaient point pris part à la grève. Cette circulaire leur aliéna complétement l'opinion publique, et augmenta le nombre de nos sociétaires. Quand on se pare du titre de *Société pour assurer la liberté du travail*, il faut au moins respecter le programme qui en décombe.

ASSOCIATION DES FABRICANTS DE BRONZES
pour assurer l'indépendance et la liberté du travail.
24 février 1867.

Monsieur et cher Collègue,

Des incertitudes s'étant élevées dans l'esprit de plusieurs fabricants, sur la conduite à tenir envers les ouvriers, votre Commission croit devoir rappeler de nouveau, le principe de vos décisions ;

Vous avez résolu :

« Tous les Ateliers seront fermés le lundi 25 courant.

« La réouverture n'aura lieu qu'autant que les ouvriers au-
« ront déclaré que l'interdit ne pèse plus sur aucun de
« nos établissements. »

Cette règle est fondamentale.

Par exception, vous avez voulu que ceux des ouvriers, qui n'approuvent pas la grève, puissent rentrer au travail dès mardi matin, en renouvelant, auprès des patrons, *la déclaration formelle et d'honneur*, de ne soutenir la grève ni par cotisations, ni d'aucune autre manière.

Cette rentrée elle-même ne devra être considérée *que comme provisoire ;* car si l'interdit n'était pas levé partout, d'une manière absolue, et ce, dans un bref délai, il y aurait lieu de procéder à une nouvelle fermeture, afin qu'en vertu de la solidarité qui nous lie, aucune maison ne soit plus favorisée que les autres.

Votre Commission vous rappelle qu'un sous-comité se tient en permanence, rue Saint-Claude, n° 8, de 10 heures à 4 heures, pour recevoir les déclarations de rentrées et répondre à toutes les questions qui pourraient surgir.

Pour la Commission administrative, *le Président :*
F. Barbedienne. *Le Secrétaire :* G. Servant.

Dès le début de la grève, et même avant la fermeture des ateliers, le 24 février le journal *la Presse* publiait l'entrefilet ci-après :

« Les ouvriers ciseleurs et bronziers se sont mis en grève ; non-seulement ils demandent une part dans les bénéfices de l'établissement où ils travaillent, mais ils veulent obliger les patrons à ne recevoir aucun modèle, s'il n'a pas été accepté aussi par les ouvriers ; les patrons refusent cette condition qui serait la dégradation de l'art. On parle de soixante-neuf fabriques qui ont rendu les livrets aux ouvriers ; quelques arrestations auraient eu lieu à la suite de menaces. »

Il n'est guère possible d'entasser plus de mensonges et de calomnies que n'en contiennent ces quelques lignes. Quand les ouvriers réclament le droit à l'existence en travaillant, on montre le spectre rouge, on crie aux partageux. Ça n'est vraiment plus de mode à Paris. Cela prouve cependant que Basile n'est pas mort.

Depuis la promulgation de la loi sur les coalitions, aucune grève n'avait encore expérimenté l'usage des réunions nombreuses ; aussi quand la commission convoqua ses 5000 sociétaires pour la première fois, ce n'était pas sans quelque appréhension que le public, étranger à notre conflit, voyait arriver le 21 février, craignant sans doute que les travailleurs ne sachent réclamer dignement le droit que leur méconnaissaient les patrons, de s'associer pour résister à la coalition qu'ils venaient de former contre notre société. L'expérience est faite et la lecture de nos cinq procès verbaux en convaincra les plus timorés. Notre première assemblée eut donc lieu le dimanche 21 février, salle Gelin, rue Ménilmontant.

La séance est ouverte à dix heures du matin.
Sont présents au bureau : MM. Hardy, Lemoine, Marchand. Kin, Gérard, Vaudin, Legorju, Senoffres, Valdun, Gille, Gauthier, Camélinat, Normand, de Beaumont, Mancienne, Tulleau et Vy.

M. le Président, après quelques paroles de remerciement adressées aux membres de la Société pour leur concours bienveillant, invite l'assemblée au calme et à la modération.

M. Richeton, délégué des ouvriers de la maison Barbedienne, a la parole pour l'exposé de la situation de cette maison au sujet de la grève. Il s'exprime ainsi :

Monsieur Barbedienne, ayant augmenté de 0 50 cent. une partie de ses ouvriers, avait lieu de les croire satisfaits, et pensait ainsi, par leur concours, empêcher une manifestation dans ses ateliers ; mais n'ayant pas changé les prix de son tarif, il était évident qu'il ne faisait aucun sacrifice, que c'étaient, au contraire, les ouvriers qui étaient obligés de chauffer pour 0 50 cent. de plus la machine humaine ; que l'ouvrier devait travailler d'autant plus vite qu'il obtenait davantage. Ils refusèrent l'augmentation proposée. En outre, le contre-maître s'adressant à des hommes âgés : aux ragréeurs, comptant sur leur faiblesse, leur avait intimé l'ordre de quitter la Société, s'ils voulaient continuer d'avoir du travail ; fait qui a été nié, mais mis plus tard en pratique par le patron de la maison.

Tous les ouvriers, après un blâme donné à la conduite du contremaître, ont protesté contre cette mise en demeure, et ont déclaré quitter plutôt tous l'atelier que de laisser s'accomplir une action aussi inqualifiable.

D'après l'invitation de M. Barbedienne, des délégués ont été nommés pour s'entendre avec lui, et ont été priés, *par lui*, de formuler par écrit leurs demandes.

La rédaction des demandes faites dans un délai très-court, et par ce motif même, manquant de forme, a été imprimée, publiée par M. Barbedienne, comme émanant de la Commission et s'adressant à tous les fabricants ; l'article 6 surtout a soulevé des réclamations, en ce qu'il blesse la liberté individuelle des fabricants.

M. Richeton, au nom des ouvriers de la maison Barbedienne, déclare que cet article avait été rédigé sous le coup de l'effervescence provoquée par l'indignité de la conduite tenue envers des hommes âgés, et surtout, devant ce fantôme de société qui s'opposait à la nôtre ; cette société ayant disparu, ils ne font aucune difficulté de retirer cet article 6, ainsi qu'ils l'ont déjà fait à la réunion des fabricants de bronze.

M. Cusset parle ensuite au nom des ouvriers de la maison Descolle. Leur patron ne leur demande pas de se retirer de la Société, mais il ne veut pas que des étrangers s'immiscent dans ses affaires, il rouvrira ses ateliers mardi prochain, si la Commission veut s'engager par écrit à ne pas entrer dans les différents entre ouvriers et patrons.

M. Kin répond que cette déclaration a déjà été faite par tout ce que la Commission a publié, que ses actions mêmes ont prouvé qu'elle s'était toujours tenue en dehors des contestations intérieures des ateliers, qu'il n'y avait donc aucune difficulté à accéder à cette demande.

M. Kin rend ensuite compte de la réunion des fabricants de bronze à laquelle ont assisté les délégués des ouvriers.

M. Barbedienne étant président a pris la parole et en a abusé, rendant ainsi très-difficile une entente cordiale entre ouvriers et patrons, fatiguant même ses collègues. Les délégués ont pourtant réussi à saper dans sa base la fameuse Société en en faisant ressortir l'absurdité et en prouvant que la Commission ne s'était jamais introduite chez aucun fabricant, de l'aveu même de M. Mercier, le seul présent des fabricants qui aient eu à discuter leurs tarifs avec les ouvriers, MM. Houdebine, Royer et Lemaire étant absents, M. Mercier a déclaré s'être entendu avec ses ouvriers, et avoir accepté librement les tarifs présentés par eux avec quelques modifications consenties de part et d'autre.

Les délégués ont fait ressortir que les fabricants plaçaient les ouvriers entre la honte et la misère, allégations contestées par M. Barbedienne qui a dit reconnaître la liberté des ouvriers.

M. Poussielgue s'est élevé contre les paroles de M. Barbedienne en ce qu'elles avaient de conciliant, et a précisé plusieurs faits contre la tendance à la conciliation. M. Barbedienne, avec tous les ménagements possibles, a cherché à calmer son collègue qui, à défaut de mieux, s'est contenté de quelques paroles.

Cependant, d'après les déclarations des délégués, déclarations de nature à amener la conciliation, parce qu'elles se renfermaient dans la stricte vérité, une décision a été prise de fermer le lundi suivant tous les ateliers, les délégués se sont retirés en protestant contre une grève générale qu'ils avaient fait tous leurs efforts pour éviter.

M. le Président demande si quelque membre présent a à réclamer contre le rapport des délégués; il demande en outre si quelqu'un a eu à se plaindre de violences ou de provocations, et si on a à constater des fautes de la Commission.

Personne ne demandant la parole, M. Camélinat, au nom de la Commission donne lecture des résolutions suivantes :

Première résolution.

1° « L'assemblée générale de la Société des ouvriers du bronze déclare que jamais la Commission n'a provoqué la grève dans aucun atelier.

2° « Elle déclare que, bien au contraire, la Commission, par ses exhortations à la patience et à la modération, a pu prévenir des conflits toujours regrettables.

3° « Que cette Commission s'est toujours bornée à soutenir seulement les demandes qui lui paraissaient justes, quand les ouvriers en avaient eux-mêmes pris l'initiative, et, seulement, après une enquête sérieuse.

Considérant :

4° « Que dans le cas présent la discussion, au début, était circonscrite entre M. Barbedienne et ses ouvriers.

Considérant :

5° « Que les demandes formulées par les ouvriers — demandes qu'on a rendues publiques en essayant de faire croire que la Commission voulait les imposer à tous les fabricants — ne s'adressaient qu'à la seule maison Barbedienne et n'avaient point été préalablement présentées à la Commission.

Considérant :

6° « Que le but des patrons qui, aujourd'hui, font cause commune avec M. Barbedienne, n'est pas de résister à d'injustes exigences, mais d'amener la dissolution de la Société des ouvriers du bronze.

« Qu'il ne peut y avoir d'équivoque sur ce point, puisque les fabricants ne demandent à leurs ouvriers que leur démission pure et simple, pour continuer à leur donner du travail.

« Que le fait est patent, avoué, indiscutable.

Par ces motifs :

« L'assemblée déclare qu'elle repousse la responsabilité d'une grève qui menace de devenir générale.

Deuxième résolution.

L'assemblée générale, considérant :

« Que la Société des ouvriers du bronze est la seule garantie des ouvriers pour la défense de leur salaire.

Par ce motif :

« L'assemblée déclare qu'elle persiste énergiquement dans ses résolutions, qu'elle est prête à s'imposer tous les sacrifices pour le maintien de la Société et confirme la Commission dans ses pouvoirs. »

La lecture de ces résolutions est ensuite donnée par parties, d'après la demande qui en est faite par l'assemblée.

Le premier paragraphe est mis en discussion et adopté.

Il est donné lecture du deuxième paragraphe.

M. *Malarmet* demande si la Commission avait conseillé les ouvriers de la maison Barbedienne, dans la rédaction de leurs réclamations; dans ce cas, elle aurait dû ne pas admettre le sixième article.

M. *Kin* répond que la Commission avait admis les réclamations des ouvriers de la maison Barbedienne, mais qu'elle n'avait à intervenir et n'était intervenue, ni dans la forme ni dans la rédaction.

M. *Richton* renouvelle la déclaration déjà faite. Les ouvriers de la maison Barbedienne ont fait ce travail dans un laps de temps très-court et, ne comptant pas sur la publicité, ils n'ont demandé de conseils à personne, sachant bien que la Commission n'intervenait jamais dans ces questions de détails; que d'ailleurs, ainsi qu'il l'avait déjà déclaré dans la réunion des fabricants de bronzes, il renouvelle présentement cette déclaration, que le sixième article a été retiré par ses auteurs.

M. *Malarmet* se déclare satisfait que la Commission ne soit pas intervenue dans cette demande, mais il dit que la précipitation ne doit pas exclure la forme, que, sans adresser un blâme aux ouvriers de la maison Barbedienne, on doit exprimer le regret qu'ils aient agi peut-être un peu légèrement.

Le deuxième paragraphe est mis aux voix et adopté à l'unanimité.

Il est donné lecture du troisième paragraphe.

Personne ne demandant la parole, il est mis aux voix et adopté à l'unanimité.

Il est donné lecture du quatrième paragraphe.

M. *Malarmet* demande que la commission décline les six articles de la maison Barbedienne, qu'elle déclare qu'ils ont été faits sans son concours et à son insu.

M. *Richton* renouvelle ses précédentes paroles, et assure, au nom des ouvriers de la maison Barbedienne, la responsabilité de ses actes.

M. *de Beaumont* fait comprendre, à ce sujet, que le vote à intervenir n'implique en rien un blâme; ce n'est pas davantage qu'un regret.

Le quatrième paragraphe est mis aux voix et adopté à l'unanimité.

Il est donné lecture du cinquième paragraphe.

M. *Malarmet* fait observer que ce paragraphe est en contradiction avec les déclarations précédentes.

M. *Kin* explique que cette contradiction n'existe que dans la forme; car, quoique n'ayant eu aucune connaissance des six articles rédigés par les ouvriers de la maison Barbedienne, elle ne reconnaissait pas moins la justice de leurs réclamations.

M. *Caron* dit qu'en effet la forme seule était regrettable.

L'assemblée décide que ce paragraphe sera modifié dans le sens indiqué par M. Malarmet, et laisse le soin de ce travail à la Commission.

Le cinquième paragraphe est mis aux voix et adopté à l'unanimité.

La Commission, pour modifier ses conclusions, a cru devoir ajouter le paragraphe suivant, répondant aux vœux de l'assemblée.

Considérant :

« Que, sans connaître le texte et la forme des propositions présen« tées à M. Barbedienne, la Commission savait, qu'au fond, les ou« vriers pouvaient, à juste titre, élever des réclamations, puisque, « lors de la grève pour la journée de dix heures, cette maison est « restée la seule qui, par suite de l'organisation du travail dans ses « ateliers, n'a pas augmenté les prix de main-d'œuvre. »

Il est donné lecture du sixième paragraphe.

M. Besson dit que, dans la maison Hadrot, les patrons ne se sont élevés que contre les arbitres étrangers à la maison ; cependant, après le reçu d'une lettre de ses ouvriers déclarant que cette mesure n'avait jamais eu lieu, on n'en a pas moins posé dans l'atelier le manifeste annonçant la fermeture de la maison.

M. Caron dit que quelques fabricants ne sont liés que par le point d'honneur, et ne veulent nullement la dissolution de la Société. Il ajoute que l'on devrait lever momentanément l'interdit, en accordant un délai pour rompre le faisceau. Si, après ce délai, il n'y avait aucune solution, on remettrait le tout dans l'état actuel ; que cette mesure prise par nous serait une preuve de conciliation, qui est toujours un bon moyen, qu'en accordant un délai de quelques jours, ce ne serait pas faire acte de faiblesse, puisque cela ne nous serait pas imposé.

M. Kin repousse la proposition de M. Caron. Les fabricants disent qu'ils ne nous empêchent pas de faire partie de la Société, néanmoins ils ferment leurs maisons à tous les sociétaires, non-seulement pour cette fois, mais à chaque fois qu'une réclamation sera adressée à l'un d'eux ; devant une telle exigence, faudrait-il reprendre les travaux ? Devons-nous souffrir d'être humiliés par nos patrons ? De plus, nous n'avons pas à accorder de délai, puisque ce sont les fabricants eux-mêmes qui nous ferment leurs ateliers.

M. Cartier dit que ce serait aux fabricants à lever l'interdit qu'ils mettent sur nous en fermant leurs ateliers.

Le sixième paragraphe est mis aux voix et adopté à l'unanimité.

Il est donné lecture de la deuxième résolution, ainsi conçue :
Considérant :

Deuxième résolution :

« Que la société des ouvriers du bronze est la seule garantie des ouvriers, pour la défense de leur salaire,
Par ce motif,

« L'assemblée déclare qu'elle persiste énergiquement dans ses résolutions, qu'elle est prête à s'imposer tous les sacrifices pour le maintien de la Société, et confirme la Commission dans ses pouvoirs. »

Personne ne demandant la parole, elle est mise aux voix et adoptée à l'unanimité.

M. le Président dit que chacun de nous est convaincu du succès de notre cause. A leurs capitaux, nous nous opposerons de la tête et du cœur. N'est-ce pas, dit-il, qu'en présence de la menace qui vous est faite, vous ne rentrerez pas dans vos ateliers?

Ces paroles de M. le Président sont couvertes par de chaleureux applaudissements.

M. Mayer demande quelques explications sur un article publié par *le Temps*; il demande si cet article est l'ouvrage de la Commission.

M. Kin répond que la Commission s'étant toujours tenue sur le terrain de la vérité, n'a pu faire insérer un pareil article, qui n'est qu'un tissu de mensonges, que du reste on répondra à une telle imputation.

Après quelques instants d'interruption, M. le Président lève la séance au milieu des applaudissements prolongés de l'assemblée.

26 février.

Messieurs,

Dans la fabrication de bronze, des hommes orgueilleux ne peuvent s'accommoder que l'ouvrier, homme comme eux, s'appuie dorénavant sur une force pour défendre ses intérêts. C'est le nombre et son despotisme, s'écrient-ils éperdus. Nous protestons, par une attitude tranquille et digne, unanimement manifestée, et nous répondons : Ce nombre est uni par l'esprit de justice, et la justice n'opprime pas, elle garantit. Puis, nous disons aux hommes de bonne foi, nous voici! Jugez-nous !

A la fin du mois d'octobre 1864, tous les ouvriers de l'industrie du bronze, d'un mouvement unanime, spontané et sans entente même, comme il arrive pour toute chose qui est résolue depuis longtemps dans les esprits, se levèrent pour demander aux fabricants la pratique de la journée à dix heures au lieu de onze comme cela était.

Les refus d'un certain nombre nous conduisirent à recourir à des collectes fraternelles dans tous les ateliers, et pour les subsides desquelles nous soutinrent 300 de nos camarades pendant la lutte qui dura deux mois. Pendant ce temps, nous eûmes l'occasion de reconnaître les résultats efficaces de la solidarité pratique. L'institution de notre société s'en suivit. Son but était : de former, par le peu de chacun réuni, la force qui défendrait le droit de tous. Ainsi, par son appui, les ouvriers de la partie du bronze composition purent établir des tarifs dans tous les ateliers, qui sont la sécurité contre l'avilissement des salaires et leurs conséquences désastreuses. Des fabricants, sans fidélité dans la parole donnée, tentèrent de rétablir la journée à onze heures : l'usage de nos moyens d'action vainquit leur mauvaise foi.

Aujourd'hui aux fabricants de bronze nous demandons une faible augmentation des salaires, au-dessous des proportions élevées qu'ont atteintes les moyens de vivre.

Nous leur demandons, comme nos camarades de la composition l'ont obtenu naguère, des tarifs, pour que des prix avilis soient redressés, et d'autres élevés dans la mesure de leur rapport avec les prix ordinaires pour lesquels on ne réclame qu'une légère augmentation. Enfin, une régularisation par laquelle l'exercice du travail serait moralisé et ne serait plus pour le travailleur une perplexité où il a à opter entre un salaire insuffisant pour ses besoins, ou la dépravation de son goût et de son intelligence en travaillant en manœuvre.

Il résulterait de ces reformes que l'ouvrier jouirait de cette sécurité que ne peut plus longtemps troubler l'avide capital, si licencieux. Son règne, voulons-nous dire, n'est plus longtemps possible comme agent de compression, quoi qu'en puissent dire et penser nos amis : les soixante treize. Ne nous irritons pas mal à propos contre tous les membres de cette société de proscripteurs, beaucoup ont du avoir été trompés.

Ne souffrons-nous pas tous de cette éternelle discorde, d'une liberté sans règles, agitée constamment par une cupidité inquiète et sans frein. Un intermédiaire, l'entrepreneur, toujours en guerre avec ses confrères, jamais en paix avec ses fabricants ni avec ses ouvriers, ne sera plus, par le système des tarifs, ce parasite manigançant là par nécessité, là par abus dans le mystère, au préjudice de sa conscience, des intérêts du fabricant et de l'ouvrier, mais un honnête industriel.

Ainsi donc, pour les progrès de notre industrie, l'intelligence et le goût; pour la moralité du travail, les passions désordonnées de la cupidité et de l'intrigue apaisées par des garanties de justice et d'honnêteté. Voyons ! est-il inintelligent, est-il arbitraire, est-il insensé de vouloir le progrès de son industrie et d'exiger de vivre en y consacrant ses facultés physiques et morales?

Mais les moyens! voilà ce que nos adversaires trouvent monstrueux! Les moyens, votre Commission et la société avec, Messieurs, ils les confondent dans une même et profonde aversion.

Nous pouvons soutenir, nous, qu'ils ne sont à cet égard ni généreux ni réfléchis; puisque les opérations se font intelligemment, comme nous pouvons le démontrer, non pas à nos détracteurs qui les connaissent aussi bien que nous, mais à tout homme de bonne foi qui est soucieux du juste et pourrait être trompé. Ainsi on procède :

Les ouvriers d'un atelier viennent à la Commission de leur société représenter l'insuffisance des prix des salaires de leur maison. La Commission fait une enquête, et, si elle découvre la véracité des faits qui lui ont été dénoncés, elle répond aux ouvriers dudit atelier : « Vous pouvez adresser des réclamations à votre patron, si vous « voulez. Vous serez soutenus dans le cas de son refus. Mais, ajoute « votre Commission : écoutez nos conseils et engagez-vous à les « observer fidèlement; ils sont l'expression des principes reconnus « par tous, la consécration du droit, sans qui notre force ne serait « qu'une vaine prétention. Vous allez donc vous bien pénétrer l'esprit « de l'importance de votre œuvre. Tous, ouvriers, soit de l'intérieur, « soit de l'extérieur, si la maison fait faire du travail à l'entreprise, « vous opérerez en vous consultant avec soin pour établir équitable- « ment le prix de chaque pièce, opération que personne ne peut faire

« que vous, puisque vous en exécutez tous les jours le travail. Que
« votre appréciation ne soit ni en dessous ni au-delà du juste. Vous
« ferez donc vos réclamations selon ces données; et s'il arrivait que,
« justes et raisonnables, elles fussent repoussées et éconduites par un
« refus net et insolent, notre conseil est que vous quittiez le travail,
« aussi bien que si l'on vous faisait des propositions d'un caractère
« tout à fait illusoire qui annuleraient vos réclamations. »

Si, dans une maison, des ouvriers étrangers à ses ateliers (fait très-déloyalement dénaturé et exploité par nos adversaires) sont intervenus comme arbitres, c'est non pas seulement la seule solution qui lui ait plu, mais elle qui l'a proposé.

Et nous affirmons, sur notre honneur, que nous venons de dire toute la vérité sur nos moyens et qu'ils sont abusés par l'erreur ou le mensonge, ceux qui croient le contraire.

Messieurs, quand nos adversaires parlent de la concurrence étrangère, ils oublient qu'en notre pays l'industrie artistique est en son climat naturel. L'intelligence et le goût dévouent pour ce beau pays, nous le disons avec bonheur, le rôle de primer dans les choses qui sont la vie des civilisations. La France a la pensée, a l'imagination, l'invention et l'industrie. Avec cela on crée complétement et avec élévation. La France n'a pas seulement un génie particulièrement beau, mais prépondérant et sans rival.

Pour le commerce, il serait solidement établi, où régnerait non une civilisation fastueuse dont le paupérisme gangrène le flanc, mais là où respireraient des hommes libres, dont le propre est d'imprimer sur leurs travaux le caractère indélébile de la vie sociale qu'ils respirent. Est-il donc clairvoyant, dans le sens français du mot industriel dont nous parlons, qui méprise l'homme intelligent, qui veut pouvoir se résumer et développer en lui tout ce qui y est, et, qui, pour se faire, demande à s'affranchir, non de la nécessité sociale qui charge chacun d'un rôle, mais des difficultés qui l'asservissent à la misère et annihilent sa bonne volonté ?

Nos mains ont des mérites; elles rapportent à la société, elles enrichissent ceux qui les exploitent : nous demandons un salaire pour vivre moins misérablement et travailler plus dignement. Vérifiez, Messieurs, dirons-nous à nos adversaires, et appréciez. Cela sera plus profitable que la calomnie et son odieux caractère. Elle a prévenu les esprits qui ont pu se porter à outrager la conscience de tous, en l'attaquant ouvertement, comme au grand siècle, quand on ne permit plus de croire que selon la foi catholique. Espérons qu'il manquera à ces messieurs les dragons du roi.

Ils nous provoquent à la haine, prouvons que nous avons mieux à faire que d'y répondre. Elevons-nous ! et fortifions-nous par le mérite des hommes courageux qui se respectent et veulent être respectés. Que la conscience de ce qu'ils font leur devienne sensible et nous serons assez vengés.

Messieurs, il est de la plus grande importance que nous signalions une manœuvre de la pire nature. Voici le fait : Les ouvriers d'une maison dont le chef avait acquis jusqu'ici la réputation d'un homme modéré et conciliant, ont présenté en leurs noms propres, comme cela a toujours lieu dans les mêmes circonstances, des propositions tendant à obtenir une augmentation des salaires Ils le firent dans l'esprit et les formes qu'ils jugèrent nécessaires au cas particulier de leur maison. Ce monsieur refusa toutes les propositions, mais garda le papier qui les portait écrites, et, se permit de les faire imprimer et de les publier dans tous les ateliers. Elles sont placées à côté de leur manifeste comme émanant de votre Commission et adressées à toute la fabrication. Que pensez vous de ce tour ? Ce n'est pas bellement qualifiable, n'est ce pas ?

Les fabricants, ses confrères, ne savent pas que, dans l'affaire des dix heures, lui, qui peut faire considérablement plus de sacrifices qu'eux (voir son catalogue de vente) il n'en fit pas, par rapport à son organisation pour faire exécuter le travail : il pouvait être conciliant à ce prix… Dans les affaires présentes encore, il se montre toujours esprit conciliant, et affligeant certains de ses collègues dans les premières séances, il parla longtemps contre eux ; mais, aussitôt qu'il eut à craindre pour lui, qu'il pût penser que ses augmentations de journées ne seraient pas acceptées sans l'augmentation des pièces, c'est-à-dire que les ouvriers ne se laisseraient pas prendre à ce leurre, il s'associa bien vite à ses collègues qu'il avait combattus la veille. Il s'est donc fait voir à tous ! maintenant nous savons quel il est.

Comme nous l'avons explicitement démontré pour les personnes abusées, la Commission exerce un rôle général, à chaque atelier le sien particulier, l'un et l'autre bien défini. Nous gardons notre responsabilité tout entière, nous en sommes très jaloux, et nos détracteurs n'y ajouteront rien.

  Camélinat de Beaumont, Gérard, Gille, Gauthier, Hardy,
   Kin, Legorju, Lemoine, Mancienne, Marchand, Normand,
  Tulleau, Vaudin, Valdun, Vy et Senoffre.

Il semble que dans cette lutte d'une société de patrons, se proposant de détruire une société ouvrière, tout soit tourné à la confusion de la première. La tâche que se proposait cette société, était non-seulement inique, mais encore ridicule, un d'entre les fabricants se charge de le démontrer dans les trois lettres suivantes qui ont été lues à l'assemblée générale du 3 mars, par leur auteur lui-même.

27 février 1867.

  Monsieur le Président,

Je déplore les exigences de votre dernière circulaire, exigences inadmissibles à mon point de vue, nuisibles à une prompte solution, et inutiles, puisque les ouvriers dès le lendemain de leur rentrée pourront se reformer en société, qui bien certainement sera plus nombreuse par le fait même de votre défense.

N'est-il pas préférable de chercher le moyen de les faire revenir à nous, plutôt que de leur imposer des conditions qui les en éloignent; c'est imbu de cette idée que j'ai accepté leur demande de rentrer dans mes ateliers, vous comprendrez donc, je l'espère, l'impossibilité où je suis de leur imposer vos dernières et nouvelles conditions afin qu'ils ne puissent pas me répondre très-judicieusement :

« Que diriez-vous, si nous exigions que vous quittiez votre société avant de modifier nos prétentions. »

Recevez, etc.   Graux-Marly.

Réponse à M. Graux-Marly.

28 février.

Monsieur Graux-Marly,

Notre Association à laquelle vous avez adhéré est *une*, et ses décisions sont obligatoires pour tous et pour chacun de ses membres sans exception.

En conséquence, la Commission ne peut admettre aucunement les termes de votre lettre datée du 27 février, et reçue seulement ce jour à deux heures après midi.

Toute infraction à cette règle fondamentale, lorsqu'elle est établie, attire à son auteur un blâme du caractère le plus grave.

Vos Collègues,

Signé : Barbedienne, Servant, Mercier, Wagner fils Busson et Leroux, Schlossmacher, Hadrot, Renauld, Chachoin Raingo.

Réponse de M. Graux-Marly à la présente.

1er mars.

Monsieur Barbedienne,

Ma lettre du 27 a été remise le 27 à dix heures et demie, rue Saint-Claude, et non le 28 à deux heures ; ce fait établi, examinons l'autre. Je n'ai donné ma signature à MM. Servant et Raingo, que sous toute réserve, ainsi qu'ils ont dû vous en donner connaissance, et à *la condition expresse* qu'il n'en serait fait usage que comme appui moral (n'ayant pas l'honneur de faire partie de la Société), et non pour vous suivre dans tout ce qui pourrait être décidé ultérieurement. Malgré cette réserve, vous en avez fait usage sans mon consentement, sans nul doute avec la pensée de me lier, malgré moi, à vos décisions. Votre dernière circulaire, que j'ai blâmée et que je blâme encore autant que l'opinion publique le fait, ne me permet pas de vous laisser davantage faire usage de ma signature. Je fais, en ceci, comme M. Denière.

Agréez, etc.

Paris, le 27 février 1867.

Monsieur le Rédacteur en chef du journal la Presse,

Dans votre numéro du mercredi 27 du courant, vous avez inséré le procès-verbal de l'assemblée générale de MM. les ouvriers du bronze.

Nous venons vous prier d'accorder la même faveur à la réponse des fabricants.

Depuis plus de deux ans, les fabricants de bronzes ont commencé leurs travaux pour l'Exposition de 1867 ; ils ont fait tous leurs efforts et concentré leurs ressources pour se présenter au grand concours qui va s'ouvrir sous les yeux du monde entier, dans des conditions qui ne les fassent pas déchoir du rang conquis dans les luttes précédentes.

Qui donc oserait dire que les fabricants ont suscité la grève dans une circonstance où leurs intérêts, et l'honneur même de leur profession, sont si gravement et solennellement engagés?

Qui se chargera de qualifier la résolution antinationale du comité des ouvriers, qui s'est donné la mission de faire déserter les ateliers, au moment suprême où va commencer l'épreuve?

A ce comité seul, cette grave responsabilité. Les vrais ouvriers ont obéi, mais les sentiments français que nous leur connaissons excluent, pour nous, jusqu'à la pensée de leur attribuer l'initiative d'une résolution qui n'est bonne que pour nos concurrents étrangers.

Notre association (qu'on ne doit pas confondre avec l'ancienne réunion des fabricants de bronzes), n'est elle-même qu'un produit de la grève actuelle.

Son caractère est essentiellement défensif.

Elle a pour mobile le respect du droit et la protection des intérêts professionnels, en ce qu'ils ont de légitime.

Notre association est une... C'est en vain que, par une tactique dissolvante, on veut s'en prendre à des noms propres.

La Société seule répond pour tous et pour chacun de ses membres.

Elle veut pour l'ouvrier la liberté et l'indépendance qu'elle défend pour elle-même; et, quand elle repousse les prétendus arbitrages qu'on voudrait lui imposer, elle ne fait que se mettre en garde contre l'immixtion insolite de l'ouvrier dans les affaires du fabricant.

Au fabricant la responsabilité de ses œuvres; — à lui aussi la pleine liberté de ses décisions.

Nous ne demandons rien de plus que la sincère application du grand principe moderne, de la liberté absolue, dans les transactions du commerce et du travail. L'offre et la demande devant être les seuls agents appelés à en régler l'usage.

Tout ce qui pourrait se faire en dehors de ce principe soit par la pression, soit par la violence, serait entraîné fatalement par une prompte réaction des intérêts méconnus. Que les ouvriers le sachent, les fabricants n'ont jamais cessé de vouloir améliorer les salaires dans la mesure du possible.

Les ouvriers ou plutôt le comité, qui les dirige, a choisi, pour élever des prétentions exorbitantes, l'heure critique qui précède l'Exposition, en méconnaissant que l'Exposition est toujours pour le fabricant la cause de grands sacrifices.

Quant à la prétendue pression au moyen de laquelle un fabricant serait parvenu, pendant plusieurs années, à faire exécuter à plus de deux cents ouvriers, dans l'espace de dix heures, le même travail qui se faisait en onze, ce fait miraculeux a-t-il besoin d'être démenti, aujourd'hui qu'on croit si peu aux miracles?

De pareilles allégations ne méritent pas d'être réfutées.

Nous devons dire un mot de certain ultimatum présenté par un groupe considérable d'ouvriers.

Leur comité voudrait, au moyen d'un faible blâme, en décliner la responsabilité; mais pourquoi esquiver ainsi la vérité?

Si ce document, qui rappelle les mauvais jours de notre histoire du travail, n'est pas l'œuvre de ce comité, s'il ne l'a pas connu, qu'il le désavoue hautement.

Une telle déclaration serait de sa part un premier hommage à la justice : il lui serait d'autant mieux compté par nous, qu'il aurait pour effet de bouleverser son propre règlement et porterait un coup fatal aux articles 17, 18, 19, 20, 21, 22, 23, 24 et 25 de ce même règlement, qui sont les véritables générateurs de cet écrit malencontreux auquel le comité, malgré ses efforts, ne parviendra pas à donner un caractère privé et presque confidentiel, ne serait-ce qu'à cause des 156 signatures qu'il porte.

Nous terminons, en déclarant que nous persistons à défendre notre indépendance; que notre association maintiendra ses résolutions tant que l'intérêt des ouvriers pèsera sur un seul de ses membres, et cela sans jamais oublier que les ouvriers sont nos auxiliaires dans le travail, et que nous sommes à toute heure prêts à leur tendre la main sur le terrain du droit et de l'équité.

Agréez, etc.

La Commission élue par l'Association des fabricants de bronzes :

Barbedienne, Chachoin, Delafontaine, Jules Graux, Hadrot, Mercier, Marchand, Raingo, Renauld, Servant.

Réponse immédiate des ouvriers, laquelle ne laisse debout aucune des charges que les patrons avaient amassées pour renverser la Commission ouvrière, laquelle, suivant eux, prenait tous les ouvriers du bronze à la gorge pour les tyranniser à plaisir.

Monsieur le Rédacteur en chef du journal la Presse,

Vous insérez, dans votre numéro du 1er mars, une lettre qui vous a été adressée par nos patrons, et signée, dites-vous, des noms les plus honorables.

Nous espérons, Monsieur, que vous voudrez bien publier la présente, dont les signatures seraient peut-être moins bien accueillies à la Banque, mais qui n'en sont pas moins honorables, croyons-nous, et méritent tout autant créance.

Le but de la lettre publiée par les fabricants est de faire retomber sur la Commission des ouvriers toute la responsabilité de la grève.

Dans un exorde, MM. les fabricants entretiennent le public, qui ne peut que les en croire, des sacrifices et des efforts qu'ils ont dû faire en vue de l'Exposition universelle. Pourtant, le public, et nous mieux que personne, savons que parmi les fabricants, tous n'exposent pas, et que, parmi ceux qui exposent, beaucoup n'ont pas fait de sacrifices. Puis, ils dénoncent la mesure antinationale qu'aurait soi-disant prise la Commission, en faisant déserter les ateliers.

Accuser en masse les ouvriers français de manquer de patriotisme, on n'a pas osé le faire, comprenant que l'opinion publique ne répondrait à cette accusation que par l'incrédulité.

De l'avis de MM. les fabricants, la commission est seule coupable, et, si l'on voulait les en croire, *les vrais ouvriers* n'auraient obéi qu'à regret.

Eh bien! non-seulement nous repoussons la responsabilité de la grève, mais nous dirons sur qui elle doit retomber tout entière.

Oui! depuis quelque temps les demandes formulées par les ouvriers de plusieurs maisons avaient causé dans la profession une certaine agitation. MM. Houdebine, Mercier, Royer et Lemaire avaient dû consentir à réviser leurs prix de main-d'œuvre sur les réclamations de leurs *propres ouvriers.*

La paix était faite, lorsque tout à coup M. Barbedienne commença lui-même la lutte (sans raisons personnelles, sans motifs particuliers, sans qu'une seule réclamation lui ait été faite), en intimant aux ragréeurs de sa maison, par l'intermédiaire de son contre-maître, l'ordre d'avoir à renoncer à faire partie de leur société ou à quitter l'atelier.

C'est là le point de départ de la grève devenue aujourd'hui presque générale. Devant cet étrange ultimatum adressé à vingt-deux personnes, les ouvriers refusèrent d'obéir et menacèrent de quitter tous ensemble (au nombre de 156) les ateliers. C'est ainsi que, la lutte une fois commencée, les réclamations se produisirent.

Voilà l'origine des cent cinquante-six signatures qui se trouvent au bas des réclamations présentées à M. Barbedienne par ses ouvriers. Les noms sont là pour fournir la preuve que ce sont celles des ouvriers de la maison Barbedienne.

On sait, aujourd'hui, l'emploi que M. Barbedienne fit de ces réclamations, dont il avait lui-même demandé la remise par écrit.

L'accord était rétabli dans tous les ateliers, à l'exception de la maison Paillard, où les ouvriers ciseleurs, et seulement les ornemanistes, n'avaient pu parvenir à s'accorder.

Tels sont les faits. Nous mettons au défi qui que ce soit de prouver le contraire.

Nous mettons au défi qui que ce soit de prouver l'intervention de la Commission dans la discussion ou la révision des prix chez un seul fabricant.

Que, sous le coup d'une pareille injonction, au premier moment de la lutte, des ouvriers aient été entraînés à formuler plus ou moins sagement leurs prétentions, c'est possible, mais le projet de dissoudre, de détruire la Société des ouvriers était formé, la mise en demeure faite aux 22 en est la preuve, c'était un parti pris de les mettre dans l'impossibilité de s'entendre et de se soutenir en cas de grève. C'est là qu'est toute la question.

La preuve irréfutable est tout entière dans la circulaire suivante : voir page 26.

Ainsi, même les ouvriers qui auraient désapprouvé la grève, ou fait la déclaration formelle de ne pas la soutenir, ni par cotisations, ni d'aucune manière, ceux-là, quoique innocents, devraient encore être renvoyés des ateliers.

C'est ainsi que MM. les fabricants ont organisé une société qui n'a qu'un caractère défensif, et qui a pour but la liberté et l'indépendance des patrons et des ouvriers.

Un mot. Selon nos patrons, l'offre et la demande sont la seule loi qui doive régler le prix du travail. Eh bien! nous prétendons que cet axiome tant vanté est une erreur économique en même temps qu'un attentat à la vie du travailleur.

Qu'est-ce que l'ouvrier, qui n'a rien à voir ni à espérer dans les bénéfices réalisés par le fabricant? Un outil vivant, qui, pour continuer à produire, a besoin, tout au moins, de réparer ses forces à mesure qu'il les dépense.

Que le travail soit rare ou abondant, l'entretien de l'outil n'en est pas moins indispensable.

Une fois mise en mouvement, la machine à vapeur ne s'occupe pas de l'offre et de la demande, ni du prix du charbon. Que la valeur du produit baisse, que le prix du combustible s'élève, peu lui importe, il ne faut pas moins la substanter.

Nous écouterons, avec la plus grande attention, la réponse qu'on voudra bien nous faire; jusque là nous persistons à croire que les effets de l'offre et de la demande doivent porter sur *l'aléa*, c'est-à-dire sur l'écart considérable qu'on trouve entre le prix de revient et le prix de vente.

Qu'il plaise aujourd'hui aux fabricants de nier, au profit de M. Barbedienne, « *le miracle qui, depuis deux ans, s'accomplit dans ses ateliers,* » quand le fait est connu de tout le monde, ouvriers et patrons, c'est là une tactique que nous laissons à l'opinion le soin de qualifier, ainsi que leur conduite tout entière.

Les livres de travail (ceux-là seuls, dont les ouvriers aient parlé dans leurs réclamations), ces livres, si on osait les montrer, sont là pour en fournir la preuve.

Nous croyons n'avoir ici besoin ni de grands mots ni de grandes phrases. Patriotisme, liberté, indépendance, voire loyauté, sont des choses qui, croyons-nous, ne nous sont point étrangères; et n'y a-t-il pas quelque chose d'étrange à voir les fabricants revendiquer le monopole du patriotisme, alors que la plupart de nos camarades de talent sont forcés d'émigrer à l'étranger pour y trouver la juste rémunération de leurs services.

On nous accuse, nous, Commission des ouvriers, d'exercer sur nos camarades une détestable tyrannie; nous pourrions en appeler à la réunion du 24 février, qui, composée de plus de trois mille ouvriers, nous a confirmés dans nos fonctions, mais nous voulons faire mieux encore. L'opinion publique est saisie, et, au fond, ce sont bien aussi quelque peu ses intérêts qui se débattent; la presse nous a ouvert ses colonnes. Eh bien! nous convoquons la presse à notre seconde réunion générale.

Il faut enfin que toute la vérité soit connue; au-dessus de nos intérêts matériels, il y a maintenant une question de dignité, de moralité, de justice, à démontrer la fausseté des accusations portées contre nous; nous espérons que la presse ne nous fera pas défaut.

    Camélinat, de Beaumont, Gérard, Gille, Gauthier,
     Hardy, Kin, Legorju, Lemoine, Mancienne, Marchand, Normand, Tulleau, Vaudin, Valdun, Vy et Senoffre.

Nous avons fait appel à la presse, elle ne nous a pas manqué, et nous ne pouvons mieux lui montrer notre reconnaissance qu'en citant le procès-verbal de notre assemblée du 3 mars que publie le ournal la *Coopération*.

La séance est ouverte à dix heures du matin.
La Commission de la Société siége tout entière au bureau.
Le nombre des assistants est de 3 à 4 mille.

Le Président. La réunion de ce jour à été convoquée afin de demander aux sociétaires si la Commission a bien traduit les sentiments de tous, dans la réponse qu'elle a faite aux patrons à leur dernière communication aux journaux. La réunion a aussi pour but de décider quels moyens on pourra employer, pour résister à la pression qu'emploient les fabricants coalisés pour amener la dissolution de la Société ouvrière de résistance.

Après la lecture du procès-verbal de l'assemblée générale du 24 février, composée de près de 4000 ouvriers, et dans laquelle plusieurs résolutions ont été prises, tendant à résister à l'*ultimatum* des patrons, il est donné lecture de la dernière lettre des fabricants et de la réponse de la Commission.

Des applaudissements répétés sont suivis de la résolution suivante, prise à l'unanimité : « L'assemblée, reconnaissant l'exactitude des faits avancés dans la dernière réponse de la Commission, donne son adhésion complète. »

Le Président. Il nous faut faire de nouveaux sacrifices, tout le monde le comprend ; que ceux qui ont des propositions à faire les produisent.

M. *Orsin* demande que la cotisation, qui de 25 centimes est montée à 1 franc par semaine depuis huit jours, soit doublée ou au moins augmentée d'un tiers.

M. *Richton* croit que ce n'est pas suffisant ; il cite les chapeliers qui, pendant leur grève, ont cotisé jusqu'à 25 p. 100 de leur salaire. Il demande que la cotisation soit portée à 5 francs.

M. *Orsi* trouve que c'est trop.

M. *Ginss* dit que la cotisation habituelle des chapeliers étant 5 p. 100 du salaire, il s'en suit que ceux qui gagnent le plus donnent le plus et c'est justice. C'est pourquoi il trouve que la cotisation extraordinaire et uniforme de 5 francs est trop lourde pour beaucoup d'ouvriers ; tandis que d'autres pourraient bien donner 10 francs sans se gêner. Il lui semble que la cotisation doit être faite par ceux qui sont en grève comme par ceux qui travaillent.

M. *Maquet* fait un appel au dévouement.

M. *A. Kin* appuie chaudement la proposition de M. Richton. Il pense qu'on n'aura jamais trop de ressources.

M. *Leval* déclare être du même avis. Le caractère de sacrifice qu'aurait cette mesure donnerait un grand poids à une décision pareille.

M. *Gourneau* repousse la cotisation de 5 francs au nom de pères de famille. Il trouve qu'en donnant 20 fr. aux hommes en grève, c'est trop donner. Les chapeliers ne recevaient que 14 fr.

M. *A. Kin* dit que les plus grands sacrifices doivent être faits par ceux qui travaillent; que du reste les hommes en grève qui reçoivent 20 fr. devront, comme ceux qui travaillent, se cotiser de 5 fr. et ne recevront par conséquent que 15 fr. seulement.

M. *Gourneau* se déclare satisfait des explications,

M. *de Stricker* revient sur la cotisation proportionnelle des chapeliers qui lui semble beaucoup plus juste.

Il lui est répondu que c'est vrai, mais que l'organisation nécessaire pour en faire autant ne pouvant s'improviser d'un jour à l'autre, on doit passer par les moyens au pouvoir de la société.

Le Président défend la proposition Richton en rappelant la conduite des fabricants. Comment, dit-il, d'autres corporations se cotisent pour nous aider, et nous les laisserions faire des sacrifices supérieurs aux nôtres? personne ne le souffrirait parmi les 4000 assistants. Aux grands maux les grands remèdes.

M. *de Stricker* revient encore sur la cotisation au prorata du gain.

M. *Camélinat* lui prouve que c'est impossible à pratiquer pour le moment.

M. *Sauvage* croit que celui qui gagne peu doit se cotiser autant que d'autres puisqu'il doit profiter plus tard des bienfaits de la société.

Personne ne demandant plus la parole, la résolution suivante est mises aux voix :

« Considérant,

« Qu'en présence de l'importance de la grève provoquée par les fabricants, les sociétaires doivent, ainsi qu'ils l'ont résolu à leur réunion générale du 24 février, s'imposer les plus grands sacrifices pour sauvegarder leur dignité et leur indépendance menacées, — par ces motifs : l'assemblée générale déclare élever le chiffre de la cotisation hebdomadaire à la somme de cinq francs. »

Des applaudissements réitérés accueillirent le vote fait à l'unanimité moins deux voix.

A la contre épreuve, des murmures s'étant produits contre les deux opposants, M. Hardy, président, rappelle à tous combien on doit de respect à l'opinion de chacun, et combien de considération s'attache à celui qui a le courage de son opinion. *Applaudissements prolongés.*

M. *Paul* trouve que la paye de samedi s'est faite avec confusion; il demande qu'on remédie au mal.

M. *Kin* assure que cela ne se renouvellera plus. Il fait remarquer, qu'une commission d'ouvriers qui, pour la première fois, fait la paye à 2000 ouvriers — mérite bien quelque indulgence.

La séance est levée à onze heures, au milieu du plus grand calme.

Les 4000 assistants se séparent sans bruit; tous s'invitant en se serrant la main à tenir bon, tant que les patrons n'auront pas d'autres propositions à faire que la dissolution de la société.

Tous les ouvriers des diverses industries se sentaient tellement solidaires de la lutte que nous soutenions, qu'il suffit à un seul de proposer pour nous un prêt en espèces, pour qu'aussitôt des collectes nombreuses aient été organisées dans les corporations qui n'avaient pas de sociétés. Celles qui depuis longtemps cotisaient s'empressèrent de nous offrir une partie de leur avoir, et parmi celles-là nous devons remercier tout particulièrement la Société des Ferblantiers, qui nous avança spontanément plus des deux tiers de son capital. Notre reconnaissance la plus entière lui est acquise de même qu'à toutes les autres, mais nous devons citer encore les Typographes et les Sculpteurs sur bois qui n'hésitèrent pas, quoiqu'ils fussent eux-mêmes à la veille d'une grève, de nous prêter presque tout ce qu'ils possédaient.

Plus tard, des Sociétés de province nous adressèrent aussi les sommes dont elles pouvaient disposer, telles sont la section de l'Association internationale de Neuvile-sur-Saône et d'autres sections de Marseille, Lyon, Bordeaux, Rouen, et une Société coopérative de Besançon. De l'étranger, l'argent nous vint non-seulement d'Angleterre, mais aussi de Lausanne et de Genève, par les sections françaises et allemandes, de l'*Internationale*, et nous savons des Sociétés plus éloignées qui seraient venues aussi à notre aide, si la grève que nous soutenions avait duré plus longtemps.

Nous avons contracté une dette matérielle et une dette de reconnaissance dont tous nos sociétaires sentent la solidarité, et il est certain que si quelques-uns d'entre nous oubliaient ce qu'ils doivent à tous, en abandonnant notre Société avant que nous nous soyons libérés complétement, ceux-là seraient honnis par nos camarades fidèles à leurs engagements. Le regret de leur faute s'ajouterait à la douleur de se voir repoussés par tous. Nous espérons bien n'être pas affligés de pareille désertion, et que tous nos camarades rempliront les engagements moraux et pécuniaires que nous avons contractés pour l'affranchissement commun.

L'appel suivant adressé aux corporations, fut suivi d'un élan qui nous sauva en affirmant une fois de plus la solidarité.

APPEL AUX CORPORATIONS.

La grève des ouvriers du bronze remet en question, cette fois encore, la solidarité qui doit assurer notre indépendance et notre dignité, il faut affirmer ce principe et l'affirmer d'une manière active.

Ouvriers, nous sommes tous attaqués, levons-nous maintenant et prouvons que, par l'union, le droit peut triompher de l'injustice.

Dans le bronze et dans le gaz une centaine de maisons ferment leurs ateliers. Devant cette provocation des patrons nous sommes tous en jeu; Les fabricants en général n'attendent que le succès de leurs confrères pour nous attaquer à leur tour. Ce danger qui nous menace tous doit nous réunir, mais les paroles ne suffisent pas; nous demandons, nos intérêts l'exigent, un concours fécond et fructueux. Groupons-nous, apportons notre offrande, nous prêterons à nos semblables, qui plus tard nous le rendront, un appui efficace, et d'un mal passager il sortira des effets féconds et nombreux.

Déjà des corporations amies ont aidé cette résistance courageuse; les ouvriers en général ne peuvent, ne doivent pas manquer à ce devoir; il faut montrer que nous sommes dignes les uns des autres.

Hertzik, délégué au nom des Fondeurs.
Bellamy, — Tourneurs-robinetiers.
Dastrés, — Menuisiers.
Dubray, — Menuisiers.
Tournier, — Musique.
Achard, Président, — Instruments de musique.
Berthelot, — Musique.
Vigoureux-Marcy, — Sculteurs.
Barrguet, vice-président de la société des Typographes.
Declercq, délégué au nom des Ferblantiers.
Chantro, — Ferblantiers.
Trouillet, — Potiers de terre.
Bourgois, — Potiers de terre.
Bertrand, — Potiers de terre.
Houdin, Membre de diverses sociétés Bijoutiers.
Dépoix, — Passementiers.
Murat, — Mécaniciens.

A Leconte, délégué de la société de Crédit et de Solidarité des Doreurs sur métaux.

N. B. Toutes les sommes versées sont reçues à titre d'emprunt.

On s'inscrit au siége de la société, 11, rue de l'Oseille, chez M. Pomey.

Que ressort-il de la circulaire des fabricants que nous insérons ci-après ? C'est que ces messieurs comptaient que la discorde serait vite dans nos rangs, que nos assemblées seraient orageuses ; tout le contraire arrivant, nos patrons équivoquaient sur ceci : faire partie de la Société n'est pas un crime, mais payer ses cotisations à cette Société, c'est soutenir la grève. Il fallait être en grand désarroi pour parler ainsi. La coalition de nos patrons était déjà en danger. Lisons plutôt :

Paris, le 5 mars 1867.

Monsieur et cher collègue,

Depuis notre dernière assemblée, la situation générale s'est à peu près maintenue dans le même état. La grève poursuit son action funeste. Quelques ouvriers ayant déclaré ne point participer à la grève, sont rentrés dans les ateliers, mais ils sont en petit nombre.

De l'assemblée générale des ouvriers, qui a eu lieu le dimanche 3 mars, il semble résulter que tous acceptent les sacrifices qu'on leur demande et se montrent prêts à subir toutes les privations pour atteindre un but qu'ils croient juste et avantageux. Mais malheureusement ce but n'est qu'imaginaire et il ne doit rester de toutes ces surexcitations que les stériles et douloureux effets de la grève. Si, cherchant la vérité partout, on prend les ouvriers un à un, on trouve que tous déplorent la situation ; on peut constater que le doute est au fond de tous les cœurs ; chez tous, la conscience est émue, le patriotisme apparaît, on songe malgré soi au travail abandonné...... abandonné au seuil même du plus grand de ces concours modernes que l'on nomme glorieusement les luttes de la paix;

Nous parlons du doute qui s'élève dans l'esprit des ouvriers, ce doute même devient, pour eux, une sorte d'effroi, quand il voient : d'une part, leurs camarades si résolus dans leurs prétentions et d'un autre côté, les fabricants si fortement unis pour résister à ces mêmes prétentions qui mettent en péril leur indépendance.

C'est notre unité surtout qui les inquiète.

Il importerait de détruire une erreur répandue dans l'esprit des ouvriers. On leur dit, sous toutes formes : que les fabricants veulent les humilier en leur interdisant de faire partie de la Société « qui, dans leur esprit, est leur seule garantie. » Vous le savez, cher collègue, cette allégation ne repose que sur une équivoque. Nous disons aux ouvriers qui demandent du travail : *Non*, si vous soutenez la grève; *Oui*, dans le cas contraire. Et confondant à dessein la grève avec la Société, on fait croire que c'est cette dernière que nous voulons détruire. Tandis qu'il est de toute vérité, de toute évidence que nous ne voulons qu'une chose : *Faire cesser la grève*. Rien de plus, rien au-delà.

Il reste donc établi que cette condition faite aujourd'hui de ne pas soutenir la grève n'aura plus aucune raison d'être à partir de l'heure où la grève aura cessé. A quoi servirait d'ailleurs de détruire aujourd'hui une Société qui pourrait si facilement se rétablir malgré nous. Ne cessons donc pas de répéter que nous ne voulons rien de plus pour nous, que ce que les ouvriers veulent pour eux-mêmes. La force même de notre association n'a d'autre cause que l'attaque contre nos droits par la coalition des ouvriers. En vain cherche-t-on à faire peser sur nous la responsabilité de la grève que nous déplorons plus que personne. Notre réponse est péremptoire :

Le 26 janvier et les jours suivants, l'interdit sévissait sur les maisons Paillard, Houdebine, Mercier, Royer, Lemaire, etc. etc. Ce n'est que le 4 février suivant que les fabricants se sont réunis pour aviser. Et la fermeture des ateliers n'a eu lieu que le lundi 25 février, alors que tout espoir d'arrangement avait cessé. Ces dates ne souffrent point de contradiction.

Persistons à le dire : Que les ouvriers lèvent l'interdit partout; et partout, les fabricants les reçoivent sans condition, et sans aucune arrière pensée. De plus, comme nous en sommes convenus, aucun des arrangements consentis ne sera retiré.

Ne craignez pas de répéter ces choses qui sont l'expression de nos sentiments à tous. C'est en répandant la vérité que nous ferons cesser la calomnie, que nous calmerons les inquiétudes et que nous préparerons utilement la conciliation qui n'a jamais cessé d'être le but de nos efforts.

 La Commission élue par l'Association, Barbedienne, Busson et Leroux, Chabrié, Chachoin, Chapentier et C, Delafontaine, Figaret, Jules Graux, Hadrot, Marchand, Mercier, Raingo, Rosier, Renauld, Schlossmacher, Servant, Wagner.

P. S. Quant aux attaques dont nous sommes l'objet dans les journaux, nous croyons qu'il n'y a rien de mieux à faire, pour éclairer l'opinon publique, que d'y faire insérer le réglement de la Société des ouvriers et l'application qui en a été faite dans plusieurs de nos établissements.

Tous les journaux de Paris, même les plus étrangers aux questions sociales, s'intéressent à nos débats avec nos patrons. L'*Avenir national* du 4 mars justifiait ainsi le reproche que nous retournions contre nos patrons, de manquer eux-mêmes de patriotisme en laissant partir à l'étranger les plus habiles d'entre nous.

« A l'exposition universelle de 1862, l'Angleterre seule paraissait de taille à lutter avec l'industrie française du bronze; mais les produits les plus justement admirés et applaudis de la maison Hunt et Roskell étaient l'œuvre de Vechte et de ses collaborateurs français, de même que la maison Elkington devait ses succès les plus éclatants au talents de M. Morel-Ladeuil et de ses coopérateurs français; en un mot, si le bronze anglais rivalisait, dans les œuvres d'art, avec le le bronze français, c'était grâce au concours actif et dévoué d'éminents artistes et ouvriers français que la fabrique anglaise avait de longue date su s'assurer et qu'elle sait conserver par les conditions excellentes qu'elle fait.

Après avoir montré la supériorité des bronzes français, donnant nécessairement de beaux bénéfices à nos patrons, il continue :

« Que cet état de choses profite largement aux fabricants, rien de mieux ; leur intelligence industrielle est pour beaucoup dans le développement de l'industrie; elle doit à leur intelligence commerciale l'élargissement continu des débouchés. Mais y a-t-il vraiment lieu de s'étonner si l'ouvrier, lui aussi, réclame sa légitime part dans une situation qui, en première ligne, est son œuvre? Est-il légitime, rationnel, que le ciseleur, le monteur, le doreur, le fondeur, etc., gagnent en France de 30 à 50 p. 0/0 en moins que leurs camarades anglais, et peut-être 100 p. 0/0 en moins qu'ils ne pourraient gagner eux mêmes s'ils se transportaient hors du pays?

L'*Association internationale des travailleurs* ne pouvait manquer de nous donner son appui. Créée pour établir des relations entre les travailleurs de tous pays, pour solidariser leurs intérêts, pour défendre les droits méconnus des ouvriers, son comité de Paris publia, dès le commencement de la grève, l'appel suivant aux membres de tous les pays.

En présence de la situation faite aux ouvriers de l'industrie du bronze;

En présence de la grève qui leur est imposée par la fermeture des ateliers, fermeture décidée par la société des fabricants;

Considérant : qu'il ne s'agit plus d'une question de salaire, mais qu'aujourd'hui les patrons, en exigeant des ouvriers l'abandon de la société qu'ils ont formée pour le maintien de leurs droits, ont soulevé une question de principe, et porté ainsi atteinte à la liberté du travail et à la dignité des travailleurs;

Le bureau de Paris de l'Association internationale, en vertu du pacte constitutif qui lie entre eux les membres de l'Association;

Vu les paragraphes suivants dudit pacte constitutif, ainsi conçu:

« Considérant :

« Que l'émancipation des travailleurs doit être l'œuvre des travailleurs eux-mêmes;

« Que tous les efforts faits jusqu'ici ont échoué, faute de solidarité entre les ouvriers des diverses professions dans chaque pays, et d'une union fraternelle entre les travailleurs des diverses contrées;

« Que l'émancipation des travailleurs n'est pas un problème simplement local ou national, qu'au contraire ce problème intéresse toutes les nations civilisées, sa solution étant nécessairement subordonnée à leur concours théorique et pratique;

Par ces raisons — l'Association internationale considère comme un devoir de réclamer, non-seulement pour ses membres les droits d'homme et de citoyen, mais encore pour quiconque accomplit ses devoirs. Pas de droits sans devoirs, pas de devoirs sans droits :

Vu l'article 1er. — Une association est établie pour procurer un point central de communication et de coopération entre les ouvriers des différents pays aspirant au même but, savoir : le Concours mutuel, le Progrès et le complet Affranchissement de la classe Ouvrière;

Vu l'article 5, le Conseil général établira des relations avec les différentes associations d'ouvriers, de telle sorte que les ouvriers de chaque pays soient constamment au courant des mouvements de leur classe dans les autres pays;

Le bureau de Paris, saisissant le Conseil général siégeant à Londres, l'invite à porter à la connaissance de tous les adhérents en France, en Angleterre, en Allemagne, en Suisse, en Italie, en Amérique, les faits ci-dessus énoncés; afin qu'ils viennent apporter aux ouvriers de l'industrie du bronze l'appui moral et matériel promis par le pacte constitutif à tous ceux qui reconnaissent comme devant être la base de leur conduite — la Vérité, la Justice et la morale.

Pour la commission parisienne de l'Association internationale des travailleurs,

Les correspondants:
Fribourg, Varlin, Tolain.

Paris, le 4 mars 1867.

Quelques jours après l'appel du Comité de l'Association Internationale des travailleurs, trois délégués de notre Commission partaient pour Londres chercher auprès des associations anglaises l'appui que leur vieille organisation est à même de prêter aux jeunes sociétés françaises de résistance. L'accueil qu'ils reçurent fut à la hauteur de l'espoir que nous mettions en nos frères d'Outre-Manche. Partout où nos délégués se présentèrent, notre cause fut jugée celle de tous les hommes offensés dans leur dignité et dans leurs droits. Plusieurs votèrent, séance tenante, des allocations qui devaient se répéter chaque semaine. Ailleurs, les rouages des sociétés, exigeant un certain temps avant la réunion des bureaux, nous ne remportions qu'un espoir de secours, mais qui serait devenu une immense réalité, si la coalition de nos patrons n'avait pas pris fin assez tôt pour que nos ressources particulières et les collectes faites en France à notre intention, ne fussent devenues suffisantes. Nous remercions nos amis d'Angleterre avec effusion et nous sommes en droit de promettre, au nom de tous nos camarades, que la réciprocité en pareil cas ne leur fera pas défaut.

Nos patrons nous avaient menacés dans leur dernière circulaire de la publication de notre réglement, c'est ce qu'ils firent le surlendemain, en choisissant les articles qui leur semblaient les plus propres à nous confondre de tyrannie. Ils oubliaient qu'eux-mêmes, dans leur circulaire interprétative du 24 février, ils confondaient tous leurs ouvriers dans la proscription, ceux qui leur résistaient et ceux qui, ne faisant point partie de notre Société, ne voulaient point faire grève.

Paris, le 7 mars 1867.

Monsieur,
Voici notre réponse.
Elle clora de notre côté le débat, en laissant à cette Commission, par la publication de ses propres actes, le rôle qu'elle veut en vain désavouer.

C'est le 26 janvier dernier que la maison Victor Paillard a été mise à l'index, c'est-à-dire que tous les ouvriers, les figuristes, avec lesquels, dit-on, on était d'accord, comme les ornemanistes, ont quitté son atelier, avec établissement de sentinelles d'ouvriers à sa porte.

Voilà le point de départ de la grève actuelle et non pas le conflit inexactement raconté de la maison Barbedienne, conflit qui n'a commencé que le 14 février.

L'interdit qui frappait la maison Paillard tombait le même jour sur la maison Royer, s'étendait bientôt aux maisons Lemaire, Mercier, Houdebine, etc., et menaçait MM. Bion et autres.

Qui dirigeait ce mouvement?

Voici un acte publié qui a précédé ces faits; il met au grand jour l'esprit de la Commission :

Copie conforme d'un autographe, sortant de la lithographie Ruinet et Hue, 74, rue Amelot.

Ainsi, c'est bien la commission des ouvriers qui « choisit le moment propice » et fait un appel à une coalition générale.

Le 4 février seulement, les fabricants se réunissent; ils prennent la résolution suivante :

La voie conciliatrice qu'ouvrait cette résolution n'est pas suivie par les ouvriers. Chaque fabricant, à son tour, devait subir les plus injustes exigences.

Le 14 février, autre délibération des fabricants ainsi conçue :

Assemblée des fabricants de bronzes de la ville de Paris, dans le local de la Société, 8, rue Sainte-Claude, du 11 février 1867.

En présence d'une situation qui a déjà amené dans plusieurs maisons une cessation absolue de travail, qui semble n'être que le résultat d'ordres émanés d'une source inconnue;

Les fabricants de bronzes soussignés croient de leur devoir de prendre des mesures protectrices de leurs droits et de l'intérêt professionnel.

Considérant,

D'une part :

Que les fabricants sont prêts à répondre à toutes réclamations fondées, conformément à la déclaration du 4 courant, et que la pression occulte qui tend à s'établir en permanence, n'a pas d'objet sérieux et légitime; — que, partant, elle ne peut amener dans les relations de fabricants à ouvriers que des causes de trouble et de désordre.

D'autre part :

Que c'est à cette même pression seule qu'il faut attribuer l'abstention simultanée de tous les ouvriers d'un même établissement, lesquels, par la seule force d'inertie calculée, mettent en péril les intérêts de la maison frappée d'interdiction.

Considérant :

Que le plus grand nombre des ouvriers ne cesse le travail que sous le coup d'une oppression morale et même de violences de fait;

Qu'il importe d'affranchir ces ouvriers d'une telle oppression et d'offrir une sécurité complète à tous ceux qui veulent travailler dans des conditions d'indépendance et d'honnêteté ;

Les fabricants susdits ont résolu :

De souscrire entre eux un capital de garantie destiné à assurer du travail et au besoin une indemnité journalière à tous ceux des ouvriers qui déclarent vouloir rester indépendants en renonçant à toute participation pécuniaire destinée à soutenir des manœuvres nuisibles à la dignité et aux intérêts de tous.

Dans ce but, lesdits fabricants s'engagent à souscrire chacun pour une somme représentant estimativement vingt francs par ouvrier occupé dans sa maison.

Ledit capital devra s'élever au moins à cinquante mille francs.

Un dixième sera versé immédiatement en espèces.

Les autres versements se feront également par dixièmes.

Ils ne seront obligatoires qu'autant que le premier versement aura fonctionné dans les conditions de la présente délibération.

Une commission de cinq membres, choisie parmi les souscripteurs, et élue à la majorité, sera chargée de recevoir les fonds et d'en régler l'emploi.

Elle devra procéder à l'examen de toutes demandes provenant, soit d'une maison déjà frappée d'interdiction, soit d'une ou plusieurs maisons qui pourraient l'être ultérieurement.

Elle en dressera un rapport avec conclusions, soit au rejet, soit à l'admission.

Le rejet devra être motivé.

L'admission pourra donner lieu à l'ouverture du crédit nécessaire pour faire face aux indemnités ci-dessus.

Et aussi, pourra déterminer la fermeture des ateliers de tous les membres engagés solidairement.

Pour cette dernière et suprême résolution, il en serait référé à l'Assemblée générale.

Et en cas d'approbation par la majorité, le comité procédera à l'exécution.

(Suivaient 80 signatures et aujourd'hui 119).

Le 14 février, 'e tour de M. Barbedienne est arrivé; la discussion commence le 15, ses ouvriers lui posent l'ultimatum ci-après, et le 16, sans attendre sa réponse, les ouvriers se retirent en masse :

Article 1er.

Les ouvriers s'engagent à ne reprendre leurs travaux, s'il y a grève, que lorsque les articles suivants auront été acceptés sans restriction.

Art. 2.

L'augmentation offerte est illusoire, elle doit être générale; et une révision complète de tous les modèles, figures et ornements, est indispensable et devra être opérée par une commission d'arbitres, dont partie sera choisie par le patron, et partie par les ouvriers.

Art. 3.

Considérant qu'aucune stabilité ne serait possible dans le prix de la journée, et qu'un retour au passé serait facile; que l'adresse et l'habilité, deux facultés qui sont la propriété de celui qui les possède, doivent lui profiter; que si on laissait aux administrateurs seuls le soin de régler le prix du travail, on serait bientôt revenu à l'ancien régime; dorénavant les ouvriers n'accepteront le travail que lorsqu'il aurait été expertisé et fixé par une commission d'arbitres, nommée d'une part par le patron, et de l'autre part par eux.

Art. 4.

La journée des ouvriers ne saurait avoir de limite que celle assignée à leur force ou à leur capacité. Quand un ouvrier pourra prouver, par les livres de la maison, après un travail d'un mois consécutif, qu'il mérite l'augmentation demandée, elle devra lui être accordée.

Art. 5.

Tout travail en dehors des heures de la journée doit être rétribué ainsi qu'il suit : Deux heures seront considérées comme quart; la nuit doit être payée double. Les heures du quart et celles de la nuit commenceront après celles de la journée.

Art. 6.

Les ouvriers s'engagent à ne rentrer dans les ateliers que, lorsque ceux qui auront travaillé pendant la grève, s'il y avait grève, n'en soient sortis pour n'y plus rentrer.

Nous, ciseleurs, monteurs, tourneurs, déclarons accepter les conditions contenues dans les six articles présentés par nos délégués à M. Barbedienne.

(Suivent 156 signatures).

La Commission des ouvriers prétend n'être pas l'auteur de cet ultimatum; elle prétend aussi ne s'être jamais immiscée dans le débat entre l'ouvrier et le patron.

Voici un extrait du règlement général de la Société de Crédit mutuel et de solidarité des ouvriers du bronze.

Les articles que nous allons transcrire disent, dans des termes différents, tout ce qui se trouve dans l'ultimatum qui précède :

Droits et Devoirs des Sociétaires.

Art. 16.

La Commission, pour sauvegarder le principe de dix heures de travail comme maximum de la journée, enjoint à tous les sociétaires de n'accepter aucune transaction ni injustice ; ils quitteront l'atelier dans les cas suivants :

1° Lorsque le patron voudrait ramener la journée à plus de dix heures ;

2° Chaque fois que l'on diminuera le salaire d'un homme à la journée qui travaillera depuis deux mois au moins dans l'atelier, et qu'en outre la majorité de cet atelier affirmera qu'il vaut cette journée.

Art. 17.

Dans chaque maison où faire se pourra, les ouvriers, assistés de leur collecteur, dresseront un tarif des prix établis, et indiqueront en regard les réformes qu'ils croient nécessaires d'y faire ; ces tarifs, signés par eux, seront présentés par le collecteur de la maison, à la réunion des collecteurs de la spécialité, qui discuteront et délibèreront sur la justice de chaque réclamation.

Art. 18.

La Commission n'admettra aucun tarif qu'après qu'il aura été accepté par les collecteurs réunis, qui en signeront l'acceptation dans un rapport adressé par eux à la Commission.

Le tarif accepté sera remis à la Commission par le collecteur, après qu'il en aura fait une copie qui devra rester dans l'atelier.

Art. 19.

Quand la Commission jugera le moment opportun, les tarifs révisés seront, à tour de rôle, présentés aux patrons ; jusque-là, toute réduction sur les prix établis devra être repoussée énergiquement.

Le présent article est applicable, en ce qui les concerne, aux maisons où l'établissement d'un tarif est impossible.

Art. 20.

Quand un travail nouveau se présentera, les ouvriers occupés dans les divers ateliers, travaillant pour la même fabrication, se réuniront et fixeront le prix de ce travail.

Art. 21.

Quand un ouvrier sera dans la nécessité de quitter l'atelier par suite de réduction sur les prix anciens ou d'insuffisance des prix nouveaux, les ouvriers de la même spécialité, travaillant dans la même maison, devront cesser immédiatement les travaux.

Art. 22.

Une maison ne sera mise à l'index que quand la majorité du personnel aura pris cette décision et qu'elle aura été adoptée par la Commission.

Art. 23.

Dans le cas de la mise en grève d'une maison, il sera établi un bureau de renseignements, tenu à tour de rôle par les sociétaires de cette maison, sous la surveillance de la Commission ; tous les ouvriers devront s'y présenter deux fois par jour, aux heures qui leur seront désignées. Faute par eux de s'y conformer, ils encourront une retenue de 3 francs par chaque absence.

Art. 24.

Quand une maison sera mise en grève, les réunions de collecteurs deviendront hebdomadaires, et les sociétaires de cette maison seront tenus de s'y trouver. Ils seront convoqués par les soins de la Commission.

Art. 25.

Tout sociétaire qui persisterait à travailler dans une maison mise à l'index, ou qui entrerait dans cette maison, sera signalé comme préjudiciable aux intérêts de la Société.

Art. 26.

L'indemnité accordée, dans les cas prévus par le règlement, est fixée à 3 fr. 30 c. par jour de travail, soit : 20 francs par semaine.

Les fabricants n'ajouteront aucun commentaire à de pareils actes.

L'opinion publique dira si, attaqués dans leur indépendance et dans la libre direction de leurs maisons, ils ont eu raison de répondre à une association par une association, à une solidarité par une solidarité ; et si, se défendant contre les grèves et les interdits partiels qui les auraient frappés « à tour de rôle », ils n'ont pas eu raison de couper le mal dans sa racine, de fermer leurs ateliers.

Aux ouvriers le droit de se mettre en société, de se coaliser, de verser des fonds dans une caisse commune. Nul ne leur conteste : c'est la loi.

Mais aux fabricants un droit semblable, et ils sont résolus à le maintenir.

Ils persistent à le dire : que les ouvriers lèvent l'interdit partout, et partout les fabricants les reçoivent sans condition et sans aucune arrière-pensée.

De plus, comme nous en sommes convenus, aucun des arrangements consentis ne sera retiré.

Veuillez agréer, etc.

La commission élue par les fabricants.

Barbedienne, Busson et Leroux, Chabrié, Chachoin, Charpentier et Cie., Delafontaine, Figaret, Jules Graux, Hadrot, Marchand, Mercier, Reingo, Rosier, Renauld, Schlossmacher, Servant, Wagner.

La réponse à cette longue lettre ne se fit pas attendre et de la façon la plus victorieuse.

7 mars 1867.

Monsieur,

Nous comptons sur votre obligeance pour publier notre réponse à MM. les fabricants associés pour assurer l'*indépendance et la liberté du travail.*

Tout comme MM. les fabricants, nous désirons clore les débats. Il est, en effet, fatigant de répondre constamment aux mêmes allégations tout aussi dénuées de fondement aujourd'hui, qu'elles l'étaient il y a huit jours. Nous reconnaissons cependant avec plaisir que certain tour de force, qualifié de miracle par ces messieurs, accompli dans certaines maisons, au préjudice des ouvriers, n'est plus contesté; que la fameuse loi de l'offre et de la demande, qui avait été l'objet d'un panégyrique dans la dernière lettre de MM. les fabricants, n'a pas reparu.

Ceci dit, suivons ces messieurs pas à pas.

En vain nient-ils l'accord qui existait dans certaines maisons; il est constant que les ouvriers de M. Paillard avaient présenté à leur patron des tarifs qu'il avait le droit (non contesté, quoi qu'on en dise) de discuter. M. Paillard a déclaré ne rien vouloir entendre et ses ouvriers se sont retirés. Après quelques jours de démarches auprès de l'autorité supérieure, M. Paillard a demandé à voir lesdits tarifs, les a discutés, et ne s'est trouvé en désaccord qu'avec ses seuls ciseleurs ornemanistes. Nous attestons ce fait, et nous en appellerions, au besoin, à M. Paillard lui-même.

Quant aux maisons Royer, Lemaire, Mercier, Houdebine et Marchand, le fait avancé par nous est tellement *exact*, que les ouvriers de cesdites maisons avaient déjà repris leurs travaux quand est arrivée l'affaire Barbedienne.

Ainsi, comme nous l'avons déjà dit et comme nous le disons encore, l'accord était rétabli dans tous les ateliers, à l'exception de la maison Paillard, où les ciseleurs ornemanistes seulement n'avaient pu parvenir à s'entendre.

Nous acceptons la responsabilité de tous nos actes, nous avons agi au grand jour; ce que nous n'acceptons pas, c'est la responsabilité d'une situation que nous n'avons pas créée, puisque, de l'aveu même de MM. les fabricants, ils reconnaissent avoir eu l'intention de couper le mal dans sa racine.

Dans la déclaration des fabricants de bronze du 4 février, ces messieurs se déclarent prêts à discuter directement les tarifs avec leurs ouvriers, et les invitent à venir, dès à présent, faire connaître ceux des prix qui seraient susceptibles de révision.

Eh bien! le lendemain même, quelques ouvriers de la maison Barbedienne envoyés par leurs camarades (les 156) sont allés trouver leur patron, qui a déclaré ne vouloir reconnaître d'autre juge que lui pour les prix de ces travaux.

Ils déclinent en même temps, dans leur circulaire, la présence ou l'intervention d'aucun agent étranger venant s'interposer entre eux et leurs ouvriers.

Voici la déclaration signée de nous et adressée, sur leur demande, à MM. Dessolle, Bengel, Rollin et Domange, Cornibet et *deux fois à M. Chabrié.*

« Les membres soussignés de la Commission de la Société des ouvriers du bronze renouvellent la déclaration déjà faite de n'être jamais intervenus et ne vouloir jamais intervenir dans les affaires entre les ouvriers et les patrons, laissant à chacun sa complète liberté d'action. »

Ils repoussent, en outre, la responsabilité de la grève générale provoquée par certains fabricants, et dans laquelle ils ont su entraîner une partie de leurs confrères.

Que demandaient de plus ces messieurs ?

Dans la circulaire dont nous avons donné connaissance dans notre dernière lettre, ils ne demandaient que la déclaration *formelle et d'honneur* de ne soutenir la grève ni par cotisation ni d'aucune autre manière.

Ainsi, ils permettaient à leurs ouvriers de faire partie d'une Société, mais ils leur refusaient le droit d'y verser leurs cotisations et de remplir les devoirs qu'elle impose.

Malgré la forme détournée qu'ils ont prise pour masquer cette exigence, nous continuons d'affirmer avec preuves à l'appui, qu'il demandent à chaque ouvrier allant demander du travail s'il fait ou non partie de la Société.

Dans leur délibération du 11 février, les fabricants déclarent que les ouvriers ne cessent le travail que sous le coup d'une oppression morale et même de violences de fait.

Nous n'avons pas à répondre à une telle assertion ; l'assemblée générale du 4 mars, à laquelle assistaient des délégations d'un grand nombre de corporations, lui a donné, ce nous semble, le démenti le plus formel. Les fabricants ont résolu en outre :

« De former une Société pour affranchir les ouvriers d'une telle oppression et offrir une sécurité complète à tous ceux qui veulent travailler dans des conditions d'indépendance et d'honnêteté. »

A cet effet, ils ont souscrit un capital pour assurer du travail ou indemnité journalière à tous ceux qui consentiraient à renier leur Société.

Seront-ils indépendants, ceux-là, qui, dans les cas de chômage, accepteraient une aumône déguisée sous le nom d'indemnité ? les fabricants l'ont si bien compris que cette Société est morte avant d'être née. De plus, d'après la circulaire oubliée par les fabricants et publiée par nous dans notre réponse du 2 mars, il est bien convenu que tout ouvrier rentrant dans une maison, serait remercié quelques jours après, si la grève n'était pas levée partout dans un bref délai.

Ces messieurs reviennent ensuite aux six articles présentés à M. Barbedienne par ses ouvriers, et qu'on prétend toujours être l'ouvrage de la Commission.

Nous dirons d'abord, comme nous l'avons dit chaque fois que l'occasion s'en est présentée, que l'art. 6 a été retiré dans la réunion même des fabricants de bronze; qu'ensuite la Commission a toujours signé ses actes. Nous sommons M. Barbedienne de produire les 156 signatures en question, et l'on verra qu'il ne s'y trouve aucun nom appartenant à la Commission.

Messieurs les fabricants publient ensuite quelques articles de notre règlement. Nous regrettons qu'ils ne l'aient pas reproduit en entier. Les personnes désintéressées, jugeant sans passion, doivent reconnaître qu'un règlement exhorbitant serait la ruine d'une Société, et qu'en garantissant la Société contre des prétentions exagérées, l'intérêt du patron se trouve aussi bien garanti que celui des ouvriers.

Les fabricants persistent encore à dire :

« Que les ouvriers lèvent l'interdit partout, et partout les fabricants les recevront sans conditions et sans arrière-pensée. »

Nous demanderons comment les fabricants veulent que les ouvriers lèvent un interdit qu'ils n'ont pas posé, et comment ils veulent que lesdits ouvriers rentrent dans les ateliers, quand, aujourd'hui encore, malgré les déclarations de ces messieurs, la seule condition est de quitter la Société.

Nous déclarons tout ceci être la vérité et nous offrons preuves en main, à en garantir l'exactitude.

Camélinat, de Beaumont, Gérard, Gille, Gauthier, Hardy, Kin, Legorju, Lemoine, Mancienne, Marchand, Normand, Tulleau, Vaudin, Valdun, Vy, Seuoffre.

Les accusations les plus diverses étaient répandues à propos de notre grève, nous tenions à tout expliquer ; nous voulions être en rapport continuel avec nos sociétaires et avec le public. Nous étions dès le premier moment résolus à montrer la franchise de nos actes, chaque dimanche une assemblée générale avait lieu. Voici celle du 10 mars.

La séance est ouverte à dix heures.
Tous les membres de la Commission sont présents.
Le procès-verbal de la séance précédente est lu par le secrétaire.
M. *Gin* dit, après cette lecture, que ce n'est pas lui qui a demandé la cotisation à l'instar des chapeliers au prorata du gain. Cette observation est consignée au procès-verbal.

M. *Valdun* rend compte de l'entrevue qui a eu lieu la veille entre les fabricants et les ouvriers : Les patrons ont demandé qu'on lève l'interdit, mais comme ce ne sont pas les ouvriers qui ont décidé la fermeture des ateliers, ils n'ont pas à les rouvrir. L'entente, en définitive, n'a pas abouti, parce que les fabricants menacent toujours d'une grève générale en cas de non arrangement.

M. *Hardy* confirme les allégations avancées par M. Valdun. Il ajoute que ce qui vient d'être répété a été dit à M. Raingo, et quelques camarades ici présents peuvent en témoigner.

Il ajoute « du reste réchauffés par vous, nous nous sommes grandis et des facultés nouvelles se sont développées, la sagesse sera notre guide. Les résolutions que nous avons prises sont inébranlables et nous y persévèrerons.

M. *de Beaumont* ayant assisté à la réunion dont il vient d'être parlé, dit que les fabricants ont demandé que l'interdit soit levé, mais sous la menace d'une fermeture générale des ateliers, si un seul fabricant ne s'arrangeait pas avec ses ouvriers. Cette demande n'a pu être admise.

M. *Bajou* dit que la position qui nous est faite, n'ayant pas été créée par nous, il faut résister par tous les moyens honorables.

M. *Sauvage* ne croit la rentrée possible qu'avec la journée de dix heures, les heures en quart. Le travail aux pièces doit être révisé.

Les ouvriers doivent toujours gagner leur vie, même quand les prix seraient relativement mauvais.

M. *Lemoine* (Louis) dit que la bijouterie s'engage à faire des cotisations hebdomadaires jusqu'à la fin de la grève.

M. *Poux* sait que M. Schlossmacher pense que les façonniers *dégraissent* trop leur ouvrage ; il établira un livre à la disposition des ouvriers.

M. *Hardy* croit qu'il en faudrait le livre en double.

M. *Mayer*, après quelques considérations générales, dit que pour rentrer il faut que les tarifs soient établis et affichés dans les ateliers, car sans cette précaution les difficultés se produiraient bientôt et les discussions reviendraient fréquemment.

M. *Thomas* répond en disant à M. Poux qu'il faut que les tarifs soient approuvés par tous et non par les façonniers seulement.

M. *Hardy*. Les façonniers et les ouvriers se réuniront, on prendra des précautions réciproques et le débat étant résolu, il doit l'être à la satisfaction générale.

M. *de Stryker* : on a une tendance générale à donner le travail aux façonniers. Il croit que l'on ne doit pas admettre le façonnage.

M. *Hardy* repousse, au nom de la liberté, la proposition faite par le précédent orateur.

M. *Malarmet* demande la lecture des propositions.

Lecture en est faite. Elles sont ainsi conçues :

« Dans le cas où les fabricants rappelleraient leurs ouvriers, ceux d'entre eux dont les arrangements sont admis reprendront leurs travaux immédiatement.

« Ceux des ouvriers qui ont des demandes à exprimer devront s'entendre sans intermédiaire avec leurs patrons, et cela dans le plus bref délai.

« Les questions de travail qui nous divisent devront être tranchées par un conseil arbitral, composé de personnes essentiellement compétentes.

« La moitié de ce conseil sera choisie par les patrons, et l'autre moitié par les ouvriers.

« Les ouvriers se sont engagés résolûment par une triple acclamation à changer d'état, si les résolutions ci-dessus, les seules garanties qui leur assureraient l'indépendance indispensable pour défendre leurs intérêts, n'étaient pas admises.

M. *Bolle* demande si les ouvriers n'ayant aucun motif de plainte contre leur patron, pourraient rester chez lui.

M. *Hardy* répond que la Commission n'a jamais eu l'intention de s'immiscer dans les ateliers.

« M. *Bolle* dit, l'outillage n'étant pas le même partout, le tarif d'une maison ne peut-être le même que celui d'une autre.

M. *Hardy*. Il n'a jamais été dit que les tarifs seraient uniformes.

M. *Malarmet*. Le tarif ayant pour but de donner à l'ouvrier la garantie d'une rémunération suffisante, il faut que l'ouvrier puisse gagner sa vie dans un atelier comme dans un autre.

M. *Legurju*, en répondant à une demande faite par un sociétaire, dit que la plupart des réclamations reposent sur une demande d'élévation de tarif proportionnée à la journée de dix heures. Si des tarifs sont jugés suffisants, les augmentations seraient en dehors du raisonnable, et de pareilles intentions ne sont jamais entrées dans l'idée de ceux qui ne demandent que la justice.

M. *Malarmet* considère le 1er paragraphe comme superflu.

M. *Hardy.* Comme préliminaires il faut admettre ce paragraphe, afin d'en faire découler les deux autres.

M. *Prétot* dit que les fabricants ne doivent plus nous chagriner au sujet de notre Société.

M. *Hardy.* Quand les parties sont pour entrer en arrangements, elles doivent abandonner ce qu'il y a d'exagéré dans leurs prétentions.

Le 1er paragraphe est mis aux voix et adopté.

M. *Malarmet* pense que la Société n'aura pas à intervenir dans les grands ateliers. On peut y discuter les tarifs librement, mais dans les petits ateliers, cette besogne pourrait s'y faire d'une manière désavantageuse. La charge de collecteur peut entraîner à des conséquences dangereuses. Chaque fois qu'il voudrait faire quelque chose, il serait menacé d'un congé.

M. *Hardy.* Grands où petits ateliers, les lois sont les mêmes. Du reste nous sommes armés, notre Société a fait des hommes. Mais quant à intervenir nous ne le ferons pas. Liberté pour tous.

M. *Flantin* désire qu'il n'y ait pas d'équivoque :

Afficher le tarif pour les hommes aux pièces, et demander 50 cent. d'augmentation par homme à la journée.

M. *Hardy* s'élève contre cette prétention elle lui paraît illogique, inconséquente; une augmentation générale, uniforme, a quelque chose qui froisse la justice. Que chacun soit augmenté suivant ses capacités.

On procède au vote du 2e paragraphe qui est adopté.

Le 3e paragraphe est mis aux voix et adopté.

Il est donné lecture des décisions des Trades Concils anglais et la séance est levée à midi, après avoir adopté les résolutions dans leur ensemble.

L'assemblée du 10 mars avait déjà contribué à ébranler la ligue des fabricants. Une assemblée qui demande à faire régler tout dissentiment par un conseil arbitral, qui réclame seulement que les prix convenus soient tout simplement écrits et à la disposition des deux parties, avait évidemment pour tout le monde mis la justice de son côté. C'est ce que les patrons semblent commencer à comprendre dans la circulaire qui suit :

11 mars 1867.

Les fabricants de bronzes et d'appareils à gaz avaient proposé, dans leur réunion de samedi dernier, la reprise immédiate des travaux, à la seule condition que l'interdit et la surveillance fussent levés partout; laissant chacun d'eux discuter librement avec ses ouvriers, sans intermédiaire, sur les difficultés qui les divisent.

Les ouvriers, dans leur réunion du dimanche 10 mars, ont rejeté ces propositions, en demandant :

Que le travail soit repris, là où l'accord existe ;

Et que l'on discute avant de travailler, là où il y a lieu à discussion.

En regrettant cette résolution qui prolonge une situation si pénible, la commission des fabricants invite les membres de la société à appeler leurs ouvriers pour s'entendre avec eux sur tous les points qui les divisent, afin de faire cesser la grève, qui ne peut disparaître qu'autant que l'accord aura été rétabli partout.

Chaque fabricant est prié de faire connaître immédiatement à la Commission le résultat de son entrevue avec ses ouvriers, afin que le jour de la réouverture générale puisse être fixé.

La Commission élue par l'Association : Barbedienne, Busson et Leroux, Chabrié, Chachoin, Charpentier et C°, Delafontaine, Figaret, Jules Graux, Hadrot, Marchand, Mercier, Raingo, Rosier, Renauld, Schlossmacher, Servant, Wagner.

Le 10 mars, le *Courrier français* qui, à chaque numéro, prenait si chaleureusement notre défense, publiait la lettre suivante, datée de Londres.

L'association internationale des travailleurs ne pouvait rester indifférente à la situation faite aux ouvriers bronziers par la décision des patrons. Dès que le conseil général fut instruit par ses correspondants de Paris de cet état de choses, il se mit à l'œuvre activement. Une députation fut organisée en *permanence*, et le premier début fut un succès.

1° Le conseil général des sociétés ouvrières anglaises (Trade general concil) a voté à l'unanimité une *credential*, dans laquelle il recommande chaleureusement aux ouvriers anglais de tendre la main à leurs frères de Paris, afin de les soutenir dans la *guerre entre le capital et le travail*.

2° La société des ouvriers à la journée, relieurs (Day-working-book-binder), qui compte à peine 400 membres, a voté les sommes suivantes : 125 francs de don et 250 francs de prêt. Total : 375 francs.

Nous espérons que le total des sommes votées par les sociétés ouvrières sera considérable.

Ma prochaine lettre contiendra le résultat de nos démarches et la liste des sociétés qui suivront l'exemple des relieurs.

Eugène Dupont.

Tout ceci nous faisait bien augurer du succès que devait avoir la démarche de nos délégués partis en Angleterre. Ce fut pour nous une grande joie, quand le lendemain nous reçûmes le texte de l'adresse votée à Londres, le 7 mars 1867, par les Conseils des métiers (*Trades Concil*) :

A toutes les Sociétés ouvrières anglaises.

« Frères travailleurs !

« La présente est délivrée à l'effet de certifier qu'après investigations complètes de tous les faits et circonstances se rattachant à la grève des ouvriers bronziers de Paris ;

« Nous avons accordé à l'unanimité la lettre de créance nécessaire aux délégués, pour présenter leur demande d'appui moral et matériel à toutes les sociétés ouvrières d'Angleterre.

« Nous désirons que cet appui leur soit largement accordé, d'autant plus que, dans des circonstances analogues, les ouvriers français se sont déclarés solidaires des intérêts des ouvriers anglais.

« Votre serviteur,
« G. ODGER,
« secrétaire du *Trades Council*. »

La présente *credential* a été accordée aux délégués à la suite de la proposition suivante :

« Considérant :

« Que la proposition faite d'appuyer les ouvriers du bronze s'accorde avec les vues générales du conseil ;

« Que la question des salaires ne peut être résolue que par le concours de tous les travailleurs ;

« Que, n'y eût-il en cause que l'intérêt spécial des ouvriers anglais, ils devraient encore appuyer les ouvriers bronziers de Paris ;

« Le conseil décide à l'unanimité qu'il faut saisir avec empressement l'occasion qui se présente de prouver que les ouvriers anglais comprennent et pratiquent la solidarité. »

Pour qui connaît l'organisation des sociétés ouvrières d'Angleterre, il est difficile de méconnaître l'importance d'un tel document.

En effet, le Trades Council, fonctionnant comme cour suprême, c'est à lui que chaque cas spécial de grève est déféré en appel par les intéressés, et c'est seulement lorsqu'il a reconnu la moralité et l'opportunité de la demande qu'il délivre une *credential* qui assure aux demandeurs l'appui de toutes les sociétés ouvrières.

C'est alors que, munis de l'approbation du *Trades Council*, les délégués de la société en grève peuvent se présenter auprès des conseils exécutifs de chaque société ouvrière, certains d'obtenir un accueil favorable, et l'exécution du pacte de solidarité morale et matérielle.

Les délégués du bronze ont suivi cette marche, et, on l'a vu, le point le plus important, la *credential*, a été obtenu.

Tous les soirs, ils se rendent auprès des exécutifs, et les résultats obtenus ne permettent pas de douter de ce qu'ils obtiendront ; d'autant plus que le cas présent est de ceux que les Anglais qualifient de *look out*, c'est-à-dire fermeture des ateliers par le fait de la volonté des patrons, et que jamais, dans cette circonstance, ils n'ont abandonné les ouvriers ainsi traités.

Nous renvoyons le lecteur au compte-rendu de l'assemblée du 17 mars, pour y prendre connaissance du résultat qu'avait produit cet appel du *conseil suprême des métiers*.

Ces relations nouvelles d'ouvriers des différents pays se prêtant mutuellement appui contre l'exploitation capitaliste, ont eu dans le monde entier une portée morale et économique immense. Du bruit qui se fit autour de cette démarche internationale de travailleurs français, quittant leur pays pour aller chez un peuple séparé de nous par un antagonisme de mille ans, l'écho en est à peine affaibli. Mais cet antagonisme, cette haine aveugle des peuples les uns contre les autres, entretenue avec soin par les gouvernements, ne durera plus longtemps, nous l'espérons. Le premier pas est fait. La guerre dont nous étions menacés avec nos voisins d'outre Rhin, pourra bien être conjurée par les saluts pacifiques que les ouvriers des deux pays échangent chaque jour. Souhaitons-le. Souhaitons aussi que la guerre industrielle que se font le capital et le travail, se termine promptement par la reconnaissance des droits de ce dernier.

Nous voici de nouveau à la veille d'une assemblée générale, celle du 17 mars, séance bien remplie, car nos délégués revenus d'Angleterre y donnèrent connaissance du résultat de leur mission. Les fabricants invités à cette réunion y expliquèrent leur manière de voir, d'autres y donnèrent connnaissance de leurs relations avec la Société des patrons, et enfin on y lut la lettre suivante qui avait été adressée par M. Goelzer à tous ses clients, pour expliquer les bonnes raisons qu'il avait de ne point entrer dans la coalition de ses confrères contre leurs ouvriers.

M

« Vous avez sans doute appris que, chez quelques-uns de mes confrères, la fabrication des appareils à gaz est suspendue, par suite d'une grève, et vous avez pu voir, par mes annonces dans les grands journaux, que mes ateliers n'avaient pas été fermés un seul instant et que j'étais toujours prêt à satisfaire, avec la même exactitude que par le passé, à tous les besoins de ma clientèle. »

Cette annonce, si naturelle de ma part, ayant été incriminée par ceux-là mêmes qui ont déterminé la crise actuelle, j'ai besoin de faire passer en peu de mots, sous vos yeux, l'historique de cette crise, afin de vous mettre en garde contre les insinuations malveillantes que l'on ne se fait pas faute de répandre contre moi et contre ceux de mes collègues qui, comme moi, n'ayant pas cru non-seulement de leur intérêt, mais encore de leur devoir de fermer leurs ateliers, quand aucune cause ne motivait une décision aussi injuste à l'égard de leurs ouvriers, ont averti le public qu'ils n'avaient point interrompu leurs travaux.

Une grève a éclaté dans les ateliers des fabricants de bronze, pour des motifs que je n'ai point à rechercher. Comme certains ouvriers tourneurs, monteurs et ciseleurs en bronze travaillent à la confection des appareils à gaz, la Chambre syndicale des appareilleurs fut saisie par quelques-uns de ses membres, émus de cette circonstance, de la question de savoir quelle attitude il conviendrait de prendre en présence d'une crise qui pourrait atteindre l'industrie de la fabrication des appareils à gaz, puisqu'elle emploie les mêmes ouvriers que l'industrie du bronze.

La Chambre syndicale, dans une séance de février, décida que la crise n'ayant pas encore atteint notre industrie, il n'y avait pas lieu de provoquer aucune espèce de conflit entre les patrons et les ouvriers.

Cette sage décision ne fut pas respectée.

A peine était-elle prise, qu'une réunion fut convoquée en dehors du lieu des séances de la Chambre; dans cette réunion on décida quelques-uns des principaux fabricants d'appareils à faire cause commune avec les fabricants de bronze; puis, dans une réunion générale extraordinaire, un certain nombre d'appareilleurs adhérèrent à cette décision, qu'aucune demande, aucune exigence, aucune menace de la part des ouvriers n'avait motivée. En conséquence, plusieurs maisons fermèrent leurs ateliers et donnèrent ainsi le spectacle étrange d'un certain nombre de patrons mettant eux-mêmes leurs ouvriers en grève, sans cause, sans raison, sans provocation.

N'ayant, personnellement, aucun grief contre mes ouvriers, dont la plupart sont occupés chez moi depuis cinq, dix et quinze ans, et sachant, par expérience, que pour rendre une entreprise fructueuse et durable, il doit exister entre les patrons et les ouvriers une sorte de lien de famille qui inspire à tous une confiance réciproque, je réunis tout le personnel de mes ateliers, lui fis part des circonstances actuelles, des tentatives faites pour m'entraîner dans une voie que je considérais comme funeste, et lui témoignai ma résolution de rester complétement en dehors de ce mouvement.

Mes ateliers restèrent donc ouverts, ainsi que ceux de quelques-uns de mes collègues, qui ont sans doute apprécié la situation au même point de vue que moi.

Je fis plus : pour atténuer, dans la mesure de mes forces, la situation pénible dans laquelle se trouvaient les ouvriers par suite de la grève, j'en embauchai plusieurs à nouveau.

Le bruit de la grève s'étant rapidement répandu et étant même parvenu jusqu'à mes clients de province, ceux-ci inquiets à cette nouvelle sur l'exécution des commandes qu'ils m'avaient confiées, m'écrivirent pour savoir si mes ateliers étaient aussi frappés d'interdit.

Ces demandes devinrent générales, si bien que, pour sauvegarder mes intérêts et pour rassurer ma clientèle, je dus publier dans les journaux que, n'étant pas en grève, j'étais en mesure, comme par le passé, de satisfaire aux commandes de mes clients.

Cette mesure, si naturelle dans la circonstance actuelle, et qui fut aussitôt imitée, souleva, parmi mes collègues en grève, un sentiment de... désapprobation, pour ne pas dire plus.

Bien que l'on s'empressât de reconnaître que j'étais entièrement dans mon droit en restant à l'écart du mouvement et en demeurant attaché à ma famille d'ouvriers, on se récria contre l'annonce que j'avais faite, en dénaturant l'intention qui l'avait dictée, on s'en fit une arme contre moi; si bien qu'à la réunion de la Chambre syndicale du 12 courant, l'on proposa de m'infliger un blâme en dénonçant cet avis inoffensif comme une tentative *indélicate* au milieu d'un *malheur public*.

La majorité de la Chambre oublia tout : elle oublia que l'assemblée de février avait décidé l'abstention ; elle oublia, qu'au mépris de cette décision, plusieurs de ses membres s'étaient liés entre eux par un compromis ; elle oublia que la grève avait été prononcée par les patrons et non point par les ouvriers, et qu'ainsi le *malheur public* (si toutefois il est permis d'exagérer à ce point l'importance de la fermeture de quelques ateliers particuliers) était l'œuvre de ses membres mêmes ; et elle prononça le blâme proposé ; cela ne pouvait être autrement, cette majorité n'était composée que de neuf fabricants dont les ateliers étaient fermés. Sa décision est un vote de parti, sans force, sans autre valeur que celle d'une mesquine vengeance.

Au lieu de m'atteindre, elle m'honore, elle prouve au public que, dans une question d'humanité, de loyauté, d'ordre public, je ne sais pas transiger avec ma conscience, et que je n'hésite pas à conserver leur pain à de braves gens, de braves pères de famille qui ne demandent que du travail, plutôt que de les jeter dans la misère par un point d'honneur mal entendu, et, qui sait ? d'être peut-être plus tard obligé de demander à l'étranger des produits dont la confection eût fait vivre nos concitoyens.

Je vous devais, M.   , et je devais à tous mes collègues ces explications loyales pour atténuer les effets de la malveillance.

Puissent ceux de mes collègues, entraînés dans la grève, comprendre par là qu'ils sont engagés dans une fausse voie, et réfléchir qu'entre tous les intérêts compromis par cette grève, la partie n'est pas égale : les maisons qui se livrent à la fabrication chôment entièrement, sans compensation aucune ; celles qui, tout en fabriquant, font les installations, se soutiennent par ce dernier travail, et au cas où les appareils viendraient à leur manquer, la voie de l'étranger leur est ouverte.

En présence de pareils résultats possibles, la conscience publique saura bientôt désigner de quel côté, de mes adversaires ou de moi, se trouve le vrai patriotisme.

Recevez, M   , mes bien sincères salutations.

PH. GOELZER,
Fabricant d'appareils à gaz, 184, rue de Lafayette.

Paris, le 14 mars 1867.

ASSEMBLÉE GÉNÉRALE DU 17 MARS.

Nous n'avons inséré dans le compte rendu de cette séance ni les trois lettres de M. Graux-Marly (Voir page 21) ni la circulaire Goelzer (Voir page 46) afin de ne rien retirer à cette séance de l'intérêt qu'elle présente. Elle eut en grande partie pour résultat, sinon la terminaison de la grève, au moins celui de faire réfléchir nos patrons qui ne voyaient s'épuiser ni nos ressources ni l'énergie de notre résistance.

La séance est ouverte à dix heures et demie.

La commission siège tout entière au bureau.
Le nombre des assistants est de 4 à 5000.
Une dizaine de patrons fabricants assistent à la réunion, sur l'appel des ouvriers

Le Président. Vous êtes convoqués aujourd'hui pour examiner les conditions qui peuvent servir de base à la conciliation dans notre lutte avec nos patrons. Cette lutte, espérons-le, ne durera plus longtemps. Nous devons songer que l'*association* dans le travail nous attend pour faire place à l'association dans la guerre. La question des tarifs, librement consentis dans chaque maison, est la seule que nous ayons à agiter. On a dit que les façonniers étaient un rouage inutile. Disons que la liberté est la même pour tous. Les usages de notre industrie légitiment leur rôle. Qu'ils se conforment à l'usage des tarifs et ne nous inquiétons pas davantage de leur présence. Avant d'aborder cette question, M. King va rendre compte du résultat de la mission que lui et ses collègues sont allés remplir auprès des Sociétés ouvrières anglaises.

M. *Kin.* Nous avons visité les comités d'une vingtaine de Sociétés comprenant plus de 200 000 membres. Partout l'*ultimatum* des patrons, qui exigeait la dissolution de notre Société, a été l'objet de la désapprobation énergique de nos frères d'Outre-Manche. Cela seul suffisait, disaient-ils, à justifier leur intervention, en nous offrant la possibilité d'empêcher qu'un pareil système soit plus longtemps mis en avant. On l'a compris partout depuis : aussi notre Société n'est plus en discussion.

Toutes les Sociétés, que nous avons visitées, ont voté des souscriptions qui nous ont été remises ou vont nous arriver successivement. Nous n'avons pu voir toutes celles qui existent; il nous fallait revenir promptement, vous le savez.

Voici celles avec lesquelles nous avons été en rapport :

2 Sociétés de doreurs.
1   »   compositeurs.
1   »   mécaniciens, 36 000 membres.
2   »   charpentiers, 8500 membres.
1   »   ébénistes, 600 membres.
2   »   vernisseurs en meubles.
1   »   carrossiers, 10 000 membres.
1   »   branche française.
1   »   corroyeurs, 8000 membres.
1   »   ferblantiers.
1   »   maçons, 6000 membres.
1   »   terrassiers, 20 000 membres.
1   »   chapeliers.
1   »   cordonniers, 9000 membres.
1   »   fondeurs, 12 000 membres.

Les amis, qui composent chaque comité visité, se sont chargés d'aller, pour nous, partout où le temps ne nous a pas permis d'aller nous-mêmes. Nous pouvons donc espérer que dès ce moment la solidarité des travailleurs est établie entre tous les peuples jaloux de voir le travail occuper la place qui lui est légitimement due. (*Applaudissements énergiques.*)

Le Président remercie les Sociétés anglaises et françaises, ainsi que les particuliers qui sont venus en aide aux ouvriers du bronze. Des acclamations répétées accueillent ces paroles.

Le Président. Les semaines se passent sans que l'on puisse constater de bonne volonté de la part de ceux qui nous emp'oient habituellement. L'orgueil domine. Rejetons ce mauvais sentiment, et faisons quelque chose qui ne soulève plus de pareilles querelles. C'est grâce aux tarifs que de pareils conflits n'auront plus lieu. C'est notre seule garantie. Demandons-les avec dignité et nous les obtiendrons. Si nous n'avons pas de tarifs, les concessions qu'on nous fera seront reprises demain. Mais, écoutons tout le monde.

M. *Kin* donne lecture d'une circulaire de M. Goelzer, fabricant d'appareils à gaz, dans laquelle il explique qu'il n'a jamais voulu entrer dans la ligue des fabricants, qu'à tous les points de vue il réprouve la fermeture des ateliers, que le vote de la chambre syndicale n'a été fait que par 9 votants, et que le blâme qu'on a voulu lui infliger perdait toute valeur, ces 9 voix appartenant à ceux qui avaient déjà fermé. Il sent sa conscience libre, il a conservé l'amitié de ceux qu'il emploie. C'est tout ce qu'il cherchait. (*Applaudissements répétés.*)

Le Président rappelle de nouveau à la concorde. Il donne la parole à M. *Graux-Marly*, fabricant de bronzes.

M. *Graux-Marly* lit trois lettres (voir page 21) qu'il a adressées, dès le commencement de la coalition, à ses confrères de la Société des fabricants, par lesquelles il leur interdisait de se servir de sa signature plus longtemps. Il ne s'explique pas l'épidémie qui a tout d'un coup envahi les fabricants, « c'est comme la peste bovine et le choléra. Il se félicite de n'avoir pas été atteint. » Le tarif est établi chez lui. Dans le but d'expédier lestement les commandes qui lui viennent, il a décidé d'ajouter un franc par jour au gain de chacun de ses ouvriers qui feraient de 55 à 60 heures de travail par semaine. Il espère s'attacher ainsi ses ouvriers et faire beaucoup et de bon ouvrage. (*Applaudissements*).

M. *Raingo*, fabricant de bronzes. Il n'est délégué par personne; il vient seulement pour connaître, une fois pour toutes, les conditions des ouvriers. Il sait que l'orgueil perd tout. Il fait appel à la conciliation et voudrait savoir comment on entend établir un tarif.

M. *Kin*. La Commission des ouvriers, dont elle est l'organe, entend qu'un tarif soit établi dans chaque maison, librement débattu entre les ouvriers et chaque patron. On n'a jamais voulu établir un tarif uniforme pour tout le bronze. Cela a déjà été expliqué. L'essentiel est qu'il n'y ait pas de mystère par l'intermédiaire des façonnier. Il est convenu que le façonnier prend le cinquième du prix payé par le fabricant; que tout le monde connaisse ce prix qui sera tout d'abord débattu et l'assurance de n'être point trompé donnera naissance à la concorde que tout le monde appelle.

M. *Graveline*. Il y a des façonniers qui retiennent plus qu'ils ne devraient. Certains vont jusqu'à retenir la moitié du prix payé par le fabricant.

M. *Camelinat* lit la résolution suivante : L'assemblée considérant que les tarifs sont la seule garantie des ouvriers et des patrons, a résolu en principe qu'il en serait établi dans toutes les maisons où faire se pourra. »

La discussion continue sur cette proposition.

M. *Braquerville*. Il faut que tous les fabricants inscrivent les prix qu'ils payent sur le livre des façonniers.

M. *de Beaumont*. La présence de quelques fabricants à l'assemblée peut faire avancer la conciliation Qu'ils se pénètrent bien que le tarif sera une garantie pour eux comme pour les ouvriers Ils recevront un travail mieux fait dès l'instant où l'ouvrier recevra ce qui lui est dû Chaque façonnier, voulant accaparer toute la besogne des fabricants, baisse les prix et amène leur avilissement.

Le Président. Il a entendu dire par des fabricants eux-mêmes, qu'ils avaient dû repousser des offres de bon marché avilissantes.

M. *Ginss* voudrait que le tarif fût aussi bien pour les hommes à la journée que pour ceux aux pièces. Les fabricants devraient eux-mêmes imposer le tarif aux façonniers.

M. *Kin*. C'est vrai ; il y a des façonniers qui retiennent la moitié du prix des travaux, c'est exorbitant. Pour faire disparaître ces abus, nous avons besoin du concours des patrons. Nous espérons qu'il ne nous manquera pas.

M. *Raingo* fabricant. La question des tarifs a effrayé mes confrères, et avec raison, car nous sommes bien souvent liés par les exigences commerciales, qui régissent, malgré tout, la loi de l'offre et la demande. Les tarif pourront-ils être changés dans certains cas ?

M. *Kin*. Le tarif ne peut être immuable. Nous ne demandons qu'une chose, c'est de ne pas ignorer les prix convenus entre façonniers et fabricants.

M. *Leval* croit que les tarifs n'auraient plus raison d'être, si on leur donnait trop d'élasticité.

M. *Raingo*, fabricant, n'admet point de tarifs au point de vue fixe ; de plus, il ne pourrait y consentir que si toutes les maisons en établissent. On a demandé que les fabricants fassent voir leurs livres, cela ne se peut pas. Les ouvriers devraient rentrer d'abord dans les ateliers, on ferait ensuite les tarifs.

M. *Richton* connaît des façonniers qui ont retenu jusqu'aux quatre cinquièmes du prix payé. On refuse les tarifs, on rejette des demandes légitimes ; il y a cependant un écart énorme entre le prix de revient et le prix de vente.

M. *Kin*. Il n'est pas question de voir tous les livres des fabricants. Le seul livre de paye, le livre d'atelier peut suffire. Toutes les maisons ont des tarifs plus ou moins suivis. Là où il n'y en a pas, on se servira de l'arbitrage. Quant aux exigences commerciales qui résultent de l'offre et de la demande, il semble que l'existence des travailleurs a bien autant d'importance que quelques ennuis qu'un tarif peut occasionner aux fabricants.

M. *Malarmet*. Il y a certaines maisons qui ne font certaines pièces qu'une seule fois; ici un tarif est impossible, c'est le temps passé qui doit servir de guide pour le prix de chaque pièce. Pour la fabrication courante, les tarifs sont indispensables. Il y a certainement un tarif dans chaque maison, mais tout à fait arbitraire.

M. *Mahuet*. Si on refait des tarifs, il faut augmenter les articles mauvais, et diminuer, s'il y en a, ceux qui sont trop payés.

M. *Perrachon*. Il faut que la justice soit le guide unique des relations entre les hommes. On doit gagner sa vie aussi bien chez le façonque chez le fabricant.

M. *Leval*. Le tarif garantit la liberté du travailleur à la journée quand il sait le prix d'une pièce qu'il a en main; il connaît son devoir et peut compter ce qu'il doit faire comme équivalent de ce qu'il reçoit.

M. *Malarmet*. La journée d'un ouvrier s'établit sur ce qu'il produit. Il y a des travaux qui sont mieux payés les uns que les autres.

Le Président, pour conclure, dit qu'on n'a jamais demandé tous les livres d'une maison pour faire les tarifs, mais seulement les livres d'atelier, qui sont insignifiants et dont la prise de communication ne saurait être indiscrète.

M. *Raingo* est content d'avoir assisté à la séance; il es autorisé à demander une entrevue à la Commission pour le lendemain. Il espère qu'on pourra s'entendre.

L'assemblée passe au vote sur la résolution insérée plus haut, relativement à la nécessité d'établir des tarifs. Elle est adoptée à l'unanimité moins deux voix.

Le Président, prenant de nouveau la parole, propose une seconde résolution ainsi conçue :

« L'assemblée déclare que :

« Vu la prolongation de la grève qui nous est infligée par les fabricants:

« Vu l'état de nos ressources;

« Les hommes en chomage forcé seront exemptés de leur cotisation de cinq francs par semaine. Il recevront, à partir de samedi prochain, l'indemnité intégrale de vingt francs. »

Cette résolution est adoptée à l'unanimité.

La séance termine par un vote unanime de confiance en faveur de la Commission ouvrière.

L'assemblée se sépare à midi et demi, au milieu du plus grand calme.

Pendant les huit jours qui séparent l'assemblée du 17 et celle du 24 mars, nous ne rencontrons aucun document à insérer. Nous profiterons de la place que leur absence nous laisse pour parler de deux mauvaises nouvelles qui vinrent à notre connaissance. Il paraît que quelques ouvriers d'industrie étrangère au bronze auraient été renvoyés par leurs patrons, pour avoir fait des collectes dans leurs ateliers, afin de nous soutenir dans notre résistance. Si cela était vrai, nous serions infiniment affligés que pareille récompense soit la part de celui qui comprend la solidarité, et nous sentirions que nous avons un devoir à remplir envers eux. Nous savons qu'on ne peut guère attendre grande justice de ceux qui sont habitués à considérer leurs ouvriers comme des *outils vivants*, dont on se défait quand et comme on veut, et qui doivent être soumis à leurs *maîtres* comme une chose inerte. Nous croyons cependant que les patrons, qui pensent et agissent ainsi deviendront de plus en plus rares. La solidarité des travailleurs se fait chaque jour et en tous sens, et ils seraient bien aveugles, ceux-là qui croiraient pouvoir toujours agir ainsi. Le travailleur se fait majeur et fort, il attend de ceux qu'il fait vivre une plus grande somme de considération, quand même l'égalité ne commanderait pas que sa dignité soit respectée.

Ceci nous amène à parler d'un autre événement douloureux, dont nous avons ressenti le contre-coup toujours, parce que la solidarité exerce son influence dans le bien comme dans le mal, dans les bienfaits de la paix comme dans les maux de la guerre. Nous voulons parler des scènes de Roubaix. Nous, qui venons de traverser une crise dont les incidents ont tous été pacifiques, quoiqu'ils se soient ardemment succédés, combien nous regrettons que nos frères de Roubaix « complètement absorbés par un travail incessant, insuffisam- « ment rémunérés, détournés de leur tâche pénible par les seules pré- « occupations de la misère » n'aient pu, eux aussi, détruire pacifiquement la coalition de leurs patrons. Ici, à Paris, au centre des écoles, en relations fréquentes avec des hommes instruits, nous savons combien nous avons de peine à sortir des ténèbres de l'ignorance. Combien sont à plaindre, plus que nous, nos pauvres camarades des filatures. Enfermés du matin au soir, cloués à leurs métiers par des règlements inflexibles, dont chaque ligne énonce une punition ou une amende, ils ne peuvent songer à l'espérance d'un meilleur sort. Cependant, quand, en présence des rigueurs qu'impose le capitalisme et la féodalité financière qui règnent là-bas en maîtres absolus, le désespoir s'empare de ces hommes, la brutalité remplace les moyens légaux dont se servent ceux dont un bien-être relatif a commencé l'émancipation. Nous avons compris que nous ne pouvions avoir de malédiction pour ceux qui paraissaient compromettre notre cause par leurs actes. Nous avons envoyé à leurs femmes et à leurs enfants une faible partie des sommes mises à notre disposition, afin de soulager ces innocents héritiers d'un passé d'ignorance et de misère.

Procès-verbal de la séance du 24 mars.

Ouverture de la séance à dix heures, sous la présidence de M. Hardy.

Tous les membres de la Commission sont présents.

Le procès-verbal de la séance du 17 mars est lu et adopté.

M. *Hardy*, Président. Tous nos camarades ne se départiront point aujourd'hui du calme qui a présidé à chacune de nos assemblées. Ce n'est pas quand nous avons obtenu le résultat que nous cherchions, qu'aucune parole discordante doit être prononcée.

Notre tâche n'est pas achevée, et nous n'avons jamais le droit de nous reposer quand il reste quelque chose à faire, et ce quelque chose c'est l'association. C'est là le vrai mobile qui doit réclamer les efforts que nous avons encore à faire. Quand l'œuvre de la guerre est finie, l'œuvre de la paix doit commencer. Songez-y-tous.

M. *Kin* veut aussi le conciliation. Mais il voit avec peine des fabricants qui renvoient leurs anciens ouvriers ou ceux qui se sont faits les avocats de leurs camarades. On nous demande de la modération, mais on devrait bien en montrer dans le camp de nos adversaires.

M. *Legorju* apprécie les raisons de M. Kin.

M. *Camélinat* lit une proposition de M. Malermet, demandant que l'Assemblée exprime par un vote le regret qu'elle éprouve de voir certains patrons, après s'être mis d'accord avec leurs ouvriers en général, en refuser quelques-uns d'entre eux.

M. *Kin* reprend la parole et appuie la proposition de M. Malarmet.

M. *Hardy* dit que la liberté existait pour tous, que les patrons ont le droit de prendre ou refuser qui ils veulent. Il repousse la proposition.

M. *Barbedienne*, fabricant, demande la permission de dire quelques mots. Il supplie l'Assemblée, si calme ordinairement, de ne point s'engager sur un débat qui violenterait la liberté.

M. *Malarmet* maintient sa proposition.

M. *Leval* croit aussi que la liberté ne nuira à personne, au contraire. Tant d'ouvriers s'encroûtent dans les ateliers, et, par là, perdent de leur valeur. Il est bon qu'une cause étrangère vienne secouer leur torpeur. Il ne comprendrait pas un ouvrier qui voudrait rentrer dans son atelier malgré son patron.

M. *de Beaumont* ne veut pas s'imposer à personne. Il développe ses raisons assez longuement, il termine en disant : « Si un patron ne veut pas de moi, eh bien ! je m'en moque pas mal, je vais ailleurs. »

Plusieurs membres prennent la parole pour et contre la proposition.

Par un vote l'Assemblée passe à l'ordre du jour.

La Commission propose à l'Assemblée de descendre la cotisation de 5 francs à *deux* francs.

Un membre de l'Assemblée demande la parole pour faire la proposition de descendre la cotisation à 1 franc, la trouvant lourde à 2 francs pour les pères de famille.

M. *Kin* soutient la proposition de la Commission. Par cette raison que nous avons reçu aide efficace de beaucoup de corporations, nous devons nous mettre en mesure de rendre les mêmes services que nous devons considérer comme une dette. De plus, ayons toujours un capital prêt ; la lutte est terminée, elle peut recommencer. Si l'on veut éviter la guerre, il faut toujours être prêt à la faire.

Plusieurs sociétaires appuient le chiffre de deux francs et entre autres M. Hardy, qui fait observer à l'Assemblée que, quand on contracte des dettes, on n'a pas le droit de se mettre tant à son aise, il faut d'abord payer.

L'Assemblée passe au vote et adopte la proposition de deux francs à l'unanimité moins trois voix.

M. *Hardy* remercie l'Assemblée de lui avoir par son calme rendu la tâche facile, et la séance est levée à midi.

Nous avons fait notre devoir en résistant à l'abaissement qu'on voulait nous faire subir, par la dissolution de notre société ; nous avons été dans notre droit en réclamant des tarifs consentis librement entre ouvriers et patrons, nous sommes encore dans notre droit en demandant l'élévation des prix de façon qui ne nous permettaient pas de vivre en travaillant,

L'exécution complète de ces trois points est la tâche du moment présent.

L'existence de notre société n'est plus mise en question par nos patrons, son existence légale viendra, nous l'espérons. Son existence de fait repose toute entière sur nous. C'est à la façon dont nous remplirons nos devoirs qu'on pourra être assuré de sa durée plus ou moins certaine Si tous, tant que nous sommes, nous versons régulièrement nos cotisations, si nous nous intéressons continuellement à sa marche progressive, à sa position financière, le succès est assuré. Les services que notre société nous a rendus, elle nous les rendra encore, elle nous permettra d'en rendre à d'autres, à ceux qui sont venus à notre aide pendant la bataille.

Verser régulièrement ses cotisations est très-bien, mais cela ne constitue pas le devoir accompli. Il faut en outre chercher des adhérents nouveaux, il faut chercher l'application complète du règlement, il faut veiller à son exécution, il faut considérer tous ses collègues comme des amis qu'on doit aider de toutes façons à tirer tous les profit moraux et matériels que peut donner la solidarité.

Nous avons réclamé et il a été décidé en Assemblée générale que des tarifs seraient établis dans chaque maison et que c'était la condition principale de la rentrée dans les ateliers, un tarif pouvant être considéré comme frein contre l'avilissement du travail ; mais ce n'était pas chose facile. Beaucoup de travaux étaient en retard. Les fabricants demandaient que ces travaux fussent achevés avant de faire les tarifs. D'autre part les ouvriers mis en défiance par les procédés antérieurs dont on avait usé envers eux, exigeaient avec raison cette garantie qui avait coûté plus d'un mois de chômage et par conséquent des sacrifices onéreux.

Un grand nombre de maisons se sont exécutées, les relations de patrons à ouvriers y seront meilleures et de plus de durée, le tarif étant le régulateur de la valeur personnelle.

En effet, quand l'ouvrier aura exécuté une pièce dont le prix est connu, il ne pourra en réclamer un plus élevé, de même que le patron ne pourra en payer un moindre.

Dans le cas spécial de notre industrie où le façonnier s'interpose presque partout entre le fabricant et l'ouvrier, n'est-il pas de toute nécessité que fabricants et ouvriers sachent le chiffre que donne l'un et que reçoit l'autre.

Le premier aura un travail de la valeur exacte de la somme qu'il a déboursée et le second tout ce qui lui est dû, laissant au façonnier ce que l'usage du bronze a consacré.

Maintenant que tous ces détails vont être réglés nous aurons à nous occuper du lendemain.

La tâche de l'avenir, nos camarades l'ont tous devinée, nous en sommes certains. Si la grève améliore notre salaire, elle nous oblige par cela même à consacrer une partie de la surélévation obtenue à une besogne qui doit achever notre émancipation. L'association dans le travail, après l'association dans la lutte. Nous sérions coupables envers nous-mêmes, si, la victoire obtenue, chacun de nous ne consacrait pas tous ses efforts à s'affranchir du patronat qui pèse sur nous si lourdement. Quelle sécurité aurons-nous, tant que nous travaillerons chez les autres? La perspective de recommencer la grève toutes les fois qu'il plaira à nos patrons de trouver qu'ils ne gagnent pas assez, ou que nous gagnons trop. L'avidité du capital à absorber tous les fruits du travail, dont nous avons été si souvent les victimes, doit nous faire réunir les plus grands efforts pour la nouvelle tâche. Quand nous travaillerons chez nous et pour nous, ce sera dans les assemblées des associés que les tarifs seront discutés et votés, et non plus entre un homme intéressé à leur avilissement et des ouvriers dont la pauvreté détruit la liberté d'acceptation.

A notre dernière Assemblée, on nous disait de songer à l'association. Il y a six semaines, le calme n'était pas encore rétabli parmi nous, mais maintenant que nous travaillons presque tous, que ce soit notre seule préoccupation. Si chacun d'entre nous le veut, le grand exemple que nous avons donné aux ouvriers menacés dans leur dignité, nous pourrons encore le donner dans l'arène du travail. Nous savons tous que sur la route du progrès celui qui s'arrête recule, et nous ne voulons pas retourner en arrière. Cependant, si nous restons où nous sommes, nous reculerons. Allons donc en avant, l'émancipation complète s'y trouve : L'ASSOCIATION.

CAMÉLINAT, DE BEAUMONT, GÉRARD, GILLE, GAUTHIER, HARDY, KIN, LEGORJU, LEMOINE, MANCIENNE, MARCHAND, NORMAND, TULLEAU, VAUDIN, VALDUN, VY, SENOFFRE.

Paris. — Typ. Gaittot, rue du Jardinet, 1.

SOCIÉTÉ FRATERNELLE DE SOLIDARITÉ
ET DE CRÉDIT MUTUEL

PROCÈS

DES

OUVRIERS TAILLEURS

GRÈVE DE MARS-AVRIL 1867

ASSOCIATION

DE PLUS DE VINGT PERSONNES, NON AUTORISÉE

PARIS
LIBRAIRIE DE ROUANNE, ÉDITEUR
76, RUE DU FAUBOURG-POISSONNIÈRE, 76

1868

INTRODUCTION

Des circonstances indépendantes de notre volonté ont retardé jusqu'à ce jour la publication de ce procès, que nous aurions désiré éditer beaucoup plus tôt, dans l'intérêt des travailleurs en général, car il nous a paru contenir plus d'un enseignement utile.

Nous n'avons rien négligé pour être enfin fixés sur l'étendue des droits que nous possédons sous la législation actuelle. A notre avis, de nombreux précédents nous autorisaient à nous croire dans la légalité; aussi notre étonnement a-t-il été grand lorsque nous nous sommes vus accusés d'avoir violé la loi.

Cependant, après avoir épuisé toutes les juridictions, nous avons été définitivement condamnés, et il ne nous reste plus qu'à subir la conséquence de nos actes.

Nous cherchons donc aujourd'hui, en publiant ces débats, à éviter aux sociétés qui voudraient s'engager dans la même voie les condamnations qui nous ont frappés.

En terminant ces quelques mots, qu'il nous soit permis de remercier très-cordialement les éminents avocats qui ont bien voulu nous prêter, avec un si noble désintéressement, l'appui de leur talent.

PROCÈS

DES

OUVRIERS TAILLEURS

Après une instruction qui a commencé le 1er mai 1867, MM. Berné, Bance, Coulon, Jeanroy, Jalinier, Deguergue ont été assignés à comparaître devant la sixième chambre du tribunal de la Seine, le 25 juillet 1867, sous la prévention « d'avoir fait « partie d'une association non autorisée, délit prévu par l'art. 291 « du Code pénal, 1er et 2. loi du 10 avril 1834. »

Après une première remise, l'affaire est venue à l'audience du 2 août.

TRIBUNAL CORRECTIONNEL DE LA SEINE

(6ᵉ Chambre.)

PRÉSIDENCE DE M. DELESVAUX

Audience du 2 août.

ASSOCIATION DE PLUS DE VINGT PERSONNES, NON AUTORISÉE.—ASSOCIATION FRATERNELLE DE SOLIDARITÉ ET DE CRÉDIT MUTUEL DES OUVRIERS TAILLEURS.

Six prévenus sont cités devant le tribunal; ce sont les sieurs: Antoine Berné, âgé de trente-huit ans; Pierre-Pascal Bance, âgé de quarante-un ans; Laurent Coulon, âgé de cinquante-cinq ans; François Jeanroy, âgé de trente-trois ans; Jean-Baptiste-Hector Jalinier, âgé de quarante-un ans; François Deguergue, âgé de trente-quatre ans, tous ouvriers tailleurs.

Le siége du ministère public est occupé par M. l'avocat impérial Lepelletier.

M⁰⁰ Picard, E. Arago, Durier, Floquet, sont assis au banc de la défense.

M. LE PRÉSIDENT, aux prévenus. — Vous êtes tous prévenus d'avoir, en 1867, fait partie d'une association non autorisée de plus de vingt personnes. Berné, vous avez entendu; qu'avez-vous à répondre?

BERNÉ. — Nous n'avons pas cru du tout mal faire; nous avons imité ce que nous voyions faire ouvertement devant nous.

D. Vous étiez plus de vingt personnes? — R. Oh! nous étions plus de deux mille.

D. Quel était le but de l'association? — R. De protéger nos intérêts, de faire respecter la dignité de l'homme.

D. La dignité de l'homme en tant qu'ouvrier tailleur. A quelles époques avaient lieu les réunions? — R. Elles n'avaient pas lieu à époques fixes.

D. Dans quel but la Société s'est-elle réunie? — R. C'était plutôt pour la grève que comme Société; le comité proprement dit n'a pas eu le temps de fonctionner.

D. Avez-vous quelque chose à ajouter? — R. Non, nous avons cru faire ce qui existait dans toutes les corporations, notre but était d'avoir quelques fonds pour subvenir à une grève quelconque.

M. LE PRÉSIDENT. — Prévenu Bance, avez-vous quelque chose à ajouter à ce que vient de dire votre co-prévenu Berné?

LE SIEUR BANCE. — Peu de chose : je répète avec lui que nous n'avons fait que copier les statuts des corporations qui marchaient dans le même but; nous n'avons voulu faire qu'une chose, réunir des fonds pour les appliquer aux nécessités causées par les grèves.

D. Et vous Coulon?

COULON. — J'ai à ajouter que nous sommes allés chez M. le préfet demander l'autorisation de nous réunir à propos de la grève; M. le préfet nous a répondu : « Comme vous avez des précédents, que les autres ouvriers se sont bien conduits, je ne vois pas d'obstacle. »

D. C'est au cours des réunions qui ont eu lieu à l'occasion de la grève? — R. Oui, monsieur

D. Et vous, Jeanroy.

JEANROY. — Notre association avait pour but de faire une annexe à la loi sur les coalitions; puisque nous avons le droit de faire grève, nous avons cru que nous avions le droit de réunir les fonds nécessaires. M. le préfet ne nous avait pas dit formellement qu'il nous refuserait; au contraire, il nous a dit : « Formulez une demande par écrit. » Cette demande n'a pas été faite; à la vérité, c'était bien notre intention de la faire, mais nous avons été retardés par les travaux de la grève.

D. Jalinier, qu'avez-vous à dire ? — R. Rien de plus.

D. Et vous, Deguergue ?

DEGUERGUE. — J'étais autorisé à croire légal ce que nous faisions, puisque cela existait dans d'autres corporations. Je l'ai demandé au commissaire de police qui était présent à l'assemblée; il m'a répondu : « Consultez la loi. » J'ai fait mieux : j'ai consulté un jurisconsulte, M. Hérold.

M. LE PRÉSIDENT. — Ne nommez personne, cela pourrait ne pas le flatter; dites seulement un jurisconsulte. — Il nous a dit que nous étions dans notre droit. Bien plus, nous avons demandé à M. le préfet de police si nous pouvions fonder un bureau de placement; M. le préfet nous a répondu : « Parfaitement. » M. le secrétaire général nous a dit seulement : « Vous avez l'opinion publique contre vous; tous ceux qui portent paletot vous sont opposés. »

M. LE PRÉSIDENT. — Passez les choses privées; il n'est pas bien convenable de rapporter de cette sorte des conversations administratives que nous ne connaissons pas

Me FLOQUET. — M. le président, voulez-vous me permettre une observation ?

M. LE PRÉSIDENT. — Non, pardon, l'interrogatoire appartient au président. (Au prévenu.) Avez-vous encore quelque chose à dire ? — R. Non, ce que je disais, que nous avons cru agir légalement.

M. LE PRÉSIDENT. — Vous pouvez vous asseoir. Maintenant, Me Floquet, vous avez la parole.

Me FLOQUET. — Je ne prétendais pas intervenir dans l'interrogatoire; voici la seule observation que je voulais faire : nous aurions désiré invoquer des témoignages sur ces conversations administratives, nous avons voulu faire assigner M. le préfet de police et M. le secrétaire général; mais nous avons reçu une lettre de l'huissier, nous disant qu'il ne pouvait assigner M. le préfet de police. Si M. le substitut ne conteste pas les faits que nous avons avancés...

M. L'AVOCAT IMPÉRIAL LEPELLETIER. — Ils ne sont ni contestés, ni avoués; ils sont ignorés.

M. LE PRÉSIDENT. — Je n'ai voulu arrêter aucun moyen de défense, je vous ai fait remarquer que ce n'était pas le moment de placer une observation.

M. l'avocat impérial LEPELLETIER soutient la prévention contre les prévenus.

Me FLOQUET et Me DURIER ont présenté la défense.

Me ARAGO a renoncé à la parole.

Après une réplique de l'avocat impérial, auquel M⁰ ERNEST PICARD a répondu, le tribunal a rendu le jugement suivant :

Attendu que de l'instruction et des débats il résulte qu'en 1867, à Paris, les prévenus ont fait partie d'une association non autorisée de plus de vingt personnes, établie sous le nom de Société fraternelle de solidarité et de crédit mutuel des ouvriers tailleurs;

Que cette association a été constituée à la suite de plusieurs réunions des ouvriers tailleurs de Paris, et de décisions par eux prises et consignées dans des procès verbaux ;

Que les commissions et les membres de ladite association, au nombre de plus de vingt, se sont réunis pour entendre le rapport sur les statuts et les adopter ;

Que ces statuts indiquent le lien qui rattache les associés entre eux, le but qu'ils se proposent, les moyens, l'action qu'ils décrètent et le mode de réunion qu'ils adoptent ;

Qu'ils n'établissent pas seulement une caisse de secours pour les cas de chômage résultant de la grève, mais qu'ils font main mise sur la liberté d'action de chacun des associés ;

Qu'en effet, ils prohibent la conciliation entre ouvriers et patrons sans l'assentiment de la commission exécutive de l'association, mettent à l'index les ateliers de tel ou tel patron, défendant aux ouvriers d'y entrer ou leur commandant d'en sortir ;

Qu'ils sanctionnent ces prohibitions et défenses par une peine morale résultant de la déclaration que l'ouvrier délinquant sera signalé comme *préjudiciable aux intérêts de la Société;*

Que l'ensemble de ces statuts soumet chaque sociétaire à des obligations d'une telle rigueur, qu'elles sont de nature à absorber la liberté individuelle de résolution et d'action ;

Attendu qu'une association ainsi organisée ne peut être assimilée par aucun point à aucune société civile, industrielle ou commerciale, établie en vue d'intérêts privés, exploitée dans le but d'un partage de bénéfices;

Qu'elle constitue, au contraire, un corps organisé, vivant, agissant, jugeant sans appel, qui ne saurait exister dans l'État qu'avec l'autorisation du gouvernement ;

Attendu que l'existence de cette association n'est point restée à l'état de projet ni de tentative ;

Qu'en effet, la circulaire du 1ᵉʳ mai, émanant de la commission, et qui indique la cessation de la grève, ajoute que la *Société de secours mutuels* ne cesse point d'exister et qu'elle continuera, comme par le passé, de recevoir des souscriptions et des adhérents ;

Qu'elle tombe donc sous l'application de l'article 291 du Code pénal et des articles 1ᵉʳ et 2 de la loi du 10 avril 1834 ;

Attendu qu'à raison de ce fait que l'association s'est formée à la suite de la grève des ouvriers tailleurs, elle ne cesse point d'être soumise aux dispositions des articles précités de la loi pénale ;

Qu'en effet, le législateur de 1864, en supprimant le délit de coalition, a réservé expressément l'application des articles 291 et suivants du Code pénal, de la loi de 1834 et du décret de 1852;

Que l'exposé des motifs, la déclaration du rapporteur de la commission du Corps législatif et les discours des orateurs ne laissent aucun doute à cet égard ;

Que, soutenir qu'en permettant les coalitions, le législateur a accordé implicitement aux coalisés le droit de s'associer sans autorisation, c'est ajouter arbitrairement au texte et à l'esprit de la loi, et créer une classe de citoyens qui jouiraient d'un droit qui n'appartient pas aux autres citoyens ;

Que si l'association est utile au développement des grèves, elle ne doit pas moins, dans l'intérêt de la sûreté publique, rester soumise à l'autorisation du gouvernement ;

Attendu que les faits ainsi caractérisés constituent contre tous les prévenus le délit prévu et puni par les articles 291 et 292 du Code pénal, 1 et 2 de la loi du 10 avril 1834 ;

Déclare dissoute la *Société fraternelle de solidarité et de crédit mutuel des ouvriers tailleurs;*

Et faisant application aux six prévenus des articles précités, ensemble l'article 463 du Code pénal, à raison des circonstances atténuantes;

Condamne Berné, Bance, Coulon, Jeanroy, Jalinier et Deguergue, chacun en 500 francs d'amende, et les condamne solidairement aux dépens. — Les condamnés ont tous fait appel de ce jugement.

COUR IMPÉRIALE DE PARIS

Chambre correctionnelle.

PRÉSIDENCE DE M. SAILLARD

Audience du 13 novembre.

MM. Berné, Bance, Coulon, Jeanroy, Jalinier, Deguergue ayant interjeté appel du jugement qui les avait frappés en première instance, l'affaire a été indiquée devant la Cour pour le 28 août. Les appelants n'ont pas comparu, leurs avocats étant déjà partis en vacances. La Cour a cru devoir retenir la cause et confirmer par défaut la sentence des premiers juges. Opposition ayant été faite à cet arrêt, l'affaire est revenue contradictoirement le 13 novembre.

Le rapport a été fait par M. le Conseiller Vignon.

Après ce rapport, M. le Président Saillard a procédé à l'interrogatoire des prévenus, qui ne diffère pas du premier.

La parole est donnée ensuite à M⁰ Floquet, avocat, qui lit les conclusions suivantes :

« Plaise à la Cour,

« Attendu que la société de crédit mutuel, de solidarité et de prévoyance des ouvriers tailleurs n'était encore qu'en voie de formation au moment où la poursuite a été dirigée contre les appelants,

« Qu'en effet les statuts n'avaient été adoptés qu'à titre provisoire, et comme indication d'un vœu de l'assemblée des tailleurs coalisés, et non comme acte de volonté des sociétaires futurs, qui ne s'étaient même pas encore réunis en assemblée générale ; qu'aucune adhésion n'avait été réalisée ni par la délivrance des livrets, ni par le versement des cotisations ; qu'enfin, les collecteurs n'étaient même pas nommés, et qu'ainsi la société n'avait pu encore ni se constituer, ni fonctionner au jour des poursuites.

« Attendu que dans cette situation, les prévenus auraient tout au plus commis une tentative d'association non autorisée, et qu'en la matière, la tentative, n'ayant pas été prévue par la loi pénale, ne saurait être assimilée au délit ;

« Attendu que, dans le cas où, par impossible, la Cour admettrait que la société dont s'agit n'était pas restée à l'état de projet, mais qu'elle avait été réalisée avant les poursuites, on ne saurait assimiler ladite société aux associations que l'art. 291, Code pénal, et 1ᵉʳ de la loi du 10 avril 1834 soumettent à l'autorisation préalable de l'administration ;

« Attendu en effet que quelque généraux que paraissent les termes de ces articles, ils ne sauraient comprendre les sociétés industrielles ou civiles, dont le but est le maniement de purs intérêts matériels, et qui ont toujours été considérées comme n'étant pas soumises à l'agrément préalable de l'administration ;

« Attendu que la société de crédit mutuel, de solidarité et de prévoyance est une société purement civile, dont le but unique est d'assurer aux associés les moyens de louer leur travail au meilleur prix possible ;

« Que si certaines clauses des statuts de la société ont paru aux premiers juges blesser les principes généraux de la liberté du travail, ces clauses n'ont reçu aucune application, ne figurent jusqu'ici que dans un projet d'acte de société et pourraient tout au plus, en supposant l'acte définitif, entraîner la nullité de tout ou partie des conventions sociales, mais que ces clauses ne sauraient altérer la nature même de la société, qui n'en demeure pas moins un contrat purement régi par la loi civile, et par conséquent à l'abri des prescriptions des articles 291, Code pénal, 1er de la loi du 10 avril 1834 ;

« Attendu que, considéré dans sa généralité, ledit contrat a un objet licite, puisque la loi de 1864 a posé en principe la liberté absolue de la coalition et de la grève;

« Attendu, au surplus, que le manquement aux prescriptions des dits articles ne constituerait pas une simple contravention, mais un véritable délit, et qu'en conséquence, l'intention criminelle des inculpés doit être prouvée par la prévention ; attendu que tous les documents de la cause démontrent que l'erreur de droit et de fait des inculpés aurait été inévitable, et qu'en conséquence, non-seulement leur intention criminelle ne saurait être établie, mais leur bonne foi est évidente.

« Par ces motifs et tous autres à suppléer ou à déduire, mettre le jugement dont est appel au néant; statuant par jugement nouveau, renvoyer les appelants des fins de la prévention sans amende ni dépens. »

Me Floquet s'exprime ensuite en ces termes :

« Messieurs.

« L'affaire que vous avez à juger est de la plus haute gravité: d'abord elle touche à l'application d'une loi récente, d'une loi très-importante, la loi de 1864 sur les coalitions. Ensuite, si la solution de la question qui vous est soumise devait être la même qu'en première instance, la sentence qui a frappé les prévenus, acceptée par la Cour, irait atteindre derrière eux et par-dessus leurs têtes un nombre considérable d'autres sociétés qui se trouvent exactement dans la même situation.

« La question dont il s'agit est en effet celle de savoir si une association de crédit mutuel, de solidarité, de prévoyance entre les membres d'un corps d'état constitue le manquement à l'article 291 du Code pénal et à l'article 1er de la loi du 10 avril 1834.

« Renfermé dans ces termes, le problème est assez simple à étudier au point de vue légal, mais il est indispensable avant d'examiner la question de légalité, de savoir dans quelles circonstances est née la société qui vous est déférée, à quelles nécessités elle répondait, de quels éléments essentiels elle se composait. En conséquence, Messieurs, il est indispensable d'examiner les faits principaux de la coalition des tailleurs, dans le courant de laquelle s'est constituée ou a tâché de se constituer la société dont vous êtes les juges.

« D'ailleurs, Messieurs, la poursuite dont vous êtes les juges n'a été qu'un subsidiaire. Ce qu'on voulait tout d'abord, c'était poursuivre la coalition même des ouvriers tailleurs. Mais il a été reconnu bientôt qu'il était impossible d'incriminer cette coalition en elle-même, et c'est en désespoir de cause, lorsqu'il a été bien établi que tous les actes de cette coalition avaient tous été licites; que tous les honorables membres des comités qui la présidaient étaient toujours restés dans le cercle de la légalité; ce n'est qu'après ces investigations, qu'on s'est rabattu sur la société de crédit mutuel et de solidarité, qu'on a concentré sur elle les efforts de la prévention. Il est donc important de dégager de tous les faits généraux le fait spécial qui vous est soumis; mais pour le dégager, il faut connaître d'une façon analytique ces faits généraux, il faut rendre à chacune des parties de l'affaire la place qui lui appartient dans le débat et tâcher de détruire les confusions qui se sont introduites dans le dossier qui est devant vous, dans le jugement dont est appel, et jusque dans le rapport que vous venez d'entendre.

« Par exemple, Messieurs, il y a eu dans la grève trois comités : le comité d'initiative, le comité de conciliation et le comité de secours, ensuite une commission à la tête de la société de crédit mutuel et de solidarité. Eh bien ! on a confondu toutes ces commissions. On a attribué quelquefois à la commission de conciliation ce qui avait été fait par la commission d'initiative, ou bien ce que ces commissions avaient fait, on l'a attribué à la commission de crédit mutuel et de solidarité. Ce sont là des erreurs qu'il importe de dissiper. Ainsi, pour ne citer qu'un point on vous a parlé d'un écrit qui aurait été adressé au nom de la commission de la société de crédit mutuel et de solidarité, d'un écrit qui, dit-on, aurait été distribué par cette commission aux différents ouvriers tailleurs et dans lequel on aurait rappelé les principes du communisme icarien, et on aurait essayé d'introduire dans les esprits certaines théories sociales, ou fait appel à certaines passions ou sympathies politiques.

« Je n'ai point à dire si cet écrit est blâmable, il faut en laisser la responsabilité à ceux qui la réclament, mais il n'a certainement rien à faire avec la commission que vous avez devant vous. Cet écrit, en effet, est revendiqué par deux des prévenus : Bance et Berné, mais s'il a été rédigé par eux, c'est à une époque bien antérieure, non seulement à la fondation de la société de crédit mutuel et de prévoyance, mais même à l'idée de la coalition des ouvriers tailleurs. Cet écrit remonte à quelques années en arrière et avait pour but de faire appel à quelques amis qui partageaient les principes du communisme icarien et de les amener à fonder entre eux une petite société de crédit mutuel qui, du reste, est fondée et fonctionne entre 8 ou 10 membres et, encore une fois, depuis plusieurs années.

« Je pourrais citer un autre fait sur lequel la même confusion s'est établie. On a parlé de 20,000 francs qui auraient été offerts à la commission directrice de la société de prévoyance ; c'est une erreur absolue : ces 20,000 fr. ont été offerts, mais non donnés, à la société coopérative de production des ouvriers tailtails, société qui existait déjà depuis plusieurs années, qui fonctionnait avant la grève et qui n'a rien de commun, sinon la présence de quelques membres de l'une dans le comité de l'autre, avec la société qui est devant le tribunal en ce moment.

« Je prends ces deux faits, comme j'en prendrais plusieurs autres dans le dossier, dans le jugement et dans le rapport, pour vous montrer combien il est nécessaire de faire la part de chacune de ces commissions, de chacune des associations. Il y a donc l'association de la coalition, la société de crédit mutuel qui est en ce moment devant vous, il y avait depuis longtemps la société coopérative de production des ouvriers tailleurs qui a été fondée, 27, rue Fontaine-Molière, et qui depuis, par suite de l'accroissement de ses affaires, a dû fonder une succursale, rue Turbigo, 33. Il ne faut confondre entre eux ni ces associations, ni ces comités, ni les écrits, ni les faits émanés des uns et des autres.

« Par les raisons diverses que je viens de vous soumettre, il est indispensable que j'entre dans l'historique même des faits généraux de la coalition, dans le cours de laquelle est née l'idée de la société de crédit mutuel, de solidarité et de prévoyance.

« Je n'entreprendrai pas d'apprécier la contestation qui s'est élevée entre les ouvriers tailleurs et les patrons. Les ouvriers prétendant que le prix de la main-d'œuvre était tout à fait insuffisant, les patrons, au contraire, soutenant que cette main-d'œuvre était très-suffisamment payée. Ce qui est certain, c'est que les plaintes dans le corps d'état des tailleurs étaient générales depuis la dernière grève qui eut lieu en 1840, époque depuis laquelle aucune augmentation n'était survenue dans le salaire des ouvriers tailleurs.

« La réclamation était générale. Une circonstance se présenta où cette réclamation s'accusa publiquement. En 1862, lors de l'Exposition de Londres, vous savez qu'on envoya en Angleterre des délégations ouvrières. Ces délégations ouvrières, revenues à Paris, durent rédiger des rapports spéciaux dans lesquels elles expliquaient tout à la fois et la situation de leur industrie et les réformes qu'il serait désirable d'opérer pour la bonne condition de ces industries. La délégation des ouvriers tailleurs, comparant leur situation à celle de leurs confrères anglais, constata qu'elle était inférieure, fit entendre de vives plaintes sur la modicité des salaires français et enfin réclama, comme un des remèdes à cette position précaire et malheureuse des ouvriers, l'abolition de la loi sur les coalitions. Pour le dire en passant, on sait que ce vœu d'abolition de la loi sur les coalitions figura en première ligne dans les rapports de toutes les délégations et que ce vœu unanime fut un des principaux arguments dont le rapporteur du Corps législatif appuya le projet de réforme de 1864.

« Cependant, depuis 1864, les ouvriers tailleurs ne profitèrent pas de la liberté nouvelle de se coaliser. Mais en 1867, au moment où l'Exposition universelle faisait renchérir à Paris, dans une proportion inconnue jusque-là, la vie matérielle ; lorsqu'en même temps l'abondance des visiteurs à Paris semblait annoncer une abondante moisson de bénéfices pour les maîtres tailleurs et que la coopération de leurs ouvriers leur était indispensable, les ouvriers crurent le moment favorable d'user de leurs droits.

On ne peut leur faire reproche d'avoir ainsi choisi leur heure, car lorsqu'il s'agit de discuter une question de salaire, il est naturel que les ouvriers prennent le moment où on a le plus besoin d'eux, le moment, par conséquent, où ils peuvent lutter avec quelque avantage et atteindre le résultat matériel auquel ils aspirent.

« C'est donc en 1867, à la veille de l'Exposition, que les ouvriers tailleurs se sont demandé s'il n'y avait pas lieu de profiter de cette loi de 1864, s'il n'y avait pas lieu de chercher, par elle, une amélioration de leur position.

« Cette idée se fit jour dans deux réunions qui se tinrent, le dimanche 27 mars, séparément dans deux cafés de la banlieue de Paris ; réunions peu nombreuses, composées : l'une, d'ouvriers qu'on appelle *pompiers* qui travaillent à la journée aux retouches ; l'autre d'*appiéceurs*, qui travaillent aux pièces, soit à l'atelier, soit chez eux. On déclara, dans ces deux réunions, qu'il y avait lieu de chercher les moyens de faire augmenter les salaires.

« Il était bien entendu d'abord qu'on voulait rester dans la plus stricte légalité, et pour cela on nomma une première commission, dite commission d'initiative, qui était uniquement chargée de solliciter auprès de la préfecture de police l'autorisation de pouvoir se réunir, et une fois cette autorisation obtenue, de chercher un local assez vaste pour réunir les membres du corps d'état. De cette commission d'initiative furent nommés deux des prévenus : MM. Deguergue et Jalinier.

« Cette commission d'initiative fait, comme c'était sa mission, une démarche à la Préfecture de police et obtient une autorisation de réunion publique. Elle trouve un local : l'Eylisée-Montmartre.

« Il y eut une première réunion le dimanche 24 mars, avec l'autorisation préfectorale, dans ce local de l'Elysée-Montmartre. Il y avait de 3 à 4,000 personnes ; cette réunion était naturellement présidée par le président de la commission d'initiative, M. Deguergue.

« Dans cette réunion, on posait naturellement la question de savoir ce qu'il fallait demander, quel était le taux juste auquel la prétention des ouvriers tailleurs devait s'élever et on décida qu'il fallait demander 20 % d'augmentation et certains changements de détail, sur lesquels je n'insiste pas, car ils sont inutiles à l'affaire ; puis on décida qu'il fallait nommer une commission de conciliation. Les membres de la corporation étaient réunis légalement et sous l'œil de la police, et on nomma ainsi une commission de conciliation pour s'entendre avec les patrons et tâcher d'obtenir, par des voies officieuses, le tarif qui venait d'être adopté, c'est-à-dire une augmentation de 20 % et les changements de détail dont je n'ai pas à parler. Dans cette commission de conciliation vint prendre place, par voie d'élection, M. Jeanroy, l'un des prévenus, qui n'entrait pas là comme membre d'une société de prévoyance et de solidarité mais comme secrétaire de la commission de conciliation chargée de s'entendre avec les patrons.

« J'éprouve le besoin de vous montrer dans quels termes de modération, de calme se sont produites ces délibérations des ouvriers tailleurs, et pour cela, je vous citerai une partie du rapport de M. Jalinier, secrétaire de la commission d'initiative, lu à la réunion de l'Elysée-Montmartre, 24 mars :

Maintenant, Messieurs, nous voulons marcher dans les voies de la justice, afin que les patrons ne puissent pas dire qu'il y a parti pris entre nous de faire de l'arbitraire. Nous proposons à l'Assemblée de nommer une commission qui ferait demander à la Société philanthropique des maîtres tailleurs de la recevoir à un jour fixé pour lui proposer nos décisions et entendre les leurs ; laquelle commission ci-mentionnée devra être composée d'hommes sérieux et connus dans l'état, capables de discuter nos intérêts avec les patrons. Une fois que ces Messieurs auraient vu les patrons, ils viendraient vous rendre compte de leur entrevue dans une prochaine séance générale. Si le résultat n'est pas favorable à nos vues générales, la grève serait prononcée à la majorité.

« Le 24 mars donc : nomination de la commission de conciliation. Immédiatement cette commission se met en rapport avec l'association des patrons, car il ont aussi une association, et j'ignore si elle est autorisée : l'Association philanthropique des maîtres tailleurs, qui comprend 5 à 600 membres.

« La commission de conciliation se met en rapport avec cette association, parce qu'elle représentait le corps le plus nombreux des maîtres tailleurs. On lui écrit et on lui dit de nommer de son côté une commission de 10 membres pour discuter les nouvelles conditions de travail que demandent les ouvriers tailleurs. Messieurs les maîtres font une chose assez naturelle, je dois le dire. Jugeant que personne ne pouvait prononcer pour l'assemblée sans qu'une réunion eût eu lieu, ils décidèrent qu'une assemblée serait convoquée et que l'on ferait connaître ultérieurement sa décision sur la demande des ouvriers. Cependant la commission de conciliation avait insisté parce qu'elle savait qu'une réunion générale des ouvriers tailleurs était convoquée de nouveau pour le 31 mars, et qu'il était urgent d'apporter à cette assemblée soit un résultat, soit tout au moins une réponse qui comportât chances de conciliation.

« Malgré ces pourparlers on arriva, le 31 mars, à l'Élysée-Montmartre sans solution et sans réponse des maîtres au sujet de la tentative d'accord amiable. La commission de conciliation fut obligé de déclarer, que non-seulement on ne s'était pas entendu, mais qu'elle ne pouvait pas même annoncer que des pourparlers auraient lieu certainement avec l'association des patrons.

« Avec quelle modération ce langage est tenu par la commission de conciliation, vous le verrez par un extrait du rapport lu par M. Jeanroy, son secrétaire, qui s'exprimait ainsi à cette séance du 31 mars.

« En présence du développement et de la marche des négociations aujourd'hui entamées, devons-nous, Messieurs, suspendre immédiatement les travaux et rompre des négociations, qui, continuées, pourraient fort bien aboutir à la réalisation de nos vœux et à la solution des questions nombreuses et délicates que nous sommes chargés de défendre ?

« La commission doit-elle résilier ses fonctions avant d'avoir accompli son mandat ?

« La commission, Messieurs, qui vous pose ces questions n'a

pas cru devoir les résoudre, voulant laisser à l'assemblée sa plus précieuse prérogative. Mais permettez-lui de vous dire que, dans l'état actuel des choses, elle n'en est pas d'avis et ne le voudrait pas.

« Non, croyez-le bien, Messieurs, nous ne devons pas suspendre immédiatement les travaux pour deux raisons de premier ordre. La première, comme le fait très-bien remarquer un journaliste dans le compte-rendu de notre dernière séance, c'est que nous ne pouvons, ni ne devons nous mettre en campagne sans munitions, et que notre armée dans la lutte du travail contre le capital pourrait se débander au premier choc ; ensuite parce que la rupture immédiate des négociations serait pour nous tous une grande faute, parce que toutes les corporations, l'opinion publique en un mot, rejetteraient sur nous les torts, torts immenses, de n'avoir point voulu de la conciliation, de n'avoir voulu la faire entrevoir à nos patrons que comme un mirage.

« Somme toute, il convient de réfléchir puisqu'il n'y a pas péril en la demeure. »

« Malheureusement l'assemblée, qui ne voyait pas de négociation acceptée par les patrons, vota immédiatement la cessation des travaux et l'ouverture de la grève. Elle décida en même temps que la commission de conciliation était maintenue dans son mandat et que, malgré la déclaration de grève, elle n'en continuerait pas moins ses efforts pour aboutir à une solution amiable du conflit avec les patrons.

« En même temps, dans cette séance du 31 mars, vous allez voir apparaître la société ou le projet de société dont les directeurs ou les prétendus directeurs sont aujourd'hui devant vous.

« En effet, en même temps que M. Jeanroy déclarait qu'il n'y avait pas lieu de commencer la grève, il proposait dans son rapport la formation d'une société de prévoyance, et il engageait les ouvriers tailleurs à nommer une commission pour étudier s'il ne serait pas possible de former cette société fraternelle.

« Ainsi, Messieurs, vous avez déjà vu jusqu'ici la commission d'initiative, la commission de conciliation. Et le 31 mars vous voyez se former une troisième commission, non pas encore la commission directrice de la société de crédit mutuel et de prévoyance, mais une commission chargée d'étudier la question de savoir s'il ne sera pas possible de fonder cette société de prévoyance et d'en préparer les statuts. Dans cette commission entrent les prévenus Coulon, Jeanroy, Bance.

« Quelques jours après eut lieu la réunion de l'association philanthropique des maîtres tailleurs. Ils délibérèrent sur le tarif proposé par les ouvriers et leur envoyèrent une lettre dans laquelle, malheureusement, les maîtres tailleurs commençaient par déclarer que les prétentions des ouvriers tailleurs ne pouvaient en aucune façon recevoir une solution favorable et que, dès à présent, sans examiner davantage la question, ils repoussaient la possibilité que les pourparlers entre les ouvriers et les patrons pussent aboutir. Cependant, ne voulant pas rompre dès lors les négociations, ils acceptaient une conférence avec la commission de conciliation des ouvriers tailleurs et fixaient cette conférence au 4 avril.

« M. JEANROY. Le 5 avril.

« M. LE PRÉSIDENT. N'interrompez pas votre avocat.

« Mᵉ FLOQUET. La date que les maîtres tailleurs fixaient était bien le 4 avril. La commission de conciliation répondit qu'elle ne pouvait accepter le jeudi 4 avril, parce qu'il y avait précisément ce jour là une réunion à l'Elysée-Montmartre. Les réunions se multipliaient parce qu'on espérait toujours la réponse des patrons. Cette réunion eut lieu en effet le 4 avril. Vous remarquerez, Messieurs, que cette réunion allait encore se trouver dans une situation fâcheuse. Les patrons avaient été mis en demeure depuis quelques jours, et cependant aucune conférence n'avait eu lieu entre la commission de conciliation des ouvriers tailleurs et les délégués de l'association philanthropique des maîtres tailleurs. C'est en présence de cette incertitude prolongée que s'ouvrit la réunion du 4 avril.

« Le président rappela à tous le calme qu'il était nécessaire de conserver en ces circonstances. Puis, ne pouvant s'occuper de la question des négociations, on s'occupa de la grève qui avait été votée, et des moyens de la soutenir. C'est dire qu'on s'occupa d'abord de cette société de crédit, de prévoyance et de solidarité pour la rédaction des statuts de laquelle on avait nommé la commission dont j'ai parlé tout à l'heure. Un des membres de la commission de rédaction, M. Coulon, lut les statuts que la commission avait adoptés.

« Et, disons-le de suite, en passant, ces statuts étaient empruntés à une société qui subsiste depuis quelques années, la société des ouvriers bronziers. Ces statuts sont adoptés à titre provisoire. On passe à la nomination de dix-neuf membres de la commission directrice de la société du crédit mutuel, de solidarité et de prévoyance, c'est à dire du comité dont vous avez une fraction devant vous.

« Cette question vidée, M. Berné monte à la tribune. Il déclare qu'il ne suffit pas d'avoir fondé cette société de prévoyance qui a pour but les épargnes des ouvriers, de leur permettre de faire face au chômage involontaire ou volontaire. Il dit qu'il faut aller plus loin, songer à l'avenir, ne pas penser seulement à une association ayant pour but de subvenir à la lutte momentanée entre le capital et le travail, mais envisager autre chose de plus sérieux, de définitif, une association ayant pour but de prévenir la lutte, de faire des ouvriers de petits capitalistes et de les soustraire ainsi aux exigences du capital étranger. Développant son idée, M. Berné fit l'apologie des associations de production, et demanda qu'on profitât de cette réunion des ouvriers pour en fonder une.

« La séance se termine ainsi.

« Le vendredi 5 avril, eut lieu enfin la conférence mixte des délégués patrons et ouvriers. Il fut tenu une note très-exacte de cette réunion puisqu'un sténographe fut chargé de reproduire la délibération. Ces débats peuvent être mis sous les yeux de la Cour, elle verra dans quel esprit de modération, de calme et de dignité ils ont eu lieu ; elle verra comment les ouvriers d'un côté, les patrons de l'autre, ont discuté leurs intérêts. Malheureusement la solution fut négative. Les patrons ayant déclaré qu'ils avaient un mandat impératif de n'accepter aucune espèce de débat sur les bases du tarif proposé par les ouvriers, la commission de conciliation dut comprendre qu'il n'y avait pas lieu d'engager une lutte contre cette idée préconçue, que sa mission était finie, et elle se retira.

« Le dimanche suivant, nouvelle réunion à l'Elysée-Montmartre, toujours avec autorisation de la préfecture de police. M. Jeanroy, secrétaire de la commission de conciliation, donna lecture à l'assemblée de la sténographie même du débat dont j'ai parlé tout à l'heure entre les maîtres tailleurs et la commission de conciliation. Après cette lecture, l'assemblée vota de nouveau, une dexième fois, à l'unanimité (3 ou 4,000 membres étaient présents), la continuation de la grève.

« Cependant la commission de conciliation ne renonçait pas à son œuvre. Elle continua de déployer une très-grande activité, et chercha par tous les moyens possibles, en dehors de l'assemblée générale, à réaliser cette conciliation dont elle portait le titre. Enfin, dans une séance qu'elle tint le 16 avril, elle accepta la proposition d'un homme que vous connaissez bien, M. Dusautoy. M. Dusautoy voulut se poser comme médiateur et fit cette proposition, je crois, de son initiative personnelle. La commission de conciliation accepta comme base de cette médiation de renoncer à 20 p. 100 d'augmentation et de la réduire à 15 p. 100. M. Dusautoy se chargea de négocier sur ces bases avec les patrons. Il négocia en effet avec eux, mais il rencontra une résistance insurmontable. En fin de compte, les patrons lui déclarèrent qu'ils n'entendaient adhérer à aucune des prétentions des ouvriers tailleurs, et qu'ils n'acceptaient pas plus l'augmentation de 15 p. 100 qu'ils n'avaient accepté celle de 20 p. 100, qu'ils n'accepteraient enfin qu'une chose, le retour individuel des ouvriers dans les ateliers, l'entente individuelle de chaque patron avec ses ouvriers.

« Cette déclaration formelle opposée par les délégués de l'association des patrons à M. Dusautoy fut publiée dans plusieurs journaux, et la note insérée à ce sujet dans les journaux proclamait nettement que les patrons n'acceptaient que le retour individuel dans les ateliers, et que si les ouvriers ne rentraient pas au plus tard le 19 au matin, le 19 au soir les ateliers seraient fermés.

« C'est dans cette situation des choses et des esprits, après le rejet de la médiation de M. Dusautoy, qu'eut lieu le 18 avril une nouvelle réunion à l'Elysée Montmartre. M. Jeanroy, au nom de la commission de conciliation, y vint rendre compte de ces dernières démarches et de leur insuccès.

« Malgré ces échecs, la commission de conciliation, par l'organe de son rapporteur, proposait de continuer les négociations pour arriver à une médiation sur les bases de 15 0/0 d'augmentation. De son côté, M. Dusautoy faisait parvenir au bureau de l'assemblée une lettre dans laquelle il déclarait qu'en désespoir de cause, il offrait de traiter encore sur une base de 10 0/0 d'augmentation, et qu'il espérait arriver à une solution.

« Enfin, d'autres membres de l'assemblée demandaient à persister purement et simplement dans la grève, et dans les premières prétentions qu'elle avait posées.

« L'assemblée était donc appelée à statuer entre trois partis : 1° continuer les négociations sur la base de 15 0/0 d'augmentation ; 2° en ouvrir de nouvelles sur la base de 10 0/0 seulement ; 3° ou enfin, continuer purement et simplement l'attitude passive de la grève. Malgré la demande de la commission de conciliation, ce fut ce dernier parti qui l'emporta. La grève fut maintenue pour la troisième fois. La continuation de la grève fut votée à la presque unanimité des quatre ou cinq mille assistants. Alors la commission de conciliation, par l'organe de son président et de son secrétaire, donna sa démission en déclarant que du moment où ses résolutions étaient repoussées, elle n'avait plus raison d'être. Cependant, pour ne pas fermer toute issue à la conciliation, on lui proposa et elle accepta de rester en fonction, mais seulement à l'état de comité de communication.

« Le lendemain, 19 avril, les ouvriers n'étant pas rentrés dans les ateliers, les ateliers se fermèrent conformément à la menace des patrons. Le jour même de Lonchamp qui est comme la fête des modes nouvelles du vêtement, le public put lire sur les plus grands magasins de vêtements du boulevard de grandes pancartes portant ces mots : *Fermé pour cause de coalition des ouvriers.*

« Aussitôt des intrigues se nouèrent. Quelques ouvriers dissidents se réunirent et firent paraître dans les journaux un appel dans lequel ils déclaraient qu'il fallait rentrer dans les ateliers, que les conditions faites par les maîtres étaient très-acceptables. C'était le droit de ces dissidents, je n'ai point à les blâmer ni à examiner sous quels mobiles agissaient les meneurs de cette contre-coalition. Toujours est-il qu'à cet appel quelques ouvriers rentrèrent dans leurs ateliers. Aussitôt, et dès le 27 avril, les patrons rouvrent leurs magasins, proclament dans tous les journaux que la grève est terminée, qu'elle n'existe plus, que tous les ouvriers peuvent et doivent reprendre le travail :

Paris, 27 avril 1867.

Messieurs et chers confrères,

L'offre que nous avons faite d'une augmentation de 10 pour 100 sur tous les salaires en général, comme la dernière limite de concession à laquelle nous puissions arriver, a été considérée comme suffisante par une grande partie de nos ouvriers. Répondant à notre invitation, ils se sont empressés de venir donner leur adhésion à la reprise des travaux.

En présence de ces dispositions, nous considérons la grève comme terminée de fait, et nous invitons nos confrères à rouvrir leurs ateliers lundi matin.

Agréez, messieurs et chers confrères, nos civilités empressées.

JANSSENS aîné, *président;*
Auguste, Barge, Gaillard, Keszler, Malaurie, P. Masquillier, Renard, Schrader, Troin.

« Le comité d'initiative fut fort étonné à la lecture de cette lettre. Il n'y avait pas eu de séance générale depuis le 18 avril. Il n'y avait pas eu d'autres négociations engagées. Et voilà que de leur autorité les patrons déclaraient abolis les trois votes successifs des quatre ou cinq mille coalisés !

« Cependant, le comité d'initiative ne voulut pas assumer sur lui seul la responsabilité de la réponse à faire à cette manifestation des patrons. Voulant donner une certaine solennité à cet acte, il appela les autres comités à délibérer avec lui. Et c'est ainsi que le comité de conciliation et la commission de rédaction des statuts se joignirent à la commission d'initiative, pour faire paraître la déclaration suivante dans les journaux qui avaient publié le manifeste des dissidents et des patrons :

Paris, 27 avril.

Monsieur,

Nous remarquons aujourd'hui dans vos colonnes qu'un comité *non élu*, prétendant agir au nom de la corporation, annonce la fin de la grève. Le comité élu à l'Elysée-Montmartre et mandataire des intérêts généraux des ouvriers tailleurs, n'a qu'une réponse à faire : c'est de convoquer la corporation pour savoir si elle désire mettre fin à la grève. En conséquence, il se met immédiatement en instance pour obtenir les autorisations nécessaires. Il avertit les ouvriers tailleurs que la reprise du travail ne peut avoir lieu dans aucun cas avant une délibération de l'Assemblée générale convoquée à cet effet.

BANCE. — COULON. — MONLAHUR. — DEGUERGUE. — CLÉMENT. — JALINIER. — LEFEVRE. — DANON. — FAUROY.

« La commission d'initiative ne s'en tint pas là. Par surcroît de précaution, pour repousser les insinuations qu'on avait glissées dans certains journaux, et d'après lesquelles la commission n'aurait pas été un mandataire régulier et sincère des ouvriers coalisés, pour bien montrer qu'elle cherchait sincèrement la volonté collective, elle fit préparer des bulletins imprimés avec lesquels on voterait par oui et par non sur la question de savoir si la volonté des coalisés était bien de continuer ou de cesser la grève. Ainsi le vote serait secret, à l'abri de toute pression et on ne pourrait plus dire qu'un enthousiasme factice et momentané avait produit l'unanimité des trois votes précédents.

« La commission fit donc faire plusieurs milliers de bulletins *oui* et de bulletins *non*. Puis elle demanda, comme elle avait fait pour toutes les réunions précédentes, une autorisation à la préfecture de police pour une nouvelle séance.

« Cette fois la préfecture de police refusa.

« Que pouvait faire la commission ?

« Elle déclara, à la date du 1er mai, qu'en présence du refus de la préfecture de police, elle ne pouvait consulter ses mandants et qu'en conséquence elle résignait ses pouvoirs.

« Voici cette déclaration :

Paris, ce 1er mai 1867.

En présence du refus que l'autorité nous oppose à la convocation d'une nouvelle assemblée générale, dans laquelle devaient se décider en dernier ressort, et au scrutin secret, les intérêts généraux et définitifs de la corporation, le comité croit devoir prévenir les ouvriers tailleurs que toutes commissions réunies, il a été décidé que les membres de ces diverses commissions déposaient leur mandat et laissaient, comme auparavant, à tous les ouvriers en général, toute leur liberté individuelle d'action, et leur initiative propre, pour traiter de gré à gré de l'augmentation qu'ils croiraient devoir obtenir.

Toutefois, cette résolution, prise par les commissions réunies, laisse parfaitement intacte la question telle qu'elle se trouve résumée dans notre tarif, et le comité croit ainsi sauvegarder son droit, ses intérêts et son honneur en déclarant que devant l'impossibilité où il se trouve actuellement de convoquer de nouveau la corporation, toute résistance devient par ce fait absolument impossible.

Nonobstant cette décision prise en date d'hier, le comité, en se séparant, croit qu'il est bon de rappeler à tous les ouvriers tailleurs que la Société de crédit mutuel ne cesse point d'exister, qu'elle continuera, comme par le passé, à recevoir les souscriptions des anciens et nouveaux adhérents.

Nous ne saurions trop répéter que la solidarité est un phare que tous nos collègues ne doivent point perdre de vue, s'ils veulent éviter désormais les écueils contre lesquels nous nous sommes heurtés depuis le début de notre grève.

Le siége du comité demeure provisoirement 26, rue Rochechouart.

« Ainsi, Messieurs, on peut le dire, le droit, dans cette circonstance, périssait sous le fait. Les ouvriers avaient le droit de se coaliser. En leur refusant cette dernière réunion, on les entravait dans leur droit, ils ne pouvaient exercer la faculté de coalition dont la loi de 1864 affecte de déclarer la liberté absolue. »

Ici Me Floquet est interrompu par M. le Président, qui, vu la longueur probable des débats, remet à huitaine diverses affaires indiquées pour l'audience de ce jour. Puis la parole est rendue au défenseur.

« Me FLOQUET : Je vous disais, Messieurs, que les ouvriers, à la suite du refus d'autorisation de la réunion, se trouvaient en fait privé du bénéfice de la loi de 1864, et ne pouvaient continuer la lutte collective. C'était déjà beaucoup. Cela ne parut pas suffisant. On a si peu, dans notre pays, l'habitude de cette loi de 1864, et de la liberté en général, que l'on se prit à penser qu'une coalition nombreuse n'avait pu durer pendant tout un mois sans produire quelques délits, et aussitôt naquit la préoccupation de poursuites à exercer.

« Cette préoccupation naquit, il faut le dire, dans l'esprit des maîtres tailleurs beaucoup plus vite que dans l'esprit de l'administration ou de la justice.

« Depuis le 27 avril, c'est à dire depuis le jour de la fameuse déclaration des patrons, une nuée de plaintes assaillit les bureaux de la préfecture de police et des parquets.

« Nous le savons, Messieurs, la loi de 1864, tout en proclamant la liberté de coalition, contient bien des germes d'incriminations qui ont été fécondés par la jurisprudence récente.

« On savait donc n'avoir que l'embarras du choix.

« Ainsi, par exemple, il y a eu la grande grève, la grande coalition des cochers, eh bien ! le comité directeur de cette coalition a été traduit en police correctionnelle et il a été condamné parce que, disait-on dans la prévention, il avait commis une manœuvre frauduleuse en s'imposant comme comité directeur, n'ayant pas été nommé dans une réunion générale des cochers coalisés. Mais on ne pouvait invoquer ce grief contre le comité de la grève des tailleurs, puisque toutes les commissions qui l'ont représenté avaient été publiquement nommées dans des assemblées publiques, autorisées par l'administration.

« Plus tard, on condamnait les coalitions des ouvriers veloutiers de Saint-Etienne, au moyen d'un habile changement de prévention. On reconnaissait, en effet, qu'ils avaient un comité directeur, régulièrement nommé par des assemblées des coalisés, mais on déclarait que ces assemblées formaient des associations non autorisées, tombaient par conséquent sous le coup de la loi pénale. Mais encore dans le cas qui nous occupe, on ne pouvait nous attaquer à ce point de vue. Toutes les réunions ont été autorisées, elles étaient toutes parfaitement légales.

« Donc les grands délits maintenus à côté de la liberté proclamée par la loi de 1864 étaient impossibles à relever contre nous.

« Mais il restait encore bien d'autres ressources à ceux qui cherchaient une prévention. Restaient, en effet, dans les plaintes adressées par les patrons à la police et au parquet les inculpations variées de manœuvres frauduleuses, de menaces, de violences, d'interdictions portant atteinte à la liberté du travail, toutes les inculpations en un mot prévues par les art. 414 et 416 de la loi de 1864. Pour dénoncer des faits susceptibles d'être soumis à ces inculpations, certains patrons scrutèrent tous les actes de la coalition, cherchèrent à la loupe dans tous les écrits des commissions, et même dans des écrits qui leur étaient étrangers et jusque dans les articles de certains journaux. Ils parvinrent même à faire commencer une poursuite contre un journaliste ; c'est ainsi qu'on médita de poursuivre vingt et une personnes qui furent soumises à une instruction.

Mais bientôt il fallut renoncer au chef des manœuvres frauduleuses. L'une des plus graves qu'on reprochât à la commission d'initiative était celle-ci. On lui disait : Vous avez commis une manœuvre frauduleuse ayant pour but de maintenir la cessation du travail quand vous avez déclaré que vous aviez pour subvenir à la grève une somme de 5,000 francs qu'une association anglaise aurait mise à votre disposition, tandis qu'en réalité vous n'aviez reçu que 50 francs.

« Voilà quel était le premier grief de manœuvres frauduleuses.

« Eh bien ! Messieurs, nous avons entre les mains une lettre qui constate que les ouvriers anglais avaient mis, en effet, 5,000 francs à la disposition des ouvriers de Paris.

« Voici la traduction de cette lettre :

38, King street, Regent street, London w. — Avril 15.

A monsieur Jalinier.

Cher monsieur,

Je suis de retour à la salle de notre comité ; aujourd'hui, Leroy a présenté votre billet. Ne permettez à personne de venir à Londres jusqu'à ce que je vous le fasse dire, car je crains que nous ne fassions grève dans un ou deux jours. Une longue lettre m'a été envoyée de

Paris par M. Laurence ; je suppose qu'elle a été retenue par la police, car elle l'avait envoyée avant le télégramme.

Nous avons 5,000 francs en caisse à vous envoyer, sitôt que nous aurons le moyen de vous les faire parvenir en toute sécurité, car nous craignons que cet envoi ne soit aussi retenu par la police.

Je suis, Monsieur, votre dévoué,

DAUICT.

« Il y avait donc bien 5,000 francs parfaitement à la disposition de la commission, et lorsque cette commission a déclaré qu'elle avait reçu ou qu'elle allait recevoir 5,000 francs, ce n'était point une manœuvre frauduleuse pour faire naître un espoir chimérique dans l'esprit de ses auditeurs et faire maintenir la grève. On le vit bien et on abandonna ce chef d'accusation.

« Mais on ajouta bientôt : Vous avez commis pour maintenir la cessation de travail des manœuvres frauduleuses, odieuses. Dans vos assemblées publiques vous avez lu des listes de patrons qui auraient adhéré à votre tarif, or ces listes sont fausses et plusieurs des signataires que vous nommez ont déclaré qu'ils n'avaient jamais adhéré.

« Eh bien ! encore sur ce point, Messieurs, nous avons prouvé, que tous ceux dont nous avions produit l'adhésion avaient réellement et parfaitement adhéré au tarif. Nous l'avons prouvé par la production des pièces elles-mêmes. Elles sont toutes au greffe. Nous avons prouvé que pas une des signatures que nous avions déclaré en notre possession n'était fausse. Il était donc parfaitement vrai que certains patrons avaient adhéré, et en conséquence, lorsque nous rendions compte des opérations des commissions dans les assemblées générales, c'était notre droit, de lire ces listes, de montrer les progrès que nous avions pu faire et de nommer ceux qui avaient adhéré. Tout ce que nous avions dit était vrai, et en conséquence le nouveau chef de manœuvres disparaissait.

« On en chercha d'autres sans en trouver de plus sérieux.

« On chercha ensuite des faits de violence individuelle. On parla de personnes qui auraient été menacer et même frapper, jusque dans leurs chambres, des ouvriers qui consentaient à travailler malgré la grève.

« Remarquez-le, Messieurs, il n'y a peut-être pas une grève au monde où de pareils faits ne se produisent. Il est évident que toutes les fois qu'ils sont commis ou se commettront, il serait très-grave de faire remonter au comité de la grève la responsabilité de ces faits individuels. Eh bien ! je puis aller plus loin, et dans la grève des tailleurs, ceux qui avaient mis ce chef d'accusation en avant on été obligés d'y renoncer, car il a été établi qu'aucune menace n'avait été réalisée, que non-seulement on ne pouvait trouver un acte du comité directeur de la grève tendant à conseiller ou approuver pareilles violences, mais qu'on ne pouvait prouver un fait isolé individuel de violences commises.

« Enfin, on s'est appuyé sur la déclaration des commissions en date du 27 avril, et on est venu dire : vous avez écrit dans la lettre du 27 avril ce qui suit : *Le comité avertit les ouvriers tailleurs que la reprise du travail ne peut avoir lieu, dans aucun cas, avant une délibération de l'assemblée générale, convoquée à cet effet.*

Vous avez porté atteinte à la liberté du travail par cette interdiction imposée à tous les ouvriers. Il y a là un fait délictueux prévu par l'art. 416 de la loi de 1864 et pour lequel nous vous poursuivrons. Cependant, que signifiait cette lettre du 27 avril ? Messieurs, c'était une simple réponse à celle des patrons. Les patrons, en effet, venaient proclamer dans tous les journaux que la grève était terminée, que tous les ouvriers rentraient dans les ateliers. Les commissions qui formaient le pouvoir exécutif de la coalition, et qui devaient maintenir la valeur des trois votes de l'assemblée générale, étaient obligées de prévenir les coalisés et de leur dire : Prenez garde, on vous dit que la
« grève est terminée, ce n'est pas vrai, il ne s'est rien passé
« depuis la décision du 18 avril; que ceux qui veulent rentrer,
« rentrent dans leurs ateliers, mais que ceux qui veulent se main-
« tenir dans la coalition soient bien prévenus que nous restons
« jusqu'à une nouvelle réunion dans l'état où nous étions après
« la séance du 18 avril. Vous êtes prévenus : rentrez ou ne
« rentrez pas, mais rien n'est changé. » Tel était le sens évident de la lettre du 27 avril, et on a fini par le comprendre

ainsi, car on n'a pas continué la poursuite de ce chef encore, et certes on aurait poursuivi si on avait pu croire que cette soi-disant interdiction fût un fait délictueux.

« Voilà, Messieurs, ce qui s'est passé dans l'instruction, voilà écartés tous les chefs de prévention naissant ou de l'article 414, qui prévoit les manœuvres frauduleuses, ou de l'article 416, qui prévoit les atteintes à la liberté du travail. Toutes les plaintes des patrons ont été minutieusement examinées par le juge d'instruction ; aucune de ces plaintes n'a pu se tenir debout. La coalition est absolument innocente vis-à-vis la loi de 1864.

« Alors, Messieurs, on a cherché à côté de cette loi et on s'est dit : il y a la société de crédit mutuel, de solidarité, de prévoyance qui a été créée dans différentes séances, le 31 mars et le 4 avril. Cette société est composée de plus de 24 membres ; elle a reçu même plus de 2,000, adhésions ; c'est une société qui n'est pas autorisée ; donc elle tombe sous l'application de l'article 291 du Code pénal et de l'article 1er de la loi du 10 avril 1834. Voilà le délit.

« Pour donner satisfaction à ces lois, on n'a pas pris tous les adhérents, quoique le texte légal s'adresse à tous les adhérents. On n'a pas même pris tous les membres de la commission, qui étaient au nombre de 19. Mais après une instruction contre ces 19 personnes, on a maintenu la prévention contre 6 personnes qui sont devant vous. Je puis dès à présent conclure que si la prévention, en se posant sur ces 6 personnes, a épargné les 13 autres membres du comité et les 2,000 adhérents à cette société soi-disant illégale, il faut que la prévention fût bien peu sérieuse car je ne puis admettre que l'égalité devant la loi n'existe pas en France.

« Cependant le tribunal en a décidé autrement et il a prononcé le jugement de condamnation dont nous avons interjeté appel.

« Ce jugement a été lu par M. le Conseiller rapporteur ; je m'abstiendrai de le relire pour épargner le temps. Je me contenterai, dans le cours de la discussion, d'indiquer et de réfuter les objections principales faites par ce jugement au système de la défense.

« Ce système de défense est très-simple. Il est tout entier compris dans les conclusions que j'ai eu l'honneur de déposer.

« Nous soutenons que la prétendue société mutuelle et de prévoyance n'était qu'en voie de formation, qu'elle peut être considérée tout au plus comme une tentative de délit ; et que cette tentative n'est pas punissable.

« Nous soutenons que, quand même la société de secours mutuels et de prévoyance aurait dépassé la période de formation et qu'elle aurait eu une véritable existence, elle n'est pas de nature à tomber sous l'application de l'article 291 et de la loi de 1834.

« Nous soutenons enfin, qu'il y a là au moins une question de droit assez incertaine et une question de fait assez douteuse pour que, même dans le cas où la société en elle-même tomberait par quelque côté sous l'application de la loi, du moins les prévenus soient admis au bénéfice de la bonne foi et en conséquence acquittés.

« Je prends le premier point : il n'y a qu'une tentative de délit, la société n'est qu'en voie de formation. Il est incontestable que si vous voulez prendre les procès-verbaux qui indiquent la manière dont la société a été constituée, si vous voulez prendre notamment le procès-verbal de la séance du 3 avril, vous verrez que la constitution de la société est absolument provisoire.

« Provisoire à deux points de vue. D'abord, la délibération n'est pas prise par une assemblée spéciale des sociétaires, mais par l'assemblée ordinaire des coalisés. Ce qui est voté c'est un véritable décret des coalisés statuant qu'il est de l'intérêt de la coalition de former une société de prévoyance et de résistance pour soutenir les grèves présentes et futures. Ensuite les statuts eux-mêmes sont proposés à titre provisoire. Comme on ne pose encore que le principe de la société, on vote les statuts, sans les discuter, on les emprunte à une autre société ; le président déclare que dans trois mois on pourra réviser les statuts, tandis que les statuts eux-mêmes disent que la révision ne doit avoir lieu que tous les ans. Ainsi constitution essentiellement provisoire ; statuts également provisoire ; la société n'est encore qu'en voie de formation.

« Puis, on ouvre bien des listes d'adhésion, mais aucune de ces adhésions n'est réalisée, car on a au greffe tous les livrets des adhérents ; pas un n'a été distribué.

« Il y a plus, aucune cotisation n'a été perçue. Les statuts de la société disent qu'on versera 25 centimes par semaine. La société aurait été fondée et définitivement constituée, d'après la prévention, à la date du 4 avril, et cependant, à la fin de mai, il n'y avait encore aucune cotisation versée ; c'est un fait qu'il est impossible de nier. Il est vrai que dans une des séances générales de la coalition, une collecte a été faite parmi les personnes venues à cette assemblée générale ; mais il faut scrupuleusement distinguer les opérations de la coalition et les opérations de la société de crédit et de prévoyance. Cet argent de la collecte versé à la porte par ceux qui entraient, n'était pas destiné à la caisse de la société de crédit mutuel, il était destiné à faire face aux premiers besoins de la coalition. On peut le voir dans le compte rendu de la séance du 4 avril. Le président déclara formellement qu'il ferait remettre cet argent aux plus nécessiteux. Il entrait dans une espèce de caisse de secours momentanée, mais pas un centime n'est entré dans la caisse de la société de crédit mutuel et de solidarité. Car, encore une fois, cet argent ne représentait que les cotisations des coalisés et ne constituait pas la cotisation des associés futurs.

« Cette perception, d'ailleurs, était parfaitement légale, et il est facile d'en donner la preuve. Dans l'article 414 du projet de loi de 1864 on punissait *les dons et promesses*, ayant le caractère de *manœuvres coupables* et ayant pour but de former ou maintenir une coalition. Mais le rédacteur de l'exposé des motifs avait bien soin de dire que l'on ne considérait comme ayant le caractère de manœuvre coupable qu'une nature particulière de dons et promesses, celles qui, dans un but criminel, auraient pour objet de faire durer la coalition et qu'il ne fallait pas confondre, sous cette qualification de manœuvres coupables, les dons et promesses faits, soit par les membres de la coalition, soit par les personnes étrangères à la coalition, et qui, mues par un sentiment de secours à la faiblesse, viennent apporter leur coopération pécuniaire. La commission du Corps législatif est allée plus loin ; justement inquiète du sens qu'on pourrait donner, en élargissant les mots, à cette expression, dons et promesses, elle en a demandé la suppression. Ces mots *dons et promesses* disparurent en effet de la loi et le rapporteur s'exprime à ce sujet en termes formels : « Ainsi, dit-il, les coalisés se cotisent entre eux ; des ouvriers d'un autre état, des étrangers même, dans une pensée de commisération ou parce qu'ils sont convaincus du bon droit de ceux qui font grève, fournissent des sommes d'argent à la coalition ; cette assistance ne constitue pas une manœuvre frauduleuse. » Eh bien! c'est cette cotisation qui a eu lieu entre les coalisés présents à l'Elysée-Montmartre, et non pas un versement pour la société de crédit mutuel et de prévoyance. Je ferai même remarquer que pareille cotisation ne s'est pas renouvelée. Or, depuis le 4 avril jusqu'à la fin de mai, il s'est écoulé huit semaines, et chaque adhérent qui devait 4 francs, si la société avait été réellement constituée, n'a rien versé. Et, comment aurait-il versé, alors qu'il n'avait même pas son livret pour qu'on pût inscrire le versement qu'il opérait ?

« Il y a plus enfin : non-seulement aucune cotisation n'a été versée, mais il était impossible que ces cotisations fussent recueillies, car le rouage essentiel à cette société de crédit mutuel manquait, les collecteurs n'avaient pas été nommés. Il y a un article des statuts qui dit que pour recevoir les cotisations et pour remplir d'autres missions indispensables au fonctionnement de la société, chaque atelier aurait un ou plusieurs élus sous le nom de collecteurs. Aucun de ces collecteurs n'avait été encore nommé, quoique leur intervention fût essentielle à la vie de la société.

« Ainsi, voilà des statuts provisoires, votés par des gens qui ne sont pas encore adhérents à la société, et qui ne le seront peut-être jamais, voilà une société qui n'a pas d'adhésions réalisées par la délivrance des livrets ; une société qui n'a reçu aucune cotisation, et l'on dit que c'est une société qui existe !— Non, Messieurs, ce n'est qu'un projet de société. Une société n'est pas constituée par cela seul qu'on en pose les bases.

« Le tribunal a cru nous répondre sur ce point par deux arguments qu'il est très-facile de réfuter.

« Le premier de ces arguments consiste à dire ceci : « Que

« les commissions et les membres de ladite association..... au
« nombre de plus de vingt, se sont réunis pour entendre le rap-
« port sur les statuts et les adopter. »

« Eh bien, cet argument est radicalement inexact, car jamais les membres de la société ne se sont réunis. Il n'y a jamais eu que les réunions de la coalition, qui comprenaient 4 ou 5,000 assistants, parmi lesquels il pouvait y avoir des personnes qui adhéreraient plus tard à la société future, mais qui en comprenaient beaucoup d'autres qui n'y auraient jamais adhéré, qui seraient restées en dehors d'elle. Il faut distinguer ces assemblées publiques de la coalition et ne pas les confondre avec la société. Jamais les sociétaires ne se sont réunis, jamais ils n'ont entendu de rapport sur les statuts. Jamais la commission directrice du crédit mutuel ne s'est réunie. La commission d'initiative s'est réunie, elle en avait le droit, elle y était autorisée. La commission de conciliation s'est réunie également. Mais jamais la commission directrice de la société du crédit mutuel ne s'est réunie. Donc la première objection du tribunal repose sur deux faits radicalement inexacts, et cette erreur d'argumentation a été amenée par la confusion entre les diverses commissions et les diverses assemblées.

Voici la deuxième objection soulevée par le jugement : « Attendu que l'existence de cette association n'est pas restée à
« l'état de projet et de tentative ; qu'en effet, la circulaire du
« 1er mai, émanant de la commission et qui indique la cessation
« de la grève ajoute que la société de secours mutuels ne cesse
« point d'exister, et qu'elle continuera, comme par le passé, de
« recevoir des souscriptions et des adhésions. »

« A cette seconde objection je réponds : Oui, certainement la société de crédit mutuel, de prévoyance, de solidarité devait continuer d'exister après la cessation de la grève, mais elle devait continuer d'exister en quel état? en l'état où elle était, à l'état de formation et de projet. Elle ne pourrait véritablement se constituer que lorsqu'on aurait réuni en assemblée générale les adhérents pour leur soumettre les statuts, les discuter et pour délivrer, à la suite, les livrets et exiger les cotisations. Elle ne sera constituée, en un mot, que lorsque l'assemblée des sociétaires l'aura mise en fonctions. Jusque-là la société de crédit mutuel existe, mais n'existe qu'à l'état de projet, et, en effet, c'est ce que le jugement exprime lui-même lorsqu'il dit : « Elle continuera comme par le passé de recevoir des sous-« criptions et des adhésions. » Ce n'est encore qu'un projet, la simple ouverture d'un registre à des adhésions futures. Il est impossible d'aller plus loin, et de dire que les ouvriers qui sont devant vous ont commis un délit. S'ils ont commis quelque chose, ils n'ont commis qu'une simple tentative de formation de société; or cette tentative n'est pas punie par la loi et vous devez les acquitter.

« Par impossible, seriez-vous tentés d'aller plus loin? de déclarer que la société dont il s'agit avait une existence réelle, une constitution définitive? Nous aurions alors à nous demander si cette société est de la nature de celle que prévoient l'art. 291 du Code pénal et la loi d'avril 1834.

« Je n'aurai pas l'indiscrétion de discuter longuement devant vous l'art. 291 du Code pénal et l'art. 1er de la loi du 10 avril 1834, qu'on nous a appliqués.

« L'article 291, que M. Guizot, ministre de l'intérieur, appelait « un mauvais article, qui ne doit pas figurer longtemps dans la législation d'un peuple libre, » je sais que s'il est exceptionnel au point de vue des principes, il est très-général dans ses prévisions délictueuses : Il soumet à la nécessité de l'agrément du gouvernement toute association de plus de vingt personnes, dont le but sera de se réunir tous les jours ou à des jours marqués, pour s'occuper d'objets religieux, politiques ou autres.

« Je sais que la loi de 1834, dont le même M. Guizot, alors ministre de l'instruction publique, disait qu'il espérait la voir disparaître bientôt au moment même où il l'introduisait dans la législation; je sais que la loi de 1834 est plus générale encore que l'art. 291, dont elle avait précisément pour but d'aggraver les dispositions. Ces dispositions de l'art. 291, elle les déclare, en effet, applicables aux associations de plus de vingt personnes, alors même que ces associations se partageraient en sections de moins de vingt personnes, alors même qu'elles ne se réuniraient pas tous les jours ni à des jours marqués.

« Je sais enfin que toutes les exceptions présentées par des amendements pour protéger certaines associations inoffensives furent impitoyablement repoussées par le législateur.

« Ainsi la lettre des lois invoquées est d'une généralité menaçante pour nous.

« Cependant, après avoir scrupuleusement pesé les intentions du législateur, après avoir lu, relu et médité les discussions d'où est sortie la loi de 1834, nous arrivons devant vous avec trois certitudes absolues. La première, c'est que la loi de 1834 a été dictée par des préoccupations purement politiques. Dans toute la discussion générale à la Chambre des députés et à la Chambre des pairs, c'était constamment le souvenir des grandes associations qui avaient existé sous la Restauration, c'était le souvenir des associations plus énergiques qui existaient au commencement du règne de Louis-Philippe, qui était invoqué par les gouvernants du jour arrivés aux affaires par l'effort même des associations de la Restauration et qui ne se souciaient plus de laisser les mêmes leviers à leurs adversaires. On nommait la société *des amis du peuple* et d'autres qu'on affectait de montrer toutes prêtes à livrer assaut à l'ordre de choses, et c'est pour prévenir ces intentions et ces excès imaginaires qu'on édicta la loi de 1834. On ajouta même, pour bien caractériser la loi, qu'on l'abrogerait aussitôt que les passions politiques seraient calmées. C'était donc une préoccupation exclusivement politique qui animait la loi de 1834.

La seconde certitude pour moi, c'est que l'association prévue par la loi de 1834 doit avoir pour mode d'existence des réunions, périodiques ou non, mais plus ou moins fréquentes, c'est-à-dire l'agglomération consentie des personnes dans un but de discussion, de propagande, d'agitation et d'action de l'ordre intellectuel.

La troisième certitude enfin est que si on a refusé d'introduire dans la loi certaines exceptions, si on a laissé toute la généralité des expressions, c'est uniquement de peur que sous le vague des expressions ne se glissassent des associations politiques ; c'est encore ici le sentiment politique qui a dominé.

« En résumé, ce que la loi de 1834 plaçait sous la surveillance inquiète de l'autorité, c'était les rassemblements des personnes en vue du maniement des idées.

« Mais elle n'a pu avoir, elle n'a pas eu la prétention d'étendre la nécessité de l'autorisation préalable aux sociétés ayant pour objet le maniement des intérêts commerciaux ou civils, mais purement matériels, c'est-à-dire aux sociétés dans lesquelles le principal rôle appartient moins aux personnes qu'aux intérêts.

« On a pu, en 1834, ne pas s'inquiéter suffisamment de la distinction. A tort ou à raison, on disait alors qu'il ne fallait pas s'inquiéter pour les intérêts commerciaux, qu'il ne saurait y avoir ni société en nom collectif, ni société en commandite dont la gérance fût de plus de vingt personnes. On disait que les société anonymes étant soumises à l'approbation du conseil d'Etat, la question ne pouvait même pas se poser vis à vis d'elles. Mais depuis 1834, la commandite a grandi. Depuis l'année dernière, les sociétés anonymes sont délivrées du contrôle et de l'autorisation préalable du conseil d'Etat. Est-ce que vous allez les déclarer soumises à l'agrément de la police administrative? Oseriez-vous dire, par exemple, que celles des sociétés d'assurances mutuelles qui sont soustraites par la loi de 1867 à l'autorisation du conseil d'Etat tombent sous l'agrément préalable du préfet de police.

« Oseriez-vous dire enfin que toutes sociétés civiles, associations en participation, etc., qui comprendraient plus de vingt personnes, sont soumises à l'agrément du gouvernement.

« Un jour on a essayé d'appliquer la loi de 1834 à une société de chasseurs qui avaient loué une chasse et qui naturellement chassaient au nombre de plus de 21 personnes. La Cour de cassation a refusé de consacrer cette application abusive et étrange de la loi, et elle a rendu un arrêt ainsi conçu : « Attendu, d'un
« autre, côté que le caractère appartenant au vrai à l'association
« dont il s'agit est exclusif de toute assimilation entre elle et
« les associations prohibées, soit par l'art. 291, Code pénal,
« soit par les lois qui ont modifié successivement cet article. »
Voilà une exception à la généralité des expressions de la loi consacrée par la jurisprudence.

« On en pourrait citer beaucoup d'autres, et le législateur lui-même, depuis 1834, a sous-entendu d'autres exceptions. Ainsi, par exemple, il y a un projet de loi, je ne sais pas quand il passera à l'état de loi, qui réglemente les associations syndicales entre propriétaires pour se défendre contre certains fléaux. Dans ce projet de loi on prévoit les associations libres et les associations autorisées. Est-ce que ces associations dites libres seront soumises à l'autorité, à la censure préalable de la police ?

« Il faut bien le dire, si toute association de plus de vingt personnes, quel que soit son but, qu'il se rattache soit à la politique, soit à l'activité intellectuelle et morale, soit à l'activité commerciale, si toute association quelconque était soumise à l'autorisation préalable du gouvernement, tous les intérêts, tous les actes de la vie sociale seraient soumis à la censure du gouvernement. Ainsi deviendrait une vérité l'ironique appréciation que M. de Tracy faisait de la loi de 1834, à la Chambre des députés :

Il faut franchement le dire, vous voulez l'arbitraire. Alors il faut rédiger l'article 1er ainsi : « Nulle association, de quelque nature qu'elle « soit, sous tous les rapports de nombre, de forme, de temps, de « moyen et de but, ne pourra naître, exister et subsister en sécurité « dans le pays de France, que comme il conviendra à telles personnes « que le pouvoir voudra bien désigner. »

Maintenant, posée avec cette netteté, qu'est-ce que la loi doit atteindre ? Mais elle atteint le fait même de la société, la société tout entière.

« Une restriction naturelle et nécessaire étant ainsi indiquée à la généralité menaçante des art. 291, Code pénal, 1er de la loi de 1834, la société dont il s'agit au procès n'est-elle pas de celles que protège cette restriction ?

« Cette société, quelle est-elle ? Je ne veux pas relire les statuts dont M. le conseiller rapporteur vous a donné connaissance. Je me contente de les résumer en quelques mots : Ces statuts organisent une société d'épargnes, qui a pour but de subvenir aux nécessités que peuvent faire naître parmi les ouvriers les chômages volontaires ou involontaires ; le but de cette société, c'est de mettre les ouvriers en situation de discuter plus librement leurs salaires.

« Il s'agit donc ici d'une véritable société industrielle, dont le but tout matériel est de se procurer le plus haut prix possible du louage du travail, opération purement commerciale. Il s'agit d'ailleurs d'un rassemblement de cotisations beaucoup plus que d'une réunion de personnes déterminées. Ainsi, aucun des caractères redoutés par la loi de 1834. Au contraire, similitude parfaite avec les associations purement industrielles, et notamment avec les sociétés d'assurances mutuelles. Donc, notre cas rentre exactement dans les exceptions naturelles et nécessaires à la loi de 1834.

« Nous dira-t-on que cette société n'est revêtue d'aucune des formes prévues pour les associations commerciales? Nous répondrons en citant les propres paroles d'un organe du gouvernement, les conseils que M. le ministre Forcade de la Roquette adressait aux associations ouvrières pendant la discussion de la loi sur les sociétés, il y a à peine quelques mois : « Une société coopérative peut exister entre les associés avant d'exister à l'égard des tiers ; elle constitue alors une sorte de société *sui generis*, ayant pour objet de recueillir les épargnes de chacun pendant quelques mois, de constituer, au moyen de 10, de 15, de 20 centimes, la somme de 5 francs nécessaire pour la constitution à l'égard des tiers. Vous pouvez prendre tout le temps que vous voudrez, des semaines, des mois, des années, et former une société qui n'existera pas encore à l'égard des tiers, mais qui existe entre les associés. Une convention est parfaitement licite entre 30, 40, 50 personnes, qui a pour objet de recueillir des souscriptions volontaires et de constituer entre ces personnes une sorte de caisse d'épargne ; chacun y met ses économies de la semaine ; 20 centimes, 50 centimes, le salaire le plus modeste ; les sommes varient, les unes étant très-minimes, les autres étant plus fortes, jusqu'au moment où on a constitué un petit capital. . . . .
Ce qu'il faut dire c'est ceci : Commencez par économiser entre vous, commencez par être une société d'amis ; faites une caisse d'épargne dans laquelle chacun viendra toutes les semaines, tous les mois, déposer ses petites économies ; puis, quand vous aurez un capital de 1,000, de 1,200, de 1,500 francs, commencez à avoir à l'égard des tiers un fonds, une existence. »

« Voilà, Messieurs, prévue textuellement par M. le ministre du commerce, la société d'amis, la société d'épargne que voulaient former les tailleurs. Il est vrai que, dans l'hypothèse de M. le ministre, les sociétés d'épargne ont pour but la création de sociétés coopératives de production ; mais si cette forme d'association est légitime pour arriver à ce dernier but, elle ne l'est pas moins lorsqu'il s'agit d'arriver à la coalition, puisque depuis la loi de 1864 la coalition est tout à fait légale.

« Le tribunal nous a répondu que, dans notre espèce, il ne s'agissait pas d'une société industrielle, mais d'un véritable corps moral, une sorte d'Etat dans l'Etat, faisant « main mise » sur la liberté des travailleurs associés.

« A cela, Messieurs, il y a deux réponses à faire : Une réponse générale qui est celle-ci : Dans toute société vous êtes obligés de faire « main mise » sur la liberté des associés ; toute société suppose un règlement, et tout règlement suppose un sacrifice de la liberté des associés ; il n'y a donc aucune objection à tirer de ce mot « main mise » sur la liberté des associés.

« La seconde réponse, plus spéciale, que j'oppose à l'argumentation du tribunal est celle-ci : Je suppose que certain article des statuts dépassait la limite de réglementation que toute société a le droit de s'imposer. Songez qu'il ne s'agit pas en ce moment de savoir si on a le droit d'appliquer les articles, mais si la société dans son ensemble est légale ou illégale. Ce qui vous a préoccupé surtout, c'est l'art. 25 des statuts qui est ainsi conçu :

> Tout sociétaire qui persisterait à travailler dans une maison mise à l'index ou qui entrerait dans cette maison, sera signalé comme préjudiciable aux intérêts de la Société.

« Eh bien ! j'admets que cet article soit une atteinte à la liberté du travail, et qu'il semble jeter un vernis illégal sur toute la société, mais n'oubliez pas qu'il s'agit de statuts de la société et non pas d'actes qui se seraient accomplis en vertu de cet article. Que se passerait-il si cet article 25, que vous considérez comme une atteinte à la liberté du travail, était un jour appliqué à un associé ? Celui-ci résisterait et dirait : « Vous ne pouvez pas m'appliquer un article illégal ; il est impossible qu'on m'exclue, et on doit me garantir et mon droit et mon existence d'associé. » C'est alors que vous auriez à vous proonncer.

« C'est ce qui a eu lieu dans le procès des portefaix de Marseille en 1864. Dans les statuts de cette société il y avait un article identique à celui qui se trouve dans nos statuts; il y avait un article qui disait : tout associé qui ira travailler sans la permission de la société dans les docks de Marseille, sera exclu de la société. Il y eut contestation entre la société et certains de ses membres qui ne voulaient pas se laisser exclure par application de cet article. Le tribunal jugea en effet que leur exclusion serait une atteinte à la liberté du travail et maintint les associés dans la société, mais pour cela il n'a pas dissous la société.

« Je crois, Messieurs, en parcourant rapidement le point de droit, avoir suffisamment indiqué que la société de crédit mutuel des ouvriers tailleurs est une association purement civile et industrielle, ne tombant pas sous l'application de l'article 291. Je n'insiste pas ; mon confrère Me Durier devant s'expliquer de son côté sur ce point.

« Il nous a semblé, et il a paru à des jurisconsultes distingués que la société des ouvriers tailleurs était, par sa nature, légale même sans autorisation du gouvernement. Il n'est donc pas étonnant que ces Messieurs aient pu penser de même et leur bonne foi est exclusive de l'intention délictueuse.

« Mais si l'erreur de droit n'est point acceptée par vous comme suffisante preuve de bonne foi, au moins vous devez admettre l'erreur de fait, et il est certain que tous les faits, toutes les circonstances environnantes ont poussé les prévenus à une inévitable erreur, s'il y a eu erreur dans leur manière d'agir.

« L'autorisation préalable! comment pouvaient-ils croire qu'ils en avaient besoin, ou comment pouvaient-ils croire qu'ils ne l'avaient pas en tant que de besoin.

« Le projet de société n'avait-il pas été préparé, discuté, voté, dans des réunions successives, officiellement autorisées, tenues sous l'œil du public et de l'administration, et dont tous les comptes-rendus et les procès verbaux avaient été publiés dans les journaux?

« Il y a plus, l'administration avait été directement avertie de la formation de la société. En effet, une première fois, Monsieur le préfet de police avait été prévenu quand on était venu lui demander la permission pour la société d'ouvrir un bureau de placement. Monsieur le préfet répondait alors qu'une demande écrite devait être faite pour le bureau de placement, n'aurait-il pas indiqué, en même temps, que l'autorisation était nécessaire à la société elle-même ? Et une autre fois dans une conversation entre les délégués de la grève et Monsieur le secrétaire général de la préfecture de police, celui-ci leur dit qu'ils avaient fondé trop tard leur société de prévoyance, qu'ils auraient dû faire comme les bronziers, ne se mettre en grève qu'après avoir réuni des ressources suffisantes par le fonctionnement anterieur d'une société de crédit mutuel et de prévoyance, mais il ne leur dit pas un mot de la nécessité de l'autorisation.

« Comment enfin ces Messieurs pouvaient-ils croire qu'ils étaient en dehors de la légalité quand ils voyaient fonctionner autour d'eux des sociétés exactement pareilles à la leur et dont on leur citait l'exemple à la préfecture de police. Il y a en effet de tous les côtés de ces sociétés. Voici les statuts de la société des ouvriers bronziers sur lesquels nous avons copié nos statuts depuis le premier mot jusqu'au dernier ; voici la société des peintres en bâtiment dont les statuts sont exactement les mêmes que les nôtres ; voici le règlement textuellement pareil au nôtre, de la société des ferblantiers. Toutes ces sociétés ont fonctionné depuis plusieurs années sans autorisation. Elles nous ont adressé des lettres destinées à la justice et que nous avons le devoir de vous lire :

Paris, le 31 juillet 1867.

Messieurs,

Nous avons appris, avec autant de surprise que de regrets, la détermination prise par le ministère public à votre égard. Nous sommes certains que tout ceci ne peut être qu'un malentendu, et qu'il n'en arrivera rien de regrettable pour vous ; car nous ne pensons pas qu'en suivant la même marche que celle que nous avons suivie nous-mêmes, vous deviez être plus inquiétés que nous ne l'avons été ; nous ne croyons pas non plus qu'en nous donnant le droit de nous coaliser, on puisse nous en supprimer les moyens. Nous qui avons usé de ce droit sans être inquiétés d'aucune façon, il nous semble impossible qu'à d'autres il soit contesté.

Dans toutes circonstances, comptez sur l'intérêt que nous inspire la solidarité.

La commission des ouvriers du bronze,

MM. Vaudin, Camélinat, Mancienne, Marchand, Vy Frédéric, Gauthier, Gilles, de Beaumont, Gérard, Legorju, Lemoine, Hardy, Valdun, P. Normand, Kin.

Paris, 31 juillet 1867.

Messieurs les défenseurs,

La corporation des ouvriers ferblantiers réunie en commission a décidé, à l'unanimité, après mûre réflexion, de maintenir la solidarité avec toute société ayant le même but.

Pour la commission du crédit mutuel des ferblantiers,

Le Secrétaire, Font-Robert.

Paris, le 1er août 1867.

COMITÉ DES OUVRIERS PEINTRES EN BATIMENT.

A nos collègues les ouvriers tailleurs.

Chers collègues,

A la veille d'être atteints par un jugement qui pourrait être rendu contre vous, pour des faits dont nous pouvons ressentir le contre-coup, nous croyons devoir vous adresser la présente pour vous témoigner toutes nos sympathies, en espérant que la loi sur les coalitions ne sera pas considérée par vos juges comme un leurre, et qu'elle suffira pour lever votre dernière inculpation en vous acquittant. Au cas contraire, nous trouvant dans les mêmes dispositions, suivant la loi, nous nous verrions avec regret sous le coup d'une interdiction instantanée de la part de l'autorité compétente, et par conséquent dans l'impossibilité de jouir du bénéfice de la loi.

En espérant qu'il en soit autrement, recevez l'assurance qu'en nous retirant ces moyens d'action, il nous resterait toujours notre énergique pensée...

Nous vous prions également de compter sur notre appui moral et matériel dans toutes les circonstances.

Pour le comité :

Le Président, A. TANGUY.

14, rue de l'Hôtel-de-Ville.

« Ainsi il y a des milliers d'ouvriers qui sont dans la même situation que la nôtre et sur lesquels votre sentence pourrait porter. Il n'est pas à supposer un seul instant qu'on les eût laissés ainsi en contravention avec la loi.

« Le tribunal a bien compris et il a été obligé de reconnaître que les sociétés de crédit mutuel et de prévoyance sont indispensables au libre fonctionnement de la liberté de coalition. Tous ceux qui s'occupent des questions ouvrières ont écrit, en effet, que le fonctionnement régulier et honnête d'une coalition ne peut avoir lieu sans un capital plus ou moins considérable et formé à l'avance par l'épargne réunie des ouvriers. C'est par l'existence de ce capital que l'on prévient les désordres qui ne peuvent manquer de se produire dans le cours de la coalition, si le travailleur est abandonné à sa misère individuelle, vivant au jour le jour, cherchant anxieusement en dehors de son travail le pain de la famille. Ainsi les sociétés de prévoyance sont indispensables au fonctionnement de la coalition, cela a été dit par tout le monde, et il y a des faits qui confirment d'une façon éclatante cette vérité.

« En Allemagne, par exemple, il y avait une loi qui exigeait aussi l'autorisation du gouvernement pour les associations de toute nature. Mais, en face du mouvement grandissant des associations ouvrières, les tribunaux prussiens ont été bientôt amenés à établir en jurisprudence, que ces associations ouvrières ne sont pas soumises à l'autorisation officielle. Puis on a fait un pas de plus et cette fois décisif. Il y a quelques jours à peine, sur le rapport de l'illustre M. Stchulz-Deslick, qu'on peut appeler le Docteur de l'association coopérative, le parlement de

Berlin vient de voter une loi qui renverse tous les obstacles qui pouvaient s'opposer au libre fonctionnement de toutes les coalitions ouvrières et de toutes les associations.

« Ainsi la doctrine de tous les auteurs et de tous les praticiens qui s'occupent de la matière, la jurisprudence d'un pays où florissent les sociétés coopératives, le bon sens enfin, tout se réunit pour conclure que la liberté de coalition n'est pas possible sans la liberté d'association. Encore une fois, le tribunal, convaincu par l'évidence a reconnu que l'association dont il s'agit au procès était utile au fonctionnement de la coalition, mais il a ajouté qu'elle n'en restait pas moins soumise à l'agrément de l'autorité. Il fallait demander cet agrément de l'autorité, voilà ce qu'on nous dit en définitive.

« S'il en est ainsi, la loi de 1864 aurait aggravé la situation qu'elle prétendait corriger. En effet, dans l'exposé de ses motifs, le principal argument que le gouvernement invoquait pour demander l'abrogation de la loi sur les coalitions, c'est que l'intervention du gouvernement dans le règlement des salaires, était réclamé par les ouvriers qui, en face des interdictions légales, n'étaient pas en mesure de sauvegarder eux-mêmes leurs intérêts.

« Puisque nous ne pouvons lutter par nos forces collectives,
« disaient-ils au gouvernement, réglez au moins le salaire et les
« conditons du travail, empêchez que ce salaire s'avilisse outre
« mesure, et que ces conditions ne deviennent pas trop nuisi-
« bles ». Et le rédacteur de l'exposé des motifs ajoutait que c'était là le socialisme le plus détestable, la doctrine funeste de l'État-Providence. C'est pour détruire la légitimité de ces réclamations qu'on proposait d'abroger les articles du Code sur les coalitions !

« Eh bien, maintenant, si le fonctionnement de la coalition n'est pas possible sans la liberté des associations telles que celle qui vous est déférée et si ces assocations ne peuvent exister sans l'autorisation du gouvernement, le gouvernement se trouvera placé dans cette alternative périlleuse : ou bien autoriser ces associations, et en les autorisant devenir responsable, devant le pays et les populations, des crises et des souffrances, qui peuvent toujours accompagner les grèves ; ou bien refuser arbitrairement ces autorisations et, la coalition devenant impossible, donner aux ouvriers le droit de dire que la loi de 1864 n'est qu'un leurre et une mystification.

Mᵉ Émile Durier prend ensuite la parole en ces termes :

« Messieurs,

« Je n'ai point à entrer dans les développements qui vous ont été donnés par l'honorable défenseur que vous venez d'entendre ; il a singulièrement simplifié ma tâche et j'aurais renoncé même aux quelques observations que j'avais à vous présenter, s'il n'était certains points du débat, auxquels j'attache beaucoup d'importance et sur lesquels je veux appeler toute l'attention de la Cour.

« En écoutant le rapport si complet qui a été présenté par M. le conseiller rapporteur, il m'a semblé, autant que nous pouvons espérer de pénétrer dans l'intimité de vos esprits, il m'a semblé saisir les préoccupations qui devaient s'emparer de vos intelligences. Il y a dans ce spectacle d'ouvriers appartenant à un corps d'état nombreux, fondant une société dont vous connaissez les statuts, espérant y voir adhérer leurs camarades, se mettant en relation avec d'autres sociétés de même nature, entretenant, échangeant des correspondances ; il y a, dans ce spectacle, quelque chose qui est de nature à frapper l'imagination, à inquiéter les esprits dans une certaine mesure, si l'on n'est pas déjà familiarisé avec les manifestations économiques et sociales qui se sont réalisées ou qui sont en voie de réalisation à notre époque. Je comprends donc tout ce que l'étude d'une affaire de cette nature peut jeter d'inquiétude dans les esprits les plus scrupuleux et les plus attentifs. Mais, Messieurs, il faut ne pas faire abstraction du milieu où ces phénomènes nouveaux se produisent, et il faut surtout se demander où est la logique, de quel côté est la fidélité aux principes proclamés ; si elle est du côté du ministère public, ou si elle est du côté des prévenus; si elle est du côté de l'administration, du gouvernement, représenté par l'organe du ministère public, ou si elle est du côté des défenseurs.

« Il est impossible d'oublier tous les encouragements qui ont été donnés officiellement à l'esprit d'association parmi les ouvriers. Lorsqu'on a à juger une question de la nature de celle dont vous êtes saisis, il est impossible de n'en pas tenir compte. Il serait téméraire de proscrire ce que le gouvernement lui-même a provoqué, de gêner dans la pratique, en les rendant illusoires, les libertés qu'on a proclamées. Lorsque les associations d'ouvriers se sont formées en vertu d'un droit, lorsqu'elles sont sur un terrain légal, il faut y regarder à deux fois avant de les frapper.

« Nul ne peut méconnaître la réalité des encouragements donnés aux associations ouvrières. Le gouvernement a prétendu distinguer entre le mauvais socialisme, qu'il a repoussé, et le bon socialisme, qu'il a encouragé. Un de ses premiers actes a été d'affecter 10 millions aux sociétés de secours mutuels sur les biens de la maison d'Orléans qu'il venait de confisquer.

« Plus tard, nous avons vu le gouvernement encourager les ouvriers à se faire représenter lors de ces grandes solennités internationales qu'on appelle des expositions universelles. Et lorsqu'on a vu les Anglais convier l'Europe et le monde entier à se réunir chez eux, vous vous rappelez que le gouvernement français a encouragé les ouvriers à se réunir, à nommer des délégués à constituer ainsi une représentation de la classe ouvrière en France. Les ouvriers français sont revenus d'Angleterre très-frappés de la magnificence du spectacle matériel auquel ils avaient assisté, très-éblouis des splendeurs de l'Angleterre, mais surtout très-émus de la différence qu'ils avaient constatée, au point de vue de leurs intérêts à eux, entre la législation anglaise et la législation française. Ils s'étaient mis en contact avec les ouvriers de Londres et des grandes villes de l'Angleterre. Ils avaient constaté combien ces ouvriers étaient mieux armés qu'eux-mêmes pour soutenir une lutte contre les patrons.

« La coalition était interdite en France, elle était permise en Angleterre. Voilà les enseignements que les ouvriers français avaient puisés en Angleterre et ils ne tardèrent pas à réclamer vivement l'abrogation de la loi sur les coalitions. Il était bien difficile de nier la légitimité de ces plaintes, qui consistaient à dire uniquement ceci : Il y a dans la législation française une loi contre les coalitions, elle s'applique dans son texte également aux patrons et aux ouvriers, et dans la pratique elle n'est jamais appliquée aux patrons, elle ne l'est qu'aux ouvriers. Car la coalition des patrons est toujours insaisissable ; celle des ouvriers est toujours facile à saisir. En présence de ces réclamations, certainement justes, le gouvernement a dû soumettre la loi sur les coalitions au Corps législatif, et le principe, nouveau parmi nous de la liberté de la coalition, a été proclamé.

« Depuis la loi sur les coalitions les encouragements, je dirais presque les excitations, n'ont pas manqué à l'esprit d'association. Je ne parle pas de ces discours dans lesquels on faisait un appel un peu vague à l'activité, à la spontanéité des citoyens ; mais vous connaissez tous la loi sur les sociétés coopératives récemment votée. N'est-ce pas un nouvel hommage rendu au droit d'association ? Voilà des précédents dont il n'est pas possible de nier la valeur, dont il est impossible de ne pas tenir compte, vous ne pouvez les écarter sans manquer à la justice, et la Cour ne le fera pas. Voilà la situation, le milieu moral dans lequel nous sommes.

« Maintenant, qu'ont fait les ouvriers tailleurs ; ont-ils tiré de ces principes que je viens d'exposer des conséquences légitimes ; ont-ils agi contre la loi, contre les principes ? C'est ce qu'il faut examiner.

« Cette affaire se distingue de toutes celles que vous avez eues à juger. Depuis la loi sur la liberté des coalitions, il y a eu beaucoup de poursuites à l'occasion des coalitions, mais celle-ci est d'un genre tout nouveau. Jusqu'ici on disait aux ouvriers la coalition est parfaitement licite, mais vous avez employé la violence ou la fraude, ou bien vous avez porté atteinte à la liberté du travail ; c'étaient, en un mot, les délits commis pendant la coalition que l'on recherchait avec soin et qu'on poursuivait ; quant à la coalition elle-même, il n'en était pas question. Ici la situation est différente. Les tailleurs se sont coalisés, ils se sont réunis avec l'autorisation de l'administration, et, dans un temps où les bons citoyens peuvent être affligés, à quelque parti qu'ils appartiennent, par beaucoup de spectacles tristes, il est bon de constater le calme, la dignité de ces réunions de l'Elysée-Montmartre où 4 à 5,000 personnes assemblées pour discuter leurs intérêts, ont su éviter tout excès et tout désordre. C'est là une constatation des progrès faits par la classe ouvrière. Les délibérations ont été prises au milieu d'un ordre parfait; les ouvriers placés à la tête de leurs camarades ont montré un calme et un esprit de modération dignes de tout éloge. M. Deguergue, président de cette réunion de 4 à 5 mille personnes, peut dans sa conscience se rendre un bon témoignage, en se rappelant que sa parole a toujours été respectée parce que toujours elle a mérité le respect. Les journaux ont signalé le caractère imposant de ces assemblées, l'instruction même en a prouvé le caractère irréprochable, puisqu'elle n'a trouvé ni une violence, ni une menace à imputer à ceux qui en faisaient partie. C'est là, Messieurs, un très-grand spectacle.

« Pourquoi donc ces ouvriers sont-ils poursuivis ? Je trouve, Messieurs, qu'on aurait dû avoir pour eux une véritable reconnaissance, permettez-moi le mot; oui, la société au milieu de laquelle un grand mouvement se produit sans aucun inconvénient devait, ce me semble, être reconnaissante envers ces hommes d'avoir obtenu un tel résultat. Pour toute récompense, elle les fait asseoir sur les bancs de la police correctionnelle.

« Pourquoi y sont-ils ? Parce qu'ils ont violé la loi sur les associations ? C'est ce qu'il faut examiner, et vous allez voir combien cette question est grave.

« Tout le monde convient que la coalition doit être préservée de certains écarts, ou plutôt qu'il y a des délits qui peuvent se commettre dans la coalition comme dans toute autre circonstance ; mais tout le monde convient aussi qu'il n'est pas possible que la coalition se pratique s'il n'y a des réunions, s'il n'y a pas une sorte de solidarité entre les ouvriers, leur permettant de lutter contre les patrons. Il s'agit donc devant vous, Messieurs, il s'agissait devant le tribunal de première instance, de savoir si la loi sur les coalitions est une lettre morte, une vaine promesse, ou si elle est au contraire une réalité. Ce ne sont donc plus les ouvriers coalisés qui sont en cause, c'est la loi même sur les coalitions. C'est la première fois peut-être que la question se pose avec cette netteté et aussi avec cette gravité. Est-il quelqu'un qui s'imagine que la coalition soit possible, si la réunion et l'association ne sont pas possibles ?

« Au Corps législatif, lors de la discussion de la loi, cette difficulté a été parfaitement vue.

« Le rapporteur même de la loi, qui se faisait de grandes illusions, s'est demandé notamment si des caisses de chômage pourraient exister ; et cette question devait vivement préoccuper l'esprit du législateur. Car, remarquez-le bien, on a beau se coaliser, avant tout il faut vivre ; et, en général, les ouvriers n'ont pas devant eux des économies suffisantes pour lutter contre les patrons. S'il ne leur est pas permis de réunir leurs économies pour venir au secours des plus nécessiteux ; s'il ne leur est pas permis de former un fonds commun, il n'y a plus de coalition possible, cela tombe sous le bon sens ; c'est d'ailleurs l'objection qu'on a toujours faite aux ouvriers qui allaient se mettre en grève , si vous n'avez pas de ressources accumulées, leur disait-on, vous allez mourir de faim, vous allez condamner vos familles à des souffrances inouïes, et cela était vrai.

« De là l'importance capitale de la question de savoir si la caisse de chômage devait exister, et vous allez voir que si on a passé à côté de la question, ce n'était pas faute de la voir, c'était par peur de la résoudre. Dans le rapport de M. Ollivier, on lit ceci : « Ainsi une coalition a lieu : les coalisés se cotisent
« entre eux ; des ouvriers d'un autre état, des étrangers même,
« dans une pensée de commisération ou parce qu'ils sont con-
« vaincus du bon droit de ceux qui font grève, fournissent des
« sommes d'argent à la coalition ; cette assistance ne constitue
« pas une manœuvre frauduleuse. *L'institution des caisses de*
« *chômage n'a pas davantage ce caractère.* TOMBE-T-ELLE SOUS
« LE COUP DE LA LOI DES ASSOCIATIONS ? NOUS N'AVONS PAS A LE DÉ-
« CIDER ; il nous suffit de constater qu'elle n'est pas atteinte par
« le mot : manœuvre frauduleuse. »

« Je vous demande, Messieurs, quel intérêt cette constatation peut avoir pour ceux que nous défendons. Que la caisse de chômage soit atteinte par la loi sur la coalition, ou par la loi sur les associations, c'est pour eux la même chose. Pourquoi ces équivoques? C'est qu'on savait bien que sans les caisses de chômage la coalition était impossible. Il fallait donc avoir le courage de de les proclamer licites, si l'on voulait faire une loi sérieuse. On n'a pas eu ce courage. Mais d'un autre côté, on n'a pas eu le courage de dire que les caisses de chômage n'étaient pas permises, parce que c'eût été avouer que la loi serait nécessairement inefficace. Et le résultat de toutes ces habiletés est d'amener d'honnêtes gens devant la police correctionnelle.

« Nos clients n'ont fait autre chose qu'une caisse de chômage. La caisse de chômage est licite ; car c'est une société qui a un but licite. Je comprends très-bien que du temps où il n'était pas permis aux ouvriers de se coaliser, la création d'une caisse de chômage aurait été illicite, puisqu'alors le but était illicite ; mais du jour où, on a déclaré sur tous les tons, et même avec une certaine emphase, que le droit de coalition était admis, qu'on l'a orné des épithètes les plus flatteuses et les plus humanitaires, ceux qui avaient l'intention d'en tirer des conséquences pratiques ont dû en chercher les moyens. Quand ils ont fondé une société pour rendre la coalition possible, par l'institution d'une caisse, ils ont fait une chose licite ; le bon sens le leur disait, et aucune loi ne vient ici contredire ce simple bon sens.

« Le jugement que nous vous avons déféré n'a pas même dit le contraire. Il ne dit pas en principe que la caisse de chômage est illicite. Il glisse sur cette question dangereuse et il accuse la société de crédit mutuel des tailleurs d'être une véritable association tombant sous le coup de la loi de 1834.

« Il s'agit donc de préciser la limite entre la société et l'association. Qu'ont fait les ouvriers tailleurs? Est-ce une société ou une association? Je dis que c'est une société. En première instance on disait : il n'est pas possible que ce soit une société ; la durée est illimitée, le capital est indéfini. Je n'entrerai pas ici dans tous les développements auxquels je me suis livré en première instance, l'heure avancée me l'interdit. Je me réfère à la définition de la société donnée par le Code Napoléon ; cette définition est tellement large qu'elle embrasse un nombre infini de manifestations de l'activité humaine. Ainsi, il n'est pas juste de dire qu'il faut que la durée de la société soit limitée. Le Code autorise à contracter une société pour la vie, il autorise la société de tous gains.

« Le mot association, pris dans son sens large, comprend même les sociétés, car une société est une association. Mais, dans son sens juridique, dans son sens pénal, il ne peut avoir la même extension. Il remettrait toute l'existence civile et commerciale des citoyens au bon plaisir du gouvernement. A quoi donc distingue-t-on une société, d'une association proprement dite, soumise à l'agrément du gouvernement.

« Une association est formée dans un but de propagande, en vue d'une idée morale, philosophique ou religieuse, tandis que la société a pour but surtout un profit, un intérêt matériel, non pas toujours un bénéfice, mais souvent une perte à éviter.

« Ainsi, les assurances mutuelles ne sont pas organisées en vue d'un profit, mais pour éviter une perte. De même, les syndicats qui se créent entre propriétaires ruraux pour éviter le dégât que le débordement des eaux peut occasionner en certaine saison. Ainsi ce n'est pas le profit qui est le caractère distinctif de la société civile, commerciale, mais c'est l'intérêt.

« Messieurs, qu'est-ce qu'ont fait les ouvriers tailleurs? Est-ce qu'ils font de la philosophie, de la religion, de la politique? Pas le moins du monde! Ils veulent tout simplement exercer leur profession dans des conditions particulièrement favorables, et, en conséquence, augmenter leur salaire, ou plutôt, car c'est uniquement ce que disent les statuts, s'opposer à la diminution du salaire et ne pas se trouver dans cette situation précaire d'un ouvrier sans défense vis-à-vis de leurs patrons, pouvant être chassés de l'atelier, même quand ils n'ont rien fait pour cela. Ils veulent arriver à une rémunération suffisante de leur travail et avoir une garantie suffisante pour la continuation de ce travail.

« Nous voulons, se sont-ils dit, être en mesure de ne pas travailler à des prix dérisoires. Si nous nous retirons de l'atelier quand un prix ne nous convient pas, nous n'avons plus de salaire et nous sommes dans la misère. Pour obvier à cet inconvénient, nous allons créer une caisse d'assurance, dans laquelle nous verserons 25 centimes par semaine; comme nous sommes beaucoup d'adhérents, ces 25 centimes que nous accumulerons formeront une assez forte somme, et, lorsque les ouvriers auront, permettez-moi l'expression, maille à partir avec les patrons, ils se retireront et ils toucheront 3 fr. 20 tant que la crise durera. Voilà le fond même de cette convention. C'est un fait parfaitement licite. C'est une caisse de chômage.

« Mais, dit-on, s'il n'y avait que cela dans les statuts on ne poursuivrait pas. Il y a autre chose, il y a des interdictions prononcées à l'avance contre les patrons, il y a même une atteinte portée à la liberté de l'ouvrier, qui sera déclaré préjudiciable à la corporation s'il n'observe pas la règle qui lui est tracée.

« Mᵉ Floquet a fait à ce sujet une réponse excellente : 1° Il a démontré que ces clauses ne se trouvent que dans un projet de statuts, susceptible de beaucoup de modifications. 2° Il vous a rappelé la règle du Code civil, qui dit que dans un contrat les clauses contraires à la loi sont nulles et peuvent entraîner la nullité du contrat.

« Mais un contrat nul ne constitue pas un délit. J'ajouterai que s'il y avait eu une mise à exécution, si on avait mis en interdit la maison d'un patron, si on avait prononcé une condamnation contre un ouvrier, j'aurais compris la poursuite, non pas en vertu de la loi de 1834 sur les associations, mais en vertu de la loi de 1864 sur les coalitions qui défend ces choses ; heureusement il n'y a eu rien de pareil.

« Mais, disent les premiers juges, non-seulement ces clauses sont nulles, mais elles donnent à la société qui a été formée le caractère d'association; elles la dénaturent. Et, au lieu d'être un acte de société, comme le dit son titre, l'acte contient les statuts d'une association. Ces statuts s'appliquent aux personnes associées, restreignent leur liberté d'action et il y a main-mise sur la liberté de chacun (c'est l'expression du jugement). Chacun s'engage à se retirer d'un atelier lorsque le tarif est abaissé au dessous d'un certain degré, ou si l'un des associés est frappé d'une exclusion imméritée.

« Il y a là, disent les premiers juges, une atteinte à la liberté personnelle. Ceci, Messieurs, me paraît être l'argument capital du jugement. Eh bien! voyons s'il est exact. D'abord dans toute société, il y a une aliénation quelconque de la liberté personnelle. Ainsi les sociétés d'assurances sur la vie sont parfaitement des sociétés civiles et commerciales. Eh bien! elles interdisent aux associés, sous des peines particulières, sous peine même de la déchéance, de faire certaines choses qui rendraient le risque plus grave, par exemple, des voyages sur mer d'une certaine longueur. Dans certaines sociétés commerciales, vous trouvez une clause qui interdit aux associés de se livrer à une autre industrie. On peut interdire même à un associé de se livrer, après la dissolution de la société, à l'industrie qu'elle avait pour objet, soit pour un temps donné, soit pour toujours. Ces clauses ne sont-elles pas une atteinte à la liberté personnelle? Est-ce qu'il n'y a pas là main-mise? Oui, assurément; l'argument des premiers juges n'est donc pas juridique. Il faut reconnaître, Messieurs, qu'une société peut parfaitement imposer à ses membres des obligations personnelles et enchaîner leur liberté dans une certaine proportion.

« Maintenant, les engagements pris librement d'ailleurs par les associés, étaient-ils oppressifs et tyranniques comme on l'a dit?

« Il faut se mettre au point de vue des tailleurs. Ils fondent entre eux une société qui doit leur rapporter certains avantages, cette société a le droit d'imposer des conditions. Celles que formulent les statuts n'ont rien de condamnable. Elles consistent dans le maintien des tarifs et dans l'engagement de ne pas accepter pendant le temps de la crise un travail mal rémunéré. Voilà la clause qu'on leur reproche si durement. Il y a, Messieurs, dans cette clause, légale ou non, un esprit de justice que vous ne sauriez méconnaître. Elle présente même une garantie pour les patrons. Il faut, en effet, que les ouvriers de l'atelier se prononcent sur la question de savoir si l'homme gagne ou ne gagne pas les journées qui lui sont allouées. Et ce sont des ouvriers qui prononcent, des ouvriers délégués par leurs camarades; il y a là le germe d'une institution qui comblerait une des lacunes de la loi sur les coalitions.

« Cette loi, en effet, laisse l'ouvrier aux prises avec le patron sans aucun intermédiaire; beaucoup de ceux qui se sont occupés de son application pensent que c'est un grave inconvénient, et qu'une sorte d'arbitrage, organisé, ou du moins indiqué par la loi elle-même, devrait précéder la lutte qui s'appelle la grève ou la coalition.

« Messieurs, il ne faut envenimer cette question ni d'un côté, ni de l'autre. Il y a des moments où les patrons sont exigeants, d'autres fois ce sont les ouvriers. Quand on veut plaider la cause des patrons, il ne faut pas les représenter comme étant les victimes de leurs ouvriers toujours, dans toutes les circonstances. D'un autre côté, il ne faut pas que les ouvriers soient en grève perpétuelle contre le patron ; s'il y a des froissements qui deviennent quotidiens, s'il se présente des difficultés, des crises sérieuses, il serait bon qu'il y eût une autorité constituée parmi les ouvriers comme parmi les patrons, une sorte de société dont les délégués seraient chargés d'examiner et d'apaiser en donnant les satisfactions légitimes, en n'exigeant pas autre chose. C'est ainsi que les pourparlers peuvent avoir lieu sans scandale, sans aigreur, comme vous en avez eu un exemple dans les entrevues du comité des ouvriers tailleurs et de M. Dusautoy.

« Laissez-moi vous le dire en finissant : ces hommes, Messieurs, que vous avez devant vous sont de ceux qu'une honorabilité et une intelligence reconnue désignent aux suffrages de leurs camarades. Après les avoir représentés, vous savez avec quelle dignité, dans la coalition, plusieurs d'entre eux ont été nommés délégués de la corporation des ouvriers tailleurs à l'Exposition universelle. Voilà les hommes que le ministère public poursuit. C'est leur tenir peu de compte de leurs intentions, de leurs efforts ; c'est s'exposer à réveiller des sentiments qu'il faudrait assoupir. Et quand je pense que le tribunal, croyant à tort, suivant moi, rendre hommage à la loi, a prononcé une condamnation à 500 francs d'amende contre chacun des prévenus, je crois qu'il a frappé dans une mesure qui, même à son point de vue, est excessive.

« Songez combien une telle amende représente de journées d'ouvrier ; faites ce calcul. Ces hommes ne se sont mis en avant que pour soutenir un principe qu'ils croient juste. Si vous pensez qu'ils ont violé la loi prononcez une condamnation, mais j'espère que vous ne trouverez pas bon de laisser peser une si lourde peine pécuniaire sur de simples ouvriers qui ne se sont distingués entre tous que par leur bonne foi et leur dévouement.

Après cette plaidoirie, M. l'avocat général Aubépin a la parole :

« Messieurs,

« Je n'entends pas poser les questions que ce débat soulève autrement qu'elles n'ont été posées par les conclusions qui viennent d'être prises à votre barre, et par les plaidoiries qui viennent d'être prononcées devant vous. Pour la prévention, comme pour la défense, quatre points principaux dominent et résument cette affaire, et doivent surtout fixer votre attention.

« La *Société fraternelle de solidarité et de crédit mutuel des ouvriers tailleurs* s'est-elle constituée à l'état définitif ? A-t-elle agi, a-t-elle fonctionné ? a-t-elle vécu ? ou bien est-elle demeurée à l'état de simple projet, et s'est-elle maintenue dans une phase provisoire de préparation et d'essai, où la loi ne saurait l'atteindre ?

« Si elle a été définitivement constituée, tombe-t-elle par sa nature, par le but qu'elle poursuivait, par les éléments qui la composent, sous le coup de l'art. 291 du Code pénal et de la loi du 10 avril 1834 ?

« L'art. 291 du Code pénal et la loi de 1834 ont-elles été directement ou virtuellement abrogés par la loi du 25 mai 1864, qui a supprimé le délit de coalition ?

« Enfin, les prévenus peuvent-ils alléguer leur bonne foi, pour décliner la responsabilité pénale qu'ils ont encourue ?

« J'aborde immédiatement le premier point, et je dis hautement, les pièces de l'information en main, que la société a existé, qu'elle s'est définitivement constituée et qu'elle a fonctionné. Pour l'établir, permettez-moi de vous rappeler, Messieurs, dans quelles circonstances cette société est née, et par quelles phases diverses sa constitution et son existence ont passé. Vous savez tous comment, au cours du mois de mars dernier, les ouvriers tailleurs de Paris, croyant ne plus trouver dans les salaires qu'ils recevaient de leurs patrons, une rémunération suffisante de leur travail, pensèrent que le moment était venu pour eux de solliciter et d'obtenir que leur condition fût améliorée. Un certain nombre d'entre eux se concertèrent dans ce but, et bientôt ils se réunirent, 4 ou 500 environ, sous la présidence de Deguergue, au Moulin de la Galette. Dans cette première réunion, qui n'était que préparatoire, une commission fut nommée, avec Deguergue pour président, et Jeanroy pour secrétaire. Cette commission, qui reçut dès le début le nom de *commission d'initiative*, était à vrai dire la commission de la grève. Depuis longtemps, en effet, la pensée d'une grève était dans tous les esprits ; l'agitation ne pouvait se comprendre, elle ne pouvait aboutir sans une grève, si les maîtres tailleurs venaient à résister aux réclamations des ouvriers. Aussi, le premier acte de la commission fut-il de solliciter l'autorisation de réunir, dans une assemblée générale, à l'Élysée-Montmartre, la corporation tout entière. L'autorisation fut accordée, et la réunion eut lieu, le 31 mars, sous la présidence de Deguergue.

« Voici le procès-verbal de cette réunion, saisi chez l'un des prévenus. Il importe de le remettre sous vos yeux :

SÉANCE DU 31 MARS 1867.

Présidence de M. Deguergue.

Ouverture de la séance à une heure et demie.

Formation des bureaux pour la perception des fonds pour la Société de résistance.

Nous avons vu avec plaisir tout le monde se porter aux bureaux pour porter leurs cotisations.

Lecture du rapport de la commission conciliatrice.

Approuvé à l'unanimité. — JEANROY, *rapporteur*.

Ont parlé sur l'opportunité de la grève et la nécessité de s'associer : Jeanroy, Pierre Grollière, Joubry, Sourd, Feugeasse, Rey.

– Décision de l'Assemblée, déclarant la grève immédiate, à l'unanimité moins six voix, sur trois mille et quelques cents membres.

Adoption en principe d'une Société de crédit ayant pour but principal la résistance.

Nomination d'une commission de cinq membres chargés de rédiger un projet de statuts.

Ont été nommés : Bance, Coulon, Jeanroy, Maillot, Sauva.

Convocation annoncée pour jeudi prochain 4 avril.

Confirmation des pouvoirs de la commission d'initiative.

Lecture d'une lettre de l'association protectrice des ouvriers tailleurs de Londres, nous offrant leur concours général. L'Assemblée leur vote des remerciements unanimes au nom de l'humanité et de la fraternité.

La séance est levée à quatre heures et demie.

L'ordre, l'harmonie et l'enthousiasme n'ont cessé de régner pendant toute la durée de la réunion.

Pour copie conforme :

A. JEANROY,
Secrétaire de la commission conciliatrice.

« Ainsi, Messieurs, vous voyez, dès cette réunion du 31 mars, la société que nous poursuivons naître avec la grève elle-même. Deux points sont mis en discussion simultanément : l'opportunité de la grève, et la nécessité de s'associer. Deux résolutions sont adoptées simultanément par l'assemblée : l'une relative à l'ouverture immédiate de la grève, l'autre posant le principe d'une société de crédit, ayant pour but principal la résistance. Ce n'est pas tout. A cette société il faut des statuts; une commission est nommée pour les préparer sous la présidence de Bance. A cette société il faut des ressources; des bureaux sont formés pour recevoir les fonds. On nomme en même temps une *commission de conciliation*, pour engager et soutenir les négociations avec les maîtres tailleurs; et l'on maintient les pouvoirs de la *commission d'initiative*.

« Le 4 avril, une nouvelle réunion a lieu à l'Elysée-Montmartre, sous la présidence de Deguergue. En voici le compte-rendu détaillé dans le journal *la Liberté*, du 6 : La commission chargée de préparer les statuts de la société de crédit mutuel vient rendre compte à l'assemblée de l'accomplissement de son mandat. Lecture est donnée du projet qu'elle a préparé, et l'assemblée est appelée à voter sur son adoption. Les statuts sont adoptés à l'unanimité. Veuillez, Messieurs, vous rappeler sur ce point les énonciations du compte-rendu :

Le secrétaire donne lecture du procès-verbal de la dernière séance, qui est adopté à l'unanimité. C'est la première fois que l'assemblée procède à cette formalité. Les progrès que font les tailleurs associés dans la vie parlementaire sont visibles. Ils prouvent avec quelle facilité un peuple intelligent et laborieux s'élève au respect de soi et à l'exercice de ses droits, sous la tutelle de cette grande institutrice du genre humain qui se nomme la liberté ! Le meeting d'aujourd'hui ne le cède à aucun de ceux auxquels nous avons assisté à Londres, à Manchester et chez les pionniers de Rochdale.

Dimanche dernier, l'assemblée a nommé un comité de cinq membres chargé de présenter un projet de constitution d'une société fraternelle de *Crédit mutuel et de solidarité des ouvriers tailleurs*. Les trois jours qui se sont écoulés ont suffi à la commission pour achever son travail; et M. Coulon, rapporteur, en donne lecture au milieu du plus religieux silence.

Chaque sociétaire s'engage à verser une souscription hebdomadaire de 25 cent., laquelle peut, dans les cas urgents, être élevée à un taux supérieur par une délibération du conseil. Ce conseil est composé de dix-neuf membres, élus par le suffrage universel des sociétaires. Il est chargé d'approuver les tarifs des différents ateliers. Il prononce la mise à l'*index* d'un atelier qui aura refusé d'accepter le tarif réglementaire ou dont le patron aura donné lieu à un légitime sujet de plainte.

Aucune contrainte ne sera exercée contre les sociétaires pour les obliger à quitter les ateliers *mis à l'index*, mais ceux qui continueront le travail seront déclarés *préjudiciables aux intérêts de la corporation*; ils perdront le droit de souscrire à la *Société fraternelle*. Une société fraternelle sera établie dans chaque ville de France, de sorte que tout ouvrier tailleur pourra continuer de verser ses souscriptions et de jouir des mêmes avantages qu'à Paris sur tous les points du territoire.

L'assemblée adopte à l'unanimité les statuts précédents; cependant, à titre provisoire, elle donne au comité qu'elle va nommer la mission de lui proposer d'urgence les modifications qu'il jugera nécessaire. La commission propose dix-neuf noms de membres connus de la corporation entière. Aucun des dix-neuf noms ne soulève de réclamation, et le comité est nommé à l'unanimité, au milieu des acclamations les plus vives.

Alors le président déclare que la *Société fraternelle de secours mutuels et de prévoyance des ouvriers tailleurs* est constituée. Il annonce que *quatorze cents* adhésions ont été recueillies avant l'ouverture de la séance, et que les souscriptions seront désormais enregistrées au siège de la *Société fraternelle*, 26, rue Rochechouart.

Des adhésions et des souscriptions avaient été recueillies à l'issue de la séance de dimanche, mais la plupart des adresses manquent, beaucoup de noms sont illisibles. Sur la proposition de M. Jalinier, il est décidé, à l'unanimité, que l'ensemble des fonds ainsi recueillis sera versé dans la caisse de secours.

« Une commission de 19 membres est nommée pour proposer d'urgence les modifications que les statuts ainsi adoptés pourront comporter ! Cette circonstance imprimerait-elle à la constitution de la société de crédit mutuel un caractère provisoire ? Faut-il que je démontre devant vous que, les statuts une fois adoptés, la société a désormais son pacte fondamental établi par le mutuel consentement des membres de la réunion ; que ce pacte, rédigé à la hâte, en vue de circonstances essentiellement variables, peut recevoir utilement des modifications ; qu'il importe à la société que ces modifications aient lieu à l'heure propice ; et que cette mesure de prévoyance, qui n'influe en rien sur le présent, ne saurait faire à aucun titre que la société n'ait pas dès maintenant des statuts qui obligent et lient tous ses adhérents ? Cela est si vrai, Messieurs, qu'aussitôt après le vote, le président déclare la société constituée.

« Que faut-il de plus ? Et comment pourrait-on soutenir encore devant vous que la société de crédit mutuel n'a été constituée qu'à l'état provisoire ? que lui manquait-il donc, pour que sa constitution fût définitive ? Des adhérents ? Mais c'est le président lui-même qui annonce à l'assemblée que 1,400 adhésions ont été déjà recueillies ; et vous verrez plus tard, vous savez déjà qu'au début de l'information, ce chiffre s'était encore augmenté. Enfin, la société a son siège, rue Rochechouart, 26, où les souscriptions seront reçues, c'est encore le président qui l'annonce.

« J'ai donc le droit de dire qu'à partir du 4 avril, la société que nous poursuivons existe, et qu'elle est définitivement constituée. Née avec la grève, elle fonctionne avec elle. L'une est inséparable de l'autre. Elles se soutiennent mutuellement. Je dirais volontiers que leur existence est commune, si la grève n'était essentiellement transitoire, et si la société, ses statuts ne le prouvent que trop, n'avait été constituée pour le service et le soutien, non seulement de la grève présente, mais encore et surtout des grèves à venir.

« S'il en fallait une dernière preuve, je la rencontrerais dans le compte-rendu de l'assemblée tenue à l'Elysée-Montmartre, le 18 avril avril. Des pourparlers se sont établis entre la *commission de conciliation* et les maîtres tailleurs ; vous en connaissez les phases diverses. Enfin une proposition a été faite par M. Dusautoy, et c'est sur cette proposition que l'assemblée est appelée à se prononcer le 18 avril. La proposition est rejetée à l'unanimité. Pourquoi? Quelles circonstances ont amené ce vote péremptoire, qui menace de fermer la voie à toute entente? Rappelez-vous, Messieurs, la déclaration apportée à l'assemblée par Jalinier, secrétaire de la *commission d'initiative*, la caisse peut faire face à tous les besoins. Quelle caisse, sinon celle de la société de crédit mutuel, alimentée par les souscriptions qui se versaient au siège même de cette société, 26, rue Rochechouart ? Rappelez-vous aussi cette autre déclaration de Coulon, vice-président de la société de crédit mutuel, annonçant que 4,000 adhésions ont été recueillies au siège social.

« Ainsi constituée, la société fait appel aux adhésions du dehors. Elle commence à fonctionner. Elle lance dans la publicité les prospectus que vous connaissez déjà :

AVIS AUX OUVRIERS TAILLEURS.

Le siège de l'*Association fraternelle de solidarité et de crédit mutuel des ouvriers tailleurs* est rue Rochechouart, 26, où l'on reçoit les souscriptions tous les jours, de neuf heures du matin à cinq heures du soir.

Le montant de la souscription est de 25 centimes par semaine.

Le comité, nommé dans la séance du jeudi 4 avril, se compose de la manière suivante :

Président : M. Bance, président du conseil de surveillance de l'Association générale des ouvriers tailleurs à responsabilité limitée.

Vice-président : M. Coulon, président du conseil d'administration de l'Association générale des ouvriers tailleurs à responsabilité limitée.

Membres : MM. Berné, administrateur de l'Association générale des ouvriers tailleurs à responsabilité limitée ; Boyer, Chaffin, Cappel, Deguergue, président de la commission d'initiative et de l'Assemblée générale des ouvriers tailleurs ; Feugasse, Jalinier, trésorier du comité d'initiative de la grève des ouvriers tailleurs ; Kapt, Liégeois, trésorier de la Société de secours mutuels (en cas de maladie) des ouvriers tailleurs ; Liénard, Maillot, Mulot, Montahuc, Ory, Pillet, secrétaire-adjoint de la Société de secours mutuels, en cas de maladie ; Sauva, directeur de l'Association générale des ouvriers tailleurs à responsabilité limitée.

Secrétaire : M. Jeanroy.

Les souscriptions pour la Société de production sont reçues au siége de l'Association générale des ouvriers tailleurs à responsabilité limitée, 27, rue Fontaine-Molière, de dix heures du matin à six heures du soir.

Le comité de secours siége, 26, rue Rochechouart, de neuf heures du matin à six heures du soir.

Les ouvriers tailleurs qui ont besoin de secours sont priés de s'adresser au comité, qui les fera visiter d'urgence par les commissaires répartiteurs de leurs quartiers respectifs.

Voici la première liste des maisons qui ont adhéré aux conditions du nouveau tarif :

1° Victor Laroque, ancien prud'homme, maître tailleur, 7, rue de la Sainte-Chapelle ;

2° English Trading Company, 47 et 49, rue du Faubourg-Saint-Honoré ;

3° Gaspard Witzig, 17, rue de Grammont, près le boulevard des Italiens ;

4° Martin Broua, rue de Richelieu, 10 ;

5° Désiré Derick, 7, rue Neuve-des-Petits-Champs ;

6° Veuve Galmor et fils, 203, rue Saint-Honoré ;

7° Richard, ancienne maison Doucet, 28, boulevard des Italiens ;

8° Ligauna, 24, rue de la Grange-Batelière.

Il nous est parvenu un grand nombre d'adhésions conditionnelles qui doivent prendre la forme définitive pour que nous puissions les admettre. En outre, un grand nombre d'engagements n'étaient point revêtus de la signature commerciale des maisons, et doivent être mis en règle avant que nous puissions les publier. Enfin, certaines acceptations n'admettaient qu'une portion du tarif : elles ont dû être rejetées comme insuffisantes. Nous engageons les ouvriers à nous faire parvenir le plus vite possible les acceptations définitives revêtues de la signature de leurs patrons, afin que nous puissions les porter à la connaissance des ouvriers tailleurs, et qu'ils puissent immédiatement recommencer leur travail sans aucun retard. Il est bien entendu que l'intégralité des augmentations obtenues par la grève est acquise à la caisse de résistance jusqu'à la fin de la lutte que nous entreprenons en ce moment pour l'intérêt commun des ouvriers tailleurs.

Pour la commission de conciliation :

Le président, Lefèvre.
Le secrétaire, A.-Jeanroy.

« Dira-t-on que cette pièce ne saurait trouver place au débat, que sa lecture a amené dans notre esprit, comme dans celui des juges du premier degré, une confusion facile à dissiper? Est-il vrai qu'elle n'ait aucun trait à la société de crédit mutuel, et qu'elle soit l'œuvre exclusive du comité de la grève? Ses termes mêmes répondent assez clairement. Elle annonce aux ouvriers tailleurs l'existence de l'association; elle leur en indique le siége, rue Rochechouart, 26; elle leur fait connaître que c'est là qu'ils pourront souscrire. Qu'importe que les auteurs de l'avis mêlent à ces indications la société de production, dont nous vous entretiendrons bientôt? Qu'importe encore que le comité de secours soit aussi mêlé à toutes ces choses, puisqu'à l'heure où cet avis paraît, la société de crédit mutuel et la grève ne sont qu'une seule et même affaire? Ce qui importe seulement, c'est que la société de crédit mutuel fonctionne rue Rochechouart, 26, là précisément où, dans la réunion du 4 avril, Degurgue déclarait que serait à l'avenir le siége de la société, là également où, le 14 mai, au domicile de Jalinier, Monsieur le commissaire de police Bérillon saisissait tous les registres et tous les papiers de la société.

« En effet, Messieurs, en même temps qu'elle publiait ses appels au dehors, la société ouvrait des registres, un registre d'adhésions, un livre de recettes, un livre de secours à domicile. Elle recueillait des adhésions, elle recevait des souscriptions, elle distribuait des secours. Elle prêtait 30 fr. à Coulon et 10 fr. à Jeanroy. Elle avait enfin son cachet, dont vous pourrez voir l'empreinte sur plusieurs des pièces saisies. Elle faisait plus encore, mettant ses statuts au service de la grève, elle jugeait entre les patrons et les ouvriers. Un maître tailleur, le sieur Debacker, offre à ses ouvriers un tarif particulier. Son offre est examinée et repoussée. Qui l'examine et la repousse? Le comité de la société de crédit mutuel. Il n'y a pas à en douter. Je tiens à la main le tarif proposé par Debacker, et au dos, je lis ce qui suit :

« La commission n'accepte aucun tarif en dehors de celui
« qu'elle a proposé. »

« Et près de cette mention, je retrouve le cachet de la société avec son titre même. *Crédit mutuel des ouvriers tailleurs.*

« Nous arrivons ainsi, Messieurs, à la fin du mois d'avril. La société de crédit mutuel fonctionne ; à côté d'elle, la société de production, avec son siége social et son but bien distincts : à côté d'elle encore, la grève, avec son comité d'initiative et sa commission de conciliation. A ce moment, les entraînements de la première heure font place dans les rangs des ouvriers tailleurs à des réflexions plus froides et à des observations plus calmes On a repoussé les propositions de M. Dusautoy, par exemple, avec une rapidité peut être trop hâtive ; et l'on se demande maintenant si, en dehors du comité de conciliation, il ne serait pas possible d'arriver directement à une entente, à une transaction qui donnerait satisfaction à tous les intérêts. C'est alors que, du sein même de la grève, surgissent un certain nombre d'ouvriers, à la tête desquels se place un sieur Sourd, et qui, se groupant à leur tour dans une pensée d'amiable composition, essaient de réagir contre les tendances radicales devant lesquelles les propositions de M. Dusautoy sont venues échouer. Ils publient bientôt leur manifeste dans les journaux; je le rencontre notamment dans la *Liberté* du 28 avril.

Paris, le 27 avril 1867.

Chers camarades,

Depuis bientôt un mois nos travaux sont interrompus !

Beaucoup d'entre nous ont à supporter des charges qui ne leur permettent pas de prolonger plus longtemps un état de choses aussi préjudiciable à tous.

Il faut que le travail reprenne ! c'est le vœu général : ayons le courage de le proclamer bien haut !

Sur des listes qui nous sont communiquées, nous comptons plus de quinze cents signatures de nos camarades qui demandent à reprendre leurs travaux.

Nous réclamions une amélioration à notre situation actuelle ; une partie de nos vœux ont été accomplis : sachons nous contenter de ce progrès acquis, et songeons que nous n'aurions rien à gagner à la ruine de l'industrie qui nous fait vivre et que nous forcerions à passer à l'étranger.

Reprenons tous notre liberté individuelle, et n'acceptons pas d'autrui des secours, d'ailleurs insuffisants, lorsque notre travail peut honorablement pourvoir à nos besoins.

Signé : Sourd, secrétaire ; Haux, Hauer, Pichard, Rapin, Eber, Crauste, Zellmayer, Bretonech, Théophile Charpentier, Gonin, Govet, Bouland, Bachmann, Hanriot, Mantz, Bove, Joannet, Beuerlé, Tempelaer, Wietoff, Badin, Fleury, Moulin.

« Immédiatement, le comité de la grève proteste contre ce manifeste ; et sa protestation est publiée le même jour, 29 avril, par le journal la *Liberté :*

Paris, le 27 avril 1867.

Monsieur le rédacteur,

Nous remarquons aujourd'hui dans vos colonnes qu'un comité *non élu*, prétendant agir au nom de la corporation, annonce la fin de la grève.

Le comité de la grève élu à l'Elysée-Montmartre, et mandataire des intérêts généraux des ouvriers tailleurs, n'a qu'une réponse à faire : c'est de convoquer la corporation pour savoir si elle désire mettre fin à la grève.

En conséquence, il se met immédiatement en instance pour obtenir les autorisations nécessaires. Il avertit les ouvriers tailleurs que la reprise du travail ne peut avoir lieu, *dans aucun cas*, avant une délibération d'une assemblée générale composée à cet effet.

Agréez, monsieur le rédacteur, etc.

DEGUERGUE, BANCE, LEFEVRE, CLÉMENT, COULON, DANIÈRE, JALININR, MONTAHUC, JEANROY.

« Messieurs, je n'hésite point à reconnaître avec la défense que jusqu'ici, dans une certaine mesure et sous certaines réserves, la grève des ouvriers tailleurs a été dirigée avec une modération que personne ne conteste, mais il faut reconnaître avec moi que les mots qui terminent la lettre du comité dépassaient la mesure et constituaient une atteinte manifeste à la liberté individuelle des ouvriers; aussi des protestations s'élevèrent-elles de toutes parts, et j'en trouve un écho fidèle dans le *Siècle* du 29 avril, qui revendique hautement les franchises du travail contre les prohibitions intempestives de la grève. Aussi, et vous le comprendrez aisément, quand le comité sollicita l'autorisation de réunir la corporation dans une nouvelle assemblée générale pour aviser, cette autorisation lui fut-elle refusée. Dès lors, la grève prend fin, et les pouvoirs du comité sont expirés. C'est le comité lui-même qui, le 3 mai, en avise les ouvriers par la voie du journal la *Liberté*. La société de crédit mutuel disparaît-elle avec la grève ? Si elle n'a été constitué qu'à l'état provisoire, elle va s'effacer avec les événements, passagers comme elle, qui lui ont donné naissance. Il n'en est rien, Messieurs, bien au contraire : et voici ce que je lis dans une pièce émanée du comité et saisie chez l'un des prévenus et publiée par le journal la *Liberté :*

Paris, ce 1ᵉʳ mai 1867.

En présence du refus que l'autorité nous oppose à la convocation d'une nouvelle assemblée générale, dans laquelle devaient se décider en dernier ressort, et au scrutin secret, les intérêts généraux et définitifs de la corporation, le comité croit de son devoir de prévenir les ouvriers tailleurs que, toutes commissions réunies, il a été décidé que les membres de ces diverses commissions déposaient leur mandat et laissaient, comme auparavant, à tous les ouvriers en général, toute leur liberté individuelle d'action et leur initiative propre, pour traiter de gré à gré de l'augmentation qu'ils croiraient devoir obtenir.

Toutefois, cette résolution prise par les commissions réunies laisse parfaitement intacte la question telle qu'elle se trouve résumée dans notre tarif, et le comité croit ainsi sauvegarder son droit, ses intérêts et son honneur, en déclarant que devant l'impossibilité où il se trouve actuellement de convoquer de nouveau la corporation, toute résistance devient par ce fait absolument impossible.

Nonobstant cette décision prise en date d'hier, le comité, en se séparant, croit qu'il est bon de rappeler à tous les ouvriers tailleurs que la Société de crédit mutuel ne cesse point d'exister, qu'elle continuera, comme par le passé, à recevoir les souscriptions des anciens et nouveaux adhérents.

Nous ne saurions trop répéter que la solidarité est un phare que tous nos collègues ne doivent point perdre de vue, s'ils veulent éviter désormais les écueils contre lesquels nous nous sommes heurtés depuis le début de notre grève.

Le siège du comité demeure provisoirement, 26, rue Rochechouart.

« La société survit donc à la grève. Elle continue à subsister. Elle fait appel aux souscriptions qui doivent l'alimenter et aux adhésions qui doivent la soutenir. Et ses actes sont d'accord avec les paroles de ses représentants. Le 30 avril, quand la grève n'existe plus, à proprement parler, voici un appel, une demande de secours adressée par elle, ou en son nom, aux ouvriers dont elle invoque l'appui. Le 14 mai, le commissaire de police se transporte au siége de la société, chez Jalinier, et demande la représentation de la liste des adhésions. On lui répond qu'elle se trouve à Montmartre, rue Pontis, chez le sieur Brunet, où plusieurs jeunes gens sont occupés à remplir un certain nombre de livrets destinés à servir de titres aux adhérents. Le fait est exact et le magistrat en constate aussitôt l'exactitude. Voyez, s'écrie la défense, à quel point cette société n'avait qu'une existence provisoire : Les titres n'étaient même pas délivrés aux adhérents ; il n'y avait de la part de ceux-ci qu'une promesse d'adhésion, et aucun lien définitif entre eux et la société. C'est là, Messieurs, une confusion facile à dissiper. Le titre, ici le livret, ailleurs l'action, monumente le lien de droit et ne le crée pas. Le lien de droit naît ici de l'adhésion, comme il naît ailleurs de la souscription. Les adhérents, dont on préparait les titres le 14 mai, étaient liés à la société par leur adhésion antérieure, inscrite sur le livre des adhésions ; et les livrets qu'on remplissait à leur nom chez Brunet devaient constater leur droit, rien de plus.

« Je n'insiste pas davantage, Messieurs, et j'affirme de nouveau, comme je le faisais en abordant cette première partie du débat, maintenant épuisée, que la société de crédit mutuel a été définitivement constituée, qu'elle a vécu, qu'elle a fonctionné jusqu'au jour de l'ouverture des poursuites, et que, sur ce premier point, la décision frappée d'appel devant vous demeure inattaquable par tous ses côtés.

« En est-il de même au point de vue du droit ? C'est la seconde question que vous avez à résoudre. Sommes-nous placés en présence d'une société de droit privé, civile, commerciale ou industrielle, ou en face d'une association de la nature de celles qu'ont en vue l'art. 291 du Code pénal et la loi de 1834? Et avant tout, qu'est-ce ici qu'une société, qu'est-ce qu'une association? L'article 1832 du Code Napoléon répond pour nous : « La société est un contrat par lequel deux ou plusieurs per
« sonnes conviennent de mettre quelque chose en commun
« dans la vue de partager le bénéfice qui pourra en résulter. »
En disant ce qu'est la société, cet article dit nettement ce que l'association n'est pas. Dans la société, ce sont les intérêts qui s'associent ; dans l'association, au contraire, ce sont les personnes. Là où prédomine, sous une forme quelconque, la vue

d'un intérêt matériel à défendre, il y a société. Là où cette vue ne prédomine pas, l'association existe. Cela posé, je demande qu'on me montre, dans les statuts de la société de crédit mutuels, auxquels j'arrive maintenant, la chose mise en commun, le bénéfice qui pourra résulter de l'association. Je demande qu'on me montre les intérêts matériels s'associant de façon que la vue de leur défense domine le contrat et l'absorbe. Oh! je sais bien qu'on m'oppose la mise en commun des souscriptions, et qu'on prétend vous montrer dans cet élément le caractère, ou plutôt l'un des caractères exigés par l'article 1832 du Code Napoléon. Mais je n'ai point à apprendre à la défense de quelle façon se reconnaît la véritable nature d'un contrat, et comment le but que se proposent les parties en se liant réciproquement, attribue à toute convention, à tout agissement de la vie civile, son caractère propre. Or, ici, pourquoi la mise en commun des souscriptions? Pourquoi la société elle-même?

« Le vote de l'assemblée du 4 avril répond en premier lieu. L'assemblée, dit le procès-verbal, déclare la grève immédiate, et adopte le principe d'une société de crédit, *ayant pour but principal la résistance*. Les statuts répondent plus énergiquement encore. Ecoutez leur préambule (1) :

PRÉAMBULE. — Les ouvriers tailleurs, résolus à résister, par tous les moyens que leur donne la loi, contre l'avilissement toujours croissant des salaires, et décidés à maintenir la limite de dix heures de travail au plus, afin de donner plus de temps à leur famille et à la culture de l'intelligence, ont décidé de fonder une Société dans le but de soutenir ces conditions.

« Et, si du préambule vous passez aux articles, la simple lecture suffit ; tout commentaire est superflu.

Art. 5. — Les attributions de la Commission consistent à recevoir et à placer les fonds ; elle les distribue aux ayants droit dans les cas spécifiés par le règlement.

Elle se charge des réunions, convocations, avis, décisions et généralement de tout ce qui concerne l'administration.

---

(1) Pour faciliter les appréciations du lecteur, nous avons cru devoir reproduire dans son entier, à la fin de ce travail, le texte de nos statuts.

Elle publie les comptes rendus mensuels des opérations de la Société.

Elle admet les demandes et les réclamations, les apprécie, les juge ; elle forme des enquêtes, s'il y a lieu, et décide souverainement.

Elle résout tous les cas non prévus par le règlement, et ses décisions sont admises en dernier ressort.

Art. 6. — Chaque sociétaire s'engage à verser une cotisation hebdomadaire ainsi fixée : vingt-cinq centimes par semaine dans les cas ordinaires ; cette cotisation pourra être élevée par décision de la Commission dans les cas extraordinaires.

Art. 12. — Les fonds versés par les sociétaires ne pourront jamais être employés pour aucun autre but que celui pour lequel la Société est instituée.

Art. 13. — La Commission a pour intermédiaires les collecteurs ; ils sont nommés par les sociétaires de chaque atelier ou maison, et reçoivent l'indemnité accordée aux sociétaires s'ils perdent leurs travaux à cause de leurs fonctions.

« Je pourrais m'arrêter ici, Messieurs, la preuve me semble comprise. Laissez-moi poursuivre cependant :

Art. 16. — La Commission, pour sauvegarder le principe de dix heures de travail comme maximum de la journée (pour les hommes à la journée), enjoint à tous les sociétaires de n'accepter aucune transaction ni injustice ; ils quitteront les ateliers dans les cas suivants :

1° Lorsque le patron voudrait ramener la journée à plus de dix heures ;

2° Chaque fois que l'on diminuera le salaire d'un homme à la journée qui travaillera depuis deux mois dans l'atelier, et qu'en outre la majorité de cet atelier affirmera qu'il vaut cette journée.

Art. 17. — Dans chaque maison où faire se pourra, les ouvriers, assistés de leurs collecteurs, dresseront un tarif des prix établis et indiqueront en regard les réformes qu'ils croiront nécessaire d'y faire ; ces tarifs, signés par eux, seront présentés par le collecteur de la maison à la réunion des collecteurs de la spécialité, qui discuteront et délibéreront sur la justice de chaque réclamation.

Art. 19. — Quand la commission jugera le moment opportun, les tarifs revisés seront, à tour de rôle, présentés aux patrons ; jusque-là toute réduction sur les prix établis devra être repoussé énergiquement.

Art. 20. — Quand un travail nouveau se présentera, les ouvriers occupés dans les divers ateliers travaillant pour ce genre de travail se réuniront et fixeront le prix de ce travail.

Art. 21. — Quand un ouvrier sera dans la nécessité de quitter l'atelier ou la maison par suite de réduction sur les prix anciens ou d'insuffisance des prix nouveaux, les ouvriers de la même spécialité travaillant dans la même maison devront cesser immédiatement les travaux.

Art. 22. — Une maison ne sera mise à l'index que quand la majorité du personnel de l'atelier ou de la maison aura pris cette décision et qu'elle aura été adoptée par la Commission.

Art. 23. — Dans le cas de la mise en grève d'une maison, il sera établi un bureau de renseignements tenu à tour de rôle par les sociétaires de cette maison, sous la surveillance de la Commission ; tous les ouvriers devront s'y présenter une fois par jour aux heures qui leur seront désignées; faute par eux de s'y conformer, ils encourront une retenue de un franc par chaque absence, à moins de cause reconnue légitime de la Commission.

Art. 24. — Quand une maison sera mise en grève, les réunions de collecteurs deviendront hebdomadaires, et les sociétaires de cette maison seront tenus de s'y trouver; ils seront convoqués par les soins de la Commission.

Art. 25. — Tout sociétaire qui persisterait à travailler dans une maison mise à l'index ou qui entrerait dans cette maison, sera signalé comme préjudiciable aux intérêts de la Société.

Art. 25 *bis*. — Un atelier insalubre ne sera mis à l'index que quand la majorité du personnel de l'atelier aura pris cette décision et qu'elle aura été adoptée par la Commission.

« Est-ce là, je vous le demande, une société de droit commun, et n'est-ce pas, au contraire, une association qui ne peut s'établir qu'avec l'agrément de l'autorité ? N'est-ce pas, comme l'a dit avec raison le tribunal, un pacte qui enchaîne la liberté des associés, en prohibant la conciliation entre ouvriers et patrons, en dehors de la commission supérieure qu'il institue, — en mettant les ateliers à l'index, dans certains cas déterminés, — enfin en édictant des sanctions contre les associés réfractaires ?

« Et tenez, Messieurs, les prévenus eux-mêmes ne s'y sont pas trompés. Interrogez Berné sur le but que poursuivait la société. Il vous répondra, comme il le faisait dans son interrogatoire du 17 mai, que son but était *de soutenir les adhérents en cas de grèves générales et partielles*. Interrogez Coulon : il reconnaîtra, comme il le faisait dans son interrogatoire du 16 mai, que l'association n'était ni une société de secours mutuels, ni une société coopérative, et qu'il s'agissait simplement de se créer des ressources en vue d'indemniser les associés, en cas de grève générale ou partielle, et même en vue d'aider d'autres corporations qui se mettraient en grève.

« Enfin, pour achever sur cette partie du débat, voulez-vous un exemple de ce que devrait être la société de crédit mutuel, pour échapper à la loi pénale, je le trouve dans la cause même. Vous savez comment, bien antérieurement à la grève, s'est fondée l'*association générale des ouvriers tailleurs*, qui a son siège rue Fontaine-Molière 27, et dont Berné est l'un des administrateurs, ainsi que Coulon et Jeanroy. Vous savez encore comment, à la réunion du 4 avril, Berné a proposé la création immédiate d'une société coopérative de production, et comment, sa proposition ayant été acceptée à l'unanimité, Deguergue, qui qui présidait, a déclaré la souscription ouverte, rue Fontaine-Molière, 27. Veuillez prendre les statuts de l'*association générale*, vous y trouverez une véritable société, avec son but industriel nettement défini, son capital social, son organisation intérieure, son administration, en un mot, tout ce qui révèle une association d'intérêts, et non pas une association de personnes. Veuillez maintenant vous souvenir des termes dans lesquels, le 4 avril, Berné définissait le but de la société de production, qui faisait l'objet de sa proposition. Il s'agit, disait-il, de supprimer les intermédiaires entre les producteurs et les consommateurs, de réduire de 20 0/0 le prix des vêtements, et d'affranchir les travailleurs du joug du capital.

« Je n'ajoute plus un mot sur ce point, et je conclus en affirmant que la société de crédit-mutuel est bien de celles qu'ont voulu atteindre l'art. 291 du Code pénal, et après lui la loi de 1834. Faut-il maintenant que je discute devant vous, Messieurs, le point de savoir si l'art. 291 du Code pénal et la loi de 1834 n'ont pas été virtuellement abrogés par la loi du 25 mai 1864 ? Est-il vrai que le droit de coalition, sans le droit de réunion et d'association, soit un véritable leurre ! J'emprunte cette expression à l'une des deux plaidoiries que vous avez entendues. Est-il vrai, comme on vous l'a dit, que ce soit là une de ces questions dont la discussion ne saurait être trop approfondie, ni la solution trop mûrement réfléchie ? Pour moi, Messieurs, je cherche encore où se trouve la question, et je le cherche en vain, ne pouvant trouver la raison de douter. Le point a été débattu, dans les travaux préparatoires de la loi de 1864, au conseil d'Etat d'abord, puis au sein de la commission du Corps législatif, et enfin au cours de la discussion publique. Voici en quels termes l'exposé des motifs de la loi le pose et le résout :

> Quant au droit de réunion et d'association, les coalitions ne pourraient pas s'en faire en France un moyen de troubles et de grèves durables, puisque, d'après la loi générale, *applicable à tous les citoyens* tant qu'elle restera la loi du pays, les réunions publiques et les associations ne peuvent pas se former sans la permission de l'autorité, qui ne la refusera pas assurément quand elle sera demandée pour un motif légitime, mais qui sera armée du droit d'interdiction, et qui saura s'en servir toutes les fois que l'intérêt de la sécurité publique l'exigera. — Avec de telles garanties, il n'est pas sérieusement à craindre que la liberté donnée à ce que nous avons appelé la coalition pacifique puisse ouvrir la porte aux coalitions tyranniques et aux grèves tumultueuses.
> (DALLOZ, 4e partie, p. 59, n° 22.)

« Quoi de plus net ? Le rapporteur de la commission du Corps législatif n'est pas moins explicite.

> A l'occasion de la liberté des coalitions, on a soulevé la question du droit de réunion et celle du droit d'association. La commission a cru qu'un examen de cette nature n'entrait pas dans le mandat que vous lui avez confié, et elle n'a pas voulu sortir du cercle que lui traçait le projet de loi.
> (DALLOZ, 64, 4, 70.)

« Enfin, devant le Corps législatif, la question est de nouveau soulevée. A la séance du 28 avril, M. Morin répond à ceux qui pensent que, sans le droit de réunion, le droit de coalition est purement illusoire :

> Nos lois sur le droit de réunion n'empêcheront pas les ouvriers d'user de leur droit de coalition, lorsqu'il s'exercera dans les limites légitimes.

En effet, l'autorité municipale leur accordera le plus souvent le droit de se réunir, sauf à se faire représenter dans les réunions, Si l'autorisation ne leur était pas accordée, les ouvriers ne seraient pas désarmés pour cela; ils pourraient se réunir par groupes de vingt qui nommeraient des délégués, et ces délégués eux-mêmes pourraient procéder encore à une autre élection. De telle sorte que les ouvriers pourraient toujours parfaitement s'entendre, même en étant privés de la faculté de réunion.

(DALLOZ, *ib.*, p. 71. — Opinion de M. Morin, séance du 25 avril.)

« Et, le lendemain, relevant une expression que je retrouvais il y a un moment dans l'une des plaidoiries de la défense, M. Cornudet, commissaire du gouvernement, ajoutait :

Est-il vrai que, sans le droit de réunion, le droit de coalition soit un leurre ?—Nous connaissons les coalitions, il y en a eu dans notre pays, il y en a eu qui ont abouti à des procès, il y en a eu qui n'ont pas été poursuivies, par la volonté, comme je le disais, des industriels eux-mêmes. Il y en a eu depuis vingt ans, depuis dix ans, depuis la réforme de la loi de 1849. — Comment ont-elles procédé ? — Est-ce qu'elles ont eu besoin de ces réunions qui sont interdites par l'art. 291 ? Est-ce qu'elles n'ont pas pu se former, se concerter, s'établir, se fortifier, sous l'empire de l'art. 291, qui n'a pas été et n'a pas pu être invoqué contre elles ? — Il n'est donc pas vrai que la coalition soit impossible sans le droit de réunion. Et dès lors ce que la loi nouvelle accorde, en vertu d'un principe de liberté, ce que la loi accorde est sérieux et suffisamment efficace.

(DALLOZ, *ib.*, p. 71. — M. Cornudet.)

« En présence de pareilles déclarations, si nettes, si formelles, si précises, où est la question soulevée par les conclusions de la défense ? J'ajoute, et c'est le dernier point du procès, où est la bonne foi des prévenus ? Le droit de coalition leur a été concédé par le pouvoir législatif, mais non le droit d'association ou le droit de réunion. Il n'y a point à s'y tromper, et les prévenus eux-mêmes ne se sont jamais abusés sur ce point. Je n'en voudrais pour preuve que cette parole de Jalinier, répondant, le 16 mai, à M. le Juge d'instruction, qu'il avait accepté de tenir la caisse de la société, jusqu'au jour où, son organisation étant définitive, on aurait sollicité l'autorisation de l'établir. Jeanroy, interrogé le même jour, fait la même réponse. La société cherchait à se constituer ; le jour où sa constitution aurait été définitive, on avait l'intention de demander une autorisation.

« J'ai fini, Messieurs. Je vous ai montré la société de crédit mutuel naissant avec la grève, se constituant par l'adoption de ses statuts et le vote unanime de l'assemblée, dans la réunion du 4 avril, — lançant au dehors ses prospectus, — agissant, fonctionnant, vivant de sa vie propre, survivant même à la grève, et surprise en pleine activité par les premiers actes de l'information. Je crois avoir établi ensuite que cette société constituait une association, dans le sens que la loi pénale donne à ce mot, et, qu'en présence de ses statuts, il était impossible d'y avoir une société de droit commun, civile, industrielle ou commerciale. Les documents législatifs vous ont prouvé, en troisième lieu, que l'art. 291 du Code pénal et la loi de 1834 n'avaient reçu aucune atteinte de la loi de 1864, sur le droit de coalition. Ils ont démontré enfin, je le pense du moins, que la bonne foi des prévenus ne pouvait être alléguée utilement devant vous. Les premiers juges ont apprécié ces divers points, comme je viens de le faire moimême. Leur décision donne une juste satisfaction à la loi. Je vous demande d'en prononcer purement et simplement le maintien. »

La parole est ensuite à Me Picard :

« Messieurs,

« La Cour comprend qu'il est impossible de laisser sans réponse les conclusions du ministère public. Nous discutons une question de droit des plus ardues et qui, quoi qu'on dise, présente la plus grande gravité. Elle mérite par cela même la plus grande attention de la Cour; car si vous condamnez mes clients, je crois que vous ne pourrez le faire sans condamner la loi elle-même. Je tiens à le prouver, et de plus je tiens à contester absolument l'interprétation qui a été donnée aux faits et les solutions de droit qui ont été avancées par le ministère public.

« Je commencerai par mettre de côté immédiatement la première question qui paraît résolue pour vous, et résolue de telle sorte que si je n'avais qu'elle, je renoncerais à prendre en ce moment la parole. Je demanderai donc d'abord s'il est sérieusement possible que dans l'état des faits qui ont été présentés ici, et qui n'ont été l'objet d'aucune contradiction, ni de la part du tribunal de première instance, ni du ministère public, je demanderai s'il est possible de suspecter un instant la bonne foi entière de nos clients. Comment tous leurs actes se sont-ils passés? En ont-ils caché quelques-uns? Leurs déclarations ont-elles été faites dans des procès-verbaux restés secrets? Non, Messieurs, tout s'est passé au grand jour, dans des articles de journaux qui ont figuré peut-être déjà sous les yeux de la Cour, dans des séances publiques; les réunions ont eu lieu avec l'autorisation et en présence de l'autorité administrative, sans aucune interdiction de sa part. Il est donc impossible de soulever la moindre contradiction à cet égard et de requérir les pénalités de la loi contre ce qu'ont fait mes clients.

« La question de bonne foi étant entièrement reconnue, j'entre dans la discussion. Quoique je veuille en raison de l'heure avancée, rendre cette discussion la plus brève possible, il m'est impossible de ne pas revenir sur ce que nous a dit le ministère public. Suivant lui, en fait, la société précitée n'est pas condamnable, mais en droit elle l'est; car, a-t-il ajouté, la loi sur la coalition n'entraîne pas, n'implique pas le droit de réunion, et se renfermant dans cette idée, il s'est efforcé de démontrer matériellement, d'établir le délit pour lequel on demande la condamnation de mes clients.

« M. l'avocat général me permettra ici encore de soumettre à la Cour une réflexion que je soumets aussi à son excellent esprit; comment peut-on admettre le droit de se coaliser sans le droit de se réunir, comment a-t-il pu ne pas vouloir comprendre que l'un était la conséquence nécessaire de l'autre. Et c'est là, Messieurs, toute la question que vous avez à résoudre, car il ne s'agit pas dans le débat actuel d'apprécier d'une façon générale la législation de 1864. Je prévoyais bien alors, sans doute, ce que pourrait être cette loi; j'entrevoyais la négation de ce droit de réunion, aussi ai-je voté contre elle; car je voyais que cette loi n'était pour les ouvriers qu'un piège et que le droit serait vainement reconnu en principe si l'exercice en était interdit; mais cependant, permettez-moi de le dire, nous ne pensions pas que l'on irait à des conséquences aussi inexorables, jusqu'à proclamer un pouvoir discrétionnaire en matière de coalition. C'est cependant à cela que conclut la théorie du ministère public. Il ne distingue pas deux périodes qui sont pour moi toute la base de la discussion. Je veux bien avant la coalition déclarée, que toute réunion ne puisse être accordée qu'avec l'autorisation du gouvernement, quoiqu'il me soit permis de me révolter contre ce qu'il y a de contradictoire entre cette concession et le droit de coalition. Mais quand la coalition a été déclarée, quand la grève est commencée, nier le droit de réunion, le droit d'association, c'est ce que je ne puis comprendre. Comment, quand les ateliers sont déserts, quand dix mille ouvriers sont sur la place publique, sans travail, par conséquent sans salaire, les uns ayant quelques épargnes, les autres n'ayant rien, vous leur défendez de s'unir, vous leur interdisez de s'associer au nom de la loi, parce que vous interprétez cette loi dans un sens restreint et cruel ; vous poursuivrez celui qui a et qui partage avec celui qui n'a pas, vous direz que ce lien de charité qui doit les unir est un lien punissable et vous le flétrirez par la loi. Car enfin ce sont les conséquences auxquelles vous arrivez en l'interprétant ainsi. Voilà ce que vous dites. L'opinion publique jugera. Si vous ne le dites pas, vous êtes amenés à faire cette distinction entre ces deux phases parfaitement différentes : celle de la grève et celle qui suit ou précède la grève. Je prends la grève des ouvriers tailleurs, j'examine les documents qui ont été cités par le ministère public, et je dis qu'ils produisent d'abord la preuve de l'existence d'une société de fait. C'est un premier point qui a été établi dans plusieurs délibérations.

« Ainsi je reconnais qu'au mois d'avril, à la date du 4, des déclarations ont été faites; dans quelle mesure et quelle en est la portée? La grève est déclarée, c'est la lutte; la coalition c'est la lutte! La grève a été déclarée, et immédiatement les ouvriers se sont réunis pour établir une société de crédit mutuel. Il existait déjà une société de production; cette société, le ministère public reconnaît qu'elle est parfaitement licite ; par conséquent, pas de difficulté sur ce premier point. Mais puisque nous sommes en matière pénale, voyons d'abord comment raisonne le ministère public. Il est dit, dans un document cité par lui, séance d'avril :

« L'assemblée adopte à l'unanimité.... La société est admise en principe et à titre provisoire. »

« Par une innovation singulière, le gouvernement a voulu introduire en France le droit de coalition sans l'entourer des institutions protectrices qui le garantisent en Angleterre. Voilà tout ce qui appartient à la première période de la grève; j'arrive à la deuxième période, ou plutôt à la fin de cette grève; vous savez comment quelques ouvriers, cédant ou à une impulsion spontanée ou aux conseils du gouvernement, demandèrent la fin de la grève; que répondirent nos clients; ils avaient un mandat à remplir, ils refusèrent, et c'est alors qu'on voulut leur faire l'application de certaine loi. Et dès ce moment, l'autorisation de se réunir leur est refusée et ils sont pour ainsi dire pris dans un piège. Ainsi, on leur accorde une autorisation pour fonder une société qui puisse soutenir la grève, ils ont même l'assentiment et les encouragements de tous les corps d'état, et lorsqu'ils veulent remplir leur mandat, on leur retire l'autorisation. Pouvez-vous critiquer leur conduite? Non, elle a toujours été des plus loyales. Lorsque vous leur retirez l'autorisation, ils disent : Nous nous inclinons devant la loi.

« Je parlais en commençant de la question de bonne foi: n'est-elle pas évidente? Eh bien, je fais appel en ce moment à votre loyauté, étudiez tous ces documents qui sont entre vos mains; est-ce que vous y trouvez la constatation de l'existence d'une société fonctionnant et agissant à cette époque? Vous ne pouvez trouver une seule des pièces produites en justice qui constate le fonctionnement de cette société. Ces pièces ne portent aucune signature, rien d'authentique, il n'y a qu'une note, à la date du 15 avril, qui ait une signature, ou plutôt, je me trompe, un timbre de la société de crédit mutuel, un timbre qui ne révèle rien par lui-même. Voici cette note :

« La commission n'accepte aucun tarif en dehors de celui
« qu'elle a proposé. »

« Est-ce que cela prouve que la société que vous voulez poursuivre est constituée? Maintenant quelles sont les autres preuves que l'on fait valoir? Ce sont les livrets. En a-t-on distribué? où sont les cotisations qui ont été reçues à cette époque? A-t-on pu constater que la société ait agi, fonctionné, reçu, payé? Non, elle n'a ni reçu, ni payé, ni agi, ni fonctionné. M. l'avocat général confond toujours la caisse de secours de la grève avec la Société qui est poursuivie. Par conséquent cette société n'était qu'à l'état de projet, et vous n'avez pu produire aucune pièce signée de nos clients. S'il en est ainsi, que fait en ce moment le ministère public? Il juge un acte de société dans l'enceinte de la police correctionnelle, et en raison des clauses écrites dans ces actes, des réflexions auxquelles elles peuvent donner lieu ; nous voyons requérir contre nous les sévérités de la loi, mais ce n'est plus le droit. Le droit, en matière pénale, est essentiellement personnel. Il est indispensable, pour que votre action ait une valeur quelconque, que vous examiniez la part que chacun a prise, il faut que nos clients soient appelés l'un après l'autre, et que l'on dise à l'un : vous avez commis tel acte, à l'autre tel autre acte. Mais venir nous poursuivre collectivement en police correctionnelle pour une société qui n'a ni agi ni fonctionné, n'est plus le droit.

« Voilà le premier point établi par le ministère public et qui marque entre la défense et lui un profond désaccord. Il n'y a qu'un malentendu quand nous examinons quelle était en droit la valeur de cette société. Ma conviction est que la loi de 1864 sur les coalitions impliquait pendant la grève, le droit de réunion et d'association ; je viens de m'expliquer sur ce point, et je n'y reviendrai point.

« M. l'avocat général a examiné une seconde question ; il a entrepris de réfuter la théorie produite par la défense et consistant à dire que la Société de solidarité et de crédit mutuel des ouvriers tailleurs échappe au Code pénal parce qu'elle constitue, non pas une association, mais une vraie société de droit civil. Quel est le raisonnement de M. l'avocat général ? « Som-
« mes-nous, dit-il, placés en présence d'une société de droit
« privé, civile, commerciale ou industrielle, ou en face d'une
« association de la nature de celles qu'ont en vue l'article 291
« du Code pénal et la loi de 1834 ? et avant tout qu'est-ce
« qu'une sociétété ? qu'est-ce qu'une association ?

« L'article 1832 du Code Napoléon répond pour nous : « *La*
« *société est un contrat par lequel deux ou plusieurs personnes*
« *conviennent de mettre quelque chose en commun dans le but*

« *de quelque bénéfice qui pourra en résulter...* » Je demande
« qu'on me montre dans les statuts de la Société de crédit mu-
« tuel la chose mise en commun, le bénéfice qui pourra résul-
« ter de l'association ? Je demande qu'on me montre les inté-
« rêts matériels s'associant, de façon que la vue de leur défense
« domine le contrat et l'absorbe ? »

« Notre réponse sera très-simple.

« M. l'avocat général nous demande d'indiquer la chose en
commun : ce sont les cotisations, les épargnes hebdomadaires
des ouvriers.

« M. l'avocat général nous demande quel est le bénéfice en
vue duquel la société est constituée ? C'est l'augmentation progressive des salaires.

« M. l'avocat général nous demande de lui montrer les intérêts matériels s'associant en vue de leur défense? C'est précisément en vue de défendre le salaire contre tout abaissement que
les cotisateurs de la société se réunissent périodiquement. Voilà
les intérêts matériels.

« Donc tous les caractères de la société définie par l'article
1832 et réclamés par le ministère public, apparaissent avec évidence dans les statuts qui sont poursuivis.

« Comment! vous accorderez aux capitaux associés pour le
« lucre, ce que vous refuserez aux bras de ceux qui travaillent;
« à un capital plus sacré, sans doute et plus respectable que
« l'autre. Non, cela n'est pas possible ! Comptez-vous donc pour
« rien, le bénéfice qui peut résulter pour eux non-sulement de
« l'élévation des salaires, mais encore de leur non-abaissement,
« ce qui arrive si souvent quand les ouvriers sont livrés à leur
« isolement sans société possible. Qu'est-ce que la société de
« crédit mutuel, c'est la mise en commun par des ouvriers, par
« l'association avec une facilité quelconque, d'un petit capital,
« réuni pour leur permettre de résister, au moment où ils au-
« ront besoin. Cette somme est mise chez un banquier, et au
« moment du besoin, on donne à chacun une part correspon-
« dant à sa mise.

« Qu'ont fait mes clients? Ils ont fait une société de crédit mutuel, par son titre, par ses éléments, par ses résultats. Il y a-t-
il un texte de loi qui interdise aux ouvriers de faire une société

de crédit mutuel. Voici ce que dit à ce sujet M. Forcade Laroquette, ministre du commerce, dans la séance du 9 juin 1867 :

> Une société coopérative peut exister entre les associés avant d'exister à l'égard des tiers ; elle constitue alors une sorte de société *sui generis*, ayant pour objet de recueillir les épargnes de chacun pendant quelques mois, de constituer, au moyen de versements de 10, de 15, de 20 centimes, la somme de 5 fr., nécessaire pour la constitution à l'égard des tiers.
> Vous pouvez prendre tout le temps que vous voudrez, des semaines, des mois, des années, et former une société qui n'existe pas encore à l'égard des tiers, mais qui existe entre les associés. Une convention est parfaitement licite entre 30, 40, 50 personnes, qui a pour objet de recueillir des souscriptions volontaires et de constituer entre ces personnes une sorte de caisse d'épargne ; chacun y met ses économies de la semaine : 20 centimes, 50 centimes, le salaire le plus modeste ; les sommes varient, les unes étant très-minimes, les autres étant plus fortes, jusqu'au moment où on a constitué un petit capital.

« Mes clients sont donc ici d'accord avec M. le ministre et vous ne sauriez les frapper pour cela.

« Voilà la discussion très-courte que je voulais présenter à la Cour ; mais, avant de finir, permettez-moi de porter le doigt sur la plaie même. Je sais très-bien quel est, en définitive, le fond de tout cela : Il faut bien le dire, on craint l'existence de sociétés de crédit mutuel non autorisées. Le décret de 1851 a déclaré qu'elles seraient soumises à l'autorisation ; mais si, par une disposition spéciale, elles sont obligés d'obtenir une autorisation du gouvernement, est-ce à dire par suite de la même disposition, qu'il résulte que tout ce qui n'aura pas été permis par lui sera défendu.

« Eh bien ! en 1852, par un décret, cinquante-cinq sociétés de secours mutuels ont été soumises à l'autorisation spéciale ; mais en 1867, par la loi des sociétés, les sociétés de crédit mutuel, de consommation, de production ont pris rang dans le Code de commerce, et ici se place dans toute sa simplicité la question qui vous est soumise.

« Comment voulez-vous que nous fassions ces sociétés avec la théorie du ministère public ? Comment pourrions-nous agir si nous nous trouvions dans des circonstances pressantes, obligés de faire appel à des nécessités urgentes, comme celles par lesquelles nous avons dû passer? Pourquoi vouloir interdire ces sociétés qui servent à élever le pauvre, à le soutenir ? Au nom de je ne sais quel intérêt, pourquoi veut-on aujourd'hui interdire ce droit d'association. Appliquez la loi sur la coalition comme vous l'entendrez ; mais pour des actes de la nature de ceux que je viens défendre, n'attentez pas à ce besoin d'association; ce serait aussi contraire au droit qu'à la politique, et il faut bien le dire, il y a de la politique dans ces poursuites. »

Après cette plaidoirie, M° Arago renonce à la parole, et la cour remet à huitaine pour le prononcé du jugement.

Voici le texte de l'arrêt rendu par la cour dans cette affaire:

« La Cour,

« Considérant que la société de crédit mutuel, de solidarité et de prévoyance des ouvriers tailleurs de Paris a été déclarée constituée dans la réunion du 4 avril 1867 ;

« Que cette déclaration a été faite solennellement et sans réclamation ni opposition par Deguergue, président, au milieu d'un si grand concours d'ouvriers, que la salle de l'Elysée-Montmartre, disent les témoins, ne suffisait pas pour les contenir ;

« Que cette proclamation n'a eu lieu qu'après la lecture et l'adoption des statuts, qui avaient été préparés par une commission nommée à la précédente réunion du 31 mars ;

« Considérant que cette société n'est pas restée à l'état de tentative et de projet; qu'elle avait son siège rue Rochechouart, 26 ;

« Que, dès le 4 avril, elle avait reçu mille quatre cents adhésions, au dire de son président ; que le nombre s'en est accru successivement les jours suivants et s'est élevé, le 14 mai, au chiffre de deux mille trois cent quatre-vingt-deux, de l'aveu de Jalinier, le secrétaire de la société ;

« Considérant que, dans cet intervalle de temps, du 4 avril au 14 mai, jour de la perquisition faite au début de la poursuite, l'existence de cette société s'est révélée par les prospectus et les circulaires qu'elle a répandus, par les appels qu'elle a faits au dehors, par les adhésions qu'elle a reçues, non-seulement d'ouvriers isolés, mais encore de nombreuses corporations d'ouvriers en France et à l'étranger ;

« Qu'enfin, dans le même temps, la commission qui la représentait agissait en son nom, en repoussant, au mois d'avril, la proposition Dusautoy et le tarif Debacker, et en consacrant son mandat par l'apposition d'un cachet à encre bleue portant cette légende : « Société
« fraternelle des tailleurs » ;

« Que cette association de plus de vingt personnes, dont les six prévenus reconnaissent avoir fait partie, était donc constituée et en plein exercice lors des premières poursuites ;

« Considérant que la loi sur les coalitions, en concédant aux ouvriers de se concerter et de s'entendre pour défendre leurs intérêts en cas de désaccord avec leurs patrons sur le taux de leurs salaires, a expressément maintenu, ainsi que le prouve la discussion qui a préparé cette loi, l'existence et l'application des dispositions légales sur les réunions publiques et sur les associations illicites, et que la prohibition portée en l'article 291 du Code pénal s'applique à l'association du Crédit mutuel ;

« Qu'en effet, cette association n'est pas une société civile, commerciale ou industrielle ayant pour objet soit la répartition de secours en cas de maladie ou de détresse, soit une coopération en vue d'économies dans la consommation ou de bénéfices proportionnels dans la production ;

« Que si elle comportait des souscriptions et des cotisations, les fonds, aux termes de l'article 12 des statuts, ne pouvaient jamais être employés pour aucun autre but que celui pour lequel la société était instituée, c'est à dire une lutte et une résistance constante des ouvriers contre les patrons ;

« Que tel était, en effet, le caractère de cette association, suivant le préambule et les articles des statuts ;

« Que, pour la grève actuelle, les réunions générales autorisées par l'administration, les commissions d'initiative et de conciliation suffisaient à soutenir les intérêts des ouvriers et à constater le plein exercice de leur droit de se coaliser, mais que la société de Crédit mutuel avait d'autres vues et d'autres effets en se déclarant d'une durée illimitée, en enchaînant la volonté et l'action de ses adhérents, en les retenant sous son autorité absolue par une mise à l'index dont l'importance se révèle par ces termes de l'article 25 des statuts : « Que le sociétaire récalcitrant sera déclaré préjudiciable aux intérêts de la société » ; en organisant la lutte et la résistance actuellement et à l'avenir, ainsi que cela résulte de la circulaire du 1er mai, qui, la grève terminée, déclarait que la société ne cessait pas d'exister, et qu'elle continuerait comme par le passé à recevoir les souscriptions des anciens et des nouveaux adhérents ;

« Qu'une association ainsi constituée est bien du nombre de celles que l'article 291 du Code pénal et la loi de 1834 ont entendu soumettre à l'autorisation du gouvernement ;

« Sur la question de bonne foi ;

« Considérant que les prévenus, choisis par les ouvriers tailleurs comme les plus intelligents et les plus éclairés d'entre eux, n'ignoraient pas que la loi de coalition n'avait pas désarmé le gouvernement du droit de surveiller et de réprimer les réunions publiques et les associations dans l'intérêt du bon ordre et de la tranquillité ;

« Qu'ils l'avaient eux-mêmes reconnu en ne convoquant des réunions générales et accidentelles qu'après en avoir obtenu l'autorisation ; qu'ils devaient également comprendre que cette autorisation était encore bien plus nécessaire pour constituer une association qui, par sa permanence, par son étendue, par la force de cohésion établie entre ses membres, par son antagonisme perpétuel avec une autre classe de citoyens, créait un danger sérieux dans l'Etat, alors surtout qu'ils voyaient s'affilier à cette association les corporations des ouvriers tailleurs des principales villes de France et des pays voisins, et même des corporations d'ouvriers appartenant à d'autres professions, et que ces adhésions étaient formulées en termes menaçants pour la paix publique et pour l'ordre social ;

« Que les appelants ne sont donc pas fondés à invoquer leur bonne foi ;

« Qu'ils ont agi avec intention criminelle ;

« Qu'il est donc prouvé qu'en 1867, à Paris, Berné, Bance, Coulon, Jeanroy, Jalinier et Deguergue ont fait partie d'une association de plus de vingt personnes non autorisée par le gouvernement ;

« Délit prévu par les articles 291 du Code pénal, 1er et 2 de la loi du 10 avril 1834 ;

« Mais considérant cependant que c'est avec raison que les premiers juges ont reconnu l'existence de circonstances atténuantes en faveur des prévenus,

« Et adoptant au surplus les motifs des premiers juges ;

« Met les appellations au néant ;

« Ordonne que le jugement dont est appel sera exécuté suivant sa forme et teneur, et condamne les appelants solidairement aux frais de leurs appels ;

« Fixe à deux mois la durée de la contrainte par corps pour chacun des condamnés, s'il y a lieu de l'exercer à raison des amendes prononcées contre eux. »

Les prévenus ont fait appel de ce jugement.

COUR DE CASSATION

PRESIDENCE DE M. LEGAGNEUR

Audience du 6 février 1868.

MM. Bance, Berné, Coulon, Deguergue, Jalinier et Jeanroy se sont pourvus contre l'arrêt de la Cour impériale de Paris, du 20 novembre 1867, qui les a condamnés à 500 fr. d'amende, chacun, pour délit d'association illicite, par application de l'art. 291 du Code pénal.

M. le conseiller DE GAUJAL a présenté le rapport de l'affaire.

Le pourvoi était soutenu par M⁰ˢ HÉROLD, HÉRISSON et JOZON.

Mʳ HÉROLD s'est exprimé en ces termes :

> Pour bien déterminer la question que le pourvoi soumet à la Cour, fixons d'abord avec exactitude les faits tels qu'ils sont constatés par l'arrêt attaqué.
> La coalition des ouvriers tailleurs de Paris venait de commencer : la grève, devenue inévitable, allait se déclarer. Les chefs du mouvement, prévoyant dès lors son insuccès, à cause du manque de fonds, résolurent de créer une caisse entretenue par voie de cotisations, et destinée à soutenir la coalition. Un projet de règlement fut préparé par une commission nommée le 31 mars 1867 et adopté dans une réunion nombreuse, qui eut lieu le 4 avril. Ce règlement établissait entre les adhérents une *Société de crédit mutuel, de solidarité et de prévoyance des ouvriers tailleurs de Paris*. La Société a existé, fonctionné, dit l'arrêt attaqué. Le nombre des adhésions s'est élevé de 1,400, recueillies le premier jour, à 2,382, chiffre qu'on avait obtenu le 15 mai, jour de la perquisition par laquelle a débuté la poursuite. Des circulaires, des appels ont été adressés au public, et il y a été répondu, soit de la France, soit de l'étranger. La commission placée à la tête de la Société, ajoute l'arrêt, et ceci est très-important, parce que nous voyons ici apparaître la connexité de la Société et de la coalition, ou, pour mieux dire, l'identité des deux choses, cette commission a manifesté son existence en repoussant la proposition Dusautoy et le tarif Debacker ; ce sont là deux incidents de la coalition.

Plus loin, l'arrêt constate encore que l'association percevait des cotisations dont le produit ne pouvait être employé, d'après l'art. 12 des statuts, que « pour le but pour lequel la Société était instituée, c'est à dire une lutte et une résistance constante des ouvriers contre les patrons. » Enfin, cette association, dont les membres étaient liés énergiquement par l'art. 25 des statuts, était permanente et devait continuer son action dans l'avenir et après cessation de la grève.

Voilà les faits ; ils se résument ainsi : une caisse de coalition permanente, entretenue par des cotisations.

Je n'ai rien affaibli, rien omis. J'accepte entièrement les faits tels que l'arrêt les constate, et c'est dans l'état de ces faits que je veux discuter la légalité de la condamnation. A quoi servirait de fuir le vrai terrain du débat? Il faut que votre arrêt ne soit pas seulement une décision, il faut qu'il soit un enseignement.

C'est cette caisse entretenue par des cotisations qui, selon l'arrêt attaqué, constitue une association prohibée par l'art. 291 du Code pénal et par la loi de 1834.

La thèse du pourvoi est qu'une semblable association est permise depuis la loi de 1864 sur les coalitions.

Il y a des points sur lesquels l'arrêt et le pourvoi sont nécessairement d'accord. L'arrêt ne dénie pas que la liberté des coalitions existe aujourd'hui, et nous ne craignons pas la contradiction sur ce principe. D'autre part, le pourvoi ne conteste pas que la loi de 1864 ait laissé en vigueur les lois restrictives du droit de réunion et du droit d'association. C'est du reste ce qu'a jugé votre arrêt du 3 février 1866.

L'accord existe sur ces deux points... du moins dans les mots. Rien de plus facile, en effet, si l'on s'en tient aux mots, de concilier ces deux principes : la coalition permise, d'une part ; la réunion et l'association interdites, d'autre part. Mais si l'on regarde les choses, c'est bien différent. Que de difficultés d'application !

La coalition ne peut se passer d'association ni de réunions. Les réunions sont indispensables pour la préparer, pour la diriger. Seront-elles possibles? Oui, si l'administration les autorise; non, dans le cas contraire. Cette nécessité de l'autorisation est bien fâcheuse et à tous les points de vue, car elle rend l'administration solidaire des coalitions qu'elle favorise de son autorisation, alors qu'il peut, dans le nombre, y en avoir de fort mauvaises. Mais le reproche s'adresse à la loi, j'en conviens.

Quant à l'association, en principe, sans doute, l'autorisation n'est pas moins exigée, cependant le sera-t-elle toujours ? Il y a une exception nécessaire, par le fait de la loi de 1864, en faveur de la coalition elle-même. Car la coalition est, quoi que en ait dit M. le conseiller rapporteur, une *espèce* d'association. Qu'on me permette d'insister un moment. Sans doute la coalition n'est pas une association dans le sens des lois civiles et commerciales; mais dans un sens général voisin du sens si large adopté par l'art. 291 du Code pénal, la coalition est une association : elle présente un intérêt commun, un concert, un engagement entre les coalisés, tout cela est de l'association. On peut la définir une association pour refuser hors certaines conditions le travail ou le salaire, selon qu'elle est pratiquée par les ouvriers ou par les patrons.

La coalition étant permise par la loi de 1864, cette loi a modifié dans une certaine mesure le principe de l'art. 291. Jusqu'où va cette modification ? Là est le débat actuel.

Nous soutenons qu'une caisse étant indispensable à toute coalition, l'association dont le but unique et dont les agissements se borneront à la création et à l'entretien de cette caisse, est permise en vertu de la loi de 1864. Nous examinerons la question en raison, en droit, en pratique.

La raison dit suffisamment qu'à toute coalition, il faut une caisse. D'abord il est impossible de rien faire sans argent. Il en faut aux ouvriers coalisés pour payer la location de la salle où ils s'assemblent, pour subvenir aux frais de publicité, surtout pour secourir les malheureux qui ne peuvent vivre ou faire vivre leur famille sans leur salaire journalier et qui seraient obligés de sortir de la coalition, contre leur gré et contre leur droit, s'ils ne recevaient le nécessaire. Il faut donc une caisse, quelque peu remplie qu'on la suppose, si l'on veut qu'une coalition vive, ne fût-ce qu'un jour. J'ajoute qu'il faut favoriser la création des caisses et les remplir autant que possible. Pourquoi ? parce qu'ainsi le veulent l'intérêt des coalisés, l'intérêt général, le bon ordre social.

La caisse est une garantie de moralité. L'ouvrier qui épargne est supérieur à celui qui n'épargne pas.

La caisse est une garantie de réflexion. Il faut du temps pour que quelques centimes prélevés chaque jour sur un salaire réputé insuffisant arrivent à remplir une caisse. Or le temps porte conseil.

La caisse est une garantie de bon ordre. La coalition dépourvue de caisse n'a pas d'autre moyen d'action que la grève et la grève, ce moyen toujours déplorable qui arrête la production et cause des souffrances irrémédiables, la grève, quand elle n'a pas d'argent, aboutit presque inévitablement à la violence, aux délits. Au contraire, la coalition, munie d'une caisse, a un moyen plus sûr que la grève : elle devient une puissance, les patrons comptent avec elle, ils mesurent les sacrifices qu'ils peuvent faire au salaire, et quand les réclamations sont justes, ils y satisfont, avant que la grève ne se soit réalisée. Cela s'est vu. C'est ainsi que la caisse est, en sus de ses autres avantages, une garantie de succès.

Il faut donc conseiller les caisses. Mais ces caisses comment les remplir ? Je ne connais que deux moyens : Un don, qui comme par enchantement, la remplit tout à coup ; ce sera un concurrent déloyal, une industrie rivale, l'étranger qui fera ce don, — moyen détestable.

Ou bien ce sera la cotisation des ouvriers eux-mêmes. Mais cette cotisation, c'est l'association que vous avez devant vous.

Le législateur mérite-t-il le reproche d'avoir prohibé les caisses remplies au moyen de cotisations. Je ne le crois pas.

Rien dans la loi, rien dans la discussion, rien dans les documents préparatoires. M'opposera-t-on certains passages du rapport où l'on accuse les caisses de certaines coalitions anglaises des maux causés par les grèves ? Je répondrais qu'il y a là une erreur d'observation, sans influence sur le point que nous discutons. D'ailleurs le rapport n'est pas la loi.

Reste la loi qui, par son texte, ne prohibe pas les caisses et qui, par son esprit, les autorise, puisqu'elle permet les coalitions et qu'il ne peut y avoir de coalition sérieuse sans une caisse.

Au surplus, c'est ici le cas, pour vous, d'user largement du droit d'interprétation. Il s'agit d'une loi nouvelle dont le sens est certain, dont les termes peuvent être obscurs. Cette loi se rattache à un mouvement économique qui s'accomplit en ce moment et auquel le législateur a voulu s'associer par diverses mesures, en dernier lieu par la loi sur la coopération. Vous aiderez à ce travail de transformation sociale en interprétant libéralement une loi dont l'esprit est libéral. Dans le silence de la loi, en l'absence d'un texte prohibitif, vous admettrez donc la légalité des caisses de résistance, même permanentes.

La résistance ! la permanence ! je touche ici à une objection que je sens grave dans vos esprits. Elle est formulée par l'arrêt attaqué dans celui de ses considérants où il rappelle la circulaire du 1er mai 1867, qui déclarait que la caisse survivrait à la grève. Voilà, me dit-on, la lutte organisée, lutte permanente, grâce à l'association.

Je n'hésite pas à répondre : L'objection est fondée sur une erreur, et cette erreur, consacrée par l'arrêt que j'attaque, est une violation de la loi.

La coalition est une lutte. On ne peut lui en faire un reproche, c'est sa nature. Il faut la vouloir ou ne pas la vouloir. Aujourd'hui est-elle permise. La loi assure-t-elle un terme à sa durée ? Aucun. Donc elle peut être permanente.

L'arrêt attaqué a confondu ici la grève, qui n'est qu'un moyen d'action de la coalition (et le plus fâcheux), et la coalition elle-même. La grève cesse ; la coalition a le droit de durer encore. La caisse subsiste et ne devient pas association illicite, parce que la grève a cessé. C'est la coalition qui continue. En interdisant la caisse après la grève, c'est la coalition même que l'arrêt a frappée.

M. le rapporteur a qualifié cette doctrine de doctrine *hardie !* Nous concevons qu'elle paraisse telle quand les esprits sont encore peu familiarisés avec le jeu de cette liberté nouvelle des coalitions. Le reproche, si reproche il y a, retomberait sur le législateur. Mais ne nous effrayons pas : le danger est nul.

J'ai dit les raisons qui militaient en faveur des caisses de chômage ou de résistance. La principale est qu'elles évitent des grèves. J'ajoute qu'il faut donner un sens raisonnable aux mots : la permanence ; ce n'est pas l'éternité, c'est tout simplement une longue durée, la durée la plus longue qu'on puisse prévoir, durée qui, dans notre état industriel, ne dépassera jamais un certain nombre de mois. Il faut donc se rassurer.

Mais, dans tous les cas, le législateur n'ayant pas fixé de durée à la coalition, il n'y a pas de raison légale de distinguer les coalitions temporaires des coalitions permanentes : il faut opter, et comme toutes sont permises, il faut admettre les permanentes.

Cette interprétation de la loi, jusqu'au procès actuel, était celle de l'administration. Quand les ouvriers tailleurs ont voulu constituer leur caisse, ils ont purement et simplement adopté le règlement qui avait servi aux bronziers dont la coalition récente avait fonctionné sans être inquiétée avec une semblable caisse. La coalition des bronziers ayant réussi, les tailleurs n'ont pas cru pouvoir mieux faire que de l'imiter. On n'avait pas poursuivi les bronziers (et on a bien fait), on a poursuivi les tailleurs : pourquoi cette différence ? nous n'avons pas à en rendre compte, mais nous sommes fondés à dire que la manière de voir de l'administration a changé.

Il ne me reste plus qu'à parler de votre jurisprudence.

C'est la troisième fois, si je ne me trompe, que la Cour est appelée à interpréter la loi de 1864, et c'est la troisième fois que j'ai l'honneur d'attaquer, à sa barre, les arrêts qui lui sont déférés.

Dans la première affaire, celle des velontiers de Saint-Etienne, il s'agissait de savoir si une association connexe à une coalition était licite. Votre arrêt du 23 février 1866 a décidé la négative. Peut-il être invoqué contre le pourvoi actuel ? Je ne le pense pas. Il s'agit cette fois non plus d'une simple association connexe, mais d'une association essentiellement nécessaire au fonctionnement de la coalition, la caisse. L'annotateur Dalloz, en commentant l'arrêt (page 89, 1re colonne, à la fin), a eu soin de réserver le cas d'une association destinée à soutenir pécuniairement la coalition : c'est précisément le cas actuel.

Dans la seconde affaire, celle des imprimeurs sur étoffes de Saint-Denis, il s'agissait de menaces d'interdiction de travail. Vous les avez condamnés par votre arrêt du 5 avril 1867. Je ne parlerais pas ici de cette question, étrangère au procès actuel, si je ne voulais y joindre une réflexion.

Votre arrêt de 1866 a frappé les associations connexes à la coalition ; votre arrêt de 1867 a frappé les menaces d'interdiction de travail. Cependant ces sortes d'associations, les interdictions de ce genre sont inévitables en matière de coalitions et à peu près indispensables à leur fonctionnement. Je ne proteste pas ici contre vos arrêts, ils doivent être conformes à la loi. Mais alors que vaut la loi? Il nous importe de le savoir. Si, maintenant, l'arrêt que vous allez rendre condamnait les caisses de chômage et de résistance, que resterait-il du droit de coalition? On nous dirait : Faites des coalitions, soit, mais gardez-vous de vous associer pour les préparer, les diriger, les continuer ; faites des coalitions, mais gardez-vous d'interdire le travail à personne : faites des coalitions, mais surtout n'ayez pas de caisse!... Pratiquement parlant, il n'y aurait plus de coalitions possibles, sauf celles que le gouvernement protégerait de son autorisation ou couvrirait de sa tolérance, de telle sorte que celles-là seules vivraient que le gouvernement voudrait laisser vivre.

Si telles devaient être les conséquences de la loi de 1864, elle ne serait pas une loi de liberté : elle mériterait au contraire, ce nom de loi *facultative* qu'on a appliqué à d'autres lois pour signifier qu'elles n'étaient que de simples instruments de gouvernement.

Mais donner ce caractère à la loi, ce serait méconnaître l'intention certaine du législateur, et c'est ce que vous ne ferez pas. Nous espérons que vous accueillerez les conclusions des demandeurs en cassation.

M. l'avocat général Bédarrides prend la parole en ces termes :

Il est impossible de dire plus de choses en moins de mots, et de montrer plus de convenance et de modération qu'on ne vient de le faire en soutenant le pourvoi. Mais je comprends peu la thèse du pourvoi. S'agit-il de coalition, d'association, de caisse? Le pourvoi confond ces trois idées bien distinctes. Il parle de caisse de secours, puis glisse de ce mot à celui de résistance. On a qualifié la thèse de hardie, je rechercherai seulement si elle est légale.

Et d'abord, qu'est-ce que ce *droit de coalition* qui veut être supérieur aux autres droits? Le droit de parler littérature ou politique, le droit de prier, ne peuvent être exercés par plus de vingt personnes sans que la police intervienne ; je parle de la police dans l'acception élevée du mot ; ainsi le veut l'art. 291 du Code pénal. Pourquoi le droit de coalition aurait-il la prétention orgueilleuse de s'en affranchir.

Au fond, il n'y a pas de droit de coalition ; c'est une expression inexacte. Avant 1864, il y avait deux délits dans nos lois : le délit de coalition, le délit d'association, bien distincts, ayant chacun son caractère. Aujourd'hui, l'un des délits est supprimé, l'autre subsiste. Celui qui est supprimé, c'est le délit de coalition, c'est à dire de simple entente, de concert entre patrons, entre ouvriers, abstraction faite de toute autre idée d'association, de toutes menaces, violences, etc., et même du nombre des personnes : deux, trois, dix personnes coalisées commettaient le délit. Mais le délit d'association reste, — sans idée particulière de patrons, d'ouvriers, de salaires, — avec les seuls éléments essentiels d'organisation, de permanence, de nombre. Si les art. 414 à 416 du Code pénal ont disparu, s'ils ont fait place à d'autres dispositions, l'art. 291 n'a pas cessé d'être en vigueur.

L'amélioration pratique, résultant de la loi de 1864, est celle-ci : « L'entente accidentelle, qui forme la coalition, est permise. L'entente permanente l'est aussi, mais seulement quand il s'agit de moins de vingt personnes. La thèse du pourvoi ne se comprendrait que s'il avait été dérogé par la loi de 1864 à l'art. 291 du Code pénal.

Or, rien dans le texte ne favorise ce système, et, dans les travaux préparatoires, tout le repousse. Il a été fait réserve expresse des délits d'association et de réunion. M. Darimon avait proposé un amendement dont une des conséquences était d'affranchir les réunions relatives aux coalitions de toute autorisation. M. Émile Ollivier, dans son rapport, explique que la commission a repoussé cet amendement, parce qu'elle n'avait pas à s'occuper du droit de réunion.

Dans la discusion, le droit de réunion a été de nouveau demandé pour les ouvriers en coalition. On soutenait que ce droit était indispensable pour l'exercice de la liberté de coalition ; c'était la thèse du pourvoi, mais adoucie, car il ne s'agissait que du droit de réunion. On a répondu que les autorisations nécessaires seraient accordées quand il y aurait lieu. Le commissaire du gouvernement, M. Cornudet, terminait en disant : « Nous proposons l'abrogation des art. 414, 415 et 416 du Code pénal, mais nous ne touchons ni à l'art. 291, ni à la loi de 1852. » Ainsi, le droit de réunion a été maintenu sous le régime de l'art. 291, à plus forte raison, le droit d'association.

Maintenant sera-t-il permis aux ouvriers coalisés d'établir une caisse de secours? Oui, quand il n'y aura pas d'association illicite, quand l'autorisation aura été obtenue ou quand on sera moins de vingt personnes.

Mais que parlez-vous de caisse de secours? Dans l'affaire actuelle, il ne s'agit pas d'association. Eh bien! l'intérêt général de la société doit l'emporter sur l'intérêt moindre qui s'agite dans les coalitions. D'après la loi, les associations de plus de vingt personnes, quelles qu'elles soient, sont dangereuses pour l'ordre public ; elles le sont particulièrement dans le cas de coalition, quand on touche à la question brûlante des salaires. Il n'y a donc aucune raison, dans ce cas, de déroger à la règle générale. Bien loin de là. L'agrément du gouvernement est nécessaire.

Votre arrêt du 23 février 1866 a, d'ailleurs, tranché la question. Il s'agissait alors, comme aujourd'hui, d'une association connexe à la coalition et qu'on soutenait être nécessaire au fonctionnement de celle-ci. Vous l'avez condamnée. Le pourvoi essaie de faire une distinction entre ce qui est utile seulement, et ce qui est essentiel à la coalition. Cette distinction, nous ne la comprenons pas. Le législateur lui-même a dit que la coalition pouvait exister sans association.

D'ailleurs, cette association connexe essentielle à la coalition et se confondant avec elle, elle est aussi illicite, aussi dangereuse que toute autre. La loi de 1864, en effaçant un délit, a bien pu créer un droit, mais non pas un droit privilégié. Il faut que l'art. 291 reçoive son application.

Après avoir donné lecture de l'arrêt précité de 1866, M. l'avocat général continue :

Dans l'affaire, il ne s'agit pas de secours, il s'agit de résistance, de permanence dans la coalition. Or l'ordre ne gagne rien aux coalitions permanentes, aux associations organisées pour la lutte, pour la résistance à outrance, pour la guerre. Ce n'est pas ainsi qu'on arrivera à établir l'harmonie désirable. Pour s'en convaincre, il suffit de lire les statuts de l'Association des ouvriers tailleurs. On y trouve de fort mauvaises choses. Le jugement de première instance et l'arrêt attaqué ont relevé des clauses qui pèsent sur la liberté de l'ouvrier coalisé.

M. l'avocat général donne ici lecture de plusieurs passages du jugement et de l'arrêt.

Si l'on veut supprimer l'art. 291, dit-il en terminant, que ce soit plutôt en matière de secours, d'assistance, de prière. Les Sociétés de charité ne sont pas exemptées de l'autorisation du gouvernement, pourquoi voudriez-vous y soustraire des associations qui s'occupent du salaire? Si le travail est un droit sacré, ne le mettez pas au dessus du droit saint de la prière!

Nous concluons au rejet du pourvoi.

La Cour, après délibéré en chambre du conseil, a rendu un arrêt qui, par les motifs de droit analysés dans la notice et par les considérations de fait relevées dans l'arrêt attaqué, rejette le pourvoi.

ARRÊT DE LA COUR DE CASSATION

La Cour,

Ouï M. le conseiller de Gaujal en son rapport, M° Herold, avocat en la Cour, dans ses observations pour les demandeurs en cassation, et M. l'avocat général Bédarrides en ses conclusions ;

Sur le premier moyen, tiré d'une violation des articles 291, 292 du Code pénal, 1ᵉʳ de la loi du 10 avril 1834 et 1ᵉʳ de la loi du 25 mai 1864, en ce que l'art. 1ᵉʳ de la loi du 25 mai 1864, ayant consacré le droit de coalition, a, par cela même, implicitement consacré le droit de s'associer en vue d'une coalition et autorisé toutes les associations se rattachant à une coalition ;

Attendu qu'aux termes des art. 291 du Code pénal et 1er de la loi du 10 avril 1834, nulle association de plus de vingt personnes, dont le but est de se réunir pour s'occuper d'objets religieux, littéraires, politiques ou autres, lors même qu'elle serait fractionnée en sections d'un nombre moindre et qu'elle ne se réunirait ni tous les jours, ni à des jours marqués, ne peut se former qu'avec l'agrément du gouvernement ;

Que les dispositions de ces articles sont générales et s'appliquent sans distinction à toute association constituée et organisée à l'état permanent ;

Attendu que la loi du 25 mai 1864 n'y fait pas exception et ne dispense, ni explicitement ni implicitement, de l'autorisation administrative les associations qui se rattacheraient à des coalitions ;

Attendu, en effet, que, si le concert entre les coalisés est de l'essence de la coalition, il n'en est pas de même de l'association ;

Que la coalition peut naître et naît presque toujours d'un fait accidentel et passager, tandis que l'association implique une organisation permanente; d'où il suit que l'association peut bien ajouter à la force de la coalition et en étendre les effets, mais qu'elle s'en distingue par son caractère et sa nature, et qu'elle n'en est pas un élément essentiel et nécessaire ;

Attendu qu'il résulte de tous les éléments de l'élaboration, et en particulier de la discussion de la loi du 25 mai 1864, que le législateur, en effaçant de nos Codes le délit de coalition, n'a voulu établir aucun privilège en faveur des coalisés, ni les soustraire à l'empire des lois générales de police et de sûreté qui s'imposent à tous les citoyens et règlent et limitent l'usage de leurs droits ;

Qu'il en résulte, au contraire, qu'il a voulu, en cette matière, maintenir l'application de l'art. 291 du Code pénal et de la loi du 10 avril 1834, sur les associations, comme celle du décret du 25 mars 1852 sur les réunions publiques ;

Sur le second moyen, tiré d'une nouvelle violation à un autre point de vue de l'art 1er de la loi du 25 mai 1864, en ce que ledit article, en permettant les coalitions d'une manière absolue, n'a fait ni restrictions, ni distinctions, et a par cela même légitimé les coalitions organisées à l'état permanent aussi bien que les coalitions accidentelles et temporaires ; d'où il suit que l'association de l'espèce qui, d'après les termes mêmes de l'arrêt attaqué, avait pour but essentiel d'organiser et de soutenir une lutte et une résistance constante des ouvriers contre les patrons, n'était, en réalité, bien que permanente, qu'une coalition; qu'elle ne pouvait être distinguée de la coalition et faisait corps avec elle ;

Attendu, sans qu'il soit besoin d'examiner la proposition principale du pourvoi sur ce moyen, que l'arrêt attaqué constate en fait que l'association dont les demandeurs reconnaissent avoir fait partie n'a point été autorisée ;

Qu'elle se distinguait essentiellement de la coalition des ouvriers tailleurs ;

Qu'elle a agi non-seulement en vue de cette coalition, mais aussi en vue de l'avenir ;

Qu'elle a annoncé que son but était d'organiser une lutte et une résistance constante des ouvriers tailleurs contre les patrons ;

Que même la grève étant terminée, elle ne cessait pas d'exister et qu'elle continuerait comme par le passé, à recevoir les souscriptions et les adhésions ;

Attendu qu'en jugeant, dans cet état des faits constatés, que le délit d'association non autorisée existait, et en appliquant aux demandeurs en cassation, membres de cette association, la peine de l'art 291 du Code pénal, l'arrêt attaqué n'a fait qu'une saine interprétation de cet article ;

Par ces motifs,

Rejette le pourvoi et condamne les demandeurs à l'amende envers le trésor public.

SOCIÉTÉ DE CRÉDIT MUTUEL

DE SOLIDARITÉ ET DE PRÉVOYANCE

DES

OUVRIERS ET OUVRIÈRES TAILLEURS

DE PARIS

PRÉAMBULE.

Les ouvriers tailleurs, résolus à résister, par tous les moyens que leur donne la loi, contre l'avilissement toujours croissant des salaires, et décidés à maintenir la limite de dix heures de travail au plus, afin de donner plus de temps à leur famille et à la culture de l'intelligence, ont décidé de fonder une Société dans le but de soutenir ces conditions.

Titre de la Société. — Sa durée. — Nombre des Sociétaires. Administration.

ARTICLE PREMIER.

La Société prend le titre de *Société de Crédit mutuel, de solidarité et de prévoyance des ouvriers et ouvrières tailleurs de Paris.*

ART. 2.

La durée de la Société est illimitée ainsi que le nombre des Sociétaires.

Art. 3.

Elle est administrée par une Commission composée de dix-neuf membres nommés par le suffrage général des sociétaires. Elle est renouvelable tous les ans.

Les membres sortants pourront être réélus.

Art. 4.

Nul ne pourra faire partie de la Commission s'il n'est exclusivement ouvrier.

Art. 5.

Les attributions de la Commission consistent à recevoir et à placer les fonds ; elle les distribue aux ayants droit dans les cas spécifiés par le règlement.

Elle se charge des réunions, convocations, avis, décisions, et généralement de tout ce qui concerne l'administration.

Elle publie les comptes rendus mensuels des opérations de la Société.

Elle admet les demandes et les réclamations, les apprécie, les juge ; elle forme des enquêtes, s'il y a lieu, et décide souverainement.

Elle résout tous les cas non prévus par le règlement, et ses décisions sont admises en dernier ressort.

Art 5 bis.

La Commission ne peut valablement délibérer qu'au nombre de quinze membres au moins.

Mode des versements.

Art. 6.

Chaque sociétaire s'engage à verser une cotisation hebdomadaire ainsi fixée : vingt-cinq centimes par semaine dans les cas ordinaires ; cette cotisation pourra être élevée par décision de la Commission dans les cas extraordinaires.

Art. 7.

Les sociétaires de chaque atelier ou même maison feront leurs versements toutes les semaines ou toutes les quinzaines entre les mains d'un collecteur élu par eux.

Art. 8.

Les sociétaires, en versant leur cotisation, exigeront immédiatement du collecteur un timbre servant de reçu, qu'ils appliqueront dans une case de leur livret particulier.

En conséquence, il sera délivré un certain nombre de timbres d'avance à chaque collecteur, qui devra en faire la demande.

Ces timbres seront inscrits sur le livre dudit collecteur.

Art. 9.

Les sociétaires isolés feront leurs versements au siége de la Société ou dans les mains du collecteur d'une maison quelconque, qui inscrira la somme versée par le sociétaire à son numéro d'ordre.

Art. 10.

Tout sociétaire en retard de payement subira, en cas d'indemnité, une retenue sur les sommes versées auxquelles il aurait droit, et ce jusqu'à liquidation complète de son retard.

Cette retenue sera proportionnée à la somme due et ne pourra être moindre de deux francs.

Art. 11.

Chaque collecteur est tenu d'opérer la remise des fonds qui lui sont confiés au bureau de la Société, tous les lundis, de sept heures à dix heures du soir.

Art. 12.

Les fonds versés par les sociétaires ne pourront jamais être employés pour aucun autre but que celui pour lequel la Société est instituée.

Collecteurs. — Leurs droits, leurs devoirs.

Art. 13.

La Commission a pour intermédiaires les collecteurs; ils sont nommés par les sociétaires de chaque atelier ou maison, et reçoivent l'indemnité accordée aux sociétaires s'ils perdent leurs travaux à cause de leurs fonctions.

Art. 13 bis.

La Commission pourra autoriser le trésorier à déposer les fonds en compte courant dans une maison de banque désignée par elle, lorsque ces fonds auront atteint un chiffre qui sera également fixé par la Commission.

Art. 14.

Le collecteur devra, quand un sociétaire quittera l'atelier, signer le livret de ce dernier, en indiquant la date de sa sortie; de même il inscrira l'entrée des nouveaux.

Art. 15.

Les collecteurs seront tenus de se réunir par groupes de quinze le deuxième jeudi de chaque mois.

Dans ces réunions ils devront apporter les communications et les réclamations de leurs commettants, auxquels ils devront rendre compte de ce qui s'y est passé. Ils devront également leur faire part des comptes rendus qui seront délibérés dans ces réunions.

Des réunions extraordinaires pourront avoir lieu en dehors des précédentes toutes les fois que les intérêts de la Société l'exigeront.

Droits et devoirs des sociétaires.

Art. 16.

La Commission, pour sauvegarder le principe de dix heures de travail comme maximum de la journée (pour les hommes à la journée), enjoint à tous les sociétaires de n'accepter aucune transaction ni injustice; ils quitteront l'atelier dans les cas suivants :

1° Lorsque le patron voudrait ramener la journée à plus de dix heures;

2° Chaque fois que l'on diminuera le salaire d'un homme à la journée qui travaillera depuis deux mois dans l'atelier, et qu'en outre la majorité de cet atelier affirmera qu'il vaut cette journée.

Art. 17.

Dans chaque maison où faire se pourra, les ouvriers, assistés de leur collecteur, dresseront un tarif des prix établis, et indiqueront en regard les réformes qu'ils croient nécessaire d'y faire; ces tarifs, signés par eux, seront présentés par le collecteur de la maison à la réunion des collecteurs de la spécialité, qui discuteront et délibéreront sur la justice de chaque réclamation.

Art. 18.

La Commission n'admettra aucun tarif qu'après qu'il aura été accepté par les collecteurs réunis, qui en signeront l'acceptation dans un rapport adressé par eux à la Commission.

Le tarif accepté sera remis à la Commission par le collecteur, après qu'il en aura fait une copie, qui devra rester dans l'atelier.

Art. 19.

Quand la Commission jugera le moment opportun, les tarifs révisés seront, à tour de rôle, présentés aux patrons; jusque-là toute réduction sur les prix établis devra être repoussée énergiquement.

Art. 20.

Quand un travail nouveau se présentera, les ouvriers occupés dans les divers ateliers travaillant pour ce genre de travail se réuniront et fixeront le prix de ce travail.

Art. 21.

Quand un ouvrier sera dans la nécessité de quitter l'atelier ou la maison par suite de réduction sur les prix anciens ou d'insuffisance des prix nouveaux, les ouvriers de la même spécialité travaillant dans la même maison devront cesser immédiatement les travaux.

Art. 22.

Une maison ne sera mise à l'index que quand la majorité du personnel de l'atelier ou de la maison aura pris cette décision et qu'elle aura été adoptée par la Commission.

Art. 23.

Dans le cas de la mise en grève d'une maison, il sera établi un bureau de renseignements tenu à tour de rôle par les sociétaires de cette maison, sous la surveillance de la Commission; tous les ouvriers devront s'y présenter une fois par jour aux heures qui leur seront désignées; faute par eux de s'y conformer, ils encourront une retenue de un franc par chaque absence, à moins de cause reconnue légitime par la Commission.

Art. 24.

Quand une maison sera mise en grève, les réunions de collecteurs deviendront hebdomadaires, et les sociétaires de cette maison seront tenus de s'y trouver; ils seront convoqués par les soins de la Commission.

Art. 25.

Tout sociétaire qui persisterait à travailler dans une maison mise à l'index ou qui entrerait dans cette maison, sera signalé comme préjudiciable aux intérêts de la Société.

Art. 25 bis.

Un atelier insalubre ne sera mis à l'index que quand la majorité du personnel de l'atelier aura pris cette décision et qu'elle aura été adoptée par la Commission.

Indemnités. — Démissions. — Service militaire. — Décès.

Art. 26.

L'indemnité accordée dans les cas prévus par le règlement est fixée à trois francs trente centimes par jour de travail, soit vingt francs par semaine.

Art. 27.

Aucune indemnité ne sera accordée aux sociétaires qu'après le dépôt préalable d'un certificat signé de la majorité du personnel de l'atelier ou de la maison et du livret du titulaire. Ce dépôt devra être effectué le jour même de la déclaration.

Art. 28.

Tout sociétaire démissionnaire ne pourra, en aucun cas, réclamer les sommes qu'il aurait versées tant que son compte particulier n'aura pas atteint le chiffre de cinquante francs, déduction faite des frais et charges.

Art. 29.

Tout sociétaire appelé au service militaire pourra réclamer le remboursement des sommes versées par lui, quelle que soit leur importance. Il devra seulement subir une réduction pour sa part des frais.

Art. 30.

En cas de décès d'un sociétaire, quelles que soient les sommes qu'il aurait versées, elles seront remboursées à sa veuve ou à ses ayants droit. Dans ces circonstances, les héritiers accepteront les comptes de la Société, en prenant pour base le dernier compte rendu mensuel. Ils ne pourront exiger le payement de ces sommes que huit jours après la déclaration faite à la Commission du décès du sociétaire.

De même que pour les articles 28 et 29, il sera fait une défalcation des frais et charges.

Dispositions générales.

Art. 31.

Toute proposition émanant des sociétaires devra être faite par écrit et porter le nom, l'adresse et le numéro d'ordre de son auteur. Elle sera classée elle-même à son numéro d'ordre et sera discutée par la Commission à son tour de rôle.

Art. 32.

Le présent règlement est révisable toutes les fois que la Commission le jugera utile et que cette décision aura été prise à la majorité de quatorze voix au moins.

Paris. — Imprimerie de H. Carion, rue Bonaparte, 64.

GRÈVE DES MINEURS

JUGEMENT CORRECTIONNEL

DU

TRIBUNAL DE SAINT-ETIENNE

PRONONCÉ

A l'Audience du 7 Août 1869.

COMPOSITION DE LA CHAMBRE :

Présidence de M. Fabre ; — Assesseurs : MM. Smith, Terret, Gaudet, juges.
Ministère public : M. Corbin, Procureur Impérial, et M. Baisier, Substitut.

SAINT-ÉTIENNE
IMPRIMERIE DE V° THÉOLIER ET C°
Rue Gérentet, 12.

GRÈVE DES MINEURS

JUGEMENT

Attendu que la grève des mineurs qui a éclaté dans le bassin houiller de la Loire le 11 juin, présente des faits tellement caractéristiques qu'il importe au tribunal de rechercher si les manifestations qui en ont été la conséquence ont un caractère purement social et industriel, ou si elles ont un caractère politique ;

Attendu qu'il résulte de l'instruction qui a été faite et des débats oraux de l'audience que les manifestations de la grève présentent à l'observateur attentif des faits complexes se rattachant soit à l'ordre social, économique, industriel, soit à l'ordre politique ;

Qu'en effet il a été démontré que dès le mois d'avril ou le mois de mai la question de la grève s'était agitée sourdement dans le but de forcer les compagnies à consentir la création d'une caisse centrale de secours pour les ouvriers mineurs ;

Que néanmoins aucune proposition, aucune ouverture ne furent faites aux directeurs des différentes compagnies.

Attendu qu'il est également démontré que les événements politiques et les troubles de Paris, l'agitation électorale en province ont déterminé l'explosion qui menaçait ;

Attendu que dès le 11 juin, obéissant à un mot d'ordre mystérieux, on voit des bandes s'organiser, obéir à des émissaires inconnus, se répandre dans tout le bassin houiller et arrêter partout et en quelque sorte à la même heure les travaux d'exploitation, de telle sorte que sur une étendue de plus de 40 kilom. 15,000 ouvriers mineurs travaillant dans 125 puits d'extraction quittent leurs chantiers, cessent leurs travaux et refusent de les reprendre ;

Que les bandes tumultueuses parcourent impunément cette superficie, s'opposant violemment à tout travail sans qu'il ait été possible à l'autorité qui disposait de moyens insuffisants du reste, de s'opposer à ces coupables manifestations ;

Attendu qu'il est démontré encore que cette grève instantanée ne fut précédée d'aucune démarche auprès des directeurs, qu'aucune demande de caisse de secours ni d'augmentation de salaire et de diminution des heures du travail ne fut portée à la connaissance des ingénieurs et des directeurs des différentes compagnies ; que le mot d'ordre fut celui-ci : il faut suspendre le travail ;

Attendu que l'élément démagogique est plus évident encore lorsque l'on voit ces bandes armées pour la plupart de haches et de bâtons, composées toujours d'ouvriers qui ne sont pas connus des agents de la Compagnie, sur les puits de laquelle ces bandes se portent, guidées par des hommes étrangers à l'industrie des mineurs, se présenter impérieusement sur les puits, exiger la cessation instantanée du travail sous menaces de violences et de voies de fait ; qu'on voit à la Talaudière, un inconnu portant des lunettes bleues pour se déguiser, ayant les mains blanches, parlant un langage correct, et autour duquel les agitateurs se groupent pour entendre ses harangues ; que sur un autre puits, c'est également un meneur n'appartenant pas à la classe ouvrière qui prononce ces paroles : « **cessez votre travail, messieurs les mineurs ;** » que presque partout des hommes en blouses blanches, en casquettes ayant leurs pantalons rentrés dans leurs guêtres, costume qui n'a aucun rapport avec celui des ouvriers mineurs, conduisaient les foules, se faisaient obéir au moindre signe ;

Attendu que l'élément politique est donc incontestable ;

Qu'il y a de fortes présomptions de croire que le comité international est le promoteur de ce mouvement ;

Qu'en effet M. Eveillé, ingénieur, des mines de Villebœuf qui a habité la Belgique et qui a été témoin de ses grèves, reconnaît les mêmes symptômes et les mêmes manifestations ;

Que l'on procède à Saint-Etienne comme dans le Borinage. Il croit, il peut même affirmer avoir reconnu l'accent belge dans les paroles tenues par certains chefs des ouvriers qui les suivent ;

Que cette présomption se corrobore encore de ce fait particulier que M. Jullien, directeur des mines de Terre-Noire, se trouvant à Paris au grand hôtel, fut prévenu vers le 7 ou le 8 juin par des industriels belges que la grève inspirée par la société internationale éclaterait dans quelques jours dans le bassin de la Loire ; qu'en effet quatre jours après M. Jullien recevait à Paris de Saint-Etienne la confirmation de cette nouvelle ; le 11 du même mois cette grève était générale ;

Attendu que les bandes qui se formèrent dès les premiers jours proféraient les cris de : *Vive la République, vive Bertholon, à bas de Charpin, à bas les blancs ;*

Qu'elles étaient précédées d'individus portant des emblèmes séditieux, des drapeaux rouges et des branches de feuillage entourées de rubans rouges ;

Que dès le premier jour ces bandes se bornent à arrêter les travaux, mais que le lendemain elles deviennent plus exigeantes, elles s'opposent aux travaux d'entretien des galeries, et chose inouïe à l'épuisement des eaux de l'intérieur des mines et à l'enlèvement des charbons extraits pour amener le chômage forcé des nombreux établissements métallurgiques du bassin qui occupent plus de 20,000 travailleurs et les jeter inoccupés dans les dangereuses éventualités d'une grève formidable.

Que dans les premiers jours encore aucune demande n'est formulée ;

Attendu que la Société Fraternelle des ouvriers mineurs a été soupçonnée d'avoir provoqué elle-même cette grève, mais que cette accusation n'est pas justifiée, qu'il est certain qu'elle s'y est mêlée plus tard, mais qu'il est certain aussi qu'au début elle l'ignorait complétement et n'y était pas préparée ;

Attendu que la phase sociale et industrielle de la grève n'a commencé qu'au moment où les puits gardés par la troupe, les travaux d'épuisement assurés, les violences ne pouvaient plus s'exercer ni contre les personnes, ni sur les propriétés ;

Que c'est alors que les délégués formulent leurs réclamations : **Caisse centrale de secours, augmentation du salaire, diminution des heures du travail** ;

Attendu qu'à propos des réclamations des ouvriers il est du devoir du tribunal de faire justice d'allégations mensongères attribuant à l'autorité préfectorale une ingérance dans les démêlés des ouvriers et des directeurs des mines dans un but électoral ; que les dépositions précises des témoins Chapelon, Durand, Véricel, délégués des ouvriers auprès de l'honorable administrateur du département donnent le plus formel et le plus péremptoire démenti à ces allégations ;

Attendu que ces préliminaires établis, il s'agit de déterminer le commencement, la marche, les progrès de la grève et les actes de violence et de menaces commis par les bandes sur chacun des puits du bassin houiller, et la participation des prévenus dans les délits qui en ont été la conséquence.

DÉBUTS DE LA GRÈVE.

Attendu qu'il résulte des enquêtes et de la déposition des témoins que le jeudi soir 10 juin, des émissaires au nombre de 15 d'après l'aveu du prévenu *Blanchard*, et dans lesquels se trouve le prévenu Louis Micol, fugitif, se rendent de Villars à Firminy, de là à la Malafolie et à la Ricamarie, et forment le premier groupe des bandes qui doivent produire l'explosion de la grève ;

Qu'on voit, dès ce jour là, *Louis Micol*, qui était alors inconnu et qu'on appelait le *petit rouge*, venir au café Gaillet, à Firminy, au café Faverjon, à la Malafolie, au café Planchet, à la Ricamarie, monter sur les chaises et les billards, haranguer les ouvriers : *Citoyens, leur dit-il, je viens ici pour réclamer les droits des mineurs ;*

Que là *Blanchard* s'associe à ces manifestations, ouvre une liste de souscription, recueille des signatures pour se procurer des ressources qui devront faciliter le mouvement ;

Attendu que les bandes formées à Firminy et à la Ricamarie se divisèrent : une partie se dirigea du côté de Villars et l'autre sur Côte Chaude ;

Attendu que ces bandes avaient pour but d'interdire le travail aux ouvriers des mines dans tous les puits parcourus par elles ; que des menaces furent proférées, des injonctions furent faites aux ouvriers d'avoir à cesser le travail. Les soupapes des chaudières à vapeur furent ouvertes, les grilles enlevées, le travail dut cesser sous la pression exercée par les émeutiers qui voulaient couper les câbles ;

Attendu que *Blanchard* spécialement reconnait avoir recueilli des souscriptions au café Gaillet, où il était venu avec Merley, qu'il est allé à la Ricamarie et à la Malafolie à 9 heures du soir avec *Micol*, qu'il a fait partie de la bande qui s'est transportée à Villars, que la bande partie vers minuit ou 1 heure, arrivait à 2 heures au puits Humbert dépendant de la Compagnie de la Loire où elle faisait cesser les travaux et était à Villars sur les 3 ou 4 heures du matin.

DÉSORDRES A VILLARS.

Attendu que les premiers désordres après l'injonction faite au puits Humbert d'avoir à cesser le travail et qui furent exercés par les bandes venant de Firminy et de la Ricamarie, se sont produites les vendredi 11 et samedi 12 à Villars, au puits Gallois ; que là une bande s'est présentée à 4 heures du matin, le vendredi ; elle était composée de 40 à 50 individus criant « *Vive Durian ! vive Bertholon ! à bas de Charpin ! à bas les blancs ! vive la république !* » Cette bande était armée de piques, de haches et de masses, ces individus enjoignirent aux ouvriers d'avoir à cesser le travail et les menacèrent ; le lendemain cette même bande reparut sur les 6 heures du soir, enleva les contrepoids des chaudières et les soupapes, menaçant de couper les câbles si on continuait de travailler ;

Que les témoins signalent comme meneur, Landon, qui reconnait lui-même avoir été au puits Gallois et avoir lâché lui-même la vapeur et donne pour excuse son état d'ivresse ;

Attendu que le sieur *Chevalier* a été vu également au puits de la Loire et à la fendue de Villars à Villars, approuvant les désordres qui se faisaient et disant au témoin Poupon : « *Ce n'est pas une grève, c'est une révolution ;* »

Que le prévenu *Chevalier* est allé à la Chazotte le 11 juin, au puits Rochetaillée, au puits St-Louis Saint-Claude et à la fendue de l'Eparre, qu'il l'avoue ;

Que le prévenu, *en retard*, sur l'observation qui lui était faite, répond : « *Sois tranquille, on ne commencera pas sans moi.* »

Attendu que le prévenu *Ravel François*, a fait partie de cette bande, qu'il reconnaît être allé pour empêcher le travail dans les puits de Rochetaillée. St-Louis ; de la petite fendue de l'Eparre, qu'il avoue que la bande était armée de bâtons et de bâches, qu'il a vu Chevalier ; que le samedi il est encore allé au puits Gallois pour faire lâcher la vapeur et que là il a vu Plotton et Bastide ;

Attendu que *Plotton* est encore signalé parmi les meneurs de la grève, qu'il a été vu dans les bandes le vendredi 11 et le samedi 12 ; qu'il avoue ces faits, qu'il était avec 150 individus au puits Rochetaillée, St-Louis, et au puits Gallois ; qu'il a été vu par Desvignes au moment où il aidait ses camarades à arracher les barreaux des grilles ;

Qu'au puits Gallois il faisait partie des 5 individus qui précédaient la bande et qui donnaient des ordres de suspendre ;

Qu'il a lui-même enlevé les grilles de la chaudière et qu'il a enjoint au gouverneur de la mine d'arrêter les travaux et de faire monter les hommes ;

Attendu que *Rabéry* a été vu dans les bandes de Villars, qu'il a été reconnu par Palle, qu'il s'est livré à des menaces et à des violences, qu'il signale Landon comme ayant tenté de lâcher la vapeur ;

Attendu que le prévenu Bastide, défaillant, a été vu par de nombreux témoins à la tête des émeutiers, qu'il s'y signalait par ses violences, que notamment le samedi 12 à 6 heures du matin, il est monté seul sur les chaudières pour arracher les barreaux des grilles, les contrepoids de la soupape et lâcher la vapeur.

Attendu que *Boudarel* a été vu au puits Sainte-Catherine le vendredi 11, faisant partie de la bande qui menaçait et empêchait les travaux; que sur une observation d'Imbert, il répondit: *nous voulons notre droit*.

Qu'en sa présence plusieurs individus de sa bande descendirent dans le puits pour faire remonter les ouvriers, menacèrent de couper les câbles si on travaillait;

Que son assistance aux faits ci-dessus établit suffisamment sa culpabilité;

DÉSORDRES A ROCHE-LA-MOLIÈRE.

Attendu que les bandes venues de Villars arrivèrent à Roche-la-Molière le vendredi 11, de 9 à 11 heures du matin; qu'elles se divisèrent en plusieurs groupes qui se portèrent successivement sur tous les puits de la Compagnie : puits du Crêt, Sagnat, Derhins, Delemieux, Baude et autres; que les menaces s'accentuèrent d'une manière plus violente; que les émeutiers se présentaient en chantant la Marseillaise, criant à *bas Charpin, vive Bertholon*, que partout ils font arrêter les travaux menacent de couper les câbles, enlèvent de force divers outils, menacent l'entrepreneur Patouillard et l'obligent à les suivre, descendent dans le puits, pour faire remonter les ouvriers, menacent de massacrer ceux qui chargent le charbon, barrent les galeries, enlèvent les rails des chemins de fer, éteignent les feux, brisent les sifflets d'alarme, lâchent la vapeur et arrachent les grilles des chaudières;

Attendu que parmi les prévenus qui ont pris une part plus active à ces faits se trouve le sieur *Boudarel* Jean-Louis, dit *Crève*; qu'il était déjà le même jour au matin au puits Sainte-Catherine de la concession de Villars; qu'il faisait partie d'un groupe de plusieurs individus dont quelques-uns descendirent dans les puits pour faire remonter les ouvriers, menaçant de couper les câbles si on continuait de travailler, que sa présence au puits Sainte-Catherine n'est pas douteuse ; que là il se fit une canne d'un écoin et faillit en taillant cette canne se couper la jambe, qu'il est encore vu au puits du Crêt, au puits Sagnat, au puits Delomieux, qu'il reconnaît lui-même être venu sur le puits de Roche-la-Molière, qu'il est signalé par les témoins comme un des chefs les plus exaltés ;

Attendu que *Teste* comme *Boudarel* faisait partie de la bande de Villars.

Qu'il reconnaît ce fait ;

Qu'il a été vu par de nombreux témoins comme un des meneurs principaux au puits du Crêt, Sagnat et Dolomieux ; qu'il est descendu lui-même dans ce puits, qu'il a menacé de lâcher les freins des wagons si on continuait à travailler, opération qui eut amené les accidents les plus graves, qu'il est encore descendu dans le puits Derbins d'où il a fait remonter des mineurs, qu'il marchait en tête des bandes avec *Boudarel*, qu'il avoue du reste lui-même être allé sur les différents puits de Roche-la-Molière, qu'il est encore vu aux ateliers de carbonisation où il menace de tout briser si on ne quitte pas tout de suite le travail ;

Attendu que *Faverjon* a pris une part active aux faits ci-dessus, qu'on le voit aux puits Sagnat et Dolomieux le 11 juin vers les 9 heures du matin, qu'il assiste à l'enlèvement des rails et aux travaux à l'aide desquels les émeutiers condamnent les puits en clouant des plateaux sur l'orifice ; que Faverjon avoue s'être trouvé aux puits du Sagnat et Dolomieux ;

Qu'il prétend avoir été forcé de suivre les émeutiers ; que ce moyen de défense ne saurait être admis ;

Attendu que Philippe *Odin* faisait partie des bandes dont s'agit, qu'il est signalé par les témoins au nombre des plus exaltés et des plus violents avec Boudarel, Teste, Faverjon ;

Qu'il a pris une part active aux faits délictueux, notamment au puits Dolomieux ;

Attendu que *Cherrier* est vu au puits du Crêt le dimanche 13, qu'il est parfaitement reconnu par le témoin Myre et qu'en sa présence il menaçait de *casser la tête à qui travaillerait* ;

Qu'il prétend avoir été en état d'ivresse ;

Attendu que *Rullière* avoue être allé au puits de la Pompe et au puits Saguat, que Teste et Boudarel marchaient en tête, qu'il dit avoir été contraint de marcher avec les émeutiers, mais que sa présence sur deux puits de concessions différentes établit sa participation volontaire aux faits ci-dessus spécifiés ;

DÉSORDRES A MONTRAMBERT ET A LA BERAUDIÈRE.

Attendu que le 11 juin vers les huit heures et demie du soir, les bandes d'émeutiers arrivent au puits de l'Ondaine, qu'elles parcourent les puits des Hautes-Littes, Lyon, Marseille, les 11, 12 et 13; que les actes de violence redoublent tant à l'égard des propriétés qu'à l'encontre des troupes chargées de protéger les puits ; que ces bandes se présentent en criant : **à bas les officiers, à bas la troupe, enlevons-les**, en chantant la Marseillaise et en criant : *Vive la liberté, vive César Bertholon, à bas Charpin* ; que notamment au puits de l'Ondaine l'attaque commence à la tombée de la nuit, qu'on y lâche la vapeur ;

Que le 12, à neuf heures du matin, une bande y fait arrêter les pompes d'épuisement, y arrache les grilles. Le 13, le puits étant gardé par 30 hommes commandés par le sous-lieut. de Bouteiller, ce poste est attaqué. Une foule de plus de 300 individus, envahit le puits, le chef du poste est blessé de plusieurs coups de pierre, les soldats opposent la plus grande patience, ils évitent la collision en croisant la baïonnette ; à minuit, les émeutiers étaient au nombre de 1000 à 1200;

Que les attaques se sont produites avec la même violence au puits Abraham et que grâce à une pluie torrentielle qui tomba le dimanche soir, une lutte imminente fut évitée ;

Que depuis le 11 jusqu'au 16 les puits des concessions de Montrambert et de la Beraudière n'ont pas cessé d'être visités par des bandes tumultueuses ;

Attendu que le prévenu *Fauvel*, fugitif, fut surpris le dimanche 13 par des soldats du 4ᵉ de ligne au moment où il attaquait à coup de pierre les bâtiments contenant la machine au puits de l'Ondaine, qu'il fut conduit au puits Abraham où il fut emprisonné dans la forge, que là il s'échappa ; qu'il est signalé par plusieurs des témoins comme étant un des plus violents et qu'il s'acharnait dans les attaques alors qu'il avait été invité plusieurs fois à se retirer ;

Attendu que *Valour*, le 13 juin au soir, a été vu se détacher de la bande qui menaçait le poste de l'Ondaine, passer par derrière et briser les grilles lorsque Sabot lâchait la vapeur de la machine, qu'il a été également reconnu par le soldat Roussel comme faisant partie de la bande qui avait attaqué le poste de l'Ondaine le 16 à 10 heures du matin et qui fut refoulée ;

Attendu que *Sabot* a été également vu au puits de l'Ondaine se détacher de la bande qui attaquait le poste, passer derrière et aller lâcher la vapeur ;

Attendu que *Sabot* reconnaît être monté sur la chaudière pour commettre cet acte coupable ;

Attendu que *Sabot* est encore signalé par la gendarmerie comme ayant fait partie de la bande qui a maltraité les ouvriers Béal et Colombet ;

Attendu que le sieur *Riblet* est signalé comme un des meneurs les plus exaltés, qu'il fût arrêté le 14, à 8 heures du soir, qu'il avait sommé le lieutenant de Bouteiller d'avoir à rendre un prisonnier qu'il venait de faire, sinon qu'il le délivrerait par la force ;

Qu'il faisait partie de la bande qui avait assiégé le poste le 13 ;

Que dans la menace qu'il adressait au lieutenant et aux soldats le 11, il disait : *qu'ils seraient bientôt 40,000 pour les écraser ;*

Attendu que *Riblet*, après des dénégations, a reconnu avoir tenu ces propos et a donné pour excuse qu'il était en état d'ivresse ;

Attendu que *Splinguet* a été reconnu par Grosjean parmi les émeutiers de la Ricamarie, au puits de l'Ondaine, le 13 dans la nuit ; que Grosjean même eut avec lui une conversation ;

Que ce détenu reconnaît ce fait pour le dimanche 13, mais qu'il prétend avoir été entraîné ;

Attendu que *Grosjean*, tout en constatant la présence de Splinguet au milieu d'une bande bruyante et menaçante, reconnaît toutefois que son attitude était calme ;

Attendu que *Seyve* faisait partie de la bande qui, le 14 juin, à la Ricamarie, entre 11 heures et minuit, a attaqué en armes le poste de soldats au puits de l'Ondaine, attaque dans laquelle un caporal fut blessé ;

Attendu que *Barrallon* dit *Micasson* se trouvait avec Seyve et faisait partie de la bande qui attaquait le poste du puits de l'Ondaine le 14 juin, entre 11 heures et minuit.

Que depuis il a pris part aux mauvais traitements infligés aux ouvriers Béal et Colombet ; qu'il a été vu par Charras dans cette bande ; qu'au surplus il reconnaît ce dernier fait, mais soutient n'avoir pas maltraité Béal et Colombet ;

Attendu que *Courbon Marcellin* s'est présenté au puits de l'Ondaine, s'est mêlé aux bandes qui ont arrêté les feux ; qu'il a été vu porteur de sommes d'argent assez importantes dont il n'a pas suffisamment expliqué la provenance, que ce prévenu qui a de mauvais antécédents est d'un caractère violent, exalté, qui s'est fait jour dans ces circonstances ;

Attendu que *Pandreau* a été vu, le 16 juin à deux reprises différentes, par le sous-lieutenant Eviellard au puits de l'Ondaine au moment où les bandes s'opposaient à l'enlèvement du charbon pour l'usine Dorian ; que cette bande avait été refoulée par la force, qu'il était présent dans cette bande avec Ribeyre et qu'il reconnaît ce fait.

Attendu que *Ribeyre* a été reconnu par le soldat Roussel comme faisant partie de la bande qui a attaqué le poste de l'Ondaine le 16 à dix heures du matin ;

Qu'il avoue s'être dirigé au puits de l'Ondaine avec Pandreau, mais qu'il fixe l'époque dans l'après midi ; que sa négation ne peut se concilier avec l'aveu de ce prévenu.

Attendu que vers la même époque, le 16 à 11 h. du matin, deux ouvriers, les sieurs Colombet et Béal, étaient occupés à charger du charbon, lorsqu'une bande de 150 individus s'empara d'eux, les maltraita, les força de se mettre à leur tête avec une branche de houx à la main, les promena dans le village de la Ricamarie et aux environs, les faisant mettre à genoux, les obligeant à crier : *à bas les travailleurs*, les forçant à boire l'eau sale dans les auges des fontaines, les faisant maltraiter par les femmes, les mettant dos à dos et dansant une ronde autour d'eux ;

Attendu que *Charras* était le tambour-major qui conduisait cette bande, qu'il est reconnu par Colombet et par Béal ;

Attendu que *Charras* reconnait le fait, mais soutient n'avoir pas maltraité ces deux ouvriers ;

Qu'il y a eu lieu de lui infliger une peine sévère eu égard à ses mauvais antécédents.

Attendu que la femme *Largeron* est signalée par la gendarmerie, par Béal et par Colombet comme ayant tiré les oreilles à ces deux ouvriers lorsqu'ils étaient à genoux ; qu'elle donne pour excuse des motifs invraisemblables ; qu'elle soutient qu'elle fut poussée sur ces deux malheureux et que dans sa chute elle se retint à leurs oreilles.

DÉSORDRES DE LA RICAMARIE

Attendu que le 16 juin vers les 3 heures ou 3 heures 1/2 du soir, divers détachements du 4ᵉ régiment de ligne commandés par le capitaine Gausserand, conduisant une quarantaine de prisonniers qu'ils avaient fait dans la journée, alors que ces individus étaient venus au puits de l'Ondaine menacer et provoquer la troupe, se mirent en marche pour se rendre de la Ricamarie à Saint-Etienne ;

Qu'au moment de leur départ une grande agitation se manifeste à la Ricamarie, divers individus parcoururent le village en criant : *On arrête nos frères, il faut délivrer nos frères !* Que sur les provocations et incitations de ces individus une foule nombreuse évaluée à 8 ou 900 personnes se porta sur un point appelé le Brûlé près du puits Quintin, pour attendre au passage le convoi des prisonniers ;

Attendu que les soldats du 4ᵉ de ligne ne tardèrent pas à arriver en cet endroit ; qu'ils trouvèrent là une multitude d'hommes et de femmes, menaçant, proférant des injures, criant à la troupe : *N'emmenez pas les prisonniers* ; qu'au premier rang se trouvaient des hommes et des femmes armés de pierres ; que la route sur ce point s'engageant entre deux talus élevés de 4 mètres environ et dominés par un pont franchissant ces talus, se trouvait pour cela même très-favorable à l'attaque et rendait difficile la marche du convoi engagé dans ce défilé ;

Que les soldats du 4ᵉ de ligne virent alors leur marche arrêtée par une masse d'individus qui se trouvaient dans la tranchée elle-même ; que des pierres furent jetées en grand nombre sur eux, que plusieurs coups de feu partirent du côté des émeutiers et qu'enfin les soldats sans attendre le commandement de leurs chefs, firent feu au nombre d'une centaine environ dont la majeure partie tira en l'air ;

Attendu que les soldats et les officiers du 4ᵐᵉ de ligne ne sont point responsables de ce douloureux évènement, qu'ils ont agi en cas de légitime défense, et qu'ils ont usé de toute la patience et de toute la modération compatibles avec l'honneur et le devoir militaires ; que leurs dépositions calmes, dignes, faites dans les meilleurs termes à l'audience, jointes aux dépositions des autres témoins, ne laissent aucun doute à cet égard ;

Attendu qu'il résulte de la déposition des témoins que *Durand* qui passe à la Ricamarie pour être un des meneurs était un des plus exaltés pour crier : *Il faut délivrer nos frères* ;

Que ses excitations ont eu pour résultat d'entraîner la foule au Brûlé et qu'il est allé même jusqu'à violenter le sieur Vincent pour le forcer à venir délivrer les prisonniers ; que Vincent sur ce point est, à l'audience, très explicite et que sa déposition est corroborée par celle de Rose Charra ;

Attendu que *Rondel*, épicier, passe également pour un des meneurs les plus influents ;

Que ce prévenu après avoir fait partie de la Société fraternelle a eu des difficultés d'argent avec elle ; qu'il a plusieurs fois demandé l'autorisation de convoquer les ouvriers depuis la grève et qu'il a tenu des réunions où se trouvaient plus de 500 personnes ;

Qu'il se trouvait sur les lieux au moment de la lutte ;

Que le témoin Lhermuzière a déposé que le sieur Aguillon, ancien maire de la Ricamarie, lui avait donné des détails sur la collision qu'il tenait d'un témoin oculaire, lequel n'était autre que Rondel ;

Qu'au surplus vaincu par l'évidence, Rondel n'a pas contesté sa présence sur les lieux de la lutte, qu'il avoue avoir été présent à la collision avec Lachaux qui a eu sa blouse traversée par une balle ; qu'il dit être venu pour demander la grâce des prisonniers ;

Qu'il reconnaît encore avoir signé un récit mensonger des événements du puits Quintin ;

Qu'il a été vu notamment dans la foule qui se portait en courant au Brûlé aux cris : Il faut aller délivrer nos frères. Que ce douloureux événement de la lutte doit être en grande partie imputé à son excitation ;

Attendu que *Ravel* père (Jean Baptiste) est encore de ceux qui ont entraîné la foule au Brûlé en criant : Il faut aller délivrer nos frères !

Qu'il est signalé comme ayant pris une part des plus actives à cette manifestation.

Que c'est lui principalement qui aurait avec *Rondel* ameuté la foule ; qu'il reconnaît au surplus être aller au Brûlé avec sa femme ;

Que ce prévenu était encore à l'attaque de l'Ondaine le 16 à 10 heures du matin ; qu'il a été parfaitement reconnu par le témoin Colinet ;

Que son fils et son gendre ont pris une part active aux désordres du puits de l'Ondaine, à tel point que ce dernier avait été arrêté, puis relâché, sur les sollicitations d'une fille du prévenu, sa belle-sœur;

Attendu que la femme *Largeron* qui s'était signalée par ses mauvais traitements envers les sieurs Béal et Colombet, était au Brûlé, criant et excitant la foule ; qu'elle reconnait avoir engagé les habitants de la Ricamarie à se porter au puits Quintin; qu'elle avoue avoir facilité l'évasion d'un prisonnier; qu'elle était présente au moment de la lutte, au premier rang, qu'un ouvrier fut tué à ses côtés et qu'elle s'est jetée à terre pour se préserver des coups de feu ; que la prévenue a les plus déplorables antécédents.

DÉSORDRES A LA CHAZOTTE.

Attendu que les travaux qui avaient été suspendus à la compagnie de la Chazotte dès le 11 juin sous la pression des bandes qui étaient venues à Villars, de Firminy, avaient repris, dans cette compagnie exceptionnellement, peu de jours après ;

Attendu que la reprise des travaux à la Chazotte a été et devait être pour les meneurs un sujet de préoccupations et de mécontentement ;

Que dans plusieurs circonstances les ouvriers attachés aux autres compagnies avaient manifesté leur irritation de la reprise des travaux dans la compagnie dirigée par M. Evrard ;

Qu'en effet des extractions de charbon s'y faisaient d'une manière régulière de façon à alimenter les établissements métallurgiques les plus pressés ;

Attendu que la Société Fraternelle des ouvriers mineurs présidée par Renault s'était beaucoup préoccupée de cet état de choses ;

Qu'enfin le 30 juin des démarches avaient été faites par plusieurs membres de cette Société pour faire revenir les ouvriers de cette Cⁱᵉ dans le mouvement de la grève ;

Attendu que le 28 juin et le vendredi précédent 25 juin cette Société avait tenu deux réunions générales présidées par Renault ;

Que là, dans la pensée des ingénieurs et directeur de la Cie de la Chazotte aurait été arrêtée par la Société Fraternelle, la résolution de faire une démarche pour empêcher les extractions de houille;

Attendu que *Labre* est signalé par Trollat comme un homme habile, capable de déranger un chantier et de s'effacer à propos ;

Qu'il a été reconnu par Battut, ingénieur à la Chazotte, pour être venu sur les puits de cette Cie le 29 juin avec deux autres individus qui voulaient faire suspendre les travaux ; qu'il reconnaît en effet y être venu avec Jacques Bernard le 29 et le lendemain 30, que son but était d'engager les ouvriers à suspendre, à cause du préjudice causé à la grève en général ;

Attendu que *Bernard* est chef de section de la *Société fraternelle* ; qu'il resulte de la déposition des témoins qu'il avait annoncé le 29 le mouvement projeté pour le lendemain sur la Chazotte ;

Qu'il aurait dit que si le projet réussissait, on arrêterait tout le monde à Firminy et on s'opposerait aux travaux d'épuisement ;

Que sur l'observation que la suspension des travaux d'épuisement causerait un préjudice considérable aux compagnies il aurait répondu : « *Tant pis si cela fait du mal, les Cies seront plus tôt obligées d'accorder ce qu'on leur demande ;* »

Que tous ces propos sont rapportés par Chansselle, Trollat et Limousin ;

Qu'il a été vu par Battut le 29 juin avec deux autres individus qui étaient venus à la Chazotte pour engager les ouvriers à suspendre les travaux ;

Qu'il avoue lui-même être allé sur les puits de la Cie le mardi et y être retourné le mercredi 29 et 30 juin ;

Attendu que *Bernard* a été arrêté au moment où il revenait rejoindre ses camarades qui devaient aller en bandes faire arrêter le travail sur les puits de la Chazotte.

DÉSORDRES AUX MINES
DE MONTHIEUX.

Attendu que le vendredi 11 juin vers les trois heures du soir, une bande de 300 individus armés de bâtons se porta sur les puits dépendant de la Cie de Monthieux aux puits Stern, St-Simon et à la fendue de Monthieux ; que partout cette bande intima l'ordre de cesser le travail et de faire remonter les ouvriers ; que le soir du même jour une deuxième bande de 60 individus revint encore sur les mêmes puits pour arracher les barreaux des chaudières et lâcher la vapeur ; enfin que le samedi 12 à 11 heures du matin, une autre bande de 200 individus a encore parcouru les puits de cette Compagnie, arrachant les barreaux des machines, lâchant la vapeur, afin d'empêcher les travaux d'épuisement ;

Attendu que *Lagrange* est signalé comme ayant pris part à tous ces actes coupables, qu'il faisait partie de la bande du 11, qu'il avait un bâton à la main, qu'il est reconnu par Badinaud et Payen ;

Attendu que *Fournel* dit *Soleil* a été vu également faisant partie des bandes dont s'agit ;

Que le samedi 12 il s'introduit dans le bâtiment où était la machine, avec la coopération d'un autre individu il lâche la vapeur, et pour éviter un grave accident il s'échappe par une fenêtre pour se soustraire au danger auquel il s'était exposé, aveuglé qu'il était par la vapeur il n'avait pu retrouver la porte ; qu'il est reconnu par plusieurs témoins et avoue avoir participé au fait de l'échappement de la vapeur ;

Attendu que *Chomat* faisait partie de la bande du 11 juin qui se présenta à 3 heures du soir sur le puits de Monthieux, qu'il était dans les groupes qui s'opposaient à l'épuisement des eaux en lâchant la vapeur ; qu'il le reconnaît ;

Attendu que *Parizot* a été arrêté au moment même où, le 13 juin à 2 heures 1/2 du soir, au puits Saint Simon, il venait de lâcher la vapeur, qu'il reconnait avoir soulevé le contrepoids de la soupape ; qu'il était entré seul, avait parlé à Bosson, machiniste et lui avait demandé : *pourquoi travaillez-vous ?* Qu'il était alors, malgré les remontrances de ce dernier, monté sur la chaudière et avait soulevé la soupape ;

Attendu que le tribunal doit considérer que Parizot Nicolas était seul lorsqu'il a commis ce délit ; que l'audace de son acte et sa violence peuvent faire douter s'il s'est bien rendu compte de sa gravité ;

Qu'il y a lieu, eu égard à ses bons antécédents, et à la position intéressante de sa famille, d'atténuer la peine.

DÉSORDRES AUX MINES DU MONTCEL ET DE LA CHAZOTTE.

Attendu que le vendredi 11 juin vers 2 heures de l'après-midi, une bande de 4 à 5 cents individus armés de bâtons, parcourrut le village de la Talaudière, se porta sur le puits Camille, territoire de Sorbier, somma les ouvriers de cesser le travail, menaçant de couper les câbles ; que cette bande paraissait conduite par un individu âgé de 35 ans, que ses mains blanches et les lunettes qu'il portait désignaient assez comme n'appartenant pas à la classe des ouvriers mineurs ;

Que cet individu haranguait la troupe et lui parlait de la République romaine et des tribuns ;

Attendu que le lendemain 12 vers 5 heures et demi du soir, une seconde bande de 100 individus se porta de nouveau sur les puits de la Chazotte et du Montcel pour empêcher les travaux d'épuisement, retirant les barreaux de chaudières, levant les soupapes ; que cette bande conduite par un individu portant une branche d'arbre avec des nœuds de rubans rouge, chantait la *Marseillaise* et poussait les cris de : *Vive Bertholon ! à bas de Charpin !*

Attendu que *Fournel* dit Soleil dont la présence a été signalé sur le puits de Monthieux, était le chef de cette dernière bande qu'il portait la branche ornée de rubans, et marchait à la tête de ses compagnons, qu'il a été vu par les témoins Peuble et Gagnière ; que le prévenu ne nie aucun de ces faits ;

Attendu que le sieur *Chevalier* dont la présence a été signalée sur les puits de Villars, a encore été vu, dirigeant comme un des chefs, la bande le 11 et le 12.

Que le 11 il disait à l'ingénieur Battut qui écrivait l'ordre de suspendre les travaux : *dépêchez-vous, je ne puis plus les retenir ;*

Qu'il en est de même pour *Ravel* déjà signalé comme un des meneurs de la bande de Villars, qu'il a été vu à la Chazotte le 11 et le 12 à la tête des bandes pour arrêter les travaux et lâcher la vapeur.

DÉSORDRES AUX MINES DE LA COMPAGNIE DE LA LOIRE.

Attendu que dès le vendredi 11 à 2 heures du matin, la bande qui se dirigeait de Firminy sur Villars, bande composée de 100 individus à ce moment là, fait arrêter les travaux du puits Humbert (mines de la Loire) ; qu'à midi une autre bande se présente au puits Saint-Félix où elle arrête les travaux, au puits Montsalson, elle lâche la vapeur, fait remonter les hommes, le même jour à 3 heures du soir elle est au puits Palluat ; à 4 heures du soir cette bande qui était alors de 150 individus se porte au puits de la Loire ; elle était armée de piques et de bâtons, à 6 heures elle est au puits de Saint-Etienne, elle y enlève les barreaux des chaudières et lâche la vapeur.

Le 12 les puits de cette Compagnie sont encore visités par des bandes, à 8 heures du soir notamment au puits de la Loire, les violences recommencent, les grilles sont arrachées, la vapeur est lâchée ;

Attendu qu'il résulte de la déposition des témoins employés dans la Compagnie que les bandes étaient composées d'ouvriers étrangers à l'exploitation de ces mines et conduites par des hommes n'appartenant pas à la profession de mineur ;

Attendu qu'*Alirand* se trouvait le 12, à 8 heures du soir, au puits de la Loire, qu'il y faisait des menaces et se prétendait chargé de surveiller les ouvriers et de les empêcher de travailler ; qu'il y est resté en permanence jusqu'à 11 heures du soir, menaçant de l'intervention de ses camarades si on travaillait;

Qu'il n'en est parti qu'à 11 heures du soir, à l'arrivée du poste chargé de garder le puits;

Qu'il avoue être venu au puits de la Loire, mais n'être pas allé sur les autres chantiers;

Attendu que *David* se trouvait le 11, à 8 heures du soir, au puits de la Loire ; qu'il y fit sauter les contre-poids des deux chaudières;

Qu'il était en tête de la bande et portait une branche enlacée de rubans rouges ; qu'il disait à ses camarades : *Ne quittons pas avant que tout soit fini.*

Qu'il avoue être venu au puits de la Loire et avoir porté la branche avec les rubans rouges :

Attendu qu'il y a lieu, eu égard à son âge, d'atténuer la peine;

Attendu que *Chapal* faisait partie de la bande qui vint au puits de la Loire, le vendredi 11, vers les 7 ou 8 heures du soir;

Que ce prévenu se trouvait en compagnie de deux ou trois cents individus très exaltés, menaçant de couper les câbles, arrachant les barreaux, enlevant les soupapes ;

Qu'il reconnaît avoir crié comme les autres: A *bas la vapeur.*

Qu'il avoue être allé au puits Chatelus, Saint-Etienne, Montmartre, avoir arraché des planches au puits Saint-Etienne et être encore allé au puits du Jardin des Plantes, au puits Jabin et au puits Daveize ;

Attendu que *Courbon* Gabriel était avec une bande qui s'est portée le vendredi 11, à 3 heures du soir, sur le puits Palluat;

Que sur ce puits il s'était emparé d'un câble qu'il agitait violemment comme pour essayer de le déplacer, qu'il ne le lâcha que sur les menaces de l'ingénieur Durousset ;

Qu'au puits de la Loire, à 4 heures du soir les mêmes faits se renouvelèrent ; que là, Courbon prit un instrument et s'apprêtait à abattre un guidage; lorsqu'on lui fit remarquer que son intention est mauvaise, que ses camarades ne pourraient pas remonter et que les éclats en tombant pourraient les tuer;

Que sa violence se fait encore remarquer au puits des Rosiers, comme au puits Palluat; qu'il était au dire de Durousset, le plus exalté, le plus acharné;

Qu'après des dénégations multipliées il finit par avouer qu'il est allé à Roche-la-Molière, à Montsalson, à Chavassieux, au puits de la Loire et de Saint-Etienne, et qu'il a visité un grand nombre de puits autour de Saint-Etienne, dont il ne sait pas le nom;

Qu'il donne pour excuse qu'il aurait été contraint par ses camarades de les suivre, mais que cette contrainte est inadmissible eu égard à la durée, à la longueur et au nombre de courses qu'il a faites d'après ses aveux;

Attendu que *Sovignet* se trouvait le 15 juin au puits Humbert à 3 heures 1/2 du soir avec une dizaine d'individus qui étaient là pour empêcher les travaux;

Qu'à ce moment il fut reconnu par l'ingénieur Hospital qui lui reprocha son ingratitude envers la Compagnie; qu'il lui répondit en faisant un pas au devant de lui : *Oui c'est moi !*

Que la présence de Sovignet à ce moment ne laisse aucun doute sur ses mauvaises intentions, le mécanicien étant empêché par ces individus de faire marcher la vapeur.

DÉSORDRES AUX MINES DE LA Cie DES HOUILLÈRES DE ST-ÉTIENNE.

Attendu que le 11 juin, 8 individus étrangers au puits Saint-André, concession de Méons, descendent dans la mine en disant que la République est venue et qu'il fallait cesser tout travail; qu'ils traitent de fainéants ceux qui ne quittent pas assez tôt leur poste;

Qu'à la fendue de Méons ou de l'Eparre cette bande lève les soupapes des chaudières ; un groupe de 8 individus empêche au puits Saint-Claude de défourner les cokes ;

Que le 12 juin une bande de 5 ou 600 individus se trouve sur les puits Jabin et Saint-Louis pour arrêter le travail ; que là on y insulte l'ingénieur ;

Que le puits de la Pompe est envahi par des bandes le 12 juin également : elles font lâcher la vapeur et retirer les grilles.

Qu'au puits du Grand-Treuil, une bande de 100 individus armés de bâtons vient pour empêcher les travaux le vendredi 11 vers 4 heures et 1/2 du soir ; que cette bande intima l'ordre à l'ingénieur Dauge de faire cesser le travail et que l'un de ceux qui la composaient lui dit : « *Il y a bien assez longtemps que vous êtes maîtres, c'est à notre tour.* »

Attendu que *Bessade* est signalé par les témoins comme étant un meneur, qu'en effet on le voit le 12 à la tête d'une bande de 100 à 120 individus qui arrêtent le travail au puits Jabin ; qu'en voyant arriver au puits Saint Louis, dépendant de la même concession, les ingénieurs Fauriat et Desjoyaux, Bessade s'est avancé vers ce dernier et lui a dit : « *Vous osez vous présenter devant nous, vous mériteriez qu'on vous coupât le cou* » et il accompagna cette menace d'un geste très significatif ;

Que dans la nuit du dimanche au lundi il vient 2 ou 3 fois sur le puits causant des alertes et qu'à la fin le soldat Paquet le menace d'un coup de baïonnette ;

Qu'il se présente à l'ingénieur Bayle parmi les premiers de la bande, qu'il le menace de faire couper les câbles si le travail ne s'arrête pas de suite ;

Que les témoins le signalent comme tellement acharné et exalté qu'il n'en aurait pas fallu beaucoup pour qu'il se livrât à des violences envers les personnes ;

Qu'il résulte de la déposition du gouverneur Meunier que Bessade a dit à Rey en désignant Meunier : « *Tiens en voilà un qui vient de travailler, il faut le toper.* »

Que Bessade l'interpelle en lui disant :

« Pourquoi allez-vous travailler, vous êtes un blanc, vous faites contre nous, votre vie est entre nos mains ; »

Que le dimanche 13 juin vers 9 heures du soir, Bessade dit au receveur Fontané : Eh bien ! ces 2 hommes que j'ai commandé, Pierre Rey et Laguille ne sont pas encore venus, et s'adressant au fonctionnaire il lui dit : *Qu'est-ce qui parle de me f... un coup de fusil ?*

Que dès le premier jour de la grève, vendredi 11 juin, on voit Bessade au puits Saint-Louis, s'approcher du basculeur Champagnet et lui intimer l'ordre de fermer la bascule en ajoutant : *Si vous ne voulez pas la fermer, je reviendrai avec la bande et nous vous la ferons fermer, et nous ne voulons pas que vous vendiez nos produits ;*

Attendu, que tout en faisant application de l'article 463 à l'égard de Bessade, le tribunal ne peut perdre de vue la gravité des faits reprochés à ce prévenu et les condamnations antérieures qu'il a subies et qu'il est en récidive ;

Attendu que le sieur *Chomat* poursuivi déjà pour d'autres faits, s'est présenté vendredi 11 juin, vers 4 heures 1/2 du soir, au puits du Grand-Treuil à la tête d'une bande armée d'écoins et qu'au moment du départ de ladite bande et en la ralliant, il lui a crié ; *Allons enfants, allons ailleurs ;*

Que ce propos entendu par l'ingénieur Dauge, n'est pas dénié par Chomat ;

Attendu que le prévenu *Seytre* a été vu le vendredi 11 juin, entre 4 et 5 heures du soir, au puits Robert, au milieu d'une bande et qu'il a été reconnu par le gouverneur Vial ;

Attendu que le samedi 12 juin, le prévenu *Meyret* s'est présenté à la tête d'une bande à 11 heures du matin, à la fendue de l'Eparre, concession de Méons ; qu'il a levé la soupape de la chaudière ;

Que Terrade, garçon de plâtre l'a vu sortant du bâtiment des chaudières ; qu'à ce moment Terrade lui a dit : *Eh bien ! vous faites de beaux tours* et que Meyret se mit à rire pour toute réponse ; que les maçons dirent alors à Terrade ; *ce Meyret n'a pas peur de nous brûler ;*

Que dans la même matinée, il fait partie d'un groupe de 8 individus qui se transportent au puits Saint-Claude, pour empêcher de défourner les cokes ;

Que là, notamment, il dételle un tombereau ; que le fait résulte de la déposition du témoin Ravon et qu'il n'est pas dénié par le prévenu ;

Qu'il a de plus, dirigé une bande de 30 individus au puits Robert et levé la soupape de la machine pendant que ses camarades enlevaient les barres des fourneaux ;

Que le même jour, à 10 heures du soir, au puits Reveux, il a menacé de couper les câbles et de frapper les travailleurs ;

Attendu que le prévenu *Ceyssieq* a fait partie d'une bande de 8 individus qui s'est portée le 12 juin, vers 10 heures du matin, au puits Saint-Claude ;

Que le témoin Ravon l'a vu prendre de force et jeter une pelle que tenait un ouvrier, et qu'il a encore été reconnu dans cette circonstance par son co-prévenu Meyret ;

Attendu que le prévenu reconnaît avoir visité plusieurs puits, à la Grand-Croix, avec une bande nombreuse ;

Attendu que dans la soirée du 12 juin, *Marcoux* a été vu au puits de la Pompe, au milieu d'une bande qui faisait lâcher la vapeur et retirer les grilles des fours et qu'il a été trouvé porteur d'une canne plombée qu'il cherchait à dissimuler dans son pantalon ;

Attendu que dans la même soirée, le prévenu *Villevieille* a fait partie d'une bande qui s'est transportée au Grand-Treuil pour y lâcher la vapeur, et de là au puits de la Pompe pour retirer les grilles des fours ;

Attendu que dans la même soirée, le prévenu *Lombard* a fait partie de la même bande qui a envahi le puits de la Pompe ; qu'il a été reconnu par 4 agents de police ; qu'il prétend n'avoir pas lâché la vapeur, mais reconnaît qu'il se serait assuré si le feu était éteint en s'éclairant d'une lampe appartenant au puits et trouvée entre ses mains ;

Qu'il reconnaît encore que le machiniste lui aurait répondu sur sa demande, que personne ne travaillait dans le puits ;

Attendu que le prévenu *Cardot* a été vu par plusieurs sergents de ville dans la soirée du 12 juin, sur le puits de la Pompe au milieu d'une bande et qu'il avoue s'être mêlé à elle sachant qu'elle avait le dessein de lâcher la vapeur sans avoir cependant l'intention de causer aucun mal ;

Attendu que le prévenu *Lagrange* a été vu par le prévenu Cordonnier, le dimanche, 13 juin, dans une bande au puits Saint-Antoine ; qu'il y a levé une soupape ; que l'avant-veille, 11 juin, entre 3 et 4 heures du soir, il avait été vu par Frécon Claude, au milieu d'une bande de 2 à 300 individus au puits d'Avaize et que le témoin le signale comme arrêtant et dételant un cheval qui conduisait des bennes de charbons ; que la veille, 12 juin, vers midi, Frécon aperçoit encore au puits Saint-Antoine, le prévenu Lagrange avec une trentaine d'individus levant les soupapes et lâchant la vapeur ;

Que ce prévenu reconnaît avoir aidé le mécanicien qui agissait comme contraint à lever les contre-poids de la soupape et ajoute : *Nous étions en ce moment une vingtaine venus pour arrêter les travaux ;*

Attendu qu'il a été vu au puits Saint-Antoine, armé d'un crochet ;

Attendu que les faits à la charge de ce prévenu sont graves, mais qu'il y a lieu de lui tenir compte dans une large mesure, de son âge et de son inexpérience.

DÉSORDRES AUX MINES DE VILLEBOEUF.

Attendu que le vendredi 11, entre 5 et 6 heures du soir, une bande de 30 individus environ se présente sur les puits de la Compagnie de Villebœuf pour arrêter les travaux ; qu'à 7 heures une deuxième bande s'y présente encore, les individus faisant parti de ces bandes disent *qu'ils ont des ordres pour arrêter* ; qu'à 8 heures une autre bande se joint à la précédente et ordonne de nouveau d'éteindre les feux ; que là on enlève les contrepoids des chaudières au puits Ambroise et au puits Pélissier. Le samedi 12 les bandes reviennent à 9 heures du matin, on éteint encore les feux, elles reviennent à 2 heures, à 4 heures et à 9 heures du soir, pour la troisième fois on fait éteindre le feu des chaudières ; pendant la nuit du samedi au dimanche, les puits sont visités par trois bandes et quand les ouvriers remontent, on les appelle lâches, fainéants, ganaches ;

Attendu que *Jeanisson* faisait partie de la bande qui est venue le 11, de 5 à 6 heures du soir, qu'il est descendu dans la mine pour s'assurer si les ouvriers étaient tous remontés et qu'il a dit à Neyret qu'on avait arraché les grilles des chaudières ;

Attendu que *Neyret* est également venu avec la bande du vendredi 11, de 7 à 8 heures du soir, et qu'il s'est opposé comme les autres à la continuation du travail ;

- Attendu que *Piat* faisait partie de la bande de 30 individus qui s'est présentée, le 12, à 9 heures 1/2 du matin, qu'il faisait partie d'un groupe de 5 individus qui ont arraché les barreaux des grilles et lâché la vapeur ; qu'il menait la bande ; qu'il est monté lui-même sur les chaudières ;

DÉSORDRES AUX MINES DE BEAUBRUN

Attendu que le 11 juin, à 5 heures du soir, une bande de 200 individus se présente au puits Basseville, dépendant de la concession houillère des mines de Beaubrum, arrête le travail, soulève les soupapes de la pompe d'épuisement, arrache les barreaux ; que vers 6 heures la même bande va au puits Montmartre, qu'elle y lâche encore la vapeur, tire les barreaux des chaudières, casse dix cadres, défait les rails des plans inclinés ;

Attendu que cette même bande le même jour, vers 6 heures, commet les mêmes dévastations au puits Rochefort ;

Attendu que *Louis Portal* a été reconnu par l'ingénieur Barretta, pour avoir fait parti de la bande de 200 individus qui s'est portée le vendredi 11 juin, à 5 heures du soir au puits Basseville ; qu'il est remonté sur les chaudières et a soulevé les soupapes pour faire échapper la vapeur ;

Attendu qu'il avoue être monté sur les chaudières, être allé sur les puits Basseville et Chatelus, mais qu'il soutient avoir été forcé de se joindres aux bandes ;

Que ce système de défense ne peut être accepté en présence de sa participation active aux faits signalés, mais que cependant, il y a lieu de prendre en considération le jeune âge du prévenu ;

Attendu que *Buriane* et *Abrial*, tout les deux fugitifs ont usé de violence à l'égard du gouverneur Merley, l'ont empêché de descendre dans le puits de Rochefort, en lui disant : *Vous n'y descendrez pas plus vous qu'un autre.*

Qu'ils ont en outre empêché ledit Merley d'aller au puits Basseville où il voulait donner à manger aux chevaux qui étaient dans la mine ; qu'ils ont agi de même à l'égard de Devun ;

Que les dépositions des témoins sont précises et formelles.

DESORDRES AUX MINES DE TERRENOIRE.

Attendu que le 11 juin, vers midi, une bande de mineurs s'est présentée au puits de Reveux, à Terrenoire, composée de 200 individus environ, où ils ont sommé les ingénieurs de faire cesser le travail et monter les ouvriers ; que le témoin Chareyron leur demande : Par quel ordre. A quoi ils répondirent : Allez voir à St-Etienne par quel ordre.

Que le lendemain, à la même heure de midi, une autre bande d'une trentaine d'individus s'est portée sur les mêmes puits, y ont lâché la vapeur et tiré les barreaux des fourneaux, et que le même soir, à 10 heures, une bande de 200 au moins de ces individus est revenue, a empêché de continuer à monter les chevaux avec menaces de couper les cadres et de battre les ouvriers qui resteraient aux puits ;

Que cette dernière scène, notamment, a duré pendant plus d'une heure au milieu d'un vacarme affreux, au dire des témoins ;

Attendu qu'à la date du 11 juin, le prévenu *Neyret* a été reconnu par Vérot au puits Reveux au milieu d'une bande qui cassait des écoins pour se faire des bâtons, qu'on le retrouve le lendemain au même puits avec une vingtaine d'individus lâchant la vapeur et éteignant les feux ;

Attendu que le prévenu *Claude Marcoux* faisait partie, le 12 juin, vers 10 du soir, de la bande qui s'est portée au puits de Reveux ; qu'il a été reconnu par Chataigner au milieu des individus qui se livraient à toutes les violences, menaçant de couper les câbles, ordonnant de laisser les chevaux et de faire monter les hommes, scène qui a duré environ une heure ;

Que de plus il a menacé Baconnet en lui disant : Tu n'as pas été sur la recette, autrement on t'aurais jeté dans le puits ;

Attendu que le prévenu *Ceyssieq* a été vu à Reveux le 12 juin, à une heure du soir, et que le contrôleur Chataigner l'a aperçu avec une bande qui lâcha la vapeur des puits de Reveux, éteignant les feux et retirant les barreaux des grilles, et l'a encore aperçu le 10 juin, au milieu d'une bande commettant les mêmes actes ;

Que le même jour, à 10 heures du soir, il est encore reconnu par le même témoin pour avoir fait partie de la bande qui retournant au puits de Reveux s'est opposée aux travaux d'entretien de la mine ;

Attendu que le 12 juin, le prévenu *Marquet* faisait partie d'une bande qui s'est porté au puits Grégoire de Reveux, et que le même jour, il s'est trouvé mêlé aux scènes de tumulte et d'entraves à la liberté du travail qui se sont produits sur les mêmes puits, et qu'il a été reconnu par Chataigner ; que s'approchant du palfrenier Basson, il l'a saisi et le secouant par sa blouse lui a dit : Tu ne pourras donc pas rester chez toi ; qu'à ce même moment un autre individu le frappait.

Attendu que le prévenu *Fournel* dit *Soleil* est poursuivi, pour de nombreux faits signalés ci-dessus, qu'on le retrouve encore au puits de Reveux, le 12 juin à 10 heures du soir à la tête d'une bande de 200 individus qui à l'aide de violences et de menaces empêchaient de remonter des chevaux et qui a hué les ouvriers qu'on faisait sortir du puits ;

Qu'on l'a encore vu sur ce puits, portant une branche d'arbre avec des rubans rouges.

Attendu que pendant la nuit du 11 au 12 juin, vers 2 heures du matin, une vingtaine d'individus se sont portés au puits de Janon, que là ils ont éteint les feux de la machine en tirant les barreaux des grilles des chaudières ; qu'ils descendirent à l'entrée de la galerie par où ils pénétrèrent dans les travaux et firent sortir les hommes du poste de nuit ;

Attendu que le prévenu *Seytre Claude*, déjà poursuivi pour autres faits, reconnaît avoir suivi cette bande au puits de Janon ;

Qu'il résulte des dépositions produites, que ce prévenu doit être considéré comme un meneur, qu'il dit au témoin Chareyron : Il faut faire cesser le travail ; et que ce dernier lui objectant qu'il n'avait pas les ordres de son adversaire, Seytre lui montra un bâton qu'il tenait à la main le menaçait *de le régler au besoin avec ça* ;

Qu'il refusa de donner son nom au maire, qu'il lui a fait résistance et qu'il lui a dit : *Nous nous moquons bien d'un maire.*

DÉSORDRES A RIVE DE-GIER, GRAND-CROIX ET SAINT-CHAMOND

Attendu que le 12 juin, à 3 heures du matin, le puits Dupré (concession de Couzon) est envahi par une bande de 20 individus qui menacent de couper les cordes et qui obligent les ouvriers de remonter ;

Attendu que le prévenu *Favremot*, dans la nuit du 12 juin à 3 heures du matin, a fait partie d'une bande de 20 individus qui ont arrêté les travaux du puits Dupré, à Couzon, et qui ont menacé de couper les câbles si les travaux ne cessaient de suite ;

Qu'il a dit au sieur Dumas dit Planchet ; *nous avons fait arrêter tous les puits depuis Grand-Croix. Nous avons droit de faire sortir tous les hommes qui travaillent ;*

Qu'il a été reconnu par le témoin Galvin ; qu'au surplus il avoue sa présence sur les lieux ;

Attendu que les travaux de mines ont été arrêtés du côté de Grand Croix dans la nuit du vendredi au samedi, 11 et 12 juin, par des bandes venues de Saint-Etienne ; qu'il en est de même pour les puits de Rive-de-Gier ; ils sont tous arrêtés dans la nuit du 11 au 12 par des bandes venues également de Rive-de-Gier ;

Qu'il en est de même à la Péronnière, où les travaux sont arrêtés à 9 heures du soir ;

Que le 14, à 7 heures du matin on voit encore des bandes au puits Saint-Antoine, à 8 heures au puits de Combérigol, au puits d'Assailly à 11 heures ;

Que là, comme partout, les travaux sont suspendus, sous l'impression des menaces de couper les câbles ; on oblige les directeurs à faire cesser les travaux et remonter les hommes ;

Attendu que *Martello*, est allé le 14 juin, à 8 heures du matin, au puits Saint-Antoine, de là au puits de Combérigol et d'Assailly, qu'il était armé d'un bâton et avait été choisi pour tambour-major par une de ses bandes qui se composait de 3 ou 400 individus.

Qu'il marchait à la tête avec *Péjos* et qu'il était un des plus exaltés dans ces menaces et ses violences ; qu'il est signalé en cela par plusieurs témoins ;

Que le prévenu avoua être allé sur les puits Saint-Antoine, Assailly, Combérigol, mais comme contraint ; que ce système est inadmissible, que Celle son co-prévenu a déclaré que *Martelle* manifestait sa satisfaction d'être tambour-major ;

Attendu que *Péjos*, de l'aveu d'un grand nombre de témoins, a été le chef principal des bandes qui ont parcouru les puits Saint-Antoine, Assailly, Combérigol, qu'on le voit le 14 juin, à 8 heures du matin, à la tête d'une bande de 3 ou 400 individus ; le même jour, à 11 heures, il est au puits d'Assailly, c'est lui qui porte la parole au sieur Allimand, directeur de la Compagnie ; il dit à ce directeur qu'il venait de la Perronnière, où ils avaient fait sortir hommes et chevaux ; que partout il a exigé la cessation du travail, s'opposait à l'épuisement des eaux ; que sa qualité de meneur et de chef ne peut être contestée ; en effet, il est constant que quand il avait porté la parole aux directeurs et gouverneurs des puits, il se retournait vers ses camarades et leur demandait leur approbation, qu'ils lui donnaient en levant la main ;

Que tous ces faits sont reconnus par le prévenu, qu'en outre ce prévenu a empêché le palefrenier Camier de se rendre à son travail ; qu'il lui a enlevé son sac et sa bouteille et lui a offert de la viande et du pain pour qu'il ne travaillât pas ;

Attendu que *Celle* a été signalé par le témoin Rouge, comme se trouvant à la tête de la bande qui s'est portée du puits de Combérigol à celui d'Assailly, le 14 juin, à 8 heures du matin.

Qu'il avoue avoir fait partie de cette bande ;

Attendu que *Montel* est également reconnu par le témoin Rouge comme faisant partie de la bande qui s'est portée du puits Comberigol à celui d'Assailly le 14 juin, à 8 heures du matin ;

Qu'étant interpellé de donner son nom, il a répondu : *J'aimerais mieux aller au bagne que de dire mon nom ;*

Qu'il reconnaît, en outre, être allé le 13 juin chez le gouverneur du puits Saint-Antoine et au puits d'Assailly le 14 ;

Attendu que *Robert* était le 13 juin au puits de Comberigol, qu'il y est venu plusieurs fois, seul, pour voir si les travaux cessaient ; qu'il s'est opposé au travail des ouvriers et qu'il a dit au témoin : *Si je savais qu'il y eut plus de 3 ouvriers dans la mine, je couperais les câbles, nous voulons nos droits, nous ne voulons pas qu'on monte du charbon ;*

Attendu que le prévenu *Parizot Delle Jean-Baptiste*, a fait partie d'une bande qui est allée à l'Horme dans la soirée du samedi 12, qu'il a proféré les cris de *Vive la république*, qu'il était ceint d'une écharpe rouge et armé d'un bâton, qu'il a insulté le nommé Nanta, employé à l'Horme en le traitant de « fainéant et de mendiant ; » que de plus, il a résisté au garde de l'Horme, l'a saisi par le cou et l'a renversé ;

Attendu que le prévenu ne conteste pas ces faits, qu'il se retranche derrière son état d'ivresse qui ne lui aurait pas permis d'avoir conscience de ses actes ;

En droit :

Attendu que les défenseurs des dénommés ont soutenu que la prévention ne pouvait s'appliquer à un grand nombre de détenus, qu'à leur point de vue, en interprétant la loi du 25 mai 1864, celui-là seul peut être puni des peines édictées par l'article 414 qui serait convaincu d'avoir pris une part active aux faits délictueux et spécialement ne pourraient être considérés comme coupables ceux qui, faisant partie d'une bande se portant sur les puits pour arrêter le travail, n'auraient pas manifesté leur opposition par des actes de violence qui leur seraient personnels ;

Attendu que le tribunal ne peut adopter un pareil système qui serait à la fois une fausse interprétation du texte et de l'esprit de cette loi ;

Qu'à la vérité, le tribunal devrait écarter toute prévention à l'égard de ceux qui auraient été entraînés malgré eux dans le mouvement et de ceux encore qui se trouveraient sur les lieux comme simples curieux, mais que la présence volontaire d'un des prévenus sur le lieu même du délit, alors qu'il aurait connu le but coupable que se proposait la bande, doit être considérée comme une coopération punissable ;

Qu'en effet, les bandes se présentaient nombreuses sur les plâtres des puits, des émissaires étaient envoyés pour parler aux directeurs, pour enjoindre la suspension des travaux ; qu'il est manifeste que le surplus de la troupe prêtait main-forte aux délégués, leur donnait assistance et concours, que le fait même de l'attroupement constituait pour les directeurs de mines un moyen d'intimidation et de menace devant lequel ils devaient céder;

Que si plusieurs prévenus ont prétendu avoir été entraînés de force, leur allégation tombe devant ce fait qu'on les a vus sur plusieurs points successifs ;

Attendu que le tribunal n'a pas à distinguer entre le cas où la bande s'est présentée pour faire suspendre les travaux et celui où elle ne serait venue sur le puits qu'après la suspension de ces travaux ;

Que dans le premier cas, l'atteinte à la liberté du travail est évidente et que dans le deuxième cas elle n'est pas moins manifeste en ce sens qu'elle a pour but de s'opposer à la reprise des travaux suspendus ;

Attendu que la prévention n'est pas suffisamment établie en ce qui concerne plusieurs detenus ;

Attendu que cette même prévention est suffisamment justifiée à l'égard des autres ;

Attendu néanmoins qu'il existe en la cause des circonstances atténuantes en faveur de Parizot Desle, Riblet, Seyve et Barralon ; qu'il y a lieu de modérer la peine qu'ils ont encourus, conformément à l'article 463 du code pénal ;

Qu'il en est de même à l'égard de Bessade, qui se trouve en état de récidive.

Par ces motifs, le tribunal jugeant correctionnellement et en premier ressort ;

Ouï M. Corbin, procureur impérial et M. Baisier, substitut du procureur impérial, en leurs réquisitions ;

Ouï Mes Poncetton, Cuisson, Abrial, Clozel, Bréchignac, Meunier, Tardy, Duchamp, Rimaud, Evrard et de Ventavon, avocats des prévenus ;

Donne défaut contre Micol, Bastide, Odin, Fauvel, Buriane et Abrial, qui sont fugitifs et ne comparaissent pas, quoique régulièrement assignés. Les déclare coupables du délit d'atteinte à la liberté du travail, ainsi que les prévenus Blanchard, Merlet, Landon, Chevalier, Ravel François, Plotton, Rabery, Boudarel, Teste, Faverjon, Charrier, Rulhière, Valours, Sabot, Riblet, Splinguet, Seyve, Barralon, Courbon Marcelin, Pandreau, Ribeyre, Charra, femme Largeron, Ravel Jean-Baptiste, Bernard, Labre, Lagrange, Fournel, Chomat, Parizot Nicolas, Alirand, David, Chapal, Courbon Gabriel, Sovignet, Bessade, Seytre, Neyret, Cessiecq, Marcou, Vilevielle, Lombard, Cordot, Janisson, P at, Portal, Marquet, Favremot, Martello, Fejus, Ce le, Montel, Robert et Parizot Delle. Ledit délit prévu et puni par l'article 414 du code pénal ;

Déclare Blanchard, Merlet et Micol, coupables d'avoir par des discours et des cris proférés dans des lieux publics, provoqué les auteurs du délit d'atteinte à la liberté du travail, à commettre ce délit, délits prévus et punis par les articles 1er de la loi du 17 mai 1819, 59, 60 et 414 du code pénal ;

Parizot Delle, coupable du délit de cris séditieux publiquement proférés et de violence envers un agent de la force publique, délits prévus et punis par l'article 8 de la loi du 25 mai 1822 ; 228 et 230.

Valours, Sabot, Riblet, Splinguet, Seyve et Barralon, coupables de rébellion avec violences et voies de fait envers la force publique, et en outre Riblet, coup ble de menaces verbales avec ordre et sous conditions, délits prévus et punis par les articles 209, 211 et 308 du code pénal ;

La femme Largeron, Ravel Jean-Baptiste, Durand et Rondet, coupables d'avoir, par des discours et des cris proférés dans des lieux publics, provoqué les auteurs du délit de rébellion avec violences et voies de fait envers la force publique, à commettre ce délit, et d'avoir procuré l'évasion de détenus prévenus de délit de police, délits prévus et punis par les articles 1er de la loi du 17 mai 1819, 209, 211 et 238 du code pénal.

Et faisant application des articles visés, dont M. le président a donné lecture,

Les condamne, savoir :

Micol, 15 mois d'emprisonnement.
Bastide, 9 mois.

Odin, 4 mois.
Fauvel, 8 mois.
Buriane, 3 mois.
Abrial, 3 mois.

Et statuant contradictoirement à l'égard des autres prévenus,

Les condamne, savoir :

Blanchard, 4 mois,
Merlet, 3 mois.
Landon, 7 mois.
Chevalier, 7 mois.
Ravel François, 4 mois.
Plotton, 6 mois.
Rabery, 3 mois.
Boudarel, 5 mois.
Teste, 6 mois.
Faverjon, 3 mois.
Charrier, 5 mois.
Rhulhière, 2 mois.
Valours, 6 mois.
Sabot, 6 mois.
Riblet, 5 mois.
Splinguet, 1 mois.
Seyve, 3 mois.
Barralon, 4 mois.
Courbon Marcellin, 3 mois.
Pandreau, 2 mois.
Ribeyre, 2 mois.
Charra, 1 année.
Femme Largeron, 1 année.
Durand, 7 mois,
Rondet, 7 mois.
Ravel Jean-Baptiste, 7 mois.
Bernard, 2 mois.
Labre, 1 mois.
Lagrange, 4 mois.
Fournel, 6 mois.
Chomat, 3 mois.
Parizot Nicolas, 1 mois.

Alirand, 1 mois.
David, 2 mois.
Chapal, 4 mois.
Courbon Gabriel, 5 mois.
Sovignet, 1 mois.
Bessade ou Vessade, 15 mois.
Seytre, 2 mois.
Neyret, 5 mois.
Cessiecq, 5 mois.
Marcou, 3 mois.
Villevieille, 1 mois.
Lombard, 1 mois.
Cardot, 1 mois.
Janisson, 1 mois.
Piat, 5 mois.
Portal, 3 mois.
Marquet, 1 mois.
Favremot, 15 jours.
Martello, 4 mois.
Féjos, 5 mois.
Celle, 15 jours.
Montel, 1 mois.
Robert, 1 mois.
Parizot-Desle, 1 mois.

Les condamne aux dépens chacun en ce qui le concerne.

Renvoie purement et simplement d'instance sans dépens, Perrard, Fraisse, Paillet, Paure, Renaud, Furet, Magdeleine, Pichon, Philibert, Joanny et Philibert Jean-Marie.

Ainsi fait et prononcé en audience publique, le samedi sept août mil huit cent soixante-neuf.

PLAIDOYER DE Mᵉ TARDY

Chargé de la défense de Renault.

Mᵉ Tardy prend la parole pour Renault;

Il espérait, dit-il, que la prévention serait abandonnée; elle a, au contraire, été étendue à la Société fraternelle elle-même. Il ne s'en plaint pas, il faut que la lumière se fasse. Il ne s'en étonne pas davantage; c'est la préoccupation trop naturelle des esprits, lorsqu'un grand désordre vient frapper toute une classe d'intérêts, de l'imputer à une seule cause première et de rechercher un coupable qui porte toute la responsabilité. Au milieu de cette préoccupation générale, malheur à l'homme que sa position personnelle semble rattacher particulièrement aux idées et aux intérêts au nom desquels le trouble a éclaté. C'est ce qui explique la prévention dirigée contre Renault.

Il y avait près d'un mois que la Cour avait évoqué l'affaire de la grève, et qu'un éminent magistrat poursuivait l'information. Cependant l'influence politique, signalée par le réquisitoire, demeurait insaisissable. On était au 1ᵉʳ juillet, alors on apprend que trois ouvriers mineurs se sont présentés à la Chazotte pour faire suspendre les travaux; que deux des trois sont des chefs de section de la Société fraternelle; qu'une réunion a eu lieu le 28 juin dans les bureaux de la Société; qu'ils y assistaient et que Renault l'a présidée. Il n'en fallait pas davantage. Renault est arrêté. On s'étonne de n'avoir pas songé à le frapper plus tôt; on accuse la Société de n'exister que pour susciter des grèves, et lui-même de n'avoir fondé une caisse de secours que pour l'exploiter à son profit.

Ces accusations sont injustes. Dès 1846, Renault, possesseur d'une fortune patrimoniale, prenait part à la lutte soulevée par le monopole des houillères de la Loire et se passionnait pour l'amélioration du sort des ouvriers mineurs. Ce fut dès lors comme une idée fixe.

Au commencement de 1866, s'éleva le grand procès des caisses de secours. Un autre que Renault dirigeait donc alors les ouvriers mineurs; mais ils se souvinrent de ses anciens efforts, ils allèrent à lui, et le 14 novembre 1866, la Société fraternelle obtenait l'approbation préfectorale.

Ce passé répond de la sincérité des intentions, comme aussi la situation présente répond de la légalité des actes. Renault sait bien que l'observation stricte de la loi est essentielle à son œuvre. Une lettre de lui, saisie chez Peyrot, en rend témoignage. On y remarque ce passage où il exprime sa pensée intime :

« Montoillot, 21 novembre 1866.

« ..... S'il vous est fait de nouveau des observations du genre de celles qui vous ont été faites par M. X, déclarez tout simplement que notre Société ne doit pas être politique. Vous devrez ajouter que l'indépendance de notre jeune Société nous paraît comme une nécessité première en dehors de laquelle toute réussite est impossible.

« Je vous donne ici les articles suivants que je trouve nécessaire que vous connaissiez, sur les lois qui régissent les caisses mutuelles. »

De cette lettre ressort nettement, en deux traits, toute la ligne de conduite du président de la Société fraternelle. Pas de politique, et tout par la légalité.

Il n'est donc pas à croire qu'il ait mérité d'être poursuivi. Quelle est la prévention ? D'avoir par des discours proférés publiquement dans des réunions tenues les 28, 29 et 30 juin, aux bureaux de la Société fraternelle, provoqué Bernard et Labre à commettre à la Chazotte une atteinte à la liberté du travail.

Pour faire justice de cette accusation, il suffit de rappeler ce principe de droit pénal : que la complicité ne peut pas exister, aux yeux du juge, sans la constatation d'un fait matériel, revêtu des caractères déterminés par la loi, et personnel au prétendu complice. L'article 60 du code pénal énumère et détermine les faits matériels : les dons, promesses, menaces, abus d'autorité ou de pouvoir, machinations ou artifices coupables.

Voilà pour la provocation.

A cette énumération qui forme la règle générale, la loi du 17 mai 1819 est venue ajouter les discours proférés publiquement. Mais elle n'a pas dérogé aux principes quant à la déclaration de culpabilité. Il faut toujours la constatation préalable du fait matériel dans son existence et dans ses caractères légaux.

Ainsi, il faut que le discours incriminé ait été non-seulement *tenu* dans une réunion publique, mais *proféré ;* c'est-à-dire qu'il ait eu une publicité réelle et d'une certaine étendue ; c'est ce qui résulte formellement de la discussion de la loi de 1819 ; il faut en outre que par sa signification vraie et par les circonstances de temps et de lieux, il ait eu le caractère d'une provocation, c'est-à-dire qu'il ait pu entraîner les volontés au crime ou au délit. Faute de l'une de ces conditions, pas de provocation dans le sens légal ; pas de déclaration de culpabilité possible.

En présence de ces principes, que devient la prévention ? Quels discours Renault a-t-il prononcés dans les réunions des 28, 29 et 30 juin ? Quel en était le sens ? Quels en étaient les termes ? Comment ont-ils été prononcés ? Nul témoin ne vient le dire. Dès lors, la constatation nécessaire n'est pas faite ; et les présomptions les plus graves ne pourraient y suppléer.

Les présomptions mêmes font défaut. Un témoin a dit, il est vrai, que Renault prêchait la grève depuis le mois de février, et lui a fait au mois de juin cette déclaration : *Sans la Société fraternelle, la grève n'existerait pas.* Mais la déposition même trahit les sentiments hostiles ; elle accuse Renault de ne pas rendre compte de sa gestion, quoique des comptes-rendus aient été imprimés pour tous les sociétaires, et quoique Renault n'ait aucun maniement de fonds, le secrétaire-trésorier étant seul receveur, seul payeur, seul comptable, toujours astreint à des justifications rigoureuses, toujours sous le regard du Conseil d'administration. Un témoin qui s'écarte ainsi de la vérité mérite peu l'attention de la justice.

D'autres témoins, d'ailleurs, ont expliqué en quel sens Renault parlait de la grève ; nous la ferons s'il le faut, mais un scrutin général exprimera le vœu de la majorité, mais la minorité restera libre de travailler.

A ces témoignages vient se joindre celui d'un homme honorable, propriétaire de la maison où sont situés les bureaux de la Société fraternelle ; il affirme que, pendant la grève, inquiet de la multitude qui se pressait dans les bureaux, il a constamment assisté aux réunions et qu'il a toujours entendu Renault recommander la plus grande modération.

Un autre a déclaré que, dans la réunion du 28 juin, on parla de faire suspendre les travaux repris à la Chazotte, mais que Renault combattit cette pensée.

Le défenseur termine cette partie de sa plaidoirie en faisant observer que si la vaste information suivie contre la grève, sous la haute autorité de la Cour, n'a produit rien de plus contre Renault, c'est la Cour elle-même qui apporte en faveur du prévenu le témoignage le plus décisif.

Puis il aborde la réfutation du réquisitoire en ce qui touche la Société fraternelle.

A ce moment, M. le président, après avoir consulté ses assesseurs, interrompt M⁰ Tardy en déclarant que la cause est entendue.

LETTRE DE M. RENAULT

AUX MEMBRES

De la Société LA FRATERNELLE.

―――

Saint-Etienne, 11 août 1869.

Mes Amis,

Nommé par vous tous pour la 3ᵉ fois au 16 août dernier, Président de votre honorable et utile Société, je viens vous prier de me remplacer dans cette difficile et périlleuse fonction.

Les causes déterminantes qui m'ont forcé de prendre cette décision proviennent principalement de la nécessité absolue dans laquelle je me trouve de ne pas pouvoir continuer les *lourds sacrifices pécuniaires* que j'ai dû faire depuis 1866, afin d'arriver à constituer votre Association, dont l'importance est reconnue aujourd'hui par la France entière.

Ainsi, que tous les sociétaires soient bien pénétrés que mon éloignement n'est pas dicté par l'amertume, dont mon cœur est justement rempli, par suite de l'inqualifiable détention (36 jours) dont je viens d'être victime, qui m'a arraché de ma famille, frappé dans mon honneur et ma liberté. Qu'ils ne croient pas davantage que je cède devant les clameurs intéressées et venimeuses des misérables calomniateurs de toutes nuances, qui n'ont cessé de chercher à m'accabler ; mais bien devant l'impérieux devoir qui m'est imposé, comme père de famille.

Le but que je voulais atteindre était de créer une Société d'où serait sorti non-seulement une amélioration matérielle de votre sort, mais encore auraient développé chez la plupart d'entre vous les qualités intellectuelles morales qui sont généralement le privilége des hommes indépendants.

La *Fraternelle* a jeté les premiers fondements de cette grande tâche, et ce qui reste à faire, bien que considérable, offre une occasion certaine à un noble cœur de se signaler pour toujours à ses concitoyens.

Actuellement, un grand nombre de personnes manifestent de vives sympathies en faveur des mineurs, et tout me fait espérer que vous trouverez facilement parmi elles l'homme éclairé qui saura concilier les intérêts des compagnies avec les vôtres, de manière à faire sortir de cette union une œuvre vraiment digne, grande et pratique.

Recevez, mes amis, l'expression sincère de mes sentiments fraternels.

RENAULT.

Le Conseil administratif de la Société Fraternelle et de Prévoyance des Mineurs du Bassin de la Loire

A M. Ernest RENAULT,

Ex-Président de la Société.

Monsieur,

C'est avec un bien grand regret que nous recevons la douloureuse nouvelle de votre démission comme Président de notre très-utile institution.

Et ce qui nous est le plus sensible, pour le moment du moins, c'est que, comme vous nous le dites en toute vérité, vos devoirs de père de famille sont la principale cause de votre retraite. Nous avons l'espoir, néanmoins, que ceci ne pourra pas être un obstacle d'une bien longue durée, car s'il n'y avait que cette seule difficulté à surmonter, nous conserverions l'espoir de vous revoir encore parmi nous.

Et cet espoir, nous le tirons des dernières expressions contenues dans la lettre que vous adressez, ce même jour, au Conseil de l'administration, et dans laquelle vous nous remerciez du dévoué concours que nous vous avons prêté pour arriver au grand résultat que nous avons obtenu et que vous terminez, en disant que vous voulez, quoique séparé de nous, être toujours notre ami.

Permettez, cher Monsieur, que nous vous rendions cette justice, que c'est bien grâce à votre généreuse et courageuse participation que nous devons d'être arrivés à accomplir ces grandes choses qui seront la cause déterminante des nouveaux progrès qui vont s'accomplir.

Et, ce que nous regrettons encore, en ce jour de bien triste mémoire, c'est que vous ne puissiez être au milieu de nous en personne, afin de vous manifester directement combien est grande la peine que nous ressentons et aussi le désir que nous éprouvons de vous rappeler à la tête de notre institution. C'est dans ce but principalement que, séance tenante, tous les sociétaires présents à notre réunion du Conseil, ainsi que les membres de l'administration, ont nommé une délégation pour se rendre auprès de vous et vous porter l'expression de nos vœux les plus sincères et vous prier d'être au moins notre guide dans les moments les plus difficiles de notre œuvre d'organisation, en attendant qu'il nous soit possible de vous revoir présider nos assemblées, pour continuer de répandre les mêmes idées d'ordre, de paix et de conciliation, et faire en sorte que cette même Société qui, grâce à votre généreux concours, a rendu des services si grands et de diverses manières, puisse continuer son œuvre de pacification et ses services humanitaires.

Que l'on nous permette, à cette occasion, de dire quels sont les services différents qu'elle a rendus jusqu'à ce jour.

1º D'après l'aveu de nos médecins, elle a guéri un bon nombre de mineurs qui étaient atteints de maladies graves pour lesquelles les Compagnies n'accordent rien. Ces malades ont été soignés à temps et ont été ainsi préservés d'une bien plus longue souffrance et parfois d'une mort certaine. Un grand nombre, pour des versements de 8 à 10 francs, ont touché des sommes de 2 à 300 francs de secours soit pour le médecin, soit en journées de maladies. Nous ne parlons pas des plus grands avantages encore que la Société est appelée à procurer en complétant son organisation.

2º Quels ne sont pas aussi les services rendus pendant cette déplorable grève qu'on pourrait dire avoir été lancée contre notre institution comme un moyen destructeur de son existence ? La Société, et vous particulièrement, avez contribué à diminuer des neuf dixièmes au moins des malheurs qui arrivent en pareil cas.

3° Les rapports entre ouvriers sont déjà bien meilleurs qu'auparavant, on se comprend mieux ; il y a un commencement d'amitié qui ira se grandissant au fur et à mesure que l'institution se développera.

4° Les rapports entre ouvriers et patrons sont aussi bien différents, pour ceux, surtout, qui font partie de notre Société. Ils savent faire des réflexions sages pour ce qui touche aux intérêts des Compagnies.

Enfin, nous espérons fermement que notre œuvre se complétera ; nous en avons les indices les plus manifestes.

Une loi nouvelle légalisera notre situation ; grâce à la généreuse initiative de l'autorité supérieure, des études se font sur les moyens de rendre possible l'existence de cette œuvre humanitaire au premier degré.

C'est alors que nous pourrons faire appel à votre généreux concours en vous rendant possible l'accès d'une fonction qui, jusqu'à ce jour encore, a été entourée de toutes sortes de dangers.

Dans la douce espérance de vous revoir encore auprès de nous, recevez, cher Monsieur, avec les regrets dont nous sommes encore bien pénétrés, l'assurance de notre parfait attachement.

Les Membres du Conseil, soussignés,

    Véricel (Joseph).
    Arnaud (Jacques).
    Basson (Jean-Claude).
    Combe (Pierre), *vice-président*.
    Mathey Claude-François).
    Chapelon (Claude), *vice-président*.
    Durand (Léon).
    Véricel (Jean).
    Bonnet (Pierre).
    Sabot (Claude).
    Bayle (Jean-Marie).
    Henry (Joseph), *Vice-Président*.
    Bernard Jacques).
    Rabery (Claude).
    Piney (Etienne), *Vice-Président*.
    Tiblier (André).

Argaud (Jean-Pierre).
Fontanney (Jean).
Magdelaine (François).
Ravel (Antoine).
Ginot (Jean-Marie).
Anjobras (Victor).
Mazenot (Jean-Baptiste).

Les Chefs de section soussignés :

Martin (Antoine).
Fraisse (Simon-Laurent).

Le Brigadier soussigné :

Rodary (Jean-Benoît).

Le Secrétaire-Trésorier,

Peyrot (Claude).

DÉCRET D'AMNISTIE

NAPOLÉON, par la grâce de Dieu et la volonté nationale, Empereur des Français,

A tous présents et à venir, salut,

Voulant par un acte qui réponde à nos sentiments, consacrer le centenaire de la naissance de Napoléon Ier,

Avons décrété et décrétons ce qui suit :

Art. 1er. Amnistie pleine et entière est accordée pour toutes condamnations prononcées ou encourues jusqu'à ce jour à raison : 1° de crimes et délits politiques ; 2° de délits et contraventions en matière de presse, de police de l'imprimerie et de la librairie, de réunions publiques, de coalitions ; 3° de délits et contraventions en matière de douanes, de contributions indirectes et de garantie de matière d'or et d'argent, de forêts, de pêche, de chasse, de voirie, de police de roulage, 4° d'infractions relatives au service de la garde nationale.

Art. 2. L'amnistie n'est pas applicable aux frais de poursuite et d'instance ni aux dommages et intérêts et restitutions résultant de jugements passés en force de chose jugée, elle ne pourra dans aucun cas être apposée aux droits des tiers. Il ne sera pas fait remise des sommes versées à la date de ce jour.

Art. 3. Nos ministres sont chargés de l'exécution du présent décret.

Fait au palais de St-Cloud, le 14 août 1869.

NAPOLÉON.

Par l'Empereur :

Maréchal VAILLANT, MAGNE, CHASSELOUP-LAUBAT, DE FORCADE, RIGAULT DE GENOUILLY, GRESSIER, DUVERGIER, prince DE LA TOUR D'AUVERGNE, BOURBEAU, Alfred LEROUX.

―――

Après avoir reçu le décret d'amnistie, M. le Préfet s'est concerté avec M. le procureur impérial pour son exécution. Il s'est ensuite transporté à la prison et a ordonné la mise en liberté de 56 détenus, admis à bénéficier de la décision magnanime du souverain. Parmi ces détenus figuraient 42 des condamnés pour délit de coalition au sujet de la grève des mineurs, dont les incidents ont si profondément ému notre pays.

Cet acte de clémence a été accueilli avec des larmes de reconnaissance et aux cris répétés de *Vive l'Empereur !*

LE
PREMIER BANQUET
DES
ASSOCIATIONS OUVRIÈRES

DISCOURS PRONONCÉS AVENUE DE SAINT-MANDÉ, 50

LE DIMANCHE 19 SEPTEMBRE 1869

> Qu'est-ce que le travailleur ?
> Rien.
> Que doit-il être ?
> Tout.
> Qu'est-ce que le capitaliste ?
> Tout.
> Que doit-il être ?
> Rien.

PUBLICATION DU JOURNAL LE TRAVAIL

PRIX : 50 CENTIMES

EN VENTE A PARIS

AUX BUREAUX DU JOURNAL
6, RUE NOTRE-DAME-DES-VICTOIRES (PLACE DE LA BOURSE)
Et chez tous les libraires

INTRODUCTION

On se souviendra du dimanche 19 septembre 1869.

Ce jour-là, on vit réunies, dans un Banquet fraternel, des Associations qui, jusqu'ici, ne s'étaient pas rencontrées. On vit les employés de commerce revendiquer hautement le titre de travailleurs. On lira plus loin le discours de Douvet, la satire de Leclercq, et la courte allocution de Bultez.

En réhabilitant les employés de commerce dans le monde des travailleurs, le Banquet des Associations ouvrières a montré qu'il est impossible de se connaître sans se rapprocher, et que, du rapprochement, naît facilement l'estime.

Pour atteindre le but de nos efforts, nous devons chercher à fondre, dans la même couleur, les nuances qui peuvent encore nous diviser aujourd'hui. Nous y arriverons si nous nous revoyons souvent après nous être vus une première fois.

En publiant en forme de brochure les discours prononcés dans le Banquet de l'avenue de Saint-Mandé, nous comptons être agréables aux milliers de citoyens qui n'ont pu assister à la réunion.

En même temps, nous espérons donner à la Commission d'initiative l'idée d'un nouveau Banquet. Si la police a encore la fantaisie de limiter le nombre des convives en imposant un endroit *clos et couvert*, qu'on prenne, pour lieu de rendez-vous, le Palais de l'Industrie. Il ne sert à rien : il servira à quelque chose.

LÉON CHOTTEAU.

LE PREMIER BANQUET

DES

ASSOCIATIONS OUVRIÈRES

Le Banquet a lieu au Salon Maurice, avenue de Saint-Mandé, 50, le dimanche 19 septembre 1869, sous la présidence du cit. Godfrin, membre de l'Association des tailleurs.

Les Associations suivantes sont représentées :

Enseignement libre. — Chambre syndicale des employés de commerce. — Chambre syndicale des relieurs. — *Sociétés de production.* Maçons. — Lunetiers. — Tailleurs de limes. — Papetiers. — Tailleurs d'habits. — Peintres en bâtiments. — Lithographes. — Ebénistes. — Marbriers. — Menuisiers en bâtiments, rue Saint-Maur. — Menuisiers en bâtiments, rue Gay-Lusac. — Horlogers. — Mégissiers. — Spécialité de meubles. — Coupeurs cordonniers. — *Sociétés de Prévoyance.* — Bijoutiers. — Bronziers. — Tisseurs. — Lithographes. — Peintres.

Sociétés de Crédit mutuel :

La Confiance. — La Mutuelle. — Les Arts et Métiers. — Les Tailleurs coupeurs.

Sociétés de Secours mutuel :

L'Union ouvrière. — L'Union commerciale. — Les employés de chemin de fer. — Selliers.

On se met à table à six heures. A sept heures cinquante minutes, Le citoyen Godfrin se lève et s'exprime ainsi :

Citoyens, ceux d'entre vous qui désirent monter à la tribune pourront y monter. Quant à moi, j'ai peu de chose à vous dire. Les délégués qui ont été chargés d'organiser le Banquet vous doivent quelques explications.

Il y a un an, les membres d'une Association, qui est ici représentée, firent à une autre Association la proposition de concourir avec elle à l'organisation d'un Banquet. Un obstacle matériel s'y opposa. Mais ceux qui avaient reçu cette proposition, l'avaient trouvée si généreuse qu'ils s'étaient bien promis de la mettre un jour à exécution.

Aujourd'hui, citoyens, ce ne sont pas les membres de deux, mais bien de trente-trois Associations qui s'ouvrent les bras. Et si le nombre de ces Associations n'est pas plus grand, c'est que la salle a des limites que nous n'avons pu franchir. (Bravos).

C'est par milliers que nous avons dû refuser les personnes qui demandaient à assister à notre fête coopérative.

Citoyens !

Nous nous sommes proposé un but : celui de travailler à l'union de tous les travailleurs. Cette union est nécessaire, et tous nos efforts doivent tendre à la réaliser le plus tôt possible. Et quand je parle des travailleurs, je ne sépare pas les travailleurs manuels de ceux de la pensée. (Applaudissements unanimes.)

Nous voulons, citoyens, que le travail, source de toute richesse, brise les entraves qui s'opposent à son développement; nous ne voulons plus que le travail reçoive 1 quand il produit 3. (Applaudissements.)

C'est donc au nom de la morale, au nom de la justice, que nous nous réunissons. C'est sur elle que nous comptons pour obtenir la revendication des droits du travailleur et le complet développement de toutes nos facultés. (Applaudissements.)

Quelques mots maintenant sur l'organisation intérieure de ce banquet. Nous avons chargé un certain nombre de commissaires nommés par nous, décorés comme moi, de recueillir les noms des personnes qui désirent porter un toast ou prendre la parole sur le sujet qui nous occupe : *l'Emancipation des Travailleurs.*

Le tour de parole sera désigné par le sort.

Maintenant, citoyens, avant que la parole soit donnée au premier orateur, nous avons une importante communication à vous faire par l'organe du citoyen Verdure, secrétaire de la Commission consultative. Cette commission a pour mission spéciale de renseigner les Sociétés qui désirent se fonder. Elle fonctionne depuis deux ans. Elle s'est mise en rapport avec 150 Sociétés différentes qui n'ont eu qu'à se louer de ses bons offices. La parole est au citoyen Verdure.

Le citoyen A. Verdure :

Citoyens, citoyennes,

Depuis quelques années, il a été beaucoup parlé en France de coopération. Qu'est-ce donc que la coopération ? Presque tous les écrivains qui ont publié quelques travaux sur cette grave question sociale, ont tenu à donner leur définition. Nous ne les imiterons pas. Nous vous dirons seulement que, telle que nous la comprenons, la coopération c'est la république dans l'atelier, c'est la démocratie en action dans toutes les branches de l'activité humaine : commerce, industrie, agriculture, sciences et arts.

Vingt, trente, quarante travailleurs se connaissant bien et pouvant compter les uns sur les autres, se réunissent spontanément, se donnent des statuts et se constituent en société ; ils versent à la caisse commune tout ou partie de leurs économies ou de leur avoir personnel, et s'engagent à y apporter par semaine, par quinzaine ou par mois, une certaine cotisation prélevée sur leurs appointements ou salaires pour accroître et compléter le capital social ; ils font acquisition de l'outillage et des matières premières nécessaires à l'exercice de leur profession ; ils se procurent un atelier, s'y installent, produisent, chacun selon ses forces ou ses aptitudes, fixent eux-mêmes le prix de la main-d'œuvre aux pièces ou à la journée, réservant au travail la part légitime de rémunération qui lui est due : voilà de la coopération.

Vingt, trente ou quarante artisans, petits cultivateurs, offrant les plus sérieuses garanties de moralité et de solvabilité, forment entre eux une société; ils versent dans une caisse commune chacun une centaine de francs et même davantage s'ils le peuvent, ils se font, en proportion des ressources sociales, des avances à titre d'escompte ou de prêts solidaires, moyennant un taux raisonnable d'intérêt, se constituant par cela même leurs propres banquiers et s'affranchissant des prétentions exorbitantes des usuriers : voilà encore de la coopération.

Cent, deux cents consommateurs s'associent et forment par souscription un capital de quelques milliers de francs; ils achètent en gros et dans les lieux de production les denrées et marchandises les plus nécessaires à la vie, ils se les revendent au prix du cours et selon leurs besoins; lors de chaque inventaire, ils se partagent les bénéfices, non en proportion des mises, mais au prorata des achats, conservant ainsi les profits qu'auraient réalisés les trafiquants et les intermédiaires parasites : voilà encore de la coopération.

Cent ou deux cents cultivateurs se réunissent en société, ils forment par actions de 500 ou 1,000 fr., un capital collectif de 2 ou 300,000 fr.; ils font construire une usine pour la fabrication du sucre; après chaque saison, ils se partagent les bénéfices en proportion des betteraves qu'ils ont livrées : voilà encore de la coopération.

Soixante, quatre-vingts ou cent pères de famille s'associent pour fonder et entretenir à frais communs une école indépendante; ils choisissent un instituteur selon leurs goûts et leurs principes; ils lui confient l'instruction de leurs enfants; ils lui formulent leur programme, ils surveillent et contrôlent eux-mêmes la direction morale, physique et intellectuelle de l'enseignement, et ils se partagent, s'il y a lieu, les bénéfices de l'entreprise proportionnellement à la rétribution scolaire payée par eux : voilà encore de la coopération.

D'où nous vient la coopération? La coopération puise-t-elle son origine dans les vastes conceptions de nos réformateurs modernes : Robert Owen, Fourier, Cabet, Pierre Leroux, Saint-Simon, Louis Blanc? Oui, incontestablement; mais elle n'est ni le communisme, ni le saint-simonisme, ni le phalanstère; encore moins l'individualisme. Elle tient un peu de toutes les doctrines; elle est la synthèse des écoles socialistes.

Préconisée d'abord en France, sous le nom générique d'*Association ouvrière*, par Buchez et plusieurs républicains, dans les premières années qui suivirent 1830, elle fut tentée à cette époque par quelques groupes de travailleurs parisiens, entre autres par les *bijoutiers en doré*, dont la société très prospère existe encore aujourd'hui sous la raison sociale : DRÉVILLE, THIÉBAUT ET Cⁱᵉ.

Lors de la révolution de Février, au souffle vivifiant de la liberté, de l'égalité et de la fraternité, l'esprit d'association, entravé pendant dix-huit ans, sous un règne énervant et corrupteur, surgit avec une vigueur extraordinaire au sein des populations laborieuses.

Des sociétés pour la production et la consommation en commun s'improvisèrent dans toutes les industries et dans tous les commerces. Décembre vint, tout fut enrayé : la plupart des associations ouvrières furent dissoutes et leurs membres emprisonnés, exilés, déportés!

Cependant l'idée ne mourut point. Recueillie sur la terre étrangère, elle y germa, y fructifia bientôt. Après dix années de torpeur, de silence et de nuit pour notre malheureux pays, elle nous revient vers 1863 sous le nom de COOPÉRATION, modification jugée nécessaire sans doute, pour empêcher toute confusion avec les sociétés de capitaux qui avaient envahi le domaine du commerce et de l'industrie, et aussi probablement pour éviter le retour des frayeurs insensées qu'avaient causées à une autre époque les théories socialistes.

Quelques démocrates, dont les annales du progrès social porteront légitimement les noms à la postérité, acclamèrent le retour de l'exilée. Ils appelèrent à eux tous les hommes de dévouement et de sacrifices et résolurent de se consacrer, malgré toutes les difficultés et tous les dangers de la situation politique, au développement en France du système coopératif, qui produisait déjà à l'étranger, en Angleterre et en Allemagne, de si heureux et si éclatants résultats!

La première pensée de nos coopérateurs fut de pourvoir d'un centre d'action le mouvement qu'ils voulaient provoquer et développer. A cet effet, après une suite de conférences privées, ils décidèrent la création d'une grande société de crédit mutuel. Un tel exemple d'initiative, en dehors de toute tutelle officielle, de toute attache gouvernementale et au milieu de l'affaissement général des esprits, eut dans toute la France un grand retentissement. L'émotion fut considérable dans toutes les classes de la population ; pourtant personne n'eut plus peur. La presse libérale accueillit l'institution nouvelle de ses plus vives sympathies et bientôt arrivèrent de tous côtés des souscriptions accompagnées des plus chaleureux encouragements.

Une quinzaine d'Associations seulement avaient survécu au coup d'Etat. Leurs statuts ne répondaient pas aux besoins du moment. La législation réglant la constitution et le fonctionnement des sociétés ouvrières était défectueuse et d'une application difficile. Les travailleurs, ceux de province surtout, manquaient de connaissances spéciales pour se lancer avec succès dans la voie nouvelle : il fallait un journal d'éducation coopérative. A cet effet, on créa à Paris la Revue mensuelle l'ASSOCIATION et on chargea un comité d'élaborer des modèles de statuts pour les différentes catégories de sociétés.

Les conséquences de ces premiers efforts furent considérables. Des groupes se formèrent dans tous les grands centres ouvriers ; des sociétés de consommation s'organisèrent dans plusieurs villes des départements, et des banques populaires s'établirent à Lyon, Strasbourg, Colmar, Mulhouse, Lille, Saint-Etienne, etc.

En 1866, la coopération, selon le dire d'un journal d'alors, n'avait plus d'adversaires avoués que Cernuschi, J. Garnier, Mirès, le préfet de police et quelques individualités isolées de l'*Internationale*. Tous les partis lui faisaient la cour, et le gouvernement lui-même, après l'avoir décimée, expatriée, lui témoignait la plus bruyante sollicitude.

Aujourd'hui, nous comptons en France 350 sociétés de consommation, 330 sociétés d'épargnes et de crédit mutuel, 125 sociétés de production, 6 sociétés pour l'achat des matières premières, 5 sociétés pour la vente des produits particuliers et 3 sociétés d'enseignement laïque libre, dont une pour les femmes. Il existe de plus 70 à 80 sociétés de résistance et environ 50 chambres syndicales ouvrières. Le mouvement a pénétré dans presque toutes les villes ; il commence à se répandre dans les villages, et l'esprit de solidarité germe au sein de toutes ces Associations poursuivant un même but : l'affranchissement du travail.

Encore quelques efforts, la coopération sera une véritable puissance ; et, par elle, les institutions politiques aidant, la justice et l'équité seront substituées à l'exploitation de l'homme par l'homme dans la production et la répartition des richesses ; le prolétariat, la misère, l'ignorance et la superstition cesseront d'affliger l'humanité ; l'antagonisme des classes et les préventions contre le capital seront apaisés ; les travailleurs groupés et unis dans l'intérêt commun auront conscience de leur force, de leurs droits et de leurs devoirs ; les compétitions injustes, la concurrence déloyale, l'égoïsme corporatif et national feront place à la grande solidarité du travail, à la fraternité et à l'harmonie universelles.

Sans doute, pour arriver, de l'état embryonnaire où elle est aujourd'hui, à toute l'importance que nous lui donnons, l'association coopérative aura encore à traverser de longues et rudes épreuves; mais, quoique l'on fasse et quoiqu'il arrive, elle saura les surmonter et les vaincre, continuera sa marche ascensionnelle si elle conserve son caractère démocratique, si elle reste fidèle à son programme économique et politique : pas de priviléges, pas d'attache officielle, mais droit commun, union, justice et liberté.

A l'avenir de l'Association coopérative, à l'Association universelle des travailleurs. (*Applaudissements prolongés.*)

Le cit. président. — Le nom désigné par le sort est celui du citoyen Chardet, membre de l'Association des peintres; et, en outre, de l'Association qui a pris l'initiative de ce banquet.

Le citoyen Chardet a la parole.

Le citoyen Chardet. — Citoyennes ! Citoyens ! A vous tous, au nom des Associations ouvrières, en général, et de celles des peintres en particulier, au nom du comité d'initiative qui représente l'idée de Coopération, je souhaite la bienvenue. Je remercie les amis de la coopération qui ont bien voulu nous honorer de leur présence ; car, citoyens, nous tenons les premières assises de la coopération dont l'avenir est aujourd'hui assuré.

Aujourd'hui tombent les premiers gradins qui soutenaient l'exploitation. Le règne du despotisme est fini. Celui de la justice commence. (Bruyants applaudissements.) — *Plus d'oppresseurs, plus d'opprimés !* (Bravos.) L'affranchissement du travailleur conduit à l'affranchissement du citoyen. Et, Citoyens, l'affranchissement social, c'est la chute de la prostitution ! (Applaudissements.) Car s'il est une lèpre honteuse, c'est l'exploitation de l'homme par l'homme, et surtout de la femme par l'homme. (Applaudissements.) L'idée de coopération donne l'idée de liberté et de justice. La coopération, c'est l'affranchissement ; car c'est l'instruction. Nous ne sommes encore qu'à la première étape. Il nous reste beaucoup à faire ; mais nous atteindrons le but. Citoyens ! on va porter beaucoup de toasts à la Coopération. Eh bien ! il y a un toast qu'il ne faut pas oublier et que je veux porter. Les démocrates ont mémoire des services rendus. Je porte un toast aux martyrs de la corporation, et à tous nos proscrits (Applaudissements).

Le cit. Président. — La parole est au citoyen Colfavru.

Le citoyen Colfavru. — Mes chers concitoyens, et dans ce terme que je veux rendre général, je comprends et les femmes et les hommes, l'on vous disait qu'il fallait n'invoquer que le droit commun pour les conquêtes que vous avez à faire, que nous avons à faire.

On vous a dit aussi que vous ne séparez pas ici les travailleurs de la pensée des travailleurs de la main. Vous avez raison. Combien aujourd'hui, dans la démocratie des travailleurs de la pensée, issus de fières familles, qui n'avaient connu que le travail de la main !

Je suis un de ceux-là, et c'est pourquoi j'ai cru que ma place était au milieu de vous. Le droit commun, c'est le droit de tous. Mais ce droit, il est à faire, dans l'ordre des idées nouvelles d'émancipation, par le travail, par la liberté, et par la justice qui les doit garantir.

Les sociétés coopératives, forme collective et souveraine déterminée par les hommes pratiques qui ont donné pour base à la souveraineté populaire la souveraineté du travail, ont à accomplir cette grande œuvre du droit nouveau qui protégera tous les intérêts légitimes et les garantira de toute usurpation.

Vous êtes l'organe de la revendication générale du droit sur le privilège, de quelque tradition, de quelque prise de possession que ce privilège se recommande.

Et ici, permettez-moi de reporter vos souvenirs sur votre histoire.

Je remonte par la pensée à quatre-vingts ans en arrière, je retrouve le travail, ce grand émancipateur, organisé sous la loi du privilège, et la défendant avec l'âpre jalousie du monopole contre la liberté.

Alors, ne travaillait pas qui voulait.

Le travail avait son maître, maître autorisé par lettres patentes. C'était la loi. En ce temps, chacun vivait de priviléges, et la misère, elle aussi, était un priviléges (Applaudissements.) Mais 89 arriva. Le travail devint libre. Toutefois, le droit du travail ne fut proclamé que cinquante ans après, par la république de 1848. C'est à vous, c'est à nous de lui donner la forme et de lui assurer ses conditions pratiques.

Comment marcherez-vous à cette conquête? L'histoire vous guidera par ses leçons, et laissez-moi vous les redire.

Il y a huit siècles, le monde était la proie des brigands et des bandits qu'on appelait les barons féodaux. La terre appartenait à l'homme de guerre, et les hommes subissaient le sort de la terre.

Mais un jour, le travailleur s'associa à son semblable, spolié, pillé comme lui, et bientôt naquit la vaillante *commune*. Elle se forma de tous les travailleurs qui avaient su constituer l'épargne, et l'épargne collective, cette forme dont vous connaissez la puissance, permit à ces artisans de se clore, de s'armer, de s'organiser.

Ces hommes, nos glorieux ancêtres, avaient creusé le sillon de la liberté, en creusant durement le sillon du travail.

La commune les abrita, et ils devinrent à travers des siècles d'épreuves, cette grande bourgeoisie française qui fondait, avec tant de vaillance et d'héroïsme, il y a quatre-vingts ans, l'ère de la liberté qui sera, soyez-en sûrs, la liberté pour tous.

Qu'il n'y ait plus ni patrons ni ouvriers (applaudissements); qu'il y ait des hommes travaillant sous la justice à l'œuvre commune de la richesse, et également admis par le devoir accompli à prendre la part vraiment légitime qui revient à chaque service, à chaque effort. Puisque le travail ne peut vivre que par le capital, faites vous-mêmes votre capital. Pourquoi ne le feriez-vous pas, lorsque nos ancêtres des communes ont su le faire et conquérir par lui leur indépendance? (Applaudissements.) Vous avez devant vous de grands exemples. Vous connaissez les ressources déjà immenses des sociétés coopératives de l'Angleterre et de l'Allemagne. Loin de moi tout sentiment d'amertume; vous n'avez rien à attendre d'un capital que vous n'avez pas constitué. Sa liberté le protège, et vous avez à fonder la vôtre. Le crédit, c'est l'œuvre immédiate qu'il vous faut réaliser pour vous-mêmes. Organisez-le pour vous : c'est votre droit.

Mais ne l'oubliez pas, vous n'arriverez à cette grande conquête que par l'exercice de votre souveraineté dans le respect de la loi.

Votre souveraineté, gardez-vous de la déléguer.

Toute délégation est une abdication. C'est la suspension de l'exercice du droit; c'est, en fait, la suspension du droit lui-même.

Quand vous aurez fait votre crédit, vous aurez à faire votre justice, la justice coopérative, disons mieux encore, la justice démocratique. On ne fonde pas les institutions de la démocratie avec les traditions monarchiques.

Une voix : C'est vrai !

Ce fut l'erreur de nos amis si bien intentionnés de 1848 : ils ne surent pas garantir l'inviolabilité de notre souveraineté.

Rappelez-vous cette justice des communes, la justice des pairs. Rappelez-vous ces prud'hommes, citoyens réunis au hasard et jugeant les différends soumis à leur appréciation. (Applaudissements.)

Lorsque la Coopération aura fait sa justice, vous songerez à examiner cette contradiction de l'institution démocratique, l'armée permanente....

Une membre. — Ce n'est plus de la coopération, l'armée permanente.

Le citoyen Colfavru. — Il ne faut pas qu'un citoyen ait à côté de lui un citoyen ayant plus que lui le privilège de la commune défense.

L'armée, comme la justice, ce doit être tout le monde. Chaque citoyen est juge et soldat; la force ne peut être que la gardienne de la justice. (Applaudissements.)

Nous sommes tous réunis ici par un lien supérieur, l'esprit de justice. Vous avez appelé vos femmes, vos filles à cette fête de travail et de droit; et en cela vous avez affirmé votre principe.

Si la coopération est œuvre d'égalité dans la justice, et c'est votre pensée, réalisez-la dans la famille.

Que la femme soit votre égale dans le droit, puisqu'elle est au moins votre égale dans la responsabilité. (Applaudisssements.)

Qu'elle s'élève par l'instruction : qu'elle se dégage des préjugés qui divisent. Que l'épouse, que la mère, protègent le foyer. Qu'entre vous, il n'y ait que la tendresse confiante comme lien, que le respect réciproque comme loi. Songez surtout qu'il faut, à la démocratie, des générations nouvelles qui ne féconderont notre œuvre que si les mères savent avec vous préparer l'avenir. (Applaudissements prolongés.)

Le président. — Citoyens, la séance est suspendue pendant un quart d'heure. Reprise.

Le cit. Président. — La parole est au citoyen Fontaine.

Le citoyen Fontaine, président de la société des peintres :

Citoyens et Citoyennes,

Je porte un toast à la Coopération bien comprise.

Une publicité de quelques jours a suffi pour qu'on nous adressât des milliers de demandes.

Nous avons dû en refuser un grand nombre ; mais plus tard nous pourrons nous réunir au palais de l'Industrie.

Pour que ce Banquet fût bien la représentation des sociétés coopératives, qui n'admettent pas de membres honoraires et privilégiés, nous n'avons adressé d'invitations à personne.

Nous sommes heureux de voir une représentation relativement si considérable de la famille.

Les sociétés modernes ne sont plus des réunions occultes où la famille ne pouvait trouver accès.

L'organisation des sociétés coopératives, qui ont pour but de parer aux différents besoins de la vie de famille est simple et accessible à l'intelligence de tous.

Les femmes viennent en aide à la coopération. La cotisation est devenue pour elles une dépense de maison, qu'elles aiment à acquitter elles-mêmes. Mais s'il faut du zèle, pas trop n'en faut.

La coopération ne doit pas faire péricliter les intérêts domestiques.

Les vrais coopérateurs sont ceux qui fondent ou soutiennent quelque chose d'utile. Ce sont rarement des faiseurs de discours.

Les hommes qui s'occupent le plus sérieusement de réformes sociales, appartiennent à un parti plutôt qu'à un autre, nous n'avons rien à y voir. Nous sommes loin de dire que les ouvriers ne doivent point s'occuper de politique.

Le Pouvoir étant la représentation de tous pour exercer la puissance nationale, tous doivent s'occuper, sous peine de déchéance, de l'organisation du Pouvoir.

Mais nous devons secourir nos semblables sans nous inquiéter de leurs opinions politiques ou religieuses.

La vraie coopération s'inspire de ces principes, elle veut mettre en action toutes les facultés humaines pour les faire servir au bien de tous. Elle procède par analyse, et non par synthèse. Aussi, nous disons, en terminant : Instruisons, moralisons les individus pour faire de bonnes familles ; car les bonnes familles font les grandes nations. Je porte un toast à la coopération bien comprise.

Le cit. président. — Le citoyen Douvet a la parole. Applaudissements.

Le citoyen Douvet. — Citoyens, je vous remercie. Je sais d'où me vient cet accueil sympathique. Ce banquet est bien le banquet de l'Association. Et à ce mot Association, j'attache l'idée de Coopération. Toutes les Associations d'aujourd'hui luttent pied à pied pour l'émancipation des travailleurs, et je ne veux pas laisser passer ce banquet sans rendre un hommage mérité aux syndicats ouvriers qui ont su ouvrir une telle lutte.

En même temps, je rends hommage à ceux qui ont dévoué leur vie à la formation de ces syndicats. Je porte un toast à l'Association internationale des travailleurs. Applaudissements. Citoyens! nous devons nous occuper du mouvement social qui a pris de si grandes proportions depuis quelque temps dans notre pays. Je n'examinerai pas dans quelles circonstances on a cherché à l'entraver. Je n'examinerai pas non plus comment on a voulu le faire dévier en le séparant du mouvement politique. Applaudissements.

J'appartiens à une corporation qui, jusqu'ici, n'était pas encore entrée dans le mouvement social. J'ai l'honneur d'être président de la Chambre syndicale des employés de commerce. Applaudissements. Citoyens, j'espère que vous verrez dans le toast qui vous est proposé à l'Association internationale des travailleurs, l'affirmation réelle et pratique de cette fraternité qui doit nous unir tous applaudissements, sans distinction de race, ni de peuple.

Pour réaliser cette fraternité, nous savons ce qu'il faut faire ; mais nous savons aussi ce qu'il faut éviter. Applaudissements.

Nous avons assisté tous par la pensée au congrès qui s'est tenu au-delà de nos frontières. Nous remercions ceux qui ont affirmé de nouveau que les ouvriers, les travailleurs de notre pays, de l'Europe et du monde, ont été unanimes à affirmer que le socialisme ne pouvait reposer que sur la base, que j'appellerai la base politique. Applaudissements de toute part. Oui! oui!,

Le cit. président. — A présent que c'est dit!

Voix. — Continuez!

Le citoyen Douvet. — Je me renfermerai dans le cadre que nous nous sommes tracé. Nous sommes ici pour parler d'Association ; mais il est difficile d'en parler sans songer aux entraves qu'on nous a suscitées. Vous savez ce que je veux dire.

Plusieurs membres. — Oui ! oui !

Le citoyen Douvet. — Ce banquet m'est un gage que ces persécutions ne pourront jamais se renouveler. Applaudissements.)

Plusieurs membres. — C'est vrai.

Le citoyen Douvet. — On n'osera pas les renouveler, quand nous aurons affirmé l'*Union des travailleurs*. Nous pourrons dire alors que le problème social est résolu, et je vais vous dire pourquoi. J'ai été, il y a quelque temps, comme président de la chambre syndicale des employés de commerce, traduit devant un tribunal, qu'on appelle aujourd'hui tribunal consulaire. Un jugement fut rendu contre moi. Le principal grief que l'on m'imputait, c'était que la chambre syndicale des employés de commerce n'avait d'autre loi que celle qu'elle s'était faite. J'ai répondu que c'était précisément pour cela que nous ne connaissions pas d'autre loi. (Applaudissements.) Citoyens ! j'attends avec confiance le jour où les représentants des travailleurs feront eux-mêmes leurs lois. Ce jour-là, nous ne serons plus soumis aux individualités que nous subissons aujourd'hui.

C'est l'instruction qu'il nous faut acquérir ; car il est évident pour nous tous qu'un homme sans instruction est dans un état d'infériorité marquée vis-à-vis de celui à qui la richesse a permis de développer ses facultés.

Nous sommes venus aujourd'hui, mes collègues les employés de commerce et moi, vous présenter la main. Lorsque nous serons affranchis de l'état malheureux et énervant dans lequel notre génération a grandi, nous comptons pouvoir être, au moyen de la Société coopérative, d'utiles intermédiaires entre le producteur et le consommateur. Bravos.) Nous espérons supprimer tous les parasites qui vivent du travail d'autrui et pressurent l'employé! L'on nous disait : « Vous n'êtes pas des travailleurs. » Nous avons fièrement revendiqué ce titre, et nous avons répondu : Oui ! vous espérez exploiter les ouvriers, vous voulez nous tuer ! Vous n'y arriverez pas ! (Bravos.)

Eh bien ! citoyens, je crois être l'écho de l'assemblée en remerciant la Commission qui a pris l'initiative de ce banquet. Nous en aurons d'autres, je l'espère. Nous aurons alors un peu plus l'habitude de nous entendre et de nous voir. Nous serons plus fermes, et nous discuterons les grands principes sur lesquels reposeront les réformes que nous cherchons à opérer. Quand nous aurons affirmé, dans les assises du travail, les droits des travailleurs, un grand pas aura été fait, et nous ne serons pas éloignés du but que nous voulons atteindre.

On a parlé tout à l'heure d'exploiteurs et d'exploités! Jamais on ne verra les exploiteurs réunis dans un banquet fraternel comme celui-ci. (Applaudissements prolongés ; l'orateur en descendant de la tribune reçoit les félicitations d'un grand nombre de personnes.)

Le cit. président. — La parole est au citoyen Tanguy.

Le citoyen Tanguy. — Citoyennes! Citoyens! Après l'orateur que vous venez d'entendre, je viens, comme membre du comité d'initiative de ce banquet, apporter ma pierre à l'édifice que nous voulons construire. Tout à l'heure on vous a dit le but que nous nous étions proposé d'atteindre par ce banquet. Je voudrais, autant que possible, ne pas tomber dans des redites.

Je vais étudier, au point de vue pratique, les moyens à employer pour arriver à la coopération ; car il y a certainement parmi nous des personnes qui ne font pas partie de sociétés, et qui désireraient en former. Nous sommes représentés ici par beaucoup de sociétés, sociétés de solidarité, chambres syndicales, sociétés de secours mutuels, de coopération, de production, de consommation ; mais cependant il y a des professions qui, je crois, ne sont pas encore formées en sociétés, et le but principal du banquet, comme on l'a dit, est de leur donner tous les renseignements nécessaires pour y arriver.

Comme membre du comité d'initiative, je voudrais en outre vous indiquer les moyens à employer pour établir la solidarité entre toutes les associations existantes, et une solidarité particulière entre les sociétés coopératives. Aujourd'hui, il est évident que je ne puis arriver à rien si je reste isolé ; car, dans la société actuelle, un travailleur isolé est paralysé. Il ne peut atteindre un but que s'il s'unit à ses concitoyens. De là, la nécessité d'établir des sociétés de solidarité et de secours mutuels. Nous avons besoin de sociétés qui nous donnent l'expérience nécessaire pour arriver à la coopération, c'est-à-dire à l'abolition du salariat.

La commission d'initiative a provoqué ce banquet dans le but de grouper les sociétés. Si un individu isolé est impuissant, une association coopérative quelconque, éloignée des autres sociétés, reste sans force. Et c'est cet isolement qui empêche les sociétés coopératives actuelles de prospérer. (Applaudissements.) Je crois donc qu'il serait nécessaire de convoquer les représentants de chaque société afin d'élaborer les statuts qui devront servir de base à la fédération des sociétés coopératives. Ainsi, on formera un groupe compact de travailleurs qui pourront imposer leurs volontés. (Applaudissements.)

Certes, il sera difficile d'arriver à ce résultat, car nous savons à quelle législation nous sommes aujourd'hui soumis. Mais les travailleurs, en s'unissant, parviendront à sauvegarder eux-mêmes leurs intérêts, que l'on prétend défendre, et que l'on ne défend pas. (Applaudissements.) Pour en arriver là, il est nécessaire, comme je viens de le dire, que toutes les sociétés existantes se réunissent et élaborent des statuts. Par la volonté et l'énergie on arrive à tout. (Applaudissements.) Beaucoup de citoyens n'ont pu assister à ce banquet ; je porte un toast à nos amis absents. (Applaudissements.)

Le cit. Président. — La parole est au citoyen Leclercq. (Applaudissements.)

Le citoyen Alphonse Leclercq :

La Loterie

Peuple, pourquoi toujours retourner aux faux dieux?
Pourquoi de leurs tombeaux, où dorment nos aïeux,
Allons-nous exhumer leur vieille idolâtrie,
Pour ce jeu de hasard qu'ils nommaient loterie?
Quelle idée est la nôtre et quel est notre espoir?
Avons-nous oublié que, sous l'ancien pouvoir,
Cette institution, dont on fut la victime,
Et qu'on eût dû flétrir d'une voix unanime,
Rapportait chaque année aux coffres du budget,
Plus de vingt-cinq millions de bénéfice net?
Je sais que nul ne songe à rétablir ce gouffre;
Mais, enfin, c'est de trop que parfois on le souffre.
J'en excepte pourtant l'œuvre de Petit-Bourg,
Où le riche bourgeois et l'homme du faubourg,
Avec la même ardeur ont porté leur offrande.
Les artistes aussi, dont l'œuvre est sainte et grande.
Mais à part quelques cas que l'on ne peut blâmer,
C'est un vice qu'il faut au plus tôt réprimer,
Si nous ne voulons voir, dans notre capitale,
Où chaque jour s'étend cette idée infernale,
Renaître ces tripots qu'un édit suzerain
Réunit en un seul après le Mazarin;
Et déjà l'on pourrait les compter par centaines!
Cela fait-il tomber quelque anneau de nos chaînes?
Supposons qu'un de nous, dont le cœur a fléchi,
Eût gagné le gros lot et qu'il fût enrichi ;
Supposons, au lieu d'un, un cent, deux cents, un mille!
Trouverait-on alors la loterie utile?
Quelque riche de plus, mes amis, ce n'est rien ;
Si fait, c'est quelque chose : un excellent moyen
De dire au travailleur, pauvre bête de somme :
C'est un seigneur de plus! Un seigneur qui consomme
Et qui ne produit rien ; donc, à vous, à présent,
De produire un peu plus ; c'est vraiment séduisant!
Et je fais, pour ma part, des vœux qui sont sincères,
Pour voir monter ainsi quelques-uns de mes frères!
Mais c'est assez, je crois, plaisanter sur ce point,
Avec le travailleur qui ne plaisante point;
Soyons plus sérieux : une muse insensée,
Du peuple traduit mal la divine pensée;
Haut un autre style, un style plus nerveux,
Pour peindre ses malheurs, pour exprimer ses vœux.
Hé bien! muse, entreprends ce travail téméraire!
Dis-lui, s'il ne le sait, dis-lui ce qu'il doit faire.
Si quelque jour, on vient, remontant à Memphis,
Comme dans le livret de M. Dumas fils(1),
Pour le mieux amorcer, lui crier aux oreilles :
« Jadis la loterie a produit des merveilles! »
Merveilles, c'est le mot; car un de mes parents
Y perdit en un mois près de cent mille francs;
Et j'entendis souvent conter par mon bon père
Qui travaillait beaucoup et qui ne jouait guère,
Qu'en ces temps fortunés, que nous avons perdus,
On trouvait chaque jour quelques hommes pendus!

---

(1) En 1848, à l'époque du Lingot d'or, M. Dumas fils avait fait paraître un éloge de la loterie.

Voilà de quoi tenter un esprit romantique
Par malheur, ce n'est pas un jeu de république;
En effet, à nous tous, il nous importe peu,
Qu'un homme perde ou gagne à ce funeste jeu;
Si parfois au hasard, le peuple encor se livre,
De cette vieille erreur, il faut qu'on le délivre.
Et que l'on montre enfin à son esprit actif
Un idéal plus pur, après le positif.
Comme il faut avant tout détruire la misère;
Peuple, toi qui languis dans ton étroite sphère,
Tu peux avec ce mot : l'Association!
Étendre à l'infini ta domination;
Donner à tes enfants l'instruction première,
Un asile honorable à ton pauvre vieux père,
A ta fille un métier qui, la faisant agir
Pour un gain suffisant, l'empêche de rougir.
Cette idée est émise; elle se développe.
On pourra se passer bientôt du philanthrope,
Si le peuple, fidèle à son élan premier
Pour le fonds social conserve son denier,
En attendant qu'on ait, dans la classe ouvrière,
L'instrument de travail, la matière première.
Dirigeons vers ce but tout effort généreux;
Avec l'argent de tous faire un seul homme heureux,
C'est un fait inutile! il faut que l'on nous donne
Le bien-être pour tous ou sinon... pour personne.

Un membre. — L'on redemande les six derniers vers.

Deuxième membre. — Bis! bis! Les six derniers vers?

Le citoyen Leclercq répète les six derniers vers et reçoit les applaudissements de toute l'Assemblée.

Le cit. président. — Je ne pense pas avoir besoin de faire remarquer que le citoyen qui a récité cette pièce de vers, en est l'auteur. (Applaudissements.)

Le cit. président. — La parole est au citoyen Durand.

Le citoyen Durand. — Citoyennes! citoyens! (Applaudissements.) Je porte un toast aux sociétés de résistance, que je considère non-seulement comme une avant-garde, mais comme une école d'élite dans laquelle les sociétés coopératives viennent se retremper et se recruter. (Applaudissements.) Les sociétés de résistance se sont constituées pour affirmer la revendication des droits des travailleurs. Elles portent en elles la solution de toutes les questions sociales. C'est par elles que nous comprenons la coopération.

Aux sociétés coopératives, il faut un contre-poids. Ce contre-poids, on le trouve dans les sociétés de résistance qui ont pour but de maintenir le prix du travail par la réalisation d'un capital. On parlait tout à l'heure de fédération. La fédération existe en fait. Plus de trente sociétés de résistance ont élaboré des projets de statuts : mais après les premières réunions, l'administration est intervenue. Les sociétés ont protesté. Les travailleurs se sont dit : « Nous ne pouvons pas rester plus longtemps dans cet état de dépendance. Nous demandons notre droit et nous l'exigerons. » L'auront-ils? Certes.

Une voix. Parfait! — (Applaudissements).

Le citoyen Durand. — Citoyens! là ne se borne pas l'utilité des sociétés de résistance. Presque toutes les associations ont besoin, à leur début, de contracter des emprunts.

Alors que doivent faire les sociétés de résistance? Elles doivent venir en aide à ces nouvelles sociétés. Il faut que les sociétés de résistance soient de véritables banques de crédit où les travailleurs viennent placer une partie de leurs fonds, le surplus restant dans la caisse commune. Alors ces sociétés se prêtent un mutuel appui. Elles sont donc bien la base de sociétés coopératives. Je porte un toast aux sociétés de résistance. (Applaudissements.)

Le cit. président. — La parole est au citoyen Ollen.

Le citoyen Ollen. — Citoyennes et citoyens! Je voudrais voir la France entière assise au banquet de l'anéantissement de toutes les spoliations.

Les droits que l'on nous a ravis, nous les revendiquons. Quand il sera libre, le peuple ne formera plus qu'une seule famille. En attendant qu'il soit libre, songeons à soulager ceux qui souffrent. Je propose de faire une collecte pour les victimes de la Ricamarie. (Applaudissements.)

Le président. — La parole est au citoyen Bultez, secrétaire général de la Chambre syndicale des employés de commerce.

Le citoyen Bultez.

Citoyens, j'ai 21 ans (rires). Je représente ici la génération qui n'a encore rien fait, et sur laquelle votre espoir est tout entier.

Écho d'un peuple nouveau, j'affirme ici qu'il marchera en avant, guidé par les conseils des hommes dévoués qui protestent contre l'exploitation de l'homme par l'homme.

L'association! voilà le salut des travailleurs. Par elle, nous obtiendrons la liberté et l'égalité.

Citoyens! vous êtes l'expérience, le présent. Nous, jeunes, nous sommes l'avenir, comptez sur nous.

Je porte un toast à la jeunesse ». (L'assemblée applaudit.

Le cit. président. — Le citoyen Gigon a la parole.

Le citoyen Gigon. — Citoyens! Je porte un toast à la fédération européenne, à la fédération universelle (applaudissements). Plus de jalousie entre les corporations différentes dont se compose l'universalité des travailleurs! Plus de frontières entre les peuples! (Applaudissements).

Le cit. président. — La parole est au citoyen Jules Allix.

Le citoyen Jules Allix. — Citoyens et citoyennes! amis! Je porte un toast à l'indépendance du monde! (Applaudissements).

L'association est le levier de tous les affranchissements. C'est la puissance nouvelle du monde : par elle nous aurons la liberté en France, puis en Europe, enfin dans le monde. (Applaudissements.)

En 1848, l'idée d'association était nouvelle. Quand on voulut réaliser sa formule, on se trouva aux prises avec des difficultés inattendues. Au milieu d'une bourrasque générale, on voulait pratiquer une chose qui demandait l'étude et la réflexion. On fut obligé d'aller vite. Et puis le mouvement politique auquel on ne songeait pas s'était produit en même temps. Disons plus, c'est qu'à cette époque, l'idée sociale, formulée dans les livres et dans la pensée de quelques hommes éclairés, agitait aussi la masse. Mais elle n'était pas suffisamment comprise pour être appliquée du jour au lendemain.

D'ailleurs, le libéralisme d'alors était le libéralisme que vous savez. Tandis que les socialistes voulaient l'indépendance réelle, les libéraux voulaient la liberté pour eux. L'association fut pourchassée, vilipendée, proscrite. Mais sur la terre d'exil, elle jeta une semence féconde dans le monde. Aujourd'hui, la période de gestation est finie ! Citoyens, courage, efforçons-nous d'atteindre le but présent, mais n'oublions pas l'avenir. Surtout n'oublions pas les peuples que la proscription a faits nos frères. Je porte un toast à l'indépendance du monde.

Le cit. président. — Le citoyen a Vésinier la parole.

Le citoyen Vésinier. — Citoyens et citoyennes! J'ai été proscrit, et je voudrais vous dire comment les proscrits ont propagé l'idée sociale à l'étranger et contribué à faire germer la semence de l'idée coopérative. (Applaudissements.)

Quand il nous fut impossible de travailler en France à l'œuvre régénératrice commencée en 48, nous nous sommes dit : nous serons à l'étranger ce que nous avons été en France, nous continuerons à semer, à propager à l'étranger les idées pour lesquelles nous sommes persécutés. (Applaudissements.)

Certains d'entre nous sont allés en Suisse, d'autres en Angleterre, d'autres en Allemagne en Amérique, et partout, dans tous les pays où nous sommes allés, nous sommes restés fidèles aux principes et nous avons accompli notre œuvre partout. En Suisse, nous nous sommes mêlés aux populations, nous avons semé les germes des sociétés de coopération qui, plus tard, se sont constituées ; nous avons, dans ce pays libre, formé des sociétés, des syndicats, des sociétés de résistance et de production. Quand toutes ces sociétés ont été constituées, nous les avons unies entre elles par les liens de la solidarité et de la fédération, parce que nous étions persuadés que sans ce lien, la lutte était impossible contre l'exploitation. (Applaudissements.)

Nous avons organisé une caisse centrale à Genève, nous avons eu 200,000 fr., nous avons fait faire grève état par état, corporation par corporation, industrie par industrie, et nous avons fait augmenter de 20 0[0, dans chacune des industries de la libre Helvétie, le salaire des ouvriers. A la fin, la persécution est venue nous trouver là comme ailleurs. Nous avons été obligés de quitter la Suisse comme la France, parce que, en Suisse comme ici et comme partout, l'on n'aime pas les hommes qui viennent semer le germe de l'émancipation universelle. (Applaudissements.)

A Londres nous avons scellé, dans un meeting où nous avons réuni les travailleurs, ces liens qui ont uni entr'eux les travailleurs de tous les pays au moyen de l'association internationale. (Applaudissements.)

En Belgique, nous avons continué notre œuvre de propagande.

En 1866, lors du massacre des ouvriers houilliers du Borinage, nous avons dit que le sang versé n'aurait pas coulé en vain.

Nous avons dit aux ouvriers belges : nous sommes vos frères ; l'oligarchie vous considère comme des nègres blancs, eh bien ! nous venons vous aider à briser vos chaînes. Les ouvriers houilliers nous reçurent à bras ouverts et se sont enrôlés 30,000 dans une semaine l'association internationale des travailleurs. Vous voyez, citoyens, par ces quelques mots, que vos concitoyens, les proscrits français, ont continué à l'étranger comme en France leur œuvre de délivrance.

Aujourd'hui que les portes se sont ouvertes, eh bien, citoyens, nous sommes revenus parmi vous pour lutter avec vous. Nous avons accompli notre œuvre à l'étranger; nous voulons partager les dangers de tous ceux qui se consacrent à l'affranchissement complet des travailleurs et à l'émancipation des peuples de l'Europe. (Applaudissements prolongés.)

Le cit. président. — Le citoyen Cadasse a la parole.

Le citoyen Cadasse. — Au nom de la société des horlogers et penduliers, je porte un toast aux citoyens qui ont pris l'initiative de ce banquet. Moi aussi, je demande qu'une collecte soit faite au profit des victimes de la Ricamarie.

Le cit. président. — Citoyens! la personne qui descend de cette tribune vient de faire une motion d'ordre.

Je dois, pour y donner suite, consulter l'assemblée. Que ceux qui sont d'avis que la collecte soit faite veuillent bien lever la main.

De toutes parts. — Tous! tous!

Que ceux qui sont d'un avis contraire le témoignent aussi. (Personne ne lève la main.)

La collecte sera faite à la sortie.

La parole est maintenant au citoyen Chassin.

Le citoyen Ch.-L. Chassin, rédacteur en chef de la *Démocratie* :

« Citoyens et citoyennes,

« Le bureau me recommande expressément de m'abstenir de politique. Mais l'histoire est-elle de la politique? — Non, non!

« Devons-nous nous séparer sans nous rappeler la mémoire de ceux à qui nous devons le peu que nous sommes et tout ce que nous serons bientôt?

« Je porte un toast : « A NOS PÈRES DE 1792! (*Applaudissements.*)

« Dois-je continuer, citoyens? — Oui, oui, parlez! parlez!

« Il y a aujourd'hui soixante-dix-sept ans, les armées trois fois bénies des empereurs et rois coalisés avaient réussi à franchir le défilé de l'Argonne. Elles couraient sur Paris, le drapeau du vieux monde flottant au vent, et se croyaient sûres d'étouffer, sous les ruines de la capitale révolutionnaire, l'égalité et la liberté universelles.

« Qui vous arrêtera? leur disaient nos émigrés. Vous n'avez devant vous que des bandes de tailleurs et de cordonniers!

« Cependant, le lendemain, à Valmy, Brunswick s'arrêtait, reculait devant le mur vivant de Kellermann et de Dumouriez. Et, le surlendemain, les cordonniers et les tailleurs reconduisaient, jusque par delà nos frontières, la très-sainte et très-fière armée des marquis, des rois et des empereurs! » (*Applaudissements prolongés.*)

« Au même moment, la Convention nationale....

Le Président. — Je prie l'orateur de ne pas aller plus loin.

Le citoyen Chassin. — Deux mots encore, et j'ai fini!

« La Convention nationale ouvrait ses séances. Elle ignorait la victoire et ne pouvait juger de ses conséquences incalculables. Néanmoins, jetant à l'Europe féodale et monarchique un suprême défi, elle décrétait :

« La royauté est abolie en France!

« La république était proclamée! »

(*Acclamations réitérées.*)

Le maître de l'établissement vient parler aux commissaires du banquet ; nous croyons remarquer, à ses gestes animés, qu'il menace de faire dissoudre la réunion.

Le cit. président.— Nous n'avons plus que 10 minutes. Nous allons bien les employer.

Citoyens ! la séance ne doit pas être levée avant l'heure. Nous proposons de terminer cette fête par un chant.

Une voix. — La *Marseillaise.*

Le cit. Président. — Citoyens ! la *Marseillaise* n'est pas de circonstance. C'est une œuvre de guerre, et nous faisons œuvre de paix. La *Marseillaise* n'est bonne que sur le chemin de la victoire.

Une voix. — Nous irons !

Le cit. Président.—Le seul chant qui nous convienne, c'est, selon nous, le *Chant du Travailleur.*

Le cit. Bernet à la tribune.—Le *Chant du Travailleur* de Paul Dupont, notre Rouget Delisle.

Le cit. Président. — Il est permis de faire chorus.

Le citoyen Bernet chante la chanson annoncée. Le refrain est répété en chœur par une grande partie des assistants. De chaleureux applaudissements récompensent l'artiste improvisé.

Le cit. président. — Citoyens, la parole est réclamée par une personne ici présente. Je vous prie de l'écouter.

Un membre de l'assemblée à la tribune lit une pièce de vers. l'*Ouvrière.*

Le cit. président. — La séance est levée.

Il est dix heures cinquante cinq minutes.

Imp. A. Vallée, rue du Croissant, 16

AUX MÉCANICIENS ET CHAUFFEURS DES CHEMINS DE FER FRANÇAIS

Chers Collègues,

Depuis longtemps déjà nous souffrons, mais la patience humaine a des bornes.

Non content de nous diminuer nos traitements, on nous a tous chargés d'un travail qui, chaque jour, devient de plus en plus pénible.

La sécurité du service n'est plus assurée ! Aussi, l'opinion publique s'est-elle justement alarmée des nombreux accidents qui arrivent sur nos lignes ferrées.

S'il est vrai que les Administrations de Chemins de fer se retranchent derrière des règlements qu'elles nous ont imposés, il devient urgent, dans l'intérêt public, de n'accepter qu'avec une certaine mesure la responsabilité d'accidents qui ne proviennent, la plupart du temps, que d'une suppression du repos établi par nos chefs immédiats.

Nous sommes tous d'accord que la mesure est pleine, et qu'il faut un remède à notre triste position.

Le Comité des Mécaniciens et des Chauffeurs des Chemins de fer français, dont le siège est à Paris, croit être l'interprète de tous ses collègues des départements en faisant la pétition qui suit et qui sera remise, après demande d'audience, à M. le Ministre des Travaux publics, le meilleur garant des intérêts de l'ouvrier et de la sécurité du service, qui laisse beaucoup à désirer dans nos Compagnies de Chemins de fer.

Un ou deux exemplaires de cet appel à la fraternité de nos collègues des Chemins de fer français, seront expédiés dans tous les Dépôts, afin de recueillir des adhésions ; et, en signant cette pétition, ils doivent se pénétrer de cette idée fixe, que nous devons continuer à travailler à la prospérité de nos Compagnies ; mais nous devons aussi espérer, si nous sommes réellement unis, obtenir une amélioration dans la position qui nous est faite.

Ici, nous ne sommes pas l'écho d'une infime minorité, car il n'est pas un seul d'entre nous qui n'ait souffert de l'attitude des Compagnies près de leurs employés. Il faut qu'elles se pénètrent que, sans notre coopération, elles ne peuvent rien ; et que, lui demander un salaire plus rémunérateur de notre travail, c'est mettre un frein à des tendances qui croissent de plus en plus, augmentant le travail, la responsabilité et diminuant le traitement, afin de réaliser des économies.

Les Mécaniciens et les Chauffeurs des réseaux Paris-Lyon-Méditerranée, Paris-Orléans, Nord, Est, Ouest, sont d'accord et signent leur adhésion à l'union de tous, à la fraternité du travailleur ; car si malheureusement nous rencontrions, dans la revendication de nos droits, une compagnie qui, par l'organe de chefs assez égoïstes, refuse de comprendre tout l'intérêt dont nous sommes dignes, il ne faudrait pas de victimes dans l'acheminement du noble but que nous entreprenons : *l'Emancipation de l'Ouvrier*.

Soyons donc unis et prenons le parti, en signant nos adhésions, de défendre énergiquement, tout en travaillant à la prospérité de nos Compagnies, l'intégralité de nos droits. Les questions que nous allons avoir à débattre, bien qu'étant difficiles, sont justes, et, pour arriver à une solution efficace, nous nous engageons sur l'honneur et notre dignité, de donner aide et protection à nos collègues, au lieu de rester neutres, ainsi que nous l'avons été dans nos différends avec les Compagnies.

Par l'intermédiaire d'adhérents, nos collègues des Chemins de fer étrangers (et particulièrement ceux d'Angleterre), seront informés des démarches que nous faisons en ce moment, et des suites qui y seront données.

Nos saluts respectueux,

Adresser toutes les lettres affranchies chez M. FLIXENT, rue de Charenton, 274, Paris.

LES MÉCANICIENS ET LES CHAUFFEURS DES CHEMINS DE FER FRANÇAIS

A Monsieur le Ministre des Travaux Publics

Monsieur le Ministre,

Pénétrés de la mission que nous remplissons dans une des branches les plus importantes de l'Industrie française, nous avons l'honneur de vous prier de vouloir bien fixer, avec toute l'impartialité qui vous caractérise, un instant votre attention sur nous.

Nous croyons avoir mérité, par notre dévouement à notre malheureuse patrie, dans toutes les circonstances qui nous ont été possibles, l'estime et la bienveillance que vous ne refusez pas à d'honnêtes travailleurs ; aussi ne voudrions-nous pas apporter une perturbation inévitable dans le commerce et le trafic de nos Compagnies, par une grève générale qui seule, peut-être, pourrait donner une solution efficace à nos aspirations.

Depuis nombre d'années, les Mécaniciens et les Chauffeurs sont douloureusement affectés des dangers toujours croissants que court chaque jour le public, qui pourtant paie pour voyager avec sécurité ; dangers rendus imminents par une exploitation qui en est arrivée à ce résultat : Faire montre d'économie pour se faire allouer, par le Conseil, d'abondantes gratifications.

D'après notre conviction, la cause de tous ces dangers provient de l'excès des charges et vitesses attribuées aux divers types de machines ; excès imposé aux Mécaniciens par un règlement arbitrairement élaboré et infligeant des amendes qui diminuent notre salaire.

La création de plusieurs classes inférieures a fourni le moyen de faire descendre d'une position laborieusement acquise des Mécaniciens et des Chauffeurs, dont le seul tort est, le plus souvent, de n'avoir pas un repos nécessaire et le temps suffisant dour se rendre compte de l'état de leurs machines ; et encore les rend-on responsables de leur construction défectueuse.

Nous possédions trois jours de congé par mois ; nous n'en possédons plus qu'un seul qu'on a soin de nous donner le moins possible. Cependant il n'est pas rare de voir des agents restant quarante heures sans repos, et souvent douze heures sans manger ; endurant la pluie, le vent, le froid et la neige ; et, le plus souvent, très-impoliment reçus par leurs chefs subalternes quand ils demandent le repos trouvé nécessaire par les ingénieurs qui ont établi les roulements de marche.

Il a été institué une caisse de retraite dont le but est louable ; mais qui devient dérisoire (surtout pour les hommes jeunes encore), si le service ne se modifie pas.

Nous vous demandons, Monsieur le Ministre, une enquête par des ingénieurs consciencieux qui feront, nous n'en doutons pas, droit à nos justes réclamations. Que l'enquête soit sérieuse en interrogeant tous les employés sans distinction ; et la conclusion sera qu'il est temps de mettre un frein à l'ambition de quelques ingénieurs, plus soucieux de faire fortune, que de sauvegarder l'intérêt public.

Voilà, Monsieur le Ministre, ce que nous demandons dans la réorganisation de notre service

Du Travail et de la Durée du Service.

1° Quand le service excédera douze heures pour la journée, y compris deux heures pour le repas, les heures de travail en plus seront payées au prorata du taux des appointements ; mais il est bien entendu que pour assurer le service, il faut au moins avoir un repos équivalent à la durée du travail qu'on a fait ; le service réel commençant une heure avant le départ d'un train, et finissant une heure après l'arrivée du train en retour ;

2° Reprendre l'ancienne organisation qui nous donnait trois jours de congé par mois.

De la Charge des Machines et de la Vitesse.

1° Que la taxe maximum des machines soit établie par saison ; modérée suivant les vitesses, afin d'assurer la sécurité du service ;

2° Réduire la vitesse maximum de certains types de machines ; vitesse qui a été exagérée dans ces derniers temps.

Du Temps perdu et gagné dans les Parcours.

Revenir aux anciens règlements quand la Compagnie était gérée par l'État.

Du Personnel.

Que le nombre des Mécaniciens et des Chauffeurs soit établi de telle sorte, que l'on puisse se dispenser de faire faire le service par des auxiliaires.

Des Réprimandes.

1° Qu'il soit établi un règlement disciplinaire basé sur la justice et qui ne soit pas pour l'Administration une spéculation d'argent ;

2° Que ce règlement soit établi par une commission prise dans tous les dépôts de la ligne, et composée ainsi qu'il suit : De Chauffeurs et de Mécaniciens choisis par leurs collègues ; du Chef ou du Sous-Chef de dépôt de chaque dépôt et de l'Ingénieur de Traction ;

3° Que la mise à pied soit appliquée exclusivement ; que la descente de classe ne puisse plus avoir lieu quand l'agent sera titulaire depuis une année, la Compagnie ayant le droit de retarder l'avancement de celui qui a démérité dans son service ;

4° L'application d'une peine disciplinaire ne pourra avoir lieu avant d'avoir été ordonnée par un Conseil tenu une fois par mois, dans chaque dépôt, et composé ainsi qu'il suit : De deux Chauffeurs et de deux Mécaniciens, élus par leurs collègues, pour trois mois ; du Chef ou Sous-chef de dépôt proposant la peine, et l'Ingénieur ou Sous-Chef de Traction, président le Conseil ;

5° Un exemplaire imprimé du règlement disciplinaire sera remis à chaque agent nouveau, au moment de son entrée en fonctions.

Des Salaires.

Les Mécaniciens et les Chauffeurs sont commissionnés à l'année :

1° Première classe de Mécaniciens.	3,300 fr. par année ;
2° Deuxième — —	3,000 —
3° Troisième — —	2,700 —
4° Première classe de Chauffeurs.	2,100 —
5° Deuxième — —	1,800 —

Caisse de Retraite.

1° Tous les agents commissionnés qui subiront la retenue mensuelle auront droit comme retraite, à la moitié de leurs appointements après vingt années de service, quel que soit leur âge ;

Les agents qui, après quinze années de service se sentiraient ne pouvoir continuer, seront libres de prendre leur retraite avec le tiers de leurs appointements ;

— 6 —

3° A la mort de l'agent retraité, son épouse conservera la moitié de la retraite faite à son mari ;

4° Si l'agent meurt, n'étant pas en retraite, bien qu'ayant quinze années de service révolus, sa femme aura droit à la moitié de la retraite anticipée.

Service Médical.

Les Mécaniciens et les Chauffeurs auront droit aux médecins et médicaments nécessités par leurs maladies, quels que soient leurs appointements, et ils recevront intégralement leur solde, jusqu'à parfait rétablissement.

Tel est, Monsieur le Ministre, l'exposé exact de notre situation. Un service mieux réglé serait pour le public une sécurité dont l'urgence se fait vivement sentir.

Nous ne croyons pas être dans l'exagération en demandant cette réforme, et ne doutons pas que nos Administrations, grâce à votre bienveillant concours, donneront une solution équitable à la demande que nous avons l'honneur de vous adresser.

Daignez agréer,

Monsieur le Ministre,

Avec l'assurance de notre vive reconnaissance,

L'expression de nos sentiments respectueux.

ADHÉSIONS

DÉPOT DE PARIS, CHEMIN DE FER DE LYON

Composé de 86 Agents Mécaniciens et Chauffeurs, 80 Adhérents dont les noms suivent

Arthur	Courtois	Guibet	Lucas	Roger
Antin	Defaux	Guilbert	Mallet	Riboney
Braucerf	Dejouy	Goury	Marie	Robichon
Bellevaux	Deménard	Grappin	Maître	Rollin
Bernard	Devillard	Hamelle	Macquin	Sedille
Bernage	Dumas	Hermann	Mannier	Twardzicki
Blanc	Fauconnier	Hermier	Meurgey	Vaidié
Blanchard	Fournaise	Hue	Mangé	Vaidy
Bonvallet	Frèrebeau	Jolliot	Ockert	Voldy
Boivin	Fromant	Karcher	Ozanne	Vallier
Botz	Gacquerelle	Kretz	Passerard	Voucher
Burgy	Gaulubois	Lansé	Payen	Vibrac
Buron	Guiollin	Laumonnier	Perthuisot	Vincenot
Chaselon	Gillet	Langlois	Pivard	Vittain
Claquesin	Guimbert	Legembre	Pasche	Vanheuveghen
Chevallet	Guignot	Lorieux	Renaudet	Victombier
Chaulin	Gouvenet	Loisy	Ripault	Rix
Chopard	Gueissaz	Laurent	Robert	Fossoyeux
				Vincrat

Nombre des Adhésions des dépôts de Paris.

		Certifié conforme à l'Original des Signatures. Le délégué	
Orléans	110 Adhérents.		d'Orléans
Nord	228	Id.	du Nord
Est	87	Id.	de l'Est
Ouest	244	Id.	de l'Ouest
Lyon	91	Id.	de Lyon

ADHÉSIONS
DÉPOT DE NIMES

Lhomme	Isnard	Pradon	Jaboulay	Aubert
Passenot	Serre	Roche	Chapus	Busque Louis
Quenot	Vernet	Chabrier	Salles	Martin Antoine
Loulin	Ducros	Guiraudin	Flacheron	Billot
Michel Paul	Rascou	Thoma	Vauriot Antoine	Michel Etienne
Dimond	Chaband	Comlin	Rol	Gros
Bialles	Tribes	Pic	Petitjean	Moudon
Payan	Roux Adolphe	Rey Pierre	Collet Louis	Plantevin
Laurens	Guigue	Violet	Becquerel	Monnier Jacques
Mendre	Martin Jules	Comte	Virard	Monnier Antoine
Gongue	Delfieu	Convert	Roux jean	Bayle Alfred
Bourgue	Julian	Mignard	Vantier	Foury
Fronctior	Breed	Pelouzat	Arnal	Bonnafoux Louis
Pradeille	Souler	Figuière	Joulia	Palance
Reynaud	Collet Paul	Louyriac	Pichon	Soulage Théoph.
Yot Antoine	Collet Justin	Pellet Jules	Frappa	Bouterin Louis
Goudry	Thérond		Notts	

NOMS DES ADHÉRENTS

Nîmes — Imprimerie ROGER et LAPORTE, place Saint-Paul, 5

ACHEVÉ D'IMPRIMER EN SUISSE
EN JANVIER 1988
POUR EDHIS ÉDITIONS D'HISTOIRE SOCIALE
22 RUE DE VALOIS - PARIS

www.ingramcontent.com/pod-product-compliance
Lightning Source LLC
Chambersburg PA
CBHW070526230426
43665CB00014B/1580